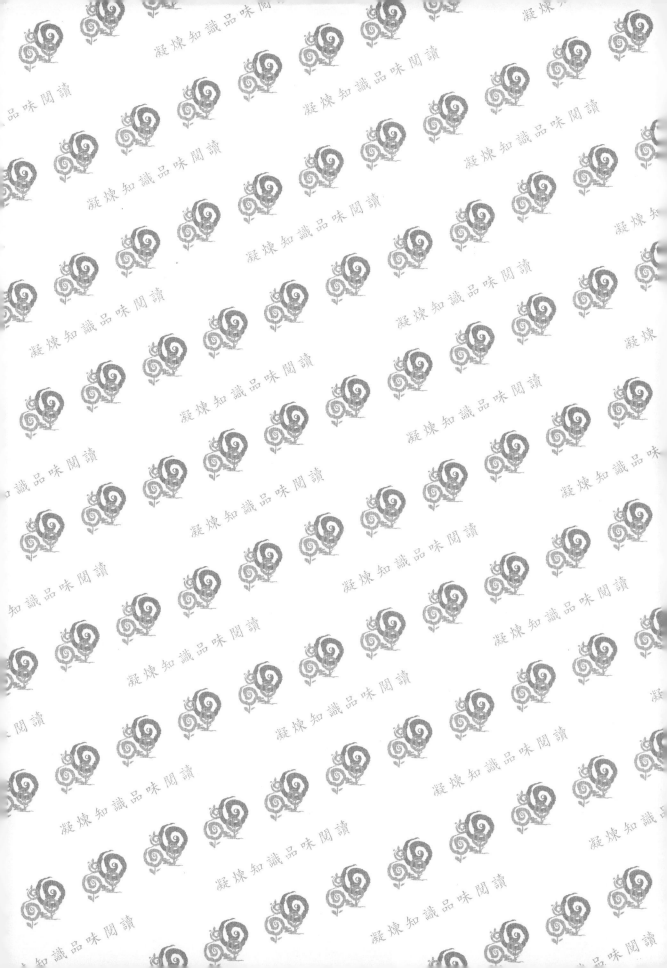

統計學
SPSS操作與應用

林曉芳—————————著

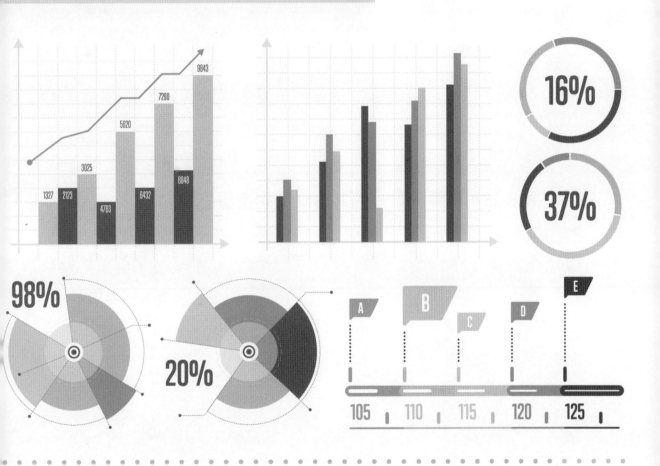

五南圖書出版公司 印行

本書 SPSS 25.0 相關畫面，感謝 IBM 公司授權使用。

序

　　量化資料分析工具日新月異，愈來愈多種類軟體提供資料分析者使用，而 IBM SPSS Statistics 統計套裝軟體一直占有相當分量的地位，對於初學者而言，更是一個容易學習與理解的統計分析軟體。IBM SPSS Statistics 隨著使用者的需求日增與軟體研發技術的精進，新版本持續推陳出新，提供更多便利操作的功能，介面設計也不斷友善地改變，但隨著功能區域整合或搬遷，使用者也必須跟著重新認識新介面的操作方式。此外，在使用 IBM SPSS Statistics 統計套裝軟體之前，使用者必須同時具備基本的統計知能，方能有效且正確無誤地進行統計分析。

　　本書提供兩大內容，一為統計理論介紹，另一為 IBM SPSS Statistics 25.0 統計套裝軟體詳細操作步驟與說明，可以提供統計學課程使用，也可提供統計軟體課程教學使用。本書所使用的 IBM SPSS Statistics 25.0 仍為淡藍色介面，提供的統計分析功能更多元與簡便，使用者不僅可以有良好的視覺感受，也有更友善的操作介面，輕鬆作統計分析。對於喜歡體驗新軟體的讀者而言，又是個學習新功能的好機會。

　　本書共分成三大篇，第一篇為「IBM SPSS Statistics 25.0 中文版基本功能操作」，介紹 IBM SPSS Statistics 的基本功能，包含資料的建立、讀取、轉換與變數定義等；第二篇為「統計理論與 IBM SPSS Statistics 25.0 中文版實務操作」，介紹初等統計學理論及其 IBM SPSS Statistics 軟體操作步驟；第三篇為「量表資料處理」，介紹問卷資料處理與分析的基本理論，包含項目分析、因素分析、信度分析，以及複選題的處理等。期待能提供授課教師、修課同學，以及自修學習初等統計學與 IBM SPSS Statistics 之讀者有更完整的內容。

　　這本書能夠順利出版，要非常感謝五南圖書出版公司侯家嵐主編，謝謝主編提醒、鼓勵與促成。期待本書能協助剛踏入統計學領域、對量化研究有興趣的初學者，

以及正在撰寫研究論文需要使用 IBM SPSS Statistics 統計套裝軟體的研究生與研究者，都能有實質的幫助。本書已努力再三校對，若有疏漏、錯誤或不確實之處，責任由本人全部負責，在此由衷祈求學界先進及專家學者們，能夠不吝指教，不勝感激。

林曉芳

2019 年 8 月 20 日於臺中

目　錄

第一篇

IBM SPSS Statistics 25.0中文版基本功能操作

第 1 章

認識 IBM SPSS Statistics 25.0 中文版

S
P
S
S

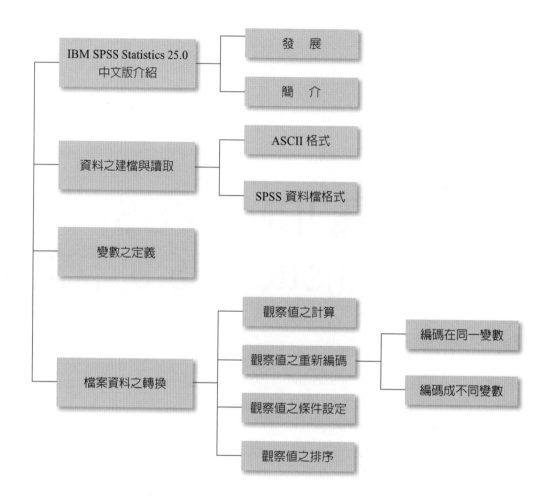

1-1 IBM SPSS Statistics 25.0 中文版介紹

一、SPSS 之發展

1968 年，美國史丹佛大學的 3 位研究生開發出最早的 SPSS（Statistical Package for the Social Sciences）軟體；1975 年，在美國芝加哥成立 SPSS 公司；1984 年，SPSS 公司推出第一個可以在 DOS 運作之統計分析軟體的 PC 版本，亦即 SPSS／PC+ 版，此為世人所知之初期 DOS（SPSS/PC+）版形式，當時主要使用對象為中小型計算機和企業用戶，產品統稱 SPSSx 版，後來又相繼推出 Windows 和 Mac OS X 等操作系統版本，並且不斷擴展軟體的功能，奠定了 SPSS 的基本面貌。至視窗（WINDOWS）介面電腦作業系統開始普及後，SPSS 也開發視窗版軟體，不僅增加許多過去 PC 版所沒有的功能，也提升了使用者的便利性，讓使用者不需再自行撰寫 SPSS 程式，利用滑鼠功能，點選所需的統計分析方法，輔以鍵盤輸入，即可快速地獲得統計分析結果。在版本不斷修正更迭過程中，許多指令功能產生些微不同的輸出結果，以及放置的位置也有所差異，但使用者無須擔心，儘管版本不同，其所輸出的數值結果皆僅是小數點取位的些微差異，對於整筆資料的分析結論仍是相同。

SPSS 介面有較大幅度的改變應屬 SPSS 16.0 開始，2008 年底至 2009 年底，SPSS Statistics 17.0 版（包含 PASW Statistics 17.0.1、PASW Statistics 17.0.2 與 PASW Statistics 17.0.3 版本）陸續發布 SPSS Statistics 17.0 版的功能設計和 SPSS 16.0 一樣，直到 PASW Statistics 18.0 問世後，功能更有大幅度地修改。接著在 2009 年底發表畫面更精美、功能更多元化的 PASW（Predictive Analytics Suite Workstation）Statistics 18.0.0（還有 PASW Statistics 18.0.1、PASW Statistics 18.0.2 與 PASW Statistics 18.0.3 等版本），介面樣式和功能操作與先前版本有很大差異，介面改為彩色，圖像符號變大，版面設計也較為活潑豐富，並且，輸出檔的附檔名也和過去版本完全不相容，即由過去的 .spo 改成 .spv。值得慶幸的是，資料編輯程式檔的附檔名（.sav）一直未更動，過去建置的檔案依舊可以開啓，然輸出檔就無法開啓。另外一大改變是，相較於過去的版本，自 PASW Statistics 18.0 開始有個貼心使用者的功能修正，過去版本的資料編輯程式都只能開一個，使用者若欲進行檔案間的資料交換、查詢時是非常不便，且甚至無法進行，而 PASW Statistics 18.0 開始修改這個功能，讓使用者可以同時開啓數個資料編輯程式檔，且對於變數欄位的限制也獲得放寬，更加便利於資料的處理與應用。2009 年 IBM 高價收購 SPSS 公司，並將軟體更名為 IBM SPSS，IBM

SPSS Statistics 19.0 於 2010 年 8 月間世，之後幾乎每隔一年即更新版本，至 2018 年又推出最新版本為 IBM SPSS Statistics 25.0，不僅功能模組更加多元化，操作使用也更加便利簡單。本書所使用的操作介面即為 IBM SPSS Statistics 25.0 中文版。此版本極類似 24.0 版的功能與介面，仍以藍色為底，圖像大且色彩清晰，操作功能則較先前版本更多元簡便。由於指令使用簡單，且提供完善的引導說明，加上有中文版介面，使用者在具備基本的統計知識後，即可自行操作。儘管軟體名稱不斷更改，但世人已經習慣以 SPSS 稱呼之。

在使用 IBM SPSS Statistics 25.0 中文版進行資料分析之前，除了可在資料編輯程式檔內建立資料，也可以由其他軟體讀取資料。一般而言，可被讀取的資料包含兩大類：一可為純文字資料檔（ASCII）格式（如：.dat、.txt 等副檔名格式），或 SPSS 軟體可辨識的資料檔（如：.sav 或 EXCEL 文書處理軟體等副檔名格式）開啟資料內容。SPSS 可同時顯示數種不同副檔名之視窗（如：Data 視窗、Output 視窗、Chart 視窗、Syntax 視窗、Help 視窗），視使用者的需求，隨時進行所需工具的轉換。其中，Syntax 視窗可提供使用者在 SPSS 程式使用的修改。此外，欲發揮更大的資料處理功能，SPSS 軟體開發愈來愈多的模組，除了一般常用的是 IBM SPSS Statistics Base 模組，尚有 IBM SPSS Regression、IBM SPSS Advanced Statistics、IBM SPSS Amos、IBM SPSS Neural Networks、IBM SPSS Missing Values、IBM SPSS Forecasting、IBM SPSS Exact Tests、IBM SPSS Direct Marketing、IBM SPSS Decision Trees、IBM SPSS Data Preparation、IBM SPSS Custom Tables、IBM SPSS Conjoint、IBM SPSS Complex Samples、IBM SPSS Categories、IBM SPSS Bootstrapping、IBM SPSS Server 等模組。另外安裝時除了 SPSS 模組之外，也同時有時下盛行的 Python 模組。本書內容為 SPSS 25.0 Base 模組介面。

二、IBM SPSS Statistics 25.0 Base 模組視窗功能之簡介

為了進行功能介紹，先行輸入資料（範例檔案名稱：敘述統計 .sav），如圖 1-1 所示。在此畫面的左下角，有兩個切換視窗欄，一為「資料視圖」，另一為「變數視圖」，方便使用者隨時切換檢視資料與變數間的設定。變數視圖如圖 1-2 所示，變數視圖視窗可提供使用者定義變數名稱、設定資料類型、欄位寬度、小數點位數、進行變數標籤、對變數的數值作定義設定、遺漏值設定等功能。

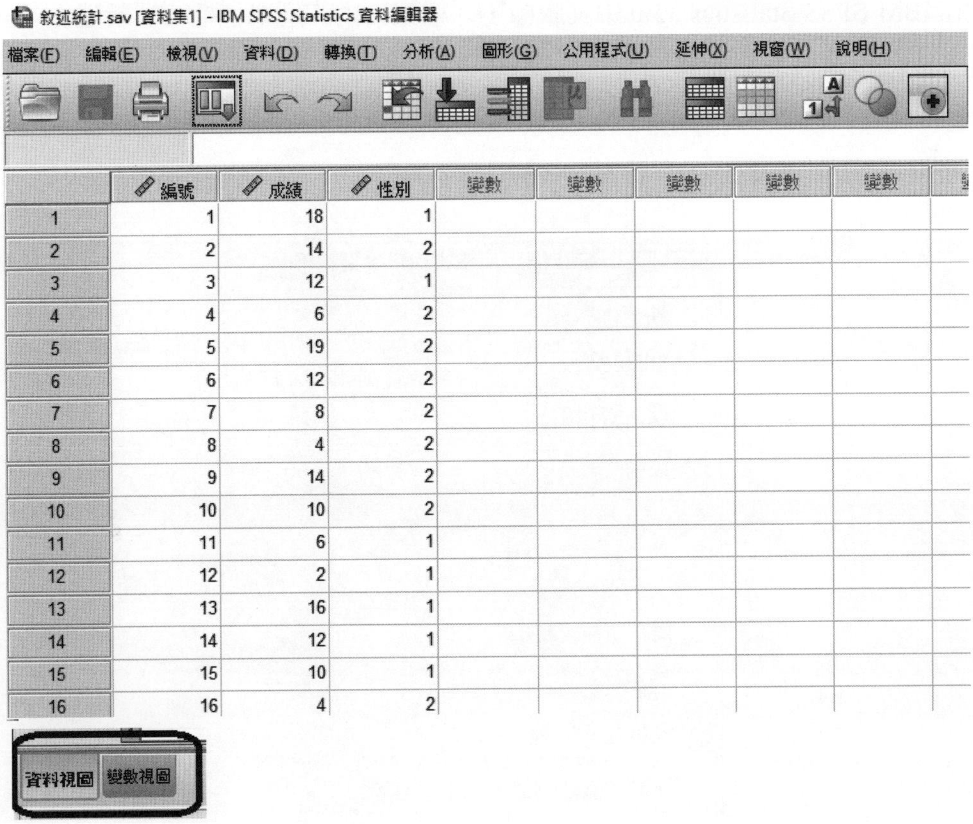

圖 1-1 「資料編輯程式—資料視圖」畫面

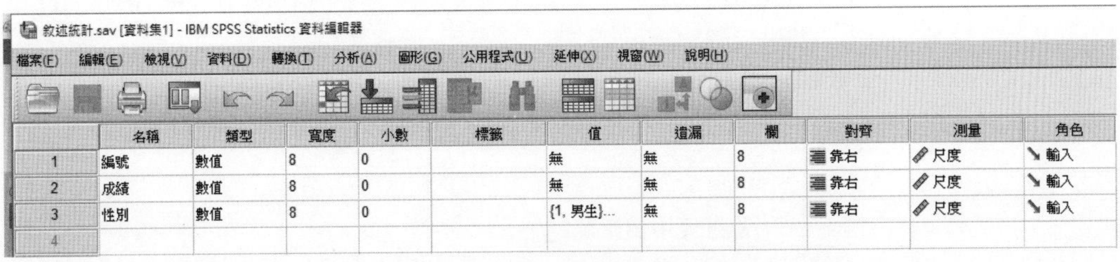

圖 1-2 「資料編輯程式—變數視圖」畫面

IBM SPSS Statistics 25.0 中文版資料編輯程式內有下列各項功能：「檔案」、「編輯」、「檢視」、「資料」、「轉換」、「分析」、「圖形」、「公用程式」、「延伸」、「視窗」與「說明」等各項，其中有些選擇項目為一層，也有再細分為二層或三層者。相較於早期 PASW 的版本，IBM SPSS Statistics 25.0 的介面不大相同，功能增加許多種類，而且歸類狀況也稍有差異。

在 IBM SPSS Statistics 25.0 中文版中，「檔案」內的選單包括：「新建」、「開啟」、「匯入資料」、「關閉」、「儲存」、「另存新檔」等選項。當資料編輯程式內容是空的時候，某些選項會顯示灰白色，表示該選項目前無法使用。其畫面如圖1-3 所示。

圖 1-3　功能列之「檔案」內容

　　「編輯」內的選單有：「復原」、「重做」、「剪下」、「複製」、「貼上」、「清除」、「插入變數」、「插入觀察值」、「尋找」、「尋找下一個」、「取代」、「移至觀察值」、「移至變數」、「移至插補」與「選項」等功能選擇。當資料編輯程式內容是空的時候，某些選項會顯示灰白色，表示該選項目前無法使用。其畫面如圖 1-4 所示。

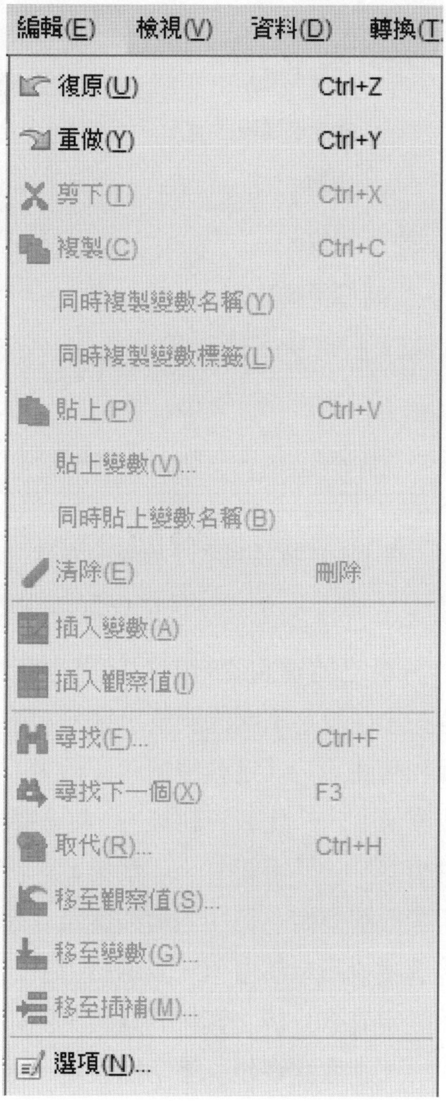

編輯(E)	檢視(V)	資料(D)	轉換(T	
↶ 復原(U)			Ctrl+Z	
↷ 重做(Y)			Ctrl+Y	
✗ 剪下(T)			Ctrl+X	
複製(C)			Ctrl+C	
同時複製變數名稱(Y)				
同時複製變數標籤(L)				
貼上(P)			Ctrl+V	
貼上變數(V)...				
同時貼上變數名稱(B)				
✎ 清除(E)			刪除	
插入變數(A)				
插入觀察值(I)				
尋找(F)...			Ctrl+F	
尋找下一個(X)			F3	
取代(R)...			Ctrl+H	
移至觀察值(S)...				
移至變數(G)...				
移至插補(M)...				
選項(N)...				

圖 1-4　功能列之「編輯」內容

「檢視」內的選單有：「狀態列」、「工具列」、「功能表編輯器」、「字型」、「格線」、「值標籤」、「標示插補資料」、「自訂變數視圖」與「變數」等功能選擇。通常使用者較少操作「檢視」這項功能，多以內定格式為主。其畫面如圖1-5 所示。

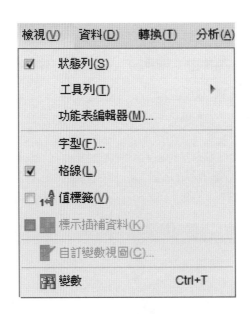

圖 1-5　功能列之「檢視」內容

「資料」是進行統計分析之前重製資料或單純整理資料時經常用到的功能，其選單有：「定義變數內容」、「設定不明的測量水準」、「複製資料內容」、「新建自訂屬性」、「定義日期和時間」、「定義複選題分析集」、「驗證」、「識別重複觀察值」、「識別異常觀察值」、「比較資料集」、「對觀察值排序」、「對變數排序」、「轉置」、「合併檔案」、「重組」、「聚集」、「正交設計」、「複製資料集」、「分割檔案」、「選取觀察值」與「加權觀察值」等功能選項。當資料編輯程式內容是空的時候，某些選項會顯示灰白色，表示該選項目前無法使用。在這類功能中，使用者將利用這些功能定義欲分析之資料的意義，例如：使用「加權觀察值」功能；或利用「分割檔案」、「選取觀察值」等功能設定，可進行多個群體或某單一群體資料的處理；或利用「合併檔案」功能，新增變數或觀察值。這些功能都是未來在進行描述統計分析或推論統計分析前資料整理的必要步驟。其畫面如圖 1-6 所示。

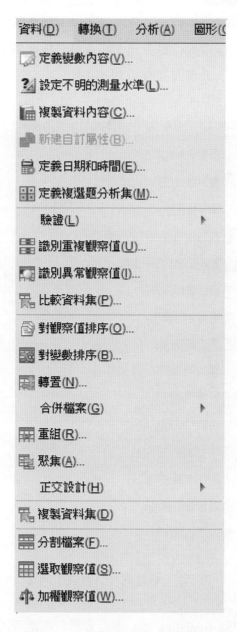

圖 1-6　功能列之「資料」內容

　　「轉換」也是進行統計分析前常使用的功能，其選單內容包含：「計算變數」、「計算觀察值內的值」、「偏移值」、「重新編碼成相同的變數」、「重新編碼成不同變數」、「自動重新編碼」、「視覺化歸類」、「最佳歸類」、「準備建模用的資料」、「秩觀察值」、「日期和時間精靈」、「建立時間序列」、「取代遺漏值」、

「亂數產生器」與「執行擱置的轉換」等功能選項。此功能主要進行原始資料結構內容的轉換，以方便使用者後續進行更多元性的資料分析，例如：「計算變數」、「重新編碼」都是常用的功能。其畫面如圖 1-7 所示。

圖 1-7　功能列之「轉換」內容

　　「分析」為 IBM SPSS Statistics 25.0 進行資料分析處理的主要功能，提供使用者進行各項統計分析之選擇，包含：「報告」、「敘述統計」、「貝氏統計資料」、「表格」、「比較平均數」、「一般線性模型」、「概化線性模型」、「混合模式」、「相關」、「迴歸」、「對數線性」、「神經網路」、「分類」、「維度縮減」、「比例」、「無母數檢定」、「預測」、「存活」、「複選題」、「遺漏值分析」、「多重插補」、「複式樣本」、「模擬」、「品質控制」、「空間及時間建模」與「直效行銷」等大類，25.0 版本可說是不僅適用於社會科學領域（如：教育、

心理、社會、統計、商業、管理、行銷、醫學等）使用者操作，生物醫學等自然科學領域的研究者也非常適合使用，以上各類選項內容又包含多種方法，且大大地提升了 SPSS 軟體的功能性。其畫面如圖 1-8 所示。

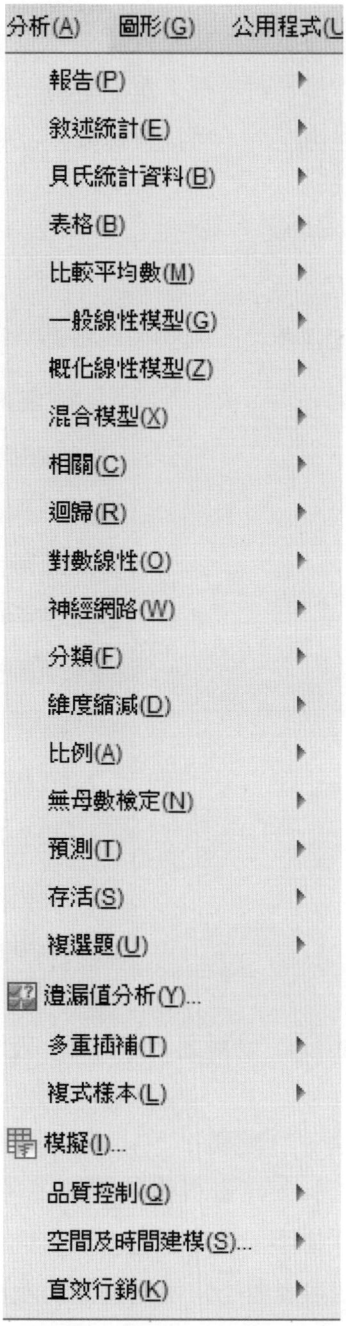

圖 1-8 功能列之「分析」內容

「圖形」為 SPSS 軟體中，僅次於「分析」功能為最常被使用的統計分析選項之一。自 PASW Statistics 18.0 中文版開始，統計圖種類已明顯增加，而且在使用介面的設計也顯得更加人性化，內容包含：「圖表建置器」、「圖表板範本選擇器」與「舊式對話框」等選項，其畫面如圖 1-9 所示。使用者只要有資料在編輯程式中，點選統計圖形類別，即可作初步的預覽，使用者無須在設定完畢之後才知道選擇的統計圖究竟對不對或適不適合。「舊式對話框」選項是將一般使用者常用的統計圖類型歸納在此，以便利使用者在挑選功能時，可以快速找到欲繪製的統計圖。

圖 1-9　功能列之「圖形」內容

「公用程式」內的選單有：「變數」、「OMS 控制台」、「OMS ID」、「評分精靈」、「合併模型 XML」、「資料檔註解」、「定義變數集」、「使用變數集」、「顯示所有變數」、「拼字」、「執行 Script」、「生產設備」、「地圖轉換公用程式」等。一般而言，使用者並不常使用這類功能。其畫面如圖 1-10 所示。

圖 1-10　功能列之「公用程式」內容

相較於過去 21.0 版（含）之前的版本，沒有「延伸」這項功能，大多數的使用者也不太會用到此功能，其選單內容有：「延伸中心」、「安裝本端延伸組合」、「延伸的自訂對話框建置器」，以及「公用程式」等。其畫面如圖 1-11 所示。

圖 1-11　功能列之「延伸」內容

「視窗」內的選單有：「分割」、「所有視窗縮至最小」、「移至指定檢視器視窗」、「移至指定語法視窗」與「重設對話框大小和位置」，以及現在正使用之視窗名稱。自 PASW Statistics 18.0 版本開始，已可以在同一時間內開啟多個資料編輯程式（副檔名為 .sav）視窗，而其他的程式視窗亦無限制，如：語法檔、輸出檔等，皆可同時存在多個視窗。其畫面如圖 1-12 所示。

圖 1-12　功能列之「視窗」內容

最後一項功能是「說明」，內建選單有：「主題」、「SPSS 支援中心」、「SPSS 論壇」、「PDF 格式的說明文件」、「指令語法參考」、「相容性報告工具」、「檢查更新」、「關於」、「診斷工具」與「IBM SPSS Predictive Analytics Community」等功能。使用者若對 IBM SPSS Statistics 25.0 的操作有任何疑問，則可利用此項功能，開啟 SPSS 產品首頁，進入各項內容說明，建議使用者可以利用這項功能。其畫面如圖 1-13 所示。

圖 1-13　功能列之「說明」內容

　　IBM SPSS Statistics 25.0 在圖示工具列中新增「顯示工具列」選項，如圖 1-14 所示。點選之後，跳出「顯示工具列」視窗，使用者可以選擇要針對哪個視窗內容進行資料設定與編輯。

1-2　資料之建檔與讀取

　　檔案之讀取主要有兩種方法，得視資料的存檔格式而定。一為 SPSS 資料檔格式，副檔名為 .sav；另一種則為 ASCII 格式，副檔名多為 .dat 或 .txt，也常有使用者會將資料建立在 Excel 或 Access 檔格式。以下將示範開啟純文字檔和直接開啟 SPSS 程式檔等兩種常用格式的資料讀取方式。

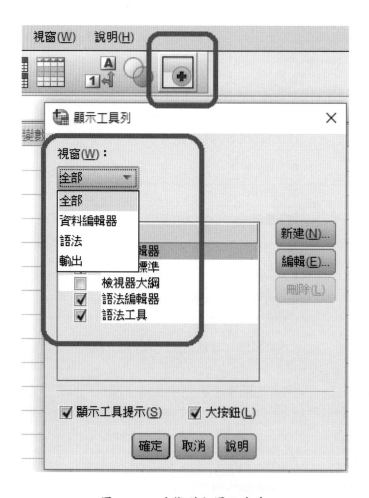

圖 1-14　功能列之圖示內容

一、純文字資料──ASCII 格式

　　一般人在處理問卷資料或建立資料庫時，多採用 Windows 系統之附屬應用程式的記事本來建立資料檔。故以下將介紹如何將 ASCII 檔轉成 SPSS 資料格式檔。

　　首先，開啓 IBM SPSS Statistics 25.0 視窗，點選「檔案」中的「匯入資料」選項，出現「文字資料」對話框，如圖 1-15 所示。

　　選擇所要開啓之 ASCII 檔案，副檔名一般為「.txt」、「.dat」、「.csv」、「.tab」，本書此處以 .txt 檔為例，如圖 1-16 所示。點選資料檔中的「問卷編碼 .txt」檔案，按「開啓」之後則進入「文字匯入」精靈操作步驟。

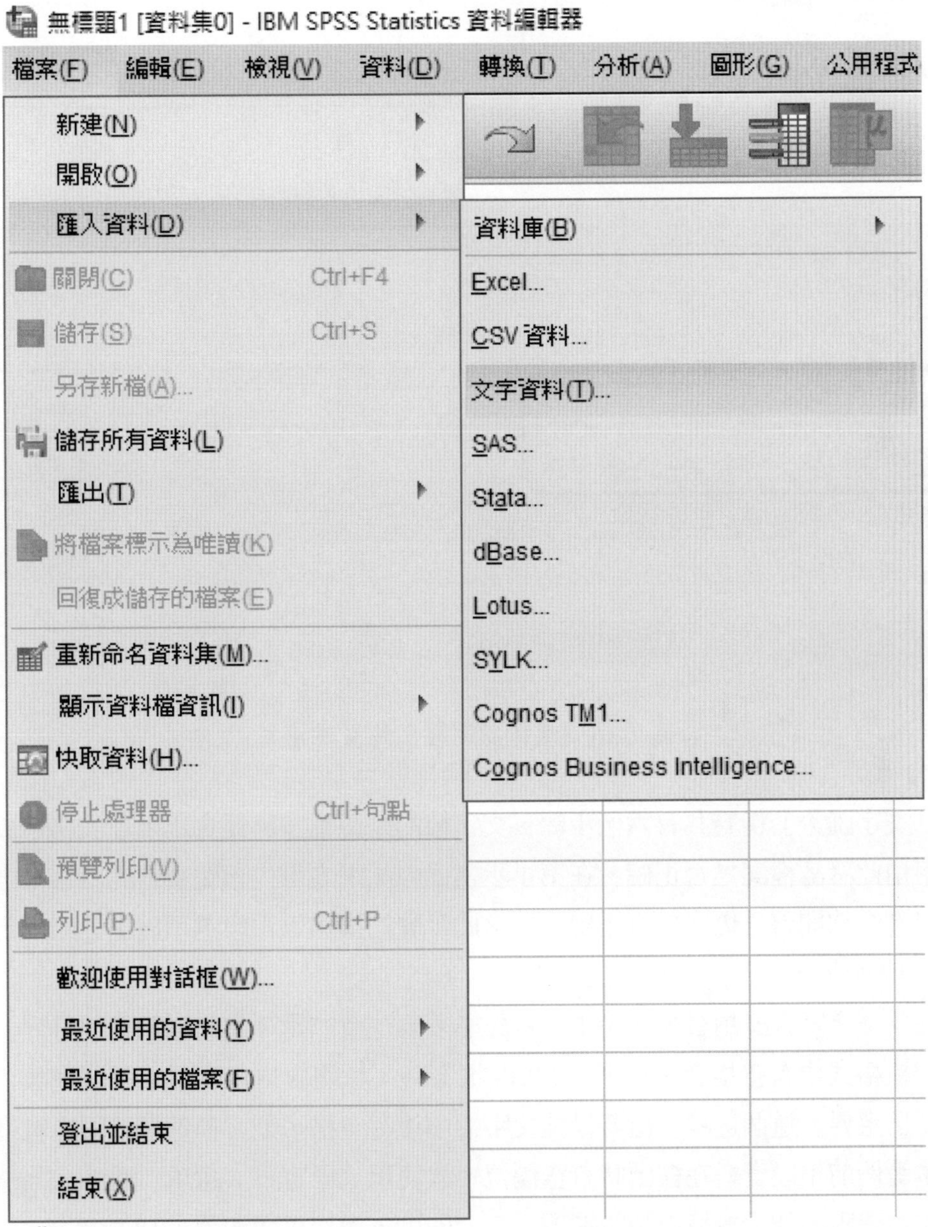

無標題1 [資料集0] - IBM SPSS Statistics 資料編輯器

| 檔案(F) | 編輯(E) | 檢視(V) | 資料(D) | 轉換(T) | 分析(A) | 圖形(G) | 公用程式 |

新建(N) ▶

開啟(O) ▶

匯入資料(D) ▶　　　資料庫(B) ▶

關閉(C)　　　Ctrl+F4　　Excel...

儲存(S)　　　Ctrl+S　　 CSV 資料...

另存新檔(A)...　　　　　文字資料(T)...

儲存所有資料(L)　　　　SAS...

匯出(T) ▶　　　　　　　Stata...

將檔案標示為唯讀(K)　　dBase...

回復成儲存的檔案(E)　　Lotus...

重新命名資料集(M)...　　SYLK...

顯示資料檔資訊(I) ▶　　Cognos TM1...

快取資料(H)...　　　　　Cognos Business Intelligence...

停止處理器　　Ctrl+句點

預覽列印(V)

列印(P)...　　Ctrl+P

歡迎使用對話框(W)...

最近使用的資料(Y) ▶

最近使用的檔案(F) ▶

登出並結束

結束(X)

圖 1-15　點選「檔案」的「匯入資料」選項

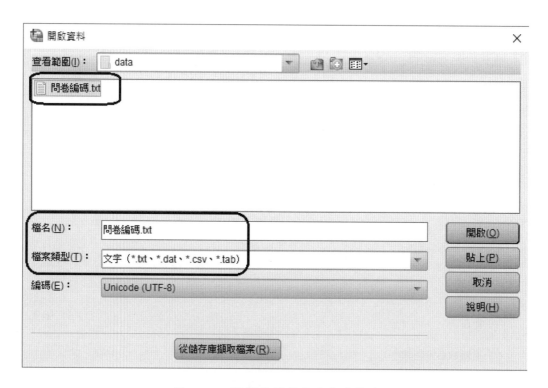

圖 1-16　選擇欲開啓之純文字檔案

　　「文字匯入」精靈共有六個步驟，文字檔的來源檔案路徑會出現在表格中央，使用者可由此確認檔案是否正確。在第 1 步畫面中，下方可先預覽資料的內容，再次讓使用者確認欲開啓之檔案是否正確。通常此步驟的操作以預設選項爲主，無須更動，如圖 1-17 所示。

　　在「文字匯入」精靈第 2 步中，首先必須要注意的是「您的變數如何排列」，若純文字檔格式中有空格者，在匯入 SPSS 檔案時，軟體會自行區隔成不同變數，則可選取「已定界」這個選項；但若是純文字檔中沒有空格，則必須選擇「固定寬度」選項。本範例前半段資料在編碼時有空欄位，故使用「已定界」選項。此外，因檔案內容未包含變數名稱，故使用預設選項「否」即可，操作畫面如圖 1-18 所示。

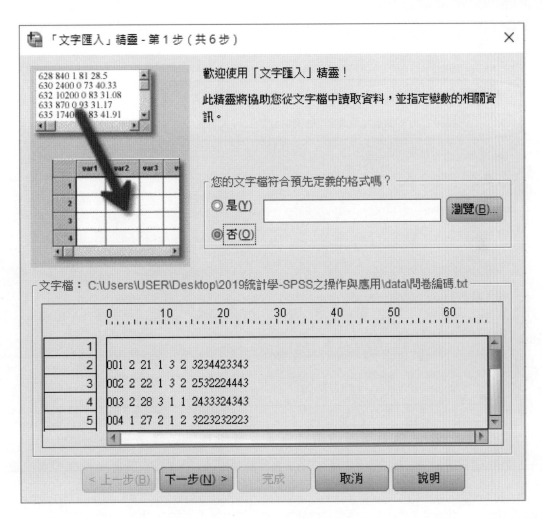

圖 1-17 出現「文字匯入」精靈視窗，確認欲開啟之檔案是否正確，點選「下一步」繼續

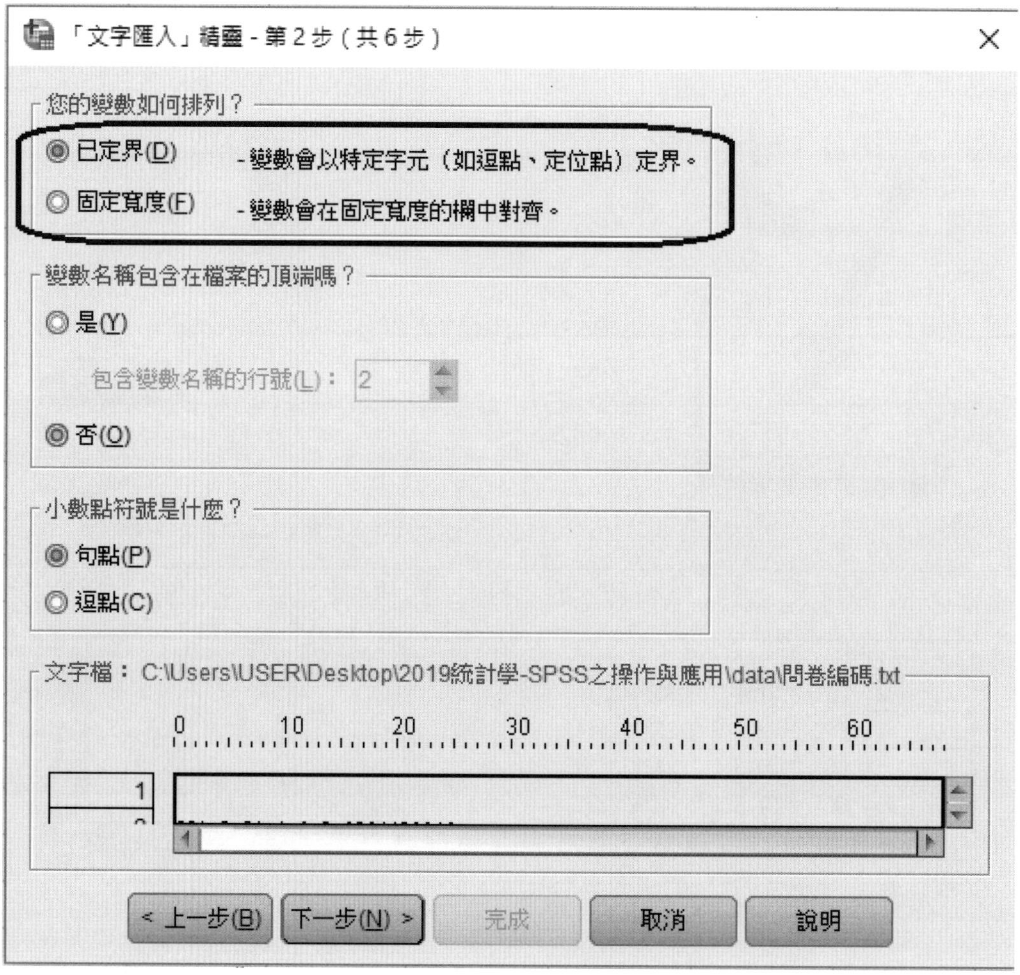

圖 1-18 選擇「已定界」，並按「下一步」繼續

在「文字匯入」精靈第 3 步，設定在「已定界」部分，通常是選擇匯入「所有觀察值」。若使用者有特別需求，可自行輸入欲匯入的觀察值筆數，如圖 1-19 所示。

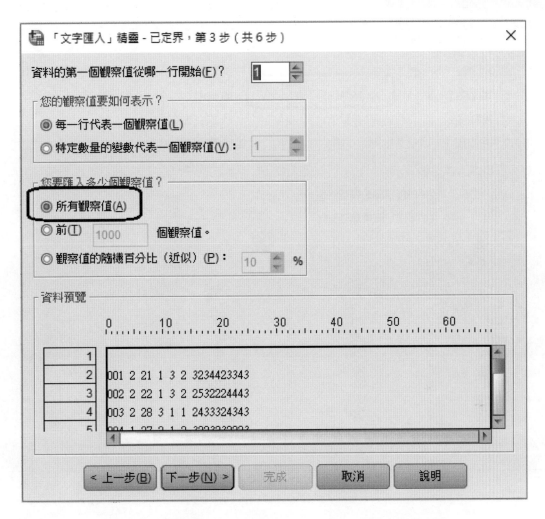

圖 1-19　選擇匯入「所有觀察值」，並按「下一步」繼續

　　在「文字匯入」精靈第 4 步，設定在「已定界」部分，進行資料內容的預覽，讓使用者確認欲開啟的純文字檔內容是否如系統所設定的格式分隔（如：利用空格作分隔），完成後如圖 1-20 所示。

圖 1-20　變數欄位寬度分隔完成預覽

　　在「文字匯入」精靈第 5 步，呈現正式資料內容的預覽，使用者可自行輸入變數名稱與設定資料格式。若發現資料分隔的內容錯誤，可點選「上一步」，回到之前的步驟再重作設定，如圖 1-21 所示。

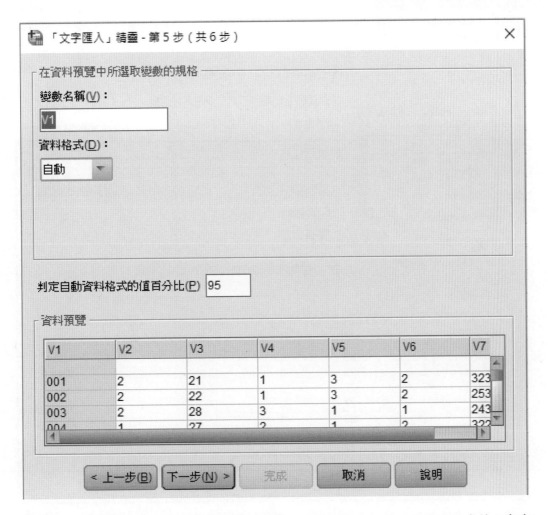

圖 1-21　資料預覽無誤，按「下一步」繼續，否則回到上一步，重新區隔資料之寬度

　　在「文字匯入」精靈第 5 步已完整地定義純文字檔的格式，使用者可再做最後一次的預覽。對話框的選項通常不更動，除非使用者有其他目的，再自行更改預設狀態，如圖 1-22 所示。完成檔案讀入資料視圖之畫面，如圖 1-23 所示。

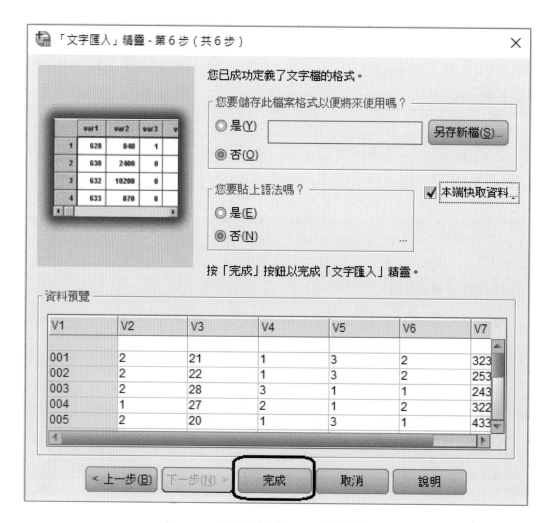

圖 1-22　依預設格式，點選「完成」

　　開啓純文字檔格式時，使用者特別需要判斷的部分是在第 2 步，系統提供兩種「您的變數如何排列」的選項，以上的操作乃是根據純文字檔格式已有空格作爲變數的區分。但若如本例後半段資料建檔的方式是沒有空格，故在第 2 步的作法就必須點選「固定寬度」，由使用者自行分隔變數內容的長度，操作畫面如圖 1-24 所示。

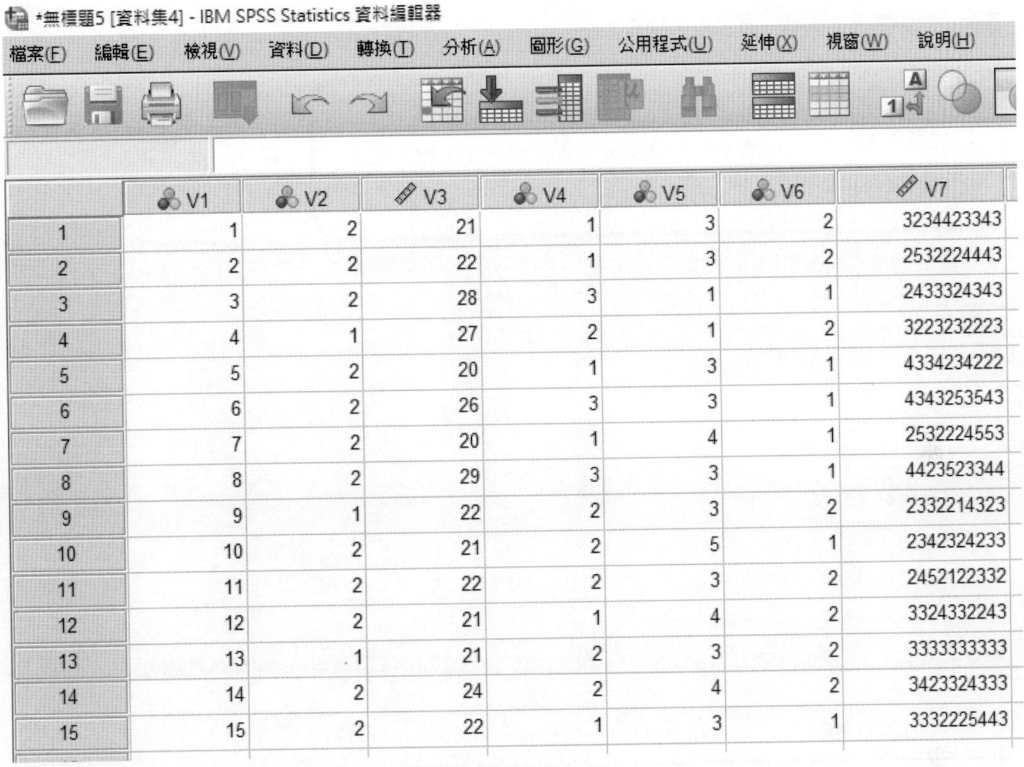

	V1	V2	V3	V4	V5	V6	V7
1	1	2	21	1	3	2	3234423343
2	2	2	22	1	3	2	2532224443
3	3	2	28	3	1	1	2433324343
4	4	1	27	2	1	2	3223232223
5	5	2	20	1	3	1	4334234222
6	6	2	26	3	3	1	4343253543
7	7	2	20	1	4	1	2532224553
8	8	2	29	3	3	1	4423523344
9	9	1	22	2	3	2	2332214323
10	10	2	21	2	5	1	2342324233
11	11	2	22	2	3	2	2452122332
12	12	2	21	1	4	2	3324332243
13	13	1	21	2	3	2	3333333333
14	14	2	24	2	4	2	3423324333
15	15	2	22	1	3	1	3332225443

圖 1-23　完成讀取文字資料（資料視圖畫面）

在「文字匯入」精靈第 3 步，已設定為「固定寬度」，其後續作法和前述相同，通常是選擇匯入「所有觀察值」。若使用者有特別的需求，可自行輸入欲匯入的觀察值筆數，則如圖 1-25 所示。

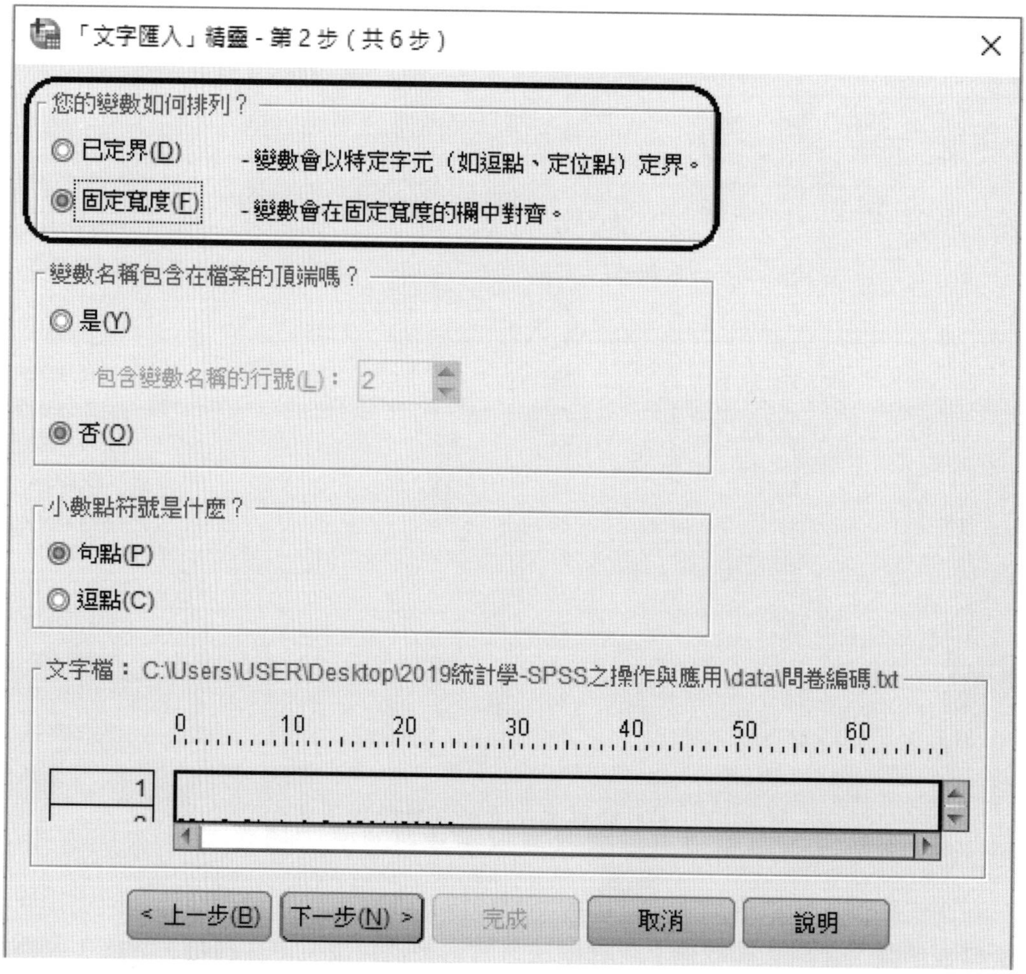

圖 1-24　只要有資料在編碼時未空格，就必須選擇「固定寬度」，才能完整無誤地讀取正確資料

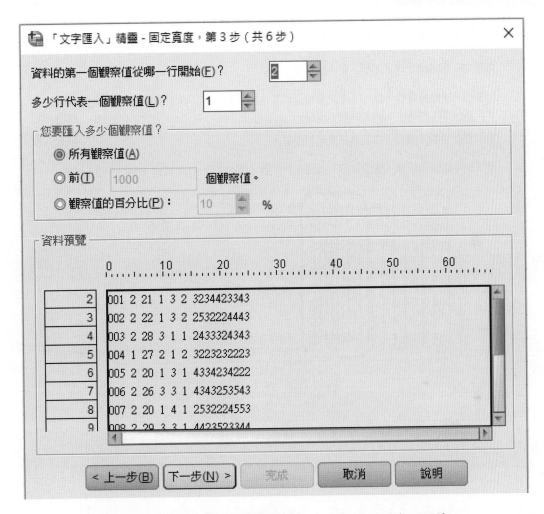

圖 1-25　選擇匯入「所有觀察值」，並按「下一步」繼續

在「文字匯入」精靈第 4 步，已設定為「固定寬度」，進行資料內容的預覽，讓使用者確認是否如系統所設定的變數格式分割。若否，則使用者可自行依各變數的寬度，移動滑鼠至數值旁點選一下，即出現分隔線，或者輸入欲分隔的欄位編號，點選「插入分段」。若分隔錯誤，則請將滑鼠移至欲刪除的位置，該線段會由黑色變成藍色，再點選「刪除分段」，分隔線即消失。待全部都分隔好之後，即可點選下一步，如圖 1-26 所示。

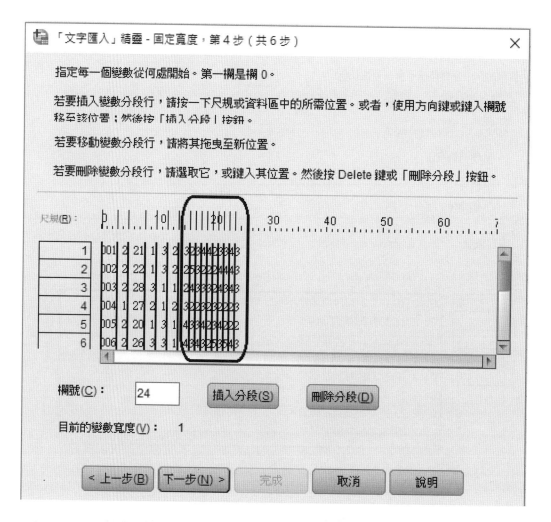

圖 1-26　就所需要的寬度，按滑鼠左鍵在上方尺規進行區隔，並按「下一步」繼續

　　第 5 步即是讓使用者再確認資料內容的分割是否正確。若否，則可點選「上一步」進行修改；若確定無誤，可提前結束該步驟，直接點選「完成」，或者也可以點選「下一步」，再次確認後即完成文字檔案的匯入動作。完成文字資料匯入後，即變成 SPSS 格式的檔案，「資料視圖」畫面如圖 1-27 所示；使用者可在「變數視圖」視窗進行各項變數資料的定義（請參閱「1-3 變數之定義」單元之介紹），如圖 1-28 所示。

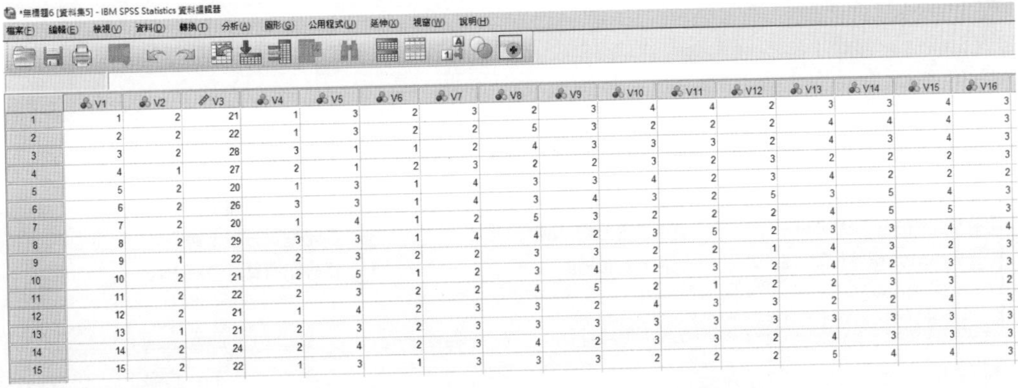

	V1	V2	V3	V4	V5	V6	V7	V8	V9	V10	V11	V12	V13	V14	V15	V16
1	1	2	21	1	3	2	3	2	3	4	4	2	3	3	4	3
2	2	2	22	1	3	2	2	5	3	2	2	2	4	4	4	3
3	3	2	28	3	1	1	2	4	3	3	3	2	4	3	4	3
4	4	1	27	2	1	2	3	2	2	3	2	3	2	2	2	3
5	5	2	20	1	3	1	4	3	3	4	2	3	4	2	2	2
6	6	2	26	3	3	1	4	3	4	3	2	5	3	5	4	3
7	7	2	20	1	4	1	2	5	3	2	2	2	4	5	5	3
8	8	2	29	3	3	1	4	4	2	3	5	2	3	3	4	4
9	9	1	22	2	3	2	2	3	3	2	2	1	4	3	2	3
10	10	2	21	2	5	1	2	3	4	2	3	2	4	2	3	3
11	11	2	22	2	3	2	2	4	5	2	1	2	2	3	3	2
12	12	2	21	1	4	2	3	3	2	4	3	3	2	2	4	3
13	13	1	21	2	3	2	3	3	3	3	3	3	3	3	3	3
14	14	2	24	2	4	2	3	4	2	3	3	2	4	3	3	3
15	15	2	22	1	3	1	3	3	3	2	2	2	5	4	4	3

圖 1-27　完成讀取文字資料（資料視圖畫面）

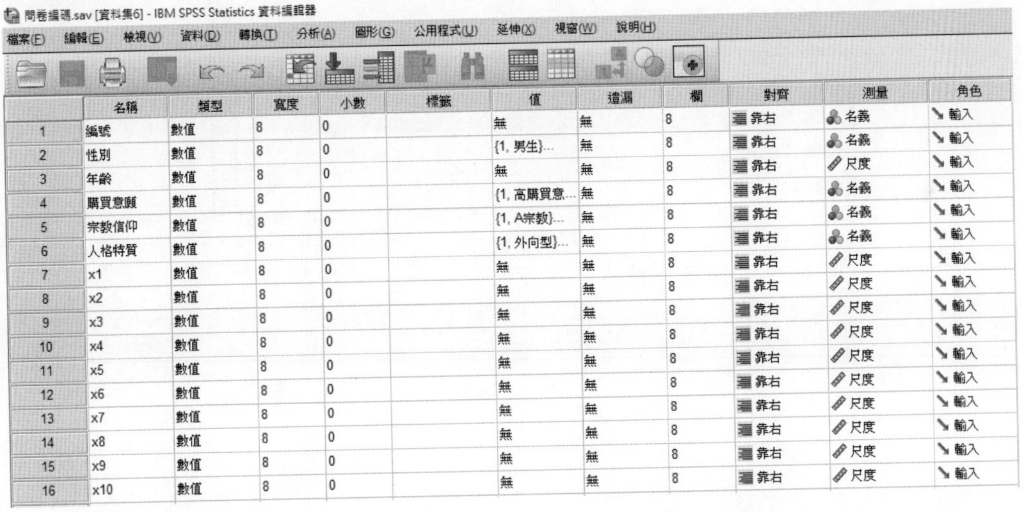

	名稱	類型	寬度	小數	標籤	值	遺漏	欄	對齊	測量	角色
1	編號	數值	8	0		無	無	8	靠右	名義	輸入
2	性別	數值	8	0		{1, 男生}...	無	8	靠右	名義	輸入
3	年齡	數值	8	0		無	無	8	靠右	尺度	輸入
4	購買意願	數值	8	0		{1, 高購買意...	無	8	靠右	名義	輸入
5	宗教信仰	數值	8	0		{1, A宗教}...	無	8	靠右	名義	輸入
6	人格特質	數值	8	0		{1, 外向型}...	無	8	靠右	名義	輸入
7	x1	數值	8	0		無	無	8	靠右	尺度	輸入
8	x2	數值	8	0		無	無	8	靠右	尺度	輸入
9	x3	數值	8	0		無	無	8	靠右	尺度	輸入
10	x4	數值	8	0		無	無	8	靠右	尺度	輸入
11	x5	數值	8	0		無	無	8	靠右	尺度	輸入
12	x6	數值	8	0		無	無	8	靠右	尺度	輸入
13	x7	數值	8	0		無	無	8	靠右	尺度	輸入
14	x8	數值	8	0		無	無	8	靠右	尺度	輸入
15	x9	數值	8	0		無	無	8	靠右	尺度	輸入
16	x10	數值	8	0		無	無	8	靠右	尺度	輸入

圖 1-28　完成讀取文字資料（變數視圖畫面）

二、SPSS 資料檔格式

開啓 SPSS 程式檔，選擇「檔案」、「開啓」，出現「開啓資料」對話框，使用者選擇欲開啓之附檔名爲「.sav」的檔案。本例示範「SPSS 功能介紹」，故點選 SPSS 功能介紹檔案，操作步驟如圖 1-29 所示，開啓之後即如圖 1-30 所示。可點選視窗左下角的「變數視圖」瞭解變數的性質，如圖 1-31 所示。

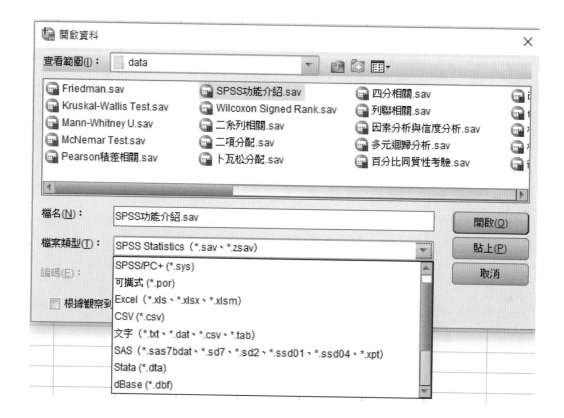

圖 1-29　點選「檔案」，選擇「開啓」，點選「資料」

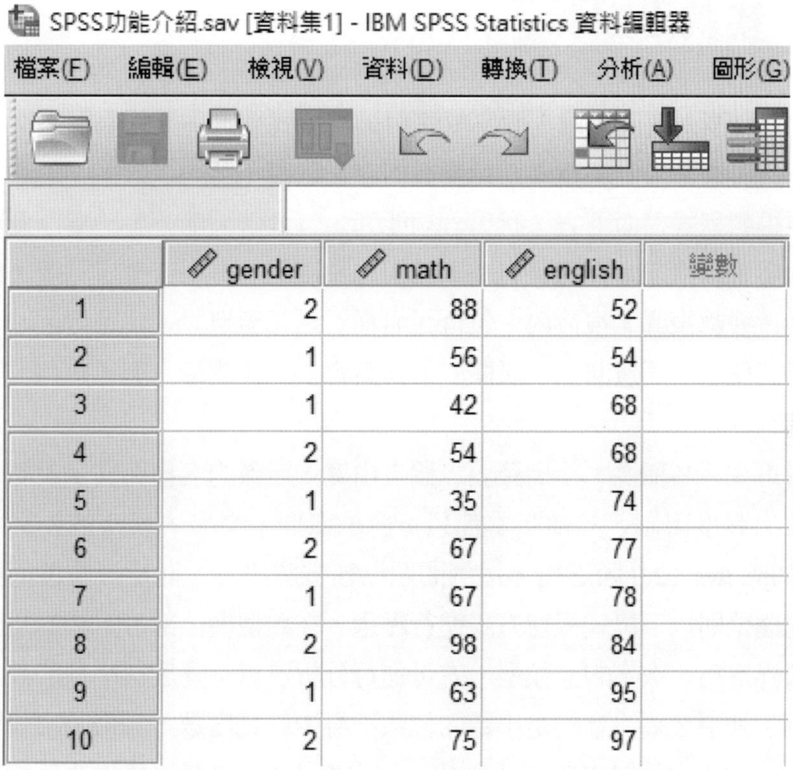

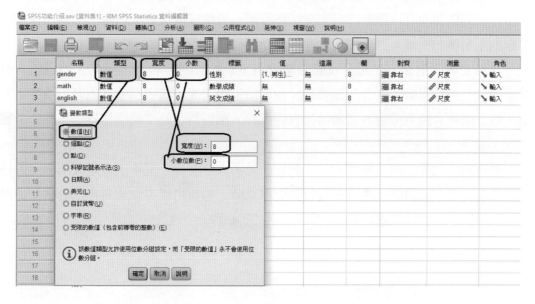

圖 1-30　開啓檔案完成，檔名出現在視窗之左上角（資料視圖畫面）

圖 1-31　開啓檔案完成，檔名出現在視窗之左上角（變數視圖畫面）

◆ 1-3　變數之定義

　　ASCII 資料讀入或直接鍵入數字於資料編輯程式後，為了報表解讀與日後方便瞭解數字的意義，則必須對各變數進行變數內容之定義。

　　在資料編輯程式畫面下方，有另一功能列，包含兩大部分，一為「資料視圖」，即為一般數字資料格式之介面；另一則為「變數視圖」。利用滑鼠點選，即可隨時切換畫面。在「變數視圖」視窗內，包含「名稱」、「類型」、「寬度」、「小數」、「標籤」、「值」、「遺漏」、「欄」、「對齊」、「測量」與「角色」等選項，如圖 1-31 所示。

　　使用者可在「名稱」、「標籤」二欄自由鍵入變數的名稱與文字說明，其中「名稱」欄位沒有長度限制，先前版本都只可容納四個中文字，或八個英文字母，而從 SPSS for Windows 12.0 版之後，這個問題已經被解決了；而標籤欄位則沒有長度限制。其他的欄位則以下拉式視窗方式進行點選，在類型欄位部分，指的是變數類型，使用者必須界定為「數字的」類型，方可進行分析運算；寬度與小數的設定，亦以滑鼠點選即可，其中必須注意的是小數的位數不可少於寬度數，否則將出現警告訊息。數值「寬度」的設定，滑鼠移至此欄位，則出現「◆」選項，使用者依需要增減寬度位數，「小數」、「欄」寬度之設定操作亦同；「標籤」即是「名稱」的註解，「名稱」可以用簡單代號代表，而「標籤」則可完整清楚的敘述，若有輸入標籤者，未來輸出報表的標題即會以標籤所訂的文字為標題，若標籤欄位是空白時，則輸出報表的標題則是名稱的內容。

　　「值」與「遺漏」二部分攸關數值資料意義的說明，若使用者輸入的數值有分類意義或某些特殊數值代表遺漏值時，皆可使用此功能，讓資料檔案內容更清楚、完整。為了讓讀者能更清楚各項數值代表的意義，則可利用此二功能作界定，操作步驟如圖 1-32 所示。

　　資料檢視功能中的「對齊」、「測量」並不太常使用，基本上多是使用內定的格式，但若在讀取資料時，系統誤判資料的性質時，將有可能導致資料無法分析，使用者可到「測量」的選項進行修正。

圖 1-32　輸入「值」與「標籤」，點選「新增」，重複此動作，直至結束後，點選「確定」
　　　　離開；遺漏是指遺漏值的設定

◆ 1-4　檔案資料之轉換

　　有時研究者所蒐集之原始資料並不適合直接進行分析，或者原始資料不足以回答
其他欲瞭解的問題，或者因遺漏值而需要作處理，故使用者必須對原始之數值資料進
行轉換、整理或設定。所謂資料之轉換，即是將目前的變數值加以改變，或以另一種
變數類型或數值呈現。以下針對觀察值之計算、觀察值之重新編碼、觀察值之條件設
定、觀察值之排序作介紹。

一、觀察值之計算：針對各個觀察值進行各項變數數值的計算

　　範例（檔名為 SPSS 功能介紹 .sav）：下表為 10 位學生的數學與英文成績，試
求每位學生兩科成績之總分與平均數。

性別	數學	英文
1	67	78
2	35	74
3	56	54
4	42	68
5	63	95

性別	數學	英文
6	88	52
7	54	68
8	75	97
9	67	77
10	98	84

IBM SPSS Statistics 25.0中文版操作步驟：

在上方功能列點選「轉換」，選擇「計算變數」，如圖 1-33 所示。出現「計算

圖 1-33　點選「轉換」，選擇「計算變數」選項

變數」之對話框，選擇欲計算之變數，如圖 1-34 所示。在「目標變數」的欄位，由使用者自行命名，本例題因欲求每位受試者在兩科目之成績總和，故將之命名為「總分」。

計算數學成績與英文成績總和的方法有兩種：一為直接鍵入或點選變數，輔以運算符號即可，操作步驟如圖 1-34 所示。另一種則是利用「函數群組」來計算，在右邊函數群組中選擇「統計」，下方的「函數與特殊變數」欄位會跟隨出現各類統計量選項，使用者可選擇「Sum」，利用箭頭選入上方的「數值表示式」，將「？」改成「math」、「english」即可，其操作步驟如圖 1-35。二者的輸出結果即如圖 1-36 所示。

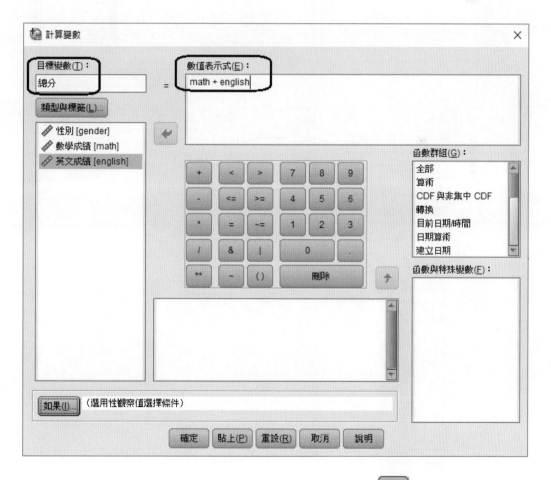

圖 1-34 「計算變數」對話框中，點選欲計算之變數，利用「 ➡ 」功能，選入「數值表示式」框中

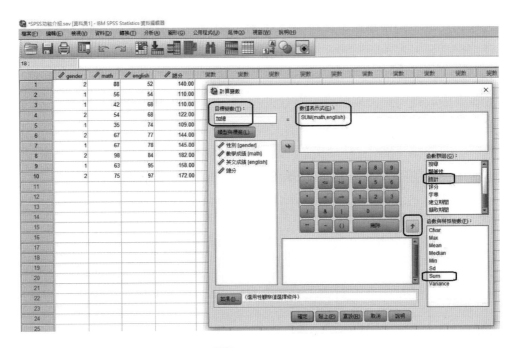

圖 1-35　選擇函數「Sum」，利用「↑」功能，放入「數值表示式」框中，設定目標變數名稱，並將問號改為「math」與「english」

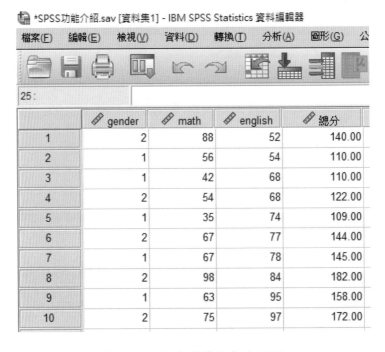

圖 1-36　總分計算之輸出結果

另外，在「計算變數」對話框下方有「如果」選項，這是提供使用者若要挑選不同族群進行運算時使用，點選後會出現另一個對話框：「計算變數：if 觀察值」，在本例中設定「gender=1」，兩種操作步驟所得之數值皆完全一樣，只是第二種方法因為有設定「gender=1」，故只有「gender=1」的觀察值會出現計算結果（圖 1-37），gender=2 的觀察值則不予以計算總分。其輸出結果如圖 1-38 所示。

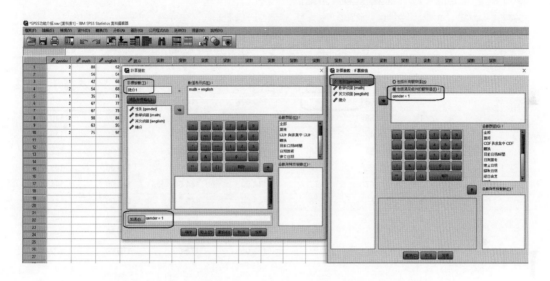

圖 1-37　僅篩選「gender=1」的觀察值做總分計算

*SPSS功能介紹.sav [資料集1] - IBM SPSS Statistics 資料編輯器

	gender	math	english	總分	總分1	
1	2	88	52	140.00	.	
2	1	56	54	110.00	110.00	
3	1	42	68	110.00	110.00	
4	2	54	68	122.00	.	
5	1	35	74	109.00	109.00	
6	2	67	77	144.00	.	
7	1	67	78	145.00	145.00	
8	2	98	84	182.00	.	
9	1	63	95	158.00	158.00	
10	2	75	97	172.00	.	
11						

圖 1-38　完成加總計算之輸出畫面

要特別提醒使用者，當資料有遺漏者，利用此兩種方式計算出來的統計量將會有所差異。運用統計函數進行計算時，會忽略遺漏者，僅計算可計算的變項數值，如「加總1」變數欄位；或是自行以語法敘寫算式，則會出現缺失值，表示無法計算，如圖 1-39「總分1」、「加總1」所示。

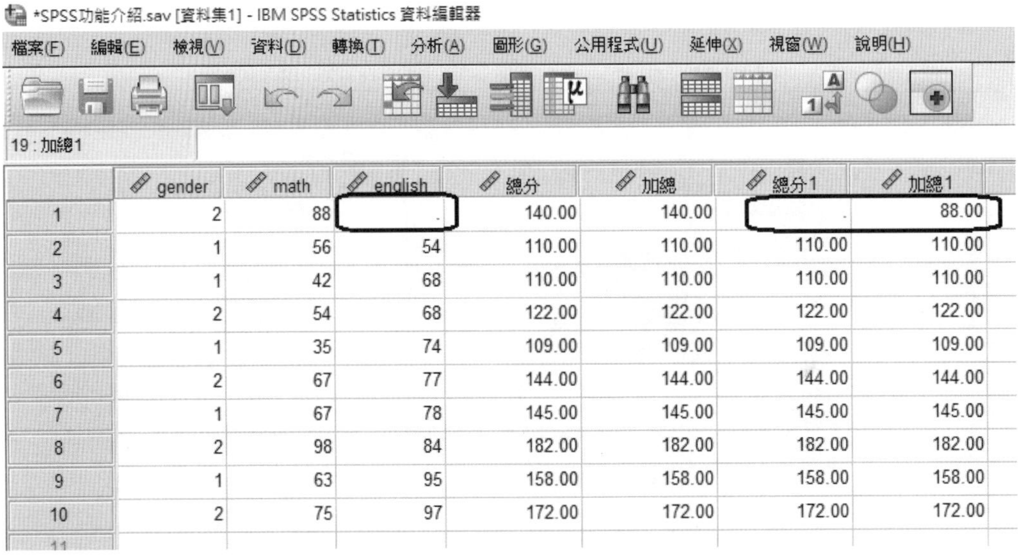

圖 1-39　有遺漏值時，兩種加總功能求得之總和並不相同

二、觀察值之重新編碼

有時蒐集回來的數據直接進行分析，並不一定可以獲得有效的訊息，或並不適合作統計分析。此時，可以利用重新編碼的方式，對各變數進行重新分類，而讓資料分析結果產生另一種意義訊息。IBM SPSS Statistics 25.0 中文版操作步驟為：「轉換」→「**重新編碼**」。觀察值重新編碼又分為兩種方式：一為重新編碼後存在相同變數中；另一為重新編碼後存在不同變數中。編碼的方式又可依不同的需求分為兩種：「一對一」和「多對一」。

一對一：把某一數值轉換成另一數值，如：1 轉成 5、2 轉成 4、3 不變、4 轉成 2、5 轉成 1。在實務上，比如問卷中的反向問題，在進行資料處理時，必須作反向計分，此時就要使用此方法。

多對一：把介於兩個數值間的所有數值轉換成某一個數值。如：21-30 間所有的數值全部轉為 1；60 以上的所有數值全部轉為 2；20 以下的全部數值轉為 3 等。比如要將連續性資料數值作幾大類的區分時，就可以使用這種方式進行資料的轉換。

至於何時該使用重新編碼後存在相同變數中,或該存在不同的變數中,則視使用者個人的需求。若希望在資料轉換之後,仍保有原始資料者,建議可以使用「重新編碼後儲存於不同變數中」這個作法,爾後若想要再作其他的轉換編碼時,仍有原始資料可以使用;然若不需要保留原始資料者,則可利用「重新編碼成相同變數」這種作法。通常多數的使用者會選擇將資料「重新編碼成不同變數」,因為這樣可以保留原始資料,以備不時之需。以下將針對編碼後的二種不同儲存方式作介紹。

(一) 重新編碼成不同變數

如範例(檔名為 SPSS 功能介紹 .sav),有 10 位學生的數學與英文小考成績。研究者欲瞭解學生小考成績及格與否的人數,故可利用重新編碼的方式,將學生成績轉換成及格與不及格兩類後,再進而進行統計分析。

若欲保留原始資料,故需將重新編碼後之數值另存於新變數。將重新編碼後之結果儲存於不同變數中,其操作步驟為:開啟「轉換」功能,選擇「重新編碼成不同變數」,如圖 1-40 所示。

圖 1-40　開啟「轉換」,選擇「重新編碼成不同變數」

出現「重新編碼成不同變數」對話框，將欲重新編碼之變數移至中間欄，變數名稱會出現「？」訊息，此目的乃是要求使用者對新變數予以命名，可在右方欄輸入新變數名稱，註解則視需要填寫，空白亦可，然後點選「變更」，則中間欄變數名稱之「？」即以新變數名稱取代，再點選另一次對話框「舊值與新值」。本例題乃是欲將數學成績轉換成及格與不及格，故在舊值的左方欄位選擇「範圍」，輸入「60」和「100」，在新值的右方欄輸入「2」，點選「新增」即可；同樣的條件下，設定舊值的方法也可使用「範圍」，輸入「0」和「59」，在新值的右方欄輸入「1」，即表示59 分以下的全部歸為一類，表示不及格；除了使用上述的方法，也可以點選「範圍，從值到最高」這個項目，下方的方框輸入「60」，在新值的右方欄輸入「2」，表示從 60 開始到最大值皆重新編碼為 2；或是點選「範圍，從最低到值」這個選項，下方的方框輸入「59」，在新值的右方欄輸入「1」，表示從最小值到 59 皆重新編碼為1，如圖 1-41 所示。

使用者必須要注意，本範例的數值因為都是整數，故可以這樣設定，但若使用者的資料是連續變數，這樣的切割就要格外小心，免得有數值被遺漏了。待所有條件都設定好後，點選「確定」，即完成重新編碼存至不同變數，如圖 1-42 所示。如果需要針對欲編碼之觀察值設定條件，則再選擇次對話框「如果」，進行條件設定。

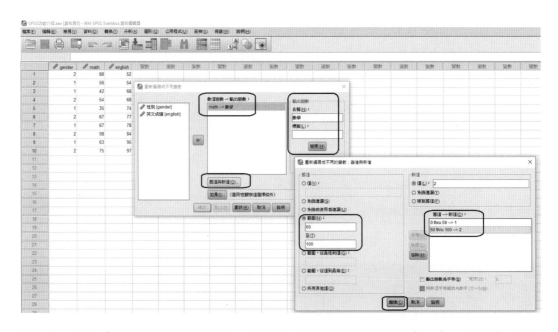

圖 1-41　出現「重新編碼成不同變數」對話框，將欲重新編碼之變數，輸入新變數名稱，開啟次對話框「舊值與新值」，設定需要的範圍

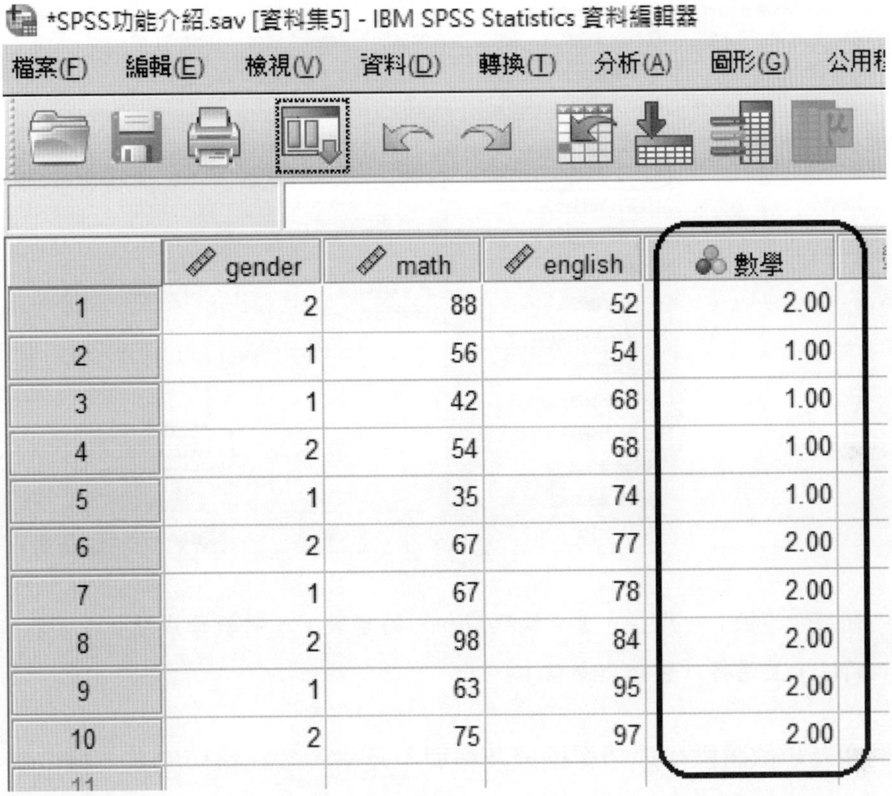

	gender	math	english	數學
1	2	88	52	2.00
2	1	56	54	1.00
3	1	42	68	1.00
4	2	54	68	1.00
5	1	35	74	1.00
6	2	67	77	2.00
7	1	67	78	2.00
8	2	98	84	2.00
9	1	63	95	2.00
10	2	75	97	2.00
11				

圖 1-42　將數學成績轉換成及格與不及格兩類，重新編碼完成

(二) 重新編碼後存在相同變數中

將重新編碼之結果儲存於同一變數中，其 IBM SPSS Statistics 25.0 中文版操作步驟爲：開啓「轉換」功能，選擇「重新編碼成相同的變數」，出現「重新編碼成相同的變數」對話框，將欲重新編碼之變數「數學成績」拉至「數值變數」欄位，選擇「舊值與新值」，如圖 1-43 所示。如果需要針對欲編碼之觀察值設定條件，則可再選擇次對話框「如果」，進行條件設定。

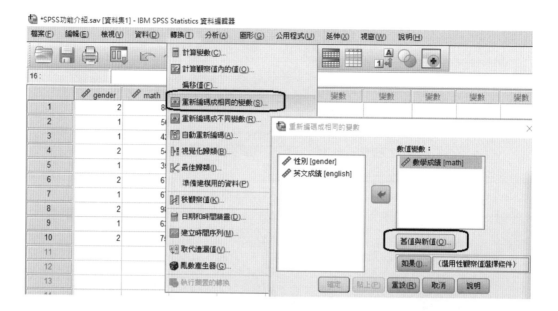

圖 1-43　開啓「轉換」，選擇「重新編碼成相同的變數」，將數學成績拉至「數值變數」
　　　　欄位，並選擇「舊值與新值」

　　本例題乃是欲將數學成績轉換成及格與不及格，故在舊值的左方欄位選擇「範
圍」，輸入「60」和「100」，在新值的右方欄輸入「2」，點選「新增」即可；同
樣的條件下，設定舊值的方法也可使用「範圍」，輸入「0」和「59」，在新值的右
方欄輸入「1」，即表示 59 分以下的全部歸爲一類，表示不及格；除了使用上述的方
法，也可以點選「範圍，從值到最高」這個項目，下方的方框輸入「60」，在新值的
右方欄輸入「2」，表示從 60 開始到最大值皆重新編碼爲 2；或是點選「範圍，從最
低到值」這個選項，下方的方框輸入「59」，在新值的右方欄輸入「1」，表示從最
小值到 59 皆重新編碼爲 1，如圖 1-44 所示。使用者必須要注意，本範例的數值因爲
都是整數，故可以這樣設定，但若使用者的資料是連續變數，這樣的切割就要格外小
心，免得有數值被遺漏了。待所有條件都設定好了之後，點選「確定」，即完成重新
編碼存成相同的變數之設定，如圖 1-45 所示。

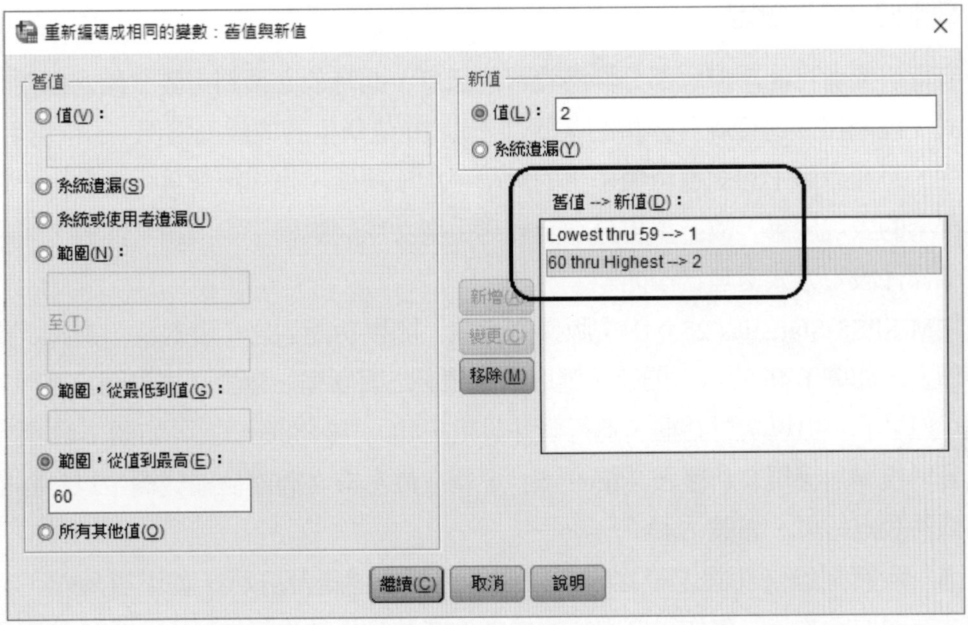

圖 1-44　開啟次對話框「舊值與新值」，設定需要的範圍

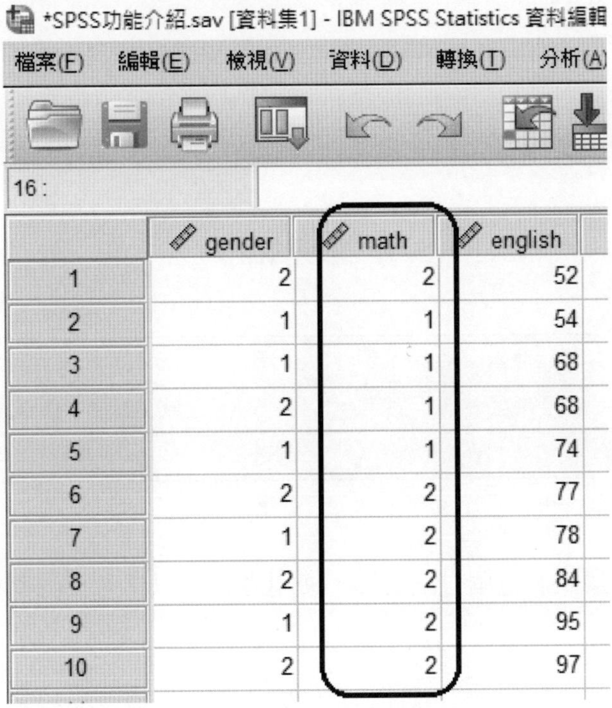

	gender	math	english
1	2	2	52
2	1	1	54
3	1	1	68
4	2	1	68
5	1	1	74
6	2	2	77
7	1	2	78
8	2	2	84
9	1	2	95
10	2	2	97

圖 1-45　輸出結果

三、觀察值之條件設定

有時研究者可能想瞭解部分群體資料的訊息，此時就必須利用觀察值之條件設定的方式，區隔出欲進行統計分析的某族群。以 10 位學生的成績表為例，5 位男生、5 位女生，研究者除了想知道全體學生的數學平均成績外，也想瞭解男生與女生分別在數學學業的表現成果，故必須再分別計算男生與女生的數學平均成績。此時，可利用觀察值條件設定方式處理這個問題。

IBM SPSS Statistics 25.0 中文版操作步驟：開啟功能列之「資料」，選擇「選取觀察值」，如圖 1-46 所示。開啟「選取觀察值」之對話框，選擇「如果滿足條件」，點選「如果」，出現次對話框，進行條件設定，如：「gender=2」，如圖 1-47 所示。回到資料視圖內發現有新變數「filter_$」，並在最左方之觀察值編號欄中以斜線標記註明條件設定結果，如圖 1-48 所示。

進一步將經過條件設定後之變數數值，進行敘述統計分析，如下表所示，以確認程式在讀取數據時的確作了區隔。根據敘述統計分析結果可知，女生有 5 筆數學成績，平均數為 76.40，標準差為 17.271；有 5 筆英文成績，平均數為 75.60，標準差為 16.920。表示已成功選取所欲分析之觀察值（女生的資料），並進行敘述統計分析。

➡ 敘述統計

敘述統計

	N	平均值	標準偏差
數學成績	5	76.40	17.271
英文成績	5	75.60	16.920
有效的 N (listwise)	5		

除了「選取觀察值」這個方法之外，使用者也可以參考「分割檔案」這個方式，如圖 1-49 所示。

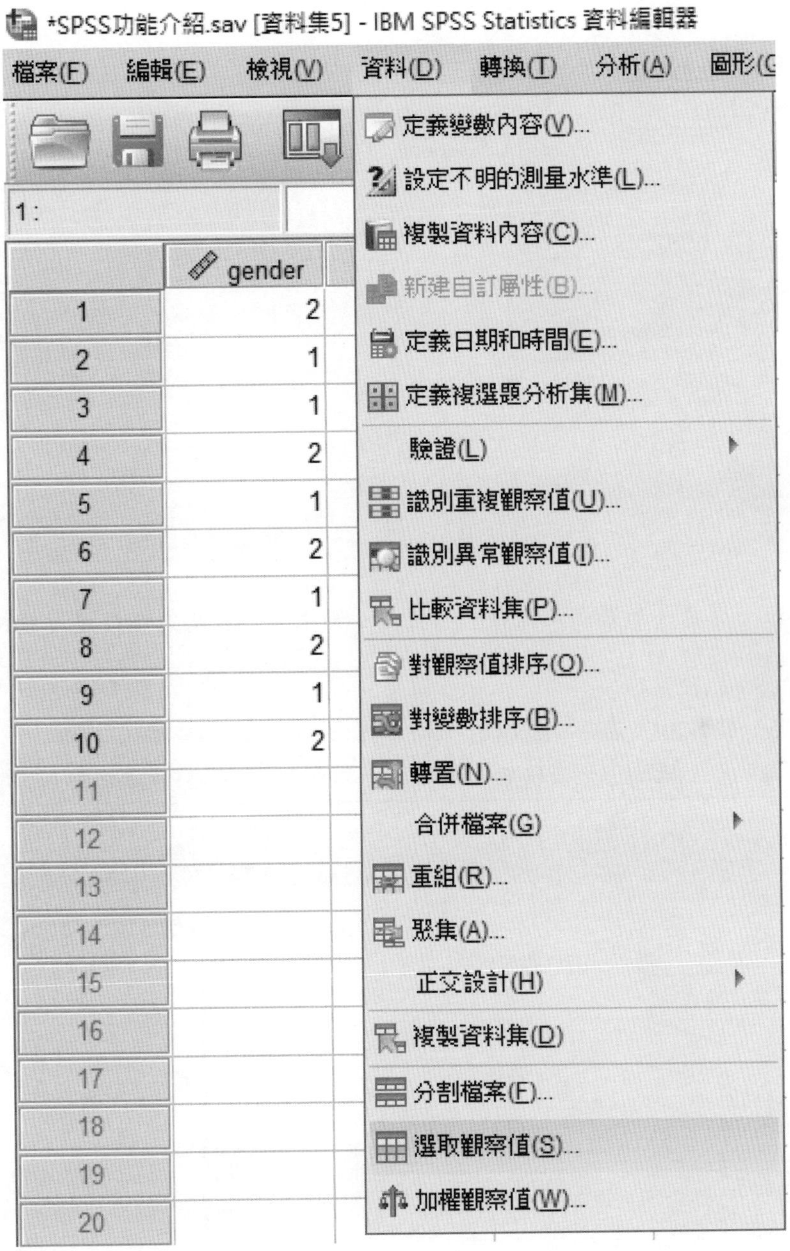

圖 1-46　開啓「資料」，選擇「選取觀察值」

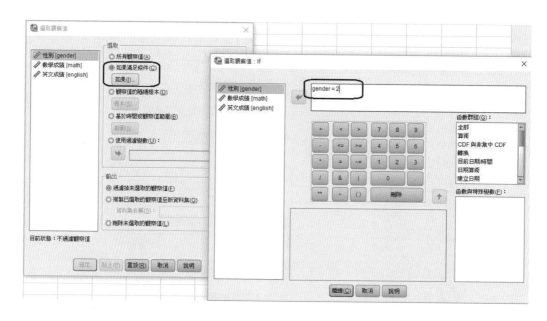

圖 1-47 選擇「如果滿足條件」，並選「如果」，在次對話框進行條件設定

	gender	math	english	filter_$
1	2	88	52	1
2	1	56	54	0
3	1	42	68	0
4	2	54	68	1
5	1	35	74	0
6	2	67	77	1
7	1	67	78	0
8	2	98	84	1
9	1	63	95	0
10	2	75	97	1
11				

*SPSS功能介紹.sav [資料集5] - IBM SPSS Statistics 資料編輯器

檔案(F)　編輯(E)　檢視(V)　資料(D)　轉換(T)　分析(A)　圖形(G)　公用

44 :

圖 1-48 資料視圖內會出現新變數，並以斜線標記註明條件設定結果

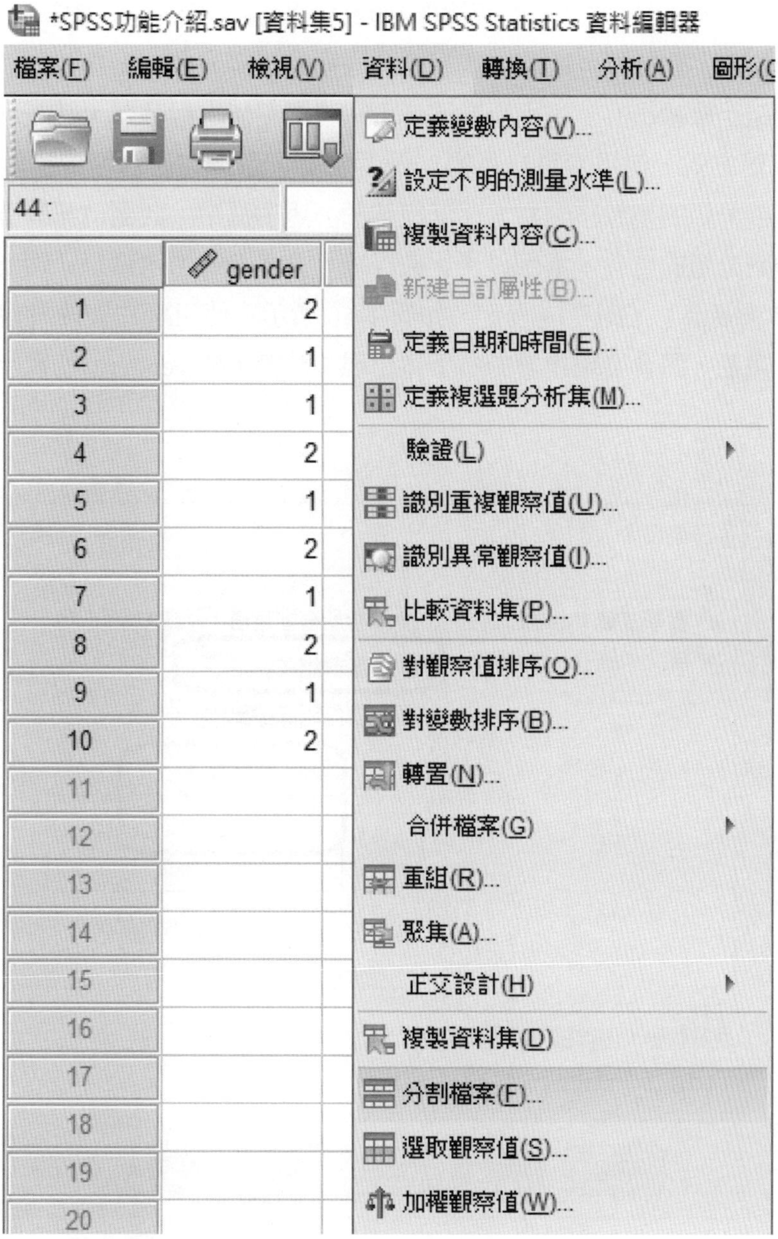

圖 1-49　開啟「資料」，選擇「分割檔案」

　　IBM SPSS Statistics 25.0 中文版操作步驟為：開啓「資料」，選擇「分割檔案」，出現「分割檔案」對話框，此時，使用者有兩種的選擇方式：一為「比較群組」；另一為「依群組組織輸出」。這兩種方式皆可以將觀察值進行分類，其差別在於輸出結果資料的呈現方式。使用者可自行操作練習看看，選擇自己習慣或適當的選項。點選之後，將欲分組的變數移到右方「群組基於」選項框中，此欄位要放置類別變項為宜，才有達到分組的意義。本例以「比較群組」方式示範，選擇以「性別」作為分組依據，點選「確定」，即完成設定，如圖 1-50 所示。使用者在完成設定後，回到資料編輯程式畫面，將會發現視窗的右下角出現「分割依據 gender」的標示，表示檔案已分割成功。

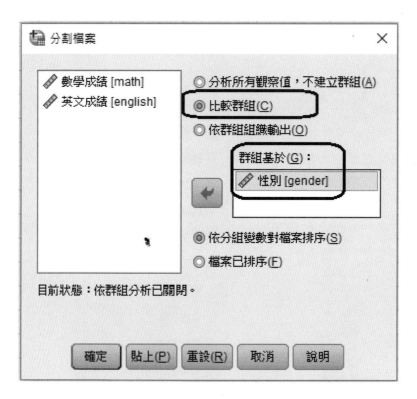

圖 1-50　選擇「比較群組」，並將「性別」移到「群組基於」方框中

　　輸出報表：敘述統計分析結果分別呈現兩組學生數學成績與英文成績之平均數與標準差，如下表所示。

→ **敘述統計**

[資料集5] C:\Users\USER\Desktop\2019統計學-SPSS之操作與應用\data\SPSS功能介紹.sav

敘述統計

性別		N	平均值	標準偏差
男生	數學成績	5	52.60	13.686
	英文成績	5	73.80	14.940
	有效的 N (listwise)	5		
女生	數學成績	5	76.40	17.271
	英文成績	5	75.60	16.920
	有效的 N (listwise)	5		

　　使用者也可試著點選「依群組組織輸出」，其餘操作步驟都與上述一樣。分割檔案完成後，進行敘述性統計分析，可得到兩組各自的敘述統計分析輸出資料，如圖1-51所示。

四、觀察值之排序

　　有時研究者需要知道觀察值的排序結果，利用排序結果以進行檔案之合併、分割或產生摘要報表等。觀察值之排序可分為兩類：一為由小到大的遞增排列，一為由大到小的遞減排列，一旦資料表其中一個欄位的資料排序變動，其他欄位的數值資料亦會跟隨著變動，並非僅是該欄位之數值產生變動而已。其操作步驟相當簡單，IBM SPSS Statistics 25.0 中文版操作步驟為：選擇功能列的「資料」，再選擇「對觀察值排序」；其次，出現「對觀察值排序」對話框，將欲排序之變數名稱點選至右方欄，並選擇「排序順序」的方式：【遞增或遞減】，如圖1-52所示；最後，點選「確定」之後，資料視圖內「english」欄位之數值已完成遞增排序，如圖1-53所示。

➡ 敘述統計

性別 = 男生

敘述統計[a]

	N	平均值	標準偏差
數學成績	5	52.60	13.686
英文成績	5	73.80	14.940
有效的 N (listwise)	5		

a. 性別 = 男生

性別 = 女生

敘述統計[a]

	N	平均值	標準偏差
數學成績	5	76.40	17.271
英文成績	5	75.60	16.920
有效的 N (listwise)	5		

a. 性別 = 女生

圖 1-51　以「依群組組織輸出」方式進行分組，其敘述統計分析之輸出結果

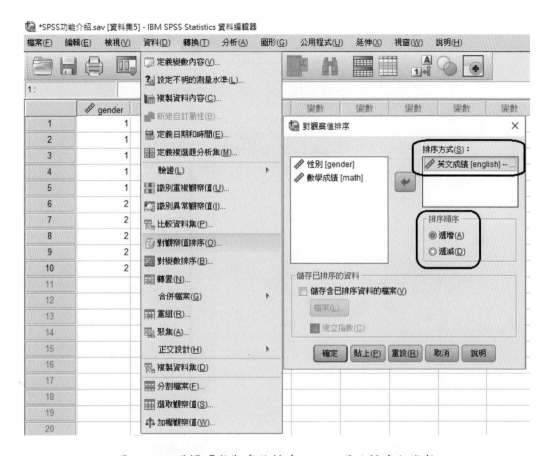

圖 1-52　選擇「對觀察值排序」，點選欲排序之變數

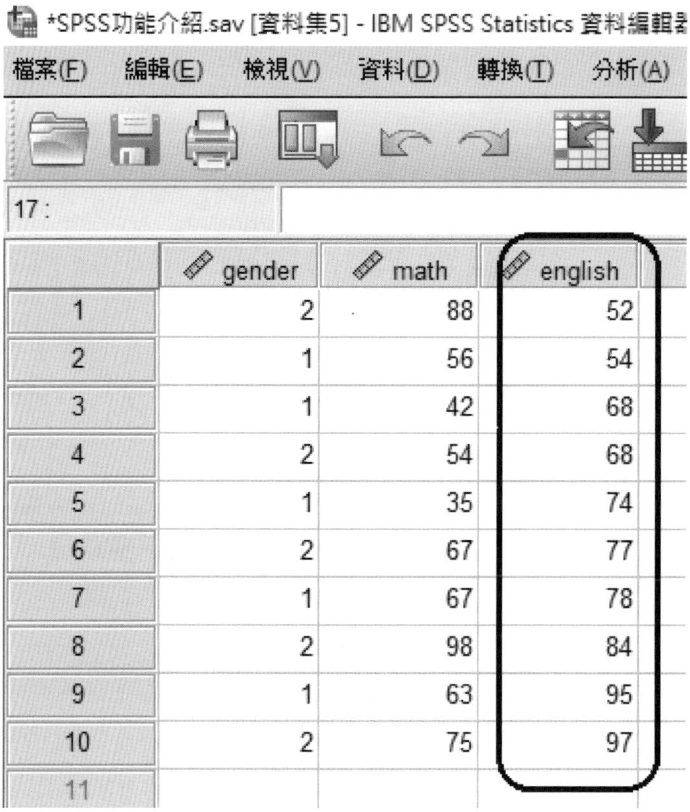

圖 1-53　英文成績遞增方式排列後之資料視圖畫面

習題練習

請根據下表回答各題問題：（*須閱讀多個報表，故不提供答案）

1. 請提出全體受試者之數學、國文、英文成績之算術平均數、標準差、四分差，並須對各數據作說明。

2. 請提出男學生之數學成績、女學生之英文成績的算術平均數、標準差、四分差，並須對各數據作說明。

3. 請提出各受試者數學成績的 Z 分數。

4. 請提出男學生之國文成績的 Z 分數。

5. 請提出各受試者國文成績的 T 分數。

6. 請提出 B 班學生英文成績的 T 分數。

7. 使用 mean(?, ?) 求每位受試者數學、國文、英文三科的平均成績。

8. 請問 B 班英文成績不及格的人數、A 班數學成績及格的人數。（需有報表為佐證）

9. 請繪製數學、英文、國文三科目的盒形圖（Box Plot），並作說明。（可自行思考是否分班級或性別作圖與討論）

編號	班級	性別	數學成績	國文成績	英文成績
1	1	1	93	96	92
2	1	2	52	62	43
3	1	2	63	50	50
4	1	1	95	68	40
5	1	1	61	66	62
6	1	1	70	49	78
7	1	2	58	84	61
8	2	1	46	66	52
9	2	1	55	61	56
10	2	1	91	53	74
11	2	1	91	87	64
12	2	1	54	41	90
13	2	2	93	77	88
14	2	2	41	47	87

編號	班級	性別	數學成績	國文成績	英文成績
15	2	2	69	71	57
16	2	2	77	57	49
17	2	2	95	57	98
18	1	2	91	52	50
19	1	2	68	78	43
20	1	1	67	40	60

*班級：1為A班、2為B班；性別：1為男生、2為女生

第二篇

統計理論與IBM SPSS Statistics 25.0中文版實務操作

第 2 章
統計學之基本概念

2-1　統計學概論

SPSS

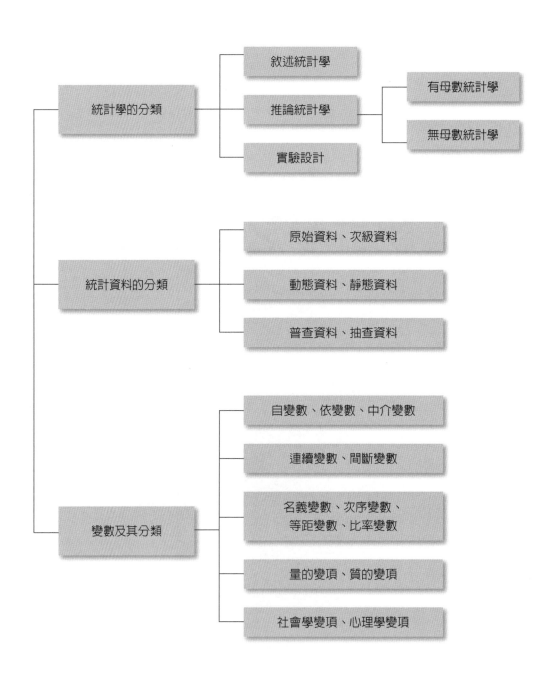

2-1　統計學概論

　　統計學（statistics）是由拉丁字根 status 發展出來，其最初是因政府單位需要處理資料概念發展而來，如：教育行政機關處理全國各級各類學校資料；或戶政機關整理戶口普查資料等。政府機關要從這些雜亂無章的資料中整理出有系統、有意義的訊息，即必須要使用計算、畫記測量和分析等方法。故統計學為蒐集、整理、陳示、分析和解釋統計資料，並可由樣本資料來推論母體，使能在不確定的情況下做成決策的一門科學方法。統計學無固定的研究對象和領域，乃是一種方法和工具，因其理論基礎極為嚴謹與科學，根據理論基礎所做之決策，皆有精確的解釋效果，故其為一種科學方法與決策工具。

一、統計學的分類

　　依資料的意義而言，統計學可分為三大類，分別為**敘述統計學**、**推論統計學**與**實驗設計**等三大類，以下分別簡述之。

(一) 敘述統計學（descriptive statistics）

　　又稱為**描述統計學**，其主要目的為使用測量、畫記、計算和描述等方法，將一群資料加以整理、摘要和說明，利用圖表或簡單特徵量，來表達一堆繁雜資料的統計方法，使研究者與讀者容易瞭解資料所含的意義與所欲傳達的訊息。重點在於僅將所蒐集之資料作討論分析，並不將資料分析結果之意義推展至更大範圍。如：只計算樣本的算術平均數 $\bar{x}$ 或樣本比例 $\hat{p}$，而不作母體平均數 μ 或母體比例 p 之推論。

(二) 推論統計學（inference statistics）

　　又稱為**歸納統計學**（inductive statistics）或**統計推論學**（statistical inference），其係根據得自樣本的資料來推測母群體的性質，並陳述可能發生之誤差的統計方法。在推論統計中，研究者的重點在於瞭解母群體的性質，而非描述樣本的性質。

　　推論統計因母群體條件的不同，而又再分為**有母數統計學**（parametric statistics）和**無母數統計學**（nonparametric statistics）兩大類：

1. 有母數統計學

　　當母群體符合常態分配（normal distribution）時，所使用的統計推論方法。如欲瞭解目前國中生之智力測驗結果，因國中生智力測驗分數為常態分配，故在符合隨機

取樣原則下，抽測 n 名國中生作測驗，得到樣本平均數 $\overline{x}$，再由樣本平均數 $\overline{x}$ 推算所有國中學生之未知平均數 μ，即可得知目前國中生之智力測驗表現情形。換言之，有母數統計可探討各組平均數之差異。

2. 無母數統計學

當母群體的資料分配不符合常態分配、母體分配未知或爲小樣本時，所使用的統計推論方法。如欲瞭解國小學童有砂眼的比例，故隨機抽測 n 名國小學童，其中有 m 位罹患砂眼，則樣本比例 $\hat{p} = \dfrac{m}{n}$，再由 $\hat{p}$ 來估算所有國小學童患有砂眼之未知比例 p。因國小學童患有砂眼的情況並非是常態，故無法以有母數推論統計學來作資料處理，必須以無母數統計方法來作推論分析。無母數統計主要利用中位數，比較各組之差異。

(三) 實驗設計（design of experiment）

實驗設計是利用資料產生之重複性與隨機性，使特定因素以外之其他因素（已知或未知）的影響相抵銷，以淨化觀察特定因素的影響效果，因而提高分析結果精確度的設計。主要目的在於考驗實驗假設中所列自變數與依變數之間的關係，在嚴謹的實驗研究中，實驗者要操弄自變數以觀察其對依變數所發生的影響。

在統計學的發展歷程中，依次序而言，敘述統計學最早發生，其次是推論統計學，再其次是實驗設計，而敘述統計學通常爲推論統計學作基礎的鋪路之作。

另有學者將統計學的分類分爲：**敘述統計學**、**推論統計學**與**應用統計學**等三類。而應用統計學（applied statistics）乃是藉由推論統計方法，建立統計模型，利用統計模型做成決策之科學方法；亦有學者將統計學分爲兩大類：一爲**數理統計學**（mathematical statistics），重點在於闡明各種統計方法的原理，另一爲**應用統計學**（applied statistics），即將統計學的統計方法應用在各類科學研究與專門學術領域之應用。

二、統計方法的基本步驟

(一) 蒐集資料

研究者若有足夠的人力、財力和時間，則可直接由資料來源處觀察、調查、實驗或測量以取得資料；否則，可引用政府機關、學術機關等已發表的間接資料。

(二) 整理資料

原始資料是雜亂無章的，而使群體所蘊含的特質無從顯現。資料整理的目的在於將凌亂無章的資料予以簡單化、系統化，使錯綜複雜的資料成為簡約的形式，以彰顯群體的特質。

(三) 陳示資料

陳示資料是以文字說明、統計表、統計圖或數學方程式，來表現統計資料特徵及其相互間的關係。

(四) 分析資料

計算統計資料的重要表徵數，如：算術平均數、標準差、相關係數、樣本比例等，以顯現資料的重要特徵及其相互間的關係意義。

(五) 解釋資料

闡明由分析資料所得之表徵數的意義，可使表徵數更具有代表性，且能顯現統計資料所蘊含的特性。

(六) 推論母體

由母群體中以隨機抽樣的方式，取得具有代表性的隨機樣本，估算此樣本的統計量，透過抽樣分配原理，對母群體或母數作估計或檢定等統計推論工作。

三、統計資料的分類

(一) 依資料的取得是直接或間接來區分

1. 原始資料

研究者直接由資料來源處觀察、調查、測量或實驗而取得的資料，稱為原始資料、直接資料或第一手資料。

2. 次級資料

指現成已發表的資料，又稱為間接資料或第二手資料。

(二) 依資料存在的時間來分

1. 靜態資料

表示該現象在某一特定時間，以及空間靜止狀態之情況下的資料，稱爲靜態資料。如：民國 108 年 8 月 1 日全國各級各類學校學生數即爲靜態資料。

2. 動態資料

依時間先後連續排列的靜態資料即成了動態資料，亦即表示該現象在某一特定時期內演變情形的資料，稱爲動態資料。如：歷年來臺灣地區國民小學的學生數。

(三) 依原始資料涵蓋的範圍來分

1. 普查資料

利用調查的方式，對母群體中的所有個體進行調查，即爲普遍調查或全面調查，簡稱普查或全查。

2. 抽查資料

係由母群體中隨機抽取部分的個體作調查，再將調查的結果推論至母群體。只要抽樣合乎機率原理，且能小心查驗，由樣本再推論至母群體，仍能得到可靠的結果。

四、母體與統計量

(一) 母體

是由具有共同特性之個體所組成的群體，稱爲母群體。

(二) 母數

是由母體所算出的表徵數，即爲母數或參數，例如：算術平均數 μ、比例 p、標準差 σ、相關係數 ρ 等。

(三) 樣本

是由母體中抽取部分的個體所組成的小群體，稱爲樣本。

(四) 統計量

由樣本所算出之表徵數，即稱爲統計量，例如：算術平均數 $\bar{x}$、比例 $\hat{p}$、標準差 σ、相關係數 r 等。

五、變數及其分類

(一) 常數

指不能夠依不同的值出現或改變的屬性，其為一定數。

(二) 變數

指可依不同的值出現，或依其他因素而改變的一種屬性，沒有固定的數。變數依不同的情況，可有下列之分類：

1. 以實驗設計觀點論

可分為自變數、依變數、中介變數、調節變數、混淆變數、控制變數、主動變數、屬性變數、抑制變數、曲解變數、虛擬變數。

(1) 自變數（independent variable）

在實驗設計中，實驗者所操弄的變數，稱為自變數。

(2) 依變數（dependent variable）

因自變數之變化而發生改變的變數，即為依變數，是實驗者所欲觀察的變數。

(3) 中介變數（intervening variable）

介於自變數與依變數之間，是無法直接觀察與操弄的變數。

(4) 調節變數（moderator variable）

又稱為次級自變數或居中變數，會明顯影響自變數與依變數關係的變數。

(5) 混淆變數（confounding variable）

又稱額外變數或無關變數，除了自變數與調節變數外，另一會影響依變數結果的變數，但卻未受到控制，使得其影響實驗結果。

(6) 控制變數（control variable）

凡在實驗過程中，受到控制的變數皆是。

(7) 主動變數（active variable）

又稱自動變數，指可以在受試者身上主動操弄的變數，常用於受試者內設計，如：工作壓力。

(8) 屬性變數（attribute variable）

又稱機體變數，指不能在受試者身上主動操弄的變數，只能以測量方式獲得，常用於受試者間設計，如：性別。

(9) 抑制變數（suppressor variable）

在實驗設計中，有些變數未納入自變數，但其介入對依變數產生很大的影響效果，使得實驗隱藏了自變數與依變數的真正關係，常被視為干擾變數。針對這種干擾變數，雖然實驗過程中難以避免與消除，但在統計處理可利用共變數分析，來消除其對依變數的影響效果。

(10) 曲解變數（distorter variable）

其介入實驗中，使得自變數與依變數關係反轉。

(11) 虛擬變數（dummy variable）

在統計運算中，某些變數以人為方式給予數據表示，此即稱為虛擬變數。如：以 1 表示男生；以 0 表示女生。

2. 依可數、不可數來區分，可分為連續變數和間斷變數

(1) 連續變數（continuous variable）

有許多心理特質或物理特質可成為一個連續不斷的系列，而在這連續不斷的系列上，任何一部分都可以加以細分，以得到任何的值，即在任兩值之間，均可得到無限多介於兩者之間大小不同的值，此類的特質或屬性稱為連續變數。連續變數既然是連續不斷，故其值應視為一段距離，而不是一個點，故連續變數只是一個近似值。如：身高、體重、時間、智力商數等，均為連續變數。

(2) 間斷變數（discrete variable）

又稱非連續變數，是一種只能取特殊的值，而無法無限取出任何值的變數，故間斷變數的一個值，是代表一個點而非一段距離且為精確數。如：每戶人家的孩子數、選舉的票數、桌子的張數、骰子的點數等。

3. 根據1951年Stevens之分類，從測量尺度觀點可分為名義變數、次序變數、等距變數、比率變數

(1) 名義變數（nominal variable）：可區分類別

又稱類別變數，係使用數字來辨認任何事物或類別之變數，其只說明某一事物與其他事物之不同，但並不說明事物與事物之間的差異大小和形式。如：座號 50 號學生與座號 40 號學生之差，並不能等於座號 30 號學生與座號 20 號學生之差，且座號 50 號並非座號 10 號的 5 倍。

(2) 次序變數（ordinal variable）：可區分類別、比較大小

可以依某一特質之多少或大小次序，將團體中各分子加以排列的變數。但次序變數僅表示方向次序，亦即僅描述分子與分子在某一特質方面的次序，並不描述分子與分子之差異的大小量。如：3位同學的作文得甲、乙、丙三個分數，僅能說明甲優於乙優於丙，但並不能說甲乙之差的量等於乙丙之差的量，亦即乙減丙不等於甲減乙。中位數、百分等級屬於次序變數。

(3) 等距變數（interval variable）：可區分類別、比較大小、加減運算

除了可說明名稱類別和排列大小次序之外，還可計算出差別之大小量的變數，其基本特性為相等單位。如：28度、30度、32度，不但可說明32度高於30度，且亦高於28度，並且可說明 32 – 30 = 30 – 28。平均數、標準差、積差相關屬於等距變數。

(4) 比率變數（ratio variable）：可區分類別、比較大小、加減運算、乘除運算

除了可說明名稱類別、排列大小順序和計算差距之外，尚可說明某比率與某比率相等的變數。其最重要的條件是具有絕對零點。如：重量50公斤是10公斤的5倍，且10公斤是2公斤的5倍，50：10 = 10：2。

4. 以描述表達觀點而言，可分為量的變項和質的變項

(1) 量的變項（quantitative variable）

又稱定量變項，利用數字來描述不同性質之數值，可再分為兩類型：一為連續型，另一為離散型。連續型資料如等距變數與比率變數屬之，整數與小數同樣具有意義；離散型資料則只有整數有意義，小數不具意義。

(2) 質的變項（qualitative variable）

又稱定性變項，描述不同狀態，名義變數與次序變數屬之。通常無法用數值直接表示，但因在統計學的運算中，必須以數字表示該變數的內涵，故由使用者自行設定數字，需注意此數字的意義和數字本身無關。

5. 以是否屬於社會學事實的觀點而言，可分為社會學變項與心理學變項

(1) 社會學變項（sociological variable）

屬於社會學的事實，來自所屬團體的各種特性，如：社經地位、職業。

(2) 心理學變項（psychological variable）

個體內在不可直接觀察的變數，通常是個人的意見、態度與行為。

習題練習

1. 「喜歡念統計學的人，多半是性情中人」，這句話可用哪一種測量尺度表示之？

2. 某校一年級學生近視患者約占全校人數的二分之一，請問：描述這個事項的統計學是屬於描述統計學或是推論統計學？

3. 王小姐住院記錄卡有以下的個人資料：

   性別：女；年齡：23；身高：157cm；體重：48kg；血型：A；出生序：次女；最近一次體溫：101.3℉。請根據以上敘述，將各資料填入應該歸類之變數中。

   (1) 名義變數（nominal variable）

   (2) 次序變數（ordinal variable）

   (3) 等距變數（interval variable）

   (4) 比率變數（ratio variable）

4. 請指出下列變項的屬性，何者為質的變項？何者為量的變項？

   (1) 每日全校缺課學生數

   (2) 每日全球 H7N9 新增人數

   (3) 新生兒的體重

   (4) 易罹患肺腺癌的職業別

   (5) 大學生喜愛的 3C 產品種類

   (6) 兒童最愛的卡通人物

第 **3** 章

資料檢核與統計特徵量

S
P
S
S

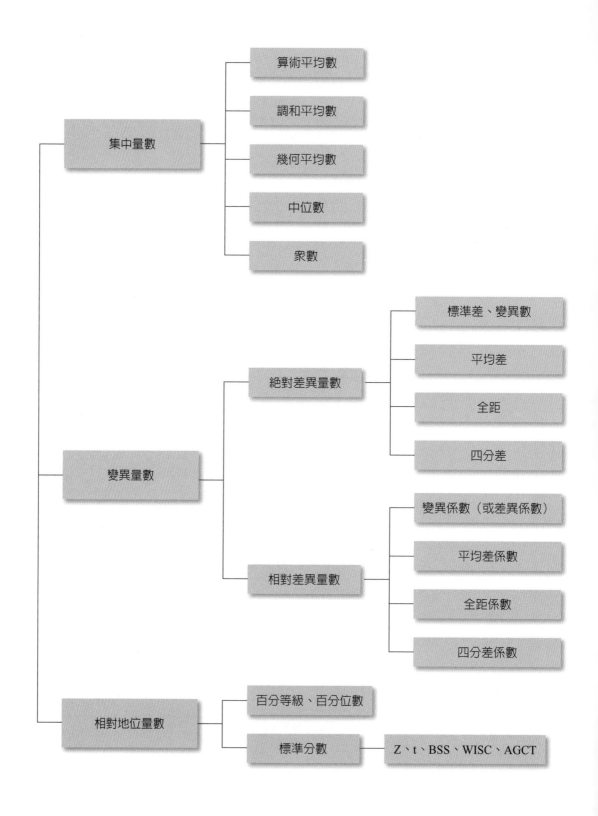

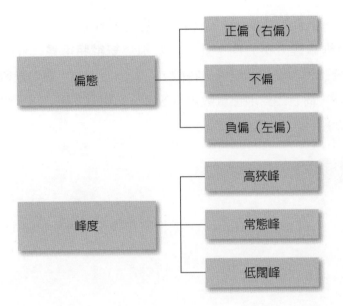

偏態
- 正偏（右偏）
- 不偏
- 負偏（左偏）

峰度
- 高狹峰
- 常態峰
- 低闊峰

統計特徵量之 IBM SPSS Statistics 25.0 中文版範例操作

用來表達所有資料意涵訊息的特徵，以凸顯該群資料所代表的意義，讓使用該資料之研究者或讀者能夠掌握分析方向，此種量數稱為**統計特徵量**（statistics characteristic quantity）。統計特徵量依其描述之特徵，可分為四大類：**集中量數、差異量數、偏態與峰度**，此外，尚有相對地位量數表示各資料的相對意涵。以下將針對這五類統計特徵量分別作介紹。

◆ 3-1　集中量數

集中量數（measures of central location），或稱集中趨勢量數（measures of central tendency）。

一、定義

指一群體中之個體的某一特性，有其共同的趨勢存在，此共同趨勢之量數即稱為集中趨勢量數；因其能夠代表該群體特性的平均水準，故通稱為平均數；又其反應該資料數值集中的位置，故又稱為位置量數。

二、功能（性質）

(一) 簡化作用

指平均數能夠簡化群體內的所有數值，而以一個數值代表全體的意義。

(二) 代表作用

指平均數能代表整體資料的平均水準。

(三) 比較作用

指平均數能代表該群體的平均水準，而便於與其他群體作比較。

三、種類

(一) 算術平均數（arithmetic mean, M）

1. 定義

為一群體各數值之總和除以個數所得之商，簡稱為平均數，以 $\overline{X}$ 表示。

2. 公式

    (1) 完整原始資料

        ① 母體資料：$\mu = \dfrac{X_1 + X_2 + ... + X_N}{N} = \dfrac{\sum\limits_{i=1}^{N} X_i}{N}$

            N：為總母體數

        ② 樣本資料：$\overline{X} = \dfrac{X_1 + X_2 + ... + X_n}{n} = \dfrac{\sum\limits_{i=1}^{n} X_i}{n}$

            n：為總樣本數

    (2) 分組資料

        ① 母體資料：$\mu = \dfrac{\sum\limits_{i=1}^{k} f_i X_i}{\sum\limits_{i=1}^{k} f_i}$

        ② 樣本資料：$\overline{X} = \dfrac{\sum\limits_{i=1}^{k} f_i X_i}{\sum\limits_{i=1}^{k} f_i}$

        X_i：表示第 i 組之組中點；f_i：為第 i 組之組次數

    (3) 簡捷法

$$\overline{X} = A + \left(\dfrac{\sum\limits_{i=1}^{n} f_i X_i'}{N} \right) h$$

        A：假定平均數；N：總個數；f_i：各組次數；h：組距；$X_i' = \dfrac{X - A}{h}$

    (4) 加權平均數

$$\overline{X} = \dfrac{\sum\limits_{i=1}^{n} W_i X_i}{\sum\limits_{i=1}^{n} W_i}$$

    W_i：權重

3. 特性

    (1) 任何一群數列中，各個數值與其算術平均數之差的總和為 0，即

$$\sum_{i=1}^{n}(X_i - \overline{X}) = 0$$

    (2) 各數值與算術平均數之差異平方和為最小，即

$$\sum_{i=1}^{n}(X_i - \overline{X})^2 \le \sum_{i=1}^{n}(X_i - K)^2 , K \in R$$

    (3) 算術平均數適合代數運算，亦即可由部分之算術平均數求得總平均數。

    (4) 當 X 為原變數，a, b 為任意常數，Y 為新變數時，則：

      ① $Y = X \pm a$，則 $\overline{Y} = \overline{X} \pm a$

      ② $Y = aX$，則 $\overline{Y} = a\overline{X}$

      ③ $Y = \dfrac{1}{a}X$，則 $\overline{Y} = \dfrac{1}{a}\overline{X}$

      ④ $Y = a \pm bX$，則 $\overline{Y} = a \pm b\overline{X}$

    (5) 適用於等距變數、比率變數

    (6) 優點

      ① 感應靈敏

      ② 嚴密確定

      ③ 簡明易解

      ④ 計算簡易

      ⑤ 適合代數運算

      ⑥ 受抽樣變動的影響較小

    (7) 缺點

      ① 受兩極端數值之影響過大

      ② 分組次數表如有不確定之組距時，無法求得算術平均數

(二) 幾何平均數（geometric mean, G）

1. 定義

    n 個連乘積的 n 次方根，以 G 表示。此特徵數特別適用於比例、變動率或對數值求平均數之用，惟各個數值中不得有任一數據為 0 或負數，否則即為無意義。

2. 公式：$G = \sqrt[n]{X_1 \cdot X_2 \cdot \dots \cdot X_n} = \sqrt[n]{\prod_{i=1}^{n} X_i}$

或以對數方式表示：

$$\log G = \frac{1}{n}(\log X_1 + \log X_2 + \dots + \log X_n) = \frac{1}{n}\sum_{i=1}^{n}\log X_i$$

3. 特性

(1) 若一數列為等比級數（例：2、4、8、16、32…），其幾何平均數最具代表性。

(2) 適合代數運算，亦即可由部分之幾何平均數求得全部數值之幾何平均數。

(3) 幾何平均數恆小於算術平均數。

4. 優點

(1) 感應靈敏

(2) 嚴密確定

(3) 適合代數運算

(4) 受抽樣變動的影響較小

(5) 特別適用於求比例之平均，為編列指數的工具

5. 缺點

(1) 不易瞭解

(2) 不易計算

(三) 調和平均數（harmonic mean, H）

1. 定義

各數值倒數之算術平均數的倒數，又稱為倒數平均數，以 H 表示。當一數列為調和數列，欲求平均數時，則應以調和平均數求之為佳。

2. 公式：$H = \dfrac{1}{\dfrac{(\frac{1}{X_1} + \frac{1}{X_2} + \dots + \frac{1}{X_n})}{n}} = \dfrac{n}{\frac{1}{X_1} + \frac{1}{X_2} + \dots + \frac{1}{X_n}} = \dfrac{n}{\sum_{i=1}^{n}\frac{1}{x_i}}$

3. 特性

(1) 若一數列為調和級數（例：$\frac{1}{2}$、$\frac{1}{3}$、$\frac{1}{4}$、$\frac{1}{5}$ …），則其調和平均數最具代表性，尤以分子固定之比率資料更常用調和平均數代表其平均水準。

(2) 求調和平均數的各個數值中，不能有數值爲 0 者。

(3) 一群數值的算術平均數、幾何平均數及調和平均數，其關係爲算術平均數大於幾何平均數大於調和平均數，即 $\overline{X} \geq G \geq H$。

(4) 適合代數運算，亦即可由部分之調和平均數求得全部數值之調和平均數。

4. 優點

(1) 感應靈敏

(2) 嚴密確定

(3) 適合代數運算

(4) 受抽樣變動的影響甚微

(5) 特別適用於求算速率、物價及匯價之平均

5. 缺點

(1) 不易瞭解

(2) 不易計算

(四) 中位數（median, Md）

1. 定義

指一順序數列之中心項數值，又稱爲二分位數，以 Md 表示之。

2. 公式

(1) 未分組資料

① 當 n 爲奇數時：$o(Md) = \dfrac{n+1}{2}$，n 爲總個數，$o(Md)$ 爲中位數所在之位次。

例如：有 11 個數值（$n = 11$），$o(Md) = \dfrac{11+1}{2} = 6$，故其中位數爲由小至大或由大至小順序排列的第 6 個數值。

② 當 n 爲偶數時：$o(Md) = \dfrac{\dfrac{n}{2} + (\dfrac{n}{2}+1)}{2}$，所得之 $o(Md)$ 與 $o(Md) + 1$ 即爲中位數所在位次，將兩位次之數值相加除以 2，即爲中位數數值位次。例如：有 10 個數值（$n = 10$），$o(Md) = \dfrac{5+6}{2} = 5.5$，故中位數爲第五個位次和第六個位次的數值相加，再除以 2，即是中位數。

(2) 分組資料：$Md = L + \dfrac{(\dfrac{N}{2} - f')h}{f}$

L：為中位數所在組之下限；N：總組數；f：中位數所在組之次數；h：組距；

f′：小於中位數所在組之各組次數和

3. 特性

(1) 在任何數群中，各項數值與中位數之差的絕對值總和為最小，即

$\displaystyle\sum_{i=1}^{n} | X_i - Md | \le \sum_{i=1}^{n} | X_i - K |$，$K \in R$

(2) 以同一組資料求算術平均數與中位數時，各項數值與中位數之差的絕對值之和較各項數值與算術平均數之差的絕對值之和小，即

$\displaystyle\sum_{i=1}^{n} | X_i - Md | \le \sum_{i=1}^{n} | X_i - \overline{X} |$

但求平方值後則否，即

$\displaystyle\sum_{i=1}^{n} | X_i - Md |^2 \ge \sum_{i=1}^{n} | X_i - \overline{X} |^2$

(3) 中位數不適合數學運算，亦即無法由部分資料的中位數求算全部資料的中位數。

4. 優點

(1) 嚴密確定

(2) 簡明易解

(3) 計算簡易

(4) 所受抽樣變動的影響甚微

(5) 完全不受兩極端數值的影響

(6) 當分組次數表有不確定組距時，仍可求得中位數

(7) 不但適用於量的變項，且適用於次序變數之資料

5. 缺點

(1) 感應不靈敏

(2) 不適合代數方法之運算

(五) 眾數（mode, Mo）

1. 定義

在所有資料中，出現次數最多的數值即為眾數，以 Mo 表示，但眾數可能不存在，也可能非唯一解。另外在數列資料中，眾數可以不為數字，此乃集中量數之特例。

2. 公式

對分組資料而言，有下列三種方法可求得眾數：

(1) King 插補法

此方法由 W. I. King 根據物理學之力偶原理所提出。

$$Mo = L + \frac{f_2}{f_1 + f_2} \cdot h$$

h：組距

L：眾數組的下限

f_1：眾數組的前一組次數

f_2：眾數組的後一組次數

(2) Czuber 插補法

此方法乃是 E. Czuber 利用直方圖與幾何原理所創，且修改了 King 插補法忽略眾數組之次數的缺點。

$$Mo = L + \frac{f - f_2}{2f - f_1 - f_2} \cdot h$$

f：眾數組的次數

(3) Pearson 經驗法則

此為 K. Pearson 根據經驗發現，在單峰微偏分配中，算術平均數與眾數的距離約等於算術平均數與中位數之距離的 3 倍。公式為：

$$\overline{X} - Mo = 3(\overline{X} - Md) \Leftrightarrow Mo = 3Md - 2\overline{X}$$

3. 特性

(1) 分組資料因公式的不同，所得之數值亦不同。

(2) 眾數不適合數學運算，亦即無法由部分資料的眾數求算全部資料的眾數。

(3) 組距相等的分組資料，眾數組若為第一組或最後一組，可依集中分配假設，以其組中點為眾數較適當。

(4) 眾數不受極端數值的影響，但眾數值不甚穩定，而且眾數值難求

4. 優點

(1) 簡明易解

(2) 不受兩極端分數的影響

(3) 當分組次數分配表有不穩定組距時，眾數仍可求得

(4) 不但適合量的資料，亦適用於質的資料

(5) 近似眾數的計算，甚為簡單

5. 缺點

(1) 感應不靈敏

(2) 不適合代數方法的運算

(3) 近似眾數之值不易確定，組距或組限稍有變動，其數值可能變動甚大

(4) 當次數分配無規律或無顯著集中趨勢時，則眾數喪失其意義

(5) 真確眾數之計算甚為繁雜

補充

　　避免中位數只顧及一、兩個數值，而忽略了其他大多數資料的缺點，以及算術平均數易受到極大或極小數值的影響，而使得代表性受到質疑的缺點，故有「截尾平均數」與「溫塞平均數」作為補救參考。

1. 截尾平均數（Mt）

只取第一分位數（Q_1）與第三分位數（Q_3）間之數值，求取算術平均數。

2. 溫塞平均數（Mw）

將比第一分位數小之資料皆以第一分位數來代替，而比第三分位數大的數皆以第三分位數代替，再求取全部數值之算術平均數。

例

　　求取下列各數之截尾平均數與溫塞平均數：93, 105, 106, 116, 125, 128, 132, 137, 152

解

$$Mt = \frac{106 + 116 + 125 + 128 + 132}{5} = 121.4$$

$$Mw = \frac{3 \times 106 + 116 + 125 + 128 + 132 \times 3}{9} = 120.3$$

(六) 各種平均數之關係與比較

1. 在單峰對稱分配的情況下，則 $\overline{X} = Md = Mo$。

2. 當一組資料的變異數為零時，則 $\overline{X} = Md = Mo$。

3. 在單峰微偏分配中之右偏分配，為 $\overline{X} > Md > Mo$；反之，左偏分配則為 $\overline{X} < Md < Mo$。

4. 任兩數 a, b 之算術平均數、幾何平均數與調和平均數間之關係為 $G^2 = \overline{X} \cdot H$。

5. 在 n 個不盡相同的數值中，其平均數有此特性，即 $\overline{X} \geq G \geq H$。

6. 在 n 個完全相同的數值中，其 $\overline{X} = Md = Mo = G = H$。

7. 當一數列為等差數列時，以求算術平均數較為適當；當一數列為等比數列時，以求幾何平均數較為適當；當一數列為調和數列時，以求調和平均數較為適當。

8. 算術平均數之用途最廣，中位數與眾數次之，幾何平均數再次之，調和平均數最罕用。

3-2　變異量數

一、定義

測量群體個體之差異或離中程度的量數，又可稱為**離勢量數**或**分散量數**。藉由差異程度之大小，衡量整組資料之分散程度，亦可反映出平均數代表性的大小。

二、性質

一般皆以距離或距離平方和當作差異量數，差異量數愈小時，平均數愈能代表此一群體中的各個數值；差異量數愈大時，平均數愈不能代表此一群體中的各個數值。

三、類別

(一) 絕對差異量數

表示一群體或分配的分散情形，其最常用的包括下列四類：

1. **標準差與變異數**（standard deviation, SD; variance, Var）

(1) 定義

指一群數值與其算術平均數之差的平方和之平均數，為變異數，而變異數之

正平方根則爲標準差。標準差愈大,則表示資料愈離散,平均數的代表性弱;反之,則否。

(2) 公式

① 母群體資料

A. 定義公式:

$$\sigma^2 = \frac{\sum\limits_{i=1}^{N}(X_i - \mu)^2}{N} \;,\; \sigma = \sqrt{\frac{\sum\limits_{i=1}^{N}(X_i - \mu)^2}{N}}$$

B. 運算公式:

$$\sigma^2 = \frac{\sum\limits_{i=1}^{N}X_i^2 - \frac{(\sum\limits_{i=1}^{N}X_i)^2}{N}}{N} \;,\; \sigma = \sqrt{\frac{\sum\limits_{i=1}^{N}X_i^2 - \frac{(\sum\limits_{i=1}^{N}X_i)^2}{N}}{N}}$$

② 樣本資料

A. 定義公式:

$$S^2 = \frac{\sum\limits_{i=1}^{n}(X_i - \overline{X})^2}{n-1} \;,\; S = \sqrt{\frac{\sum\limits_{i=1}^{n}(X_i - \overline{X})^2}{n-1}}$$

B. 運算公式:

$$S^2 = \frac{\sum\limits_{i=1}^{n}X_i^2 - \frac{(\sum\limits_{i=1}^{n}X_i)^2}{n}}{n-1} \;,\; S = \sqrt{\frac{\sum\limits_{i=1}^{n}X_i^2 - \frac{(\sum\limits_{i=1}^{n}X_i)^2}{n}}{n-1}}$$

(3) 根據樣本資料之定義公式和運算公式可得知,當樣本數愈大時,則樣本標準差會愈接近母群標準差的估計數,這個估計數即稱爲標準誤(standard error, SE)。

性質:

① $\because \sum\limits_{i=1}^{n}(X_i - \overline{X})^2$ 爲極小值

$\therefore \sum\limits_{i=1}^{n}(X_i - \overline{X})^2 \leq \sum\limits_{i=1}^{n}(X_i - K)^2 \; (K \in R)$

② 標準差恆大於 0,除非所有數值皆相等。

③ 當各個數值差異甚大時,其變異數大,標準差亦大。

④ 由部分之變異數，欲求得全體之變異數時，當 μ_i 為母體平均數，σ_i^2 為母體變異數，則全體之變異數為：

$$\sigma^2 = \frac{\sum\limits_{i=1}^{m} n_i \left[\sigma_i^2 + (\mu_i - \mu)^2\right]}{\sum\limits_{i=1}^{m} n_i}$$

$$m：有 m 個變異數，\mu = \frac{\sum\limits_{i=1}^{m} n_i \mu_i}{\sum\limits_{i=1}^{m} n_i}$$

若為樣本時，則全體變異數為：（以二組資料為例）

$$S^2 = \frac{\left[(n_x - 1)s_x^2 + n_x(\bar{x} - A)^2\right] + \left[(n_y - 1)s_y^2 + n_y(\bar{y} - A)^2\right]}{n_x + n_y - 1}$$

$$A = \frac{n_x \cdot \bar{x} + n_y \cdot \bar{y}}{n_x + n_y}$$

⑤ 當 X 為原變數，a, b 為任意常數，Y 為新變數時，則：

A. $Y = X \pm a$，則 $S_Y^2 = S_X^2$ 或 $S_Y = S_X$

B. $Y = aX$，則 $S_Y^2 = a^2 S_X^2$ 或 $S_Y = |a|S_X$

C. $Y = \frac{1}{a}X$，則 $S_Y^2 = \frac{1}{a_2}S_X^2$ 或 $S_Y = |\frac{1}{a}|S_X$

D. $Y = a \pm bX$，則 $S_Y^2 = b^2 S_X^2$ 或 $S_Y = |b|S_X$

(4) 應用：

① **標準化**：對於不同性質、不同單位資料作分析比較時，可將資料化為標準化，成為標準分數之後再進行比較。標準化公式為：

$$Z = \frac{X_i - \bar{X}}{S}$$

② Chebyshev **不等式**：俄國數學家 Chebyshev 提出 $P(|X_i - \bar{X}| \leq ks) \geq 1 - \frac{1}{k^2}$，來說明平均數與標準差的關係。故可知：

A. 當 $k = 1$ 時，全體數值落入 $\mu \pm \sigma$ 之間的機率大於或等於 0。

B. 當 $k = 2$ 時，全體數值至少有 $\frac{3}{4}$ 落入 $\mu \pm 2\sigma$ 之間。

C. 當 $k = 3$ 時，全體數值至少有 $\frac{8}{9}$ 落入 $\mu \pm 3\sigma$ 之間。

③ Pearson **經驗法則**：當資料呈現鐘型（或常態）分配時，根據經驗法則，則有下列機率值：

A. $|x - \mu| \leq \sigma$ 約占全部數值之 68.26% > 0

B. $|x - \mu| \leq 2\sigma$ 約占全部數值之 95.44% > $\dfrac{3}{4}$

C. $|x - \mu| \leq 3\sigma$ 約占全部數值之 99.72% > $\dfrac{8}{9}$

補充

在微偏分配中，用 Chebyshev 不等式所計算出的結果較為精確。

區間	經驗法則之機率
$\overline{X} \pm 1 \cdot SD$	68.26%
$\overline{X} \pm 1.96 \cdot SD$	95%
$\overline{X} \pm 2 \cdot SD$	95.44%
$\overline{X} \pm 2.575 \cdot SD$	99%
$\overline{X} \pm 3 \cdot SD$	99.72%
$\overline{X} \pm 0.6745 \cdot SD$	50%

2. 平均差（average deviation, AD）

(1) 定義：

指一群數值中，各數值與其中位數或算術平均數之差的絕對值的算術平均數。在所有差異量數中，是最不常被使用的一種量數。

(2) 公式：

$$AD = \frac{\sum |X_i - Md|}{N} \quad \text{（以中位數為中心）}$$

$$AD = \frac{\sum |X_i - \overline{X}|}{N} \quad \text{（以算術平均數為中心）}$$

(3) 性質：

① 以全體數值作運算，可表示全部數值的差異情形，比全距和四分差感應靈敏。

② 因其以絕對值運算，意義較不明顯，並不適合代數運算。

3. 全距（range, R）

  (1) 定義：

    指一群數值中，最大者與最小者之差，用來表示一群體內數值的變動範圍。全距適用於等距變數，不適用於次序與類別變數。

  (2) 公式：

    ① 列舉式資料：$R = X_{max} - X_{min}$

    ② 連續分組資料：$R = U_{max} - U_{min}$（即最大組界組之上限減最小組界組的下限）

4. 四分差（quartile deviation, Q）

  (1) 定義：

    指第三個四分位數 Q_3 與第一個四分位數 Q_1 之差的一半，四分差關心的是中間 50% 的資料。

  (2) 公式：

$$Q = \frac{Q_3 - Q_1}{2}$$

$$Q_1 = L_1 + \frac{(\frac{N}{4} - f_1')h}{f_1} \quad , \quad Q_3 = L_3 + \frac{(\frac{3N}{4} - f_3')h}{f_3}$$

    L：為第一、三個四分位數所在組之下限

    N：總組數

    f：第一、三個四分位數所在組之次數

    f'：小於第一、三個四分位數所在組之各組次數和

    h：組距

  (3) 性質：

    ① 對稱分配的四分差 $Q = \frac{Q_3 - Q_1}{2}$，$Q_3 - Md = Md - Q_1$。

    ② 四分差之大小可說明資料的差異，若 $Q_3 - Q_1$ 之距離小，亦即有一半的數值變化於一個很小的範圍內，分配甚為集中；若 $Q_3 - Q_1$ 之距離大，亦即分配的離異程度大。

    ③ 四分差並未顧及全體數值的意義，僅關心中間的 50% 資料，而遺漏的前後各 25% 的數值，使得感應不靈敏，是其一大缺點。

3

資料檢核與統計特徵量

(二) 相對差異量數

用以比較兩種以上性質不同或單位不同或算術平均數不同之資料的相對離勢；換言之，即是探討群體與群體或分配與分配之差異情形，常用之相對差異量數有下列四種：

1. **變異係數或差異係數（相對標準差，coefficient of variation, CV）**

    (1) 意義：為標準差和算術平均數之比。

    (2) 公式：$CV = \dfrac{SD}{M} \times 100\%$

2. **四分差係數（相對四分差，QC）**

    (1) 意義：為第一分位數（Q_1）與第三分位數（Q_3）之差與第一分位數（Q_1）與第三分位數（Q_3）之和的比。

    (2) 公式：$QC = \dfrac{Q_3 - Q_1}{Q_3 + Q_1}$

3. **平均差係數（相對平均差，MC）**

    (1) 意義：平均差與中位數，或算術平均數之比。

    (2) 公式：$MC = \dfrac{AD}{Md}$ 或 $MC = \dfrac{AD}{X}$

4. **全距係數（相對全距，RC）**

    (1) 意義：全距與最大數值和最小數值之和的比。

    (2) 公式：$RC = \dfrac{X_{max} - X_{min}}{X_{max} + X_{min}} = \dfrac{R}{X_{max} + X_{min}}$

(三) 功用

1. 用以比較單位相同，但平均數不同之多種資料的差異程度。

2. 用以比較單位不同之多種資料的差異量數。

(四) 各種差異量數之關係

1. 全距、變異數、標準差與平均差適用於等距變數；四分差適用於次序變數。

2. 以算術平均數為集中量數時，應以標準差為變異量數；以中位數為集中量數時，應以四分差為變異量數，四分差比平均差更不易受極端分數所影響。

3. 就計算之快速與簡易程度而言，全距 > 四分差 > 平均差 > 標準差。

085

4. 就變異程度的穩定性而言，標準差 > 平均差 > 四分差 > 全距。

◆ 3-3 相對地位量數

一、意義

用來描述個人在團體中所占之位置的量數，稱為相對地位量數。

二、類別

可分為兩大類，分別為百分等級（percentile rank）與標準分數（standard score）。

(一) 百分等級（percentile rank, PR）與百分位數（percentile, Pp）

1. 百分等級

(1) 定義：以次數分配中，低於某分數的百分比來表示該分數在百分量表上所占之位置，這個百分比以整數表示，稱為百分等級（謝廣全，1994）。林清山（1995）則定義為用來表示一個人所得到的分數在團體中所占的地位，並假定將其分為一百等級，則某一個人的得分可以勝過的等級數。綜合兩位學者的看法：某人獲得之分數在假設有一百個人的群體中，能勝過 PR 個人，則此 PR 即為該分數之百分等級。例如：某個幼兒的身高為 80 公分，PR 值為 50，表示這個幼兒身高的百分等級為 50，意謂著在同齡的一百位幼兒中，這個幼兒贏過 50 人，更可以說這位幼兒的身高正好就是中位數。

(2) 計算步驟：先將群體中的數值得分依高低次序排列，再利用公式計算某人在一百人中勝過多少人，或得知在某人得分以下或以上各占多少百分比。百分等級最高為 PR = 99，最低為 PR = 0，以整數表示之。不過，若以 SPSS 計算百分等級時，最高則為 100。

(3) 計算公式：

未歸類資料公式：$PR = 100 - \dfrac{100R - 50}{N}$

例

已知 10 名學生的成績依序排列如下：62, 67, 73, 76, 80, 82, 86, 95, 97, 99，試求得分為 86 分學生的百分等級為多少？

解

得分 86 分學生排名第四高分，故其百分等級為：

$$PR = 100 - \frac{100 R - 50}{N} = 100 - \frac{100(4) - 50}{10} = 65$$

亦即百分等級為 65

歸類資料公式：$PR = \frac{100}{N} [\frac{(X-l)f}{h} + F]$

X：任意原始分數

N：總人數

l：該原始分數所在組之真正下限

f：該原始分數所在組之次數

F：1 以下的累積次數

h：組距

例

利用下表資料，計算得分為 40 分之學生的百分等級。

組別	次數（f）	累積次數（F）
90-94	1	55
85-89	1	54
80-84	3	53
75-79	4	50
70-74	12	46
65-69	9	34
60-64	8	25
55-59	7	17
50-54	3	10
45-49	4	7
40-44	2	3
35-39	1	1

解

得分 40 分之百分等級的計算

$$PR = \frac{100}{N} [\frac{(X-l)f}{h} + F]$$

$$= \frac{100}{55} [\frac{(40-39.5) \times 2}{5} + 1]$$

$$= \frac{100}{55} [\frac{1}{5} + 1] = 2.18$$

故百分等級為 2

2. 百分位數

(1) 定義：百分位數是將所有資料劃分成一百等分，其中有 99 個分割點的分數，每一個分割點的分數稱為一個百分位數，第一個百分位數以 P_1 代表；第二個分割點的分數稱為第二個百分位數，以 P_2 表示，依此類推至第 99 個百分位數，以 P_{99} 表示。其次，百分位數是表示在全體資料中某一資料點（或分數），無論全部資料多寡，相對於全部資料的所在位置，如 $P_{35} = 40$ 即表示在此組資料中 40 分以下的資料約占全部資料 35%。

(2) 功能：百分位數的主要功能為在同一變項內，兩組資料之比較。例如：兩個團體的業績分數，A 組有一位人員獲得 50 分，B 組有一位人員獲得 70 分，但因兩組測量的方式並不相同，且主管人員的評分標準並不一致，故無法對這二位人員的表現作直接比較。但若知 A 組人員的 50 分表示 P_{60}，而 B 組人員的 70 分表示 P_{50}，則可推論得知，A 組人員在團體中的業績表現優於 B 組人員在團隊中的業績表現。

(3) 計算公式：$Pp = l + (\frac{\frac{P}{100} \times N - F}{f}) \times h$

N：總人數

l：該原始分數所在組之真正下限

f：該原始分數所在組之次數

F：1 以下的累積次數

h：組距

例

下表為某高中班級學生測驗分數，試求百分等級 90 的測驗分數為何？

組別	次數（f）	累積次數（F）
90-99	5	60
80-89	10	55
70-79	16	45
60-69	15	29
50-59	9	14
40-49	3	5
30-39	2	2

解

百分等級 90 之測驗分數的計算如下：

$$Pp = l + (\frac{\frac{P}{100} \times N - F}{f}) \times h$$

$$= 79.5 + (\frac{\frac{90}{100} \times 60 - 45}{10}) \times 10$$

$$= 79.5 + 9 = 88.5$$

百分等級為 90 時，其百分位數為 88.5

(二) 標準分數（standard score）

1. 定義：原始分數無法解釋其相對的意義，必須經由直線轉換的過程，使原始分數具有相同的單位，不僅可顯示出個體間的差異，也可以顯示出個體內的差異。原則上，不同單位、不同性質的量數無法直接比較，必須轉換成標準分數後方能相互比較。

2. 類別：Z 分數是最典型的標準分數，其意義為用來表示某一分數與平均數之差是標準差的幾倍。其他還有 T 分數、比西量表分數、魏氏智力量表分數、普通分類分數（AGCT）、CEEB 分數等。

3. 計算公式：

(1) $Z = \dfrac{X - \overline{X}}{SD}$

(2) $T = 50 + 10Z$

(3) 比西量表分數 = 100 + 16Z

(4) 魏氏智力量表分數 = 100 + 15Z

(5) 普通分類分數（AGCT）= 100 + 20Z

(6) CEEB = 500 + 100Z

4. **範例**：小皮在魏氏智力量表的得分為 130，試求小皮的 Z 分數，且其在團體中所占的地位為何？

解：$Z = \dfrac{X - \mu}{\sigma} = \dfrac{130 - 100}{15} = 2$

可知小皮的 Z 分數為 2，且可經由查表得知 Z = 2 的面積約為 97.72%，可知在團體中有 97.72% 的受試者不如小皮；換言之，也可以說小皮的百分等級為 98。

3-4 偏態與峰度

一、偏態

定義：偏態是指大部分資料的分布情形，當資料偏向那一邊，即是指資料呈現偏斜分布，否則就是不偏分布。

偏態的公式為：

$$g_1 = \frac{m_3}{m_2 \times \sqrt{m_2}} = \frac{\dfrac{\sum(X - \overline{X})^3}{n}}{S \times S^2} = \frac{\sum(X - \overline{X})^3}{n \times S^3} = \frac{\sum Z^3}{n} = \overline{Z^3}$$

一般而言，資料的分布情形可分為下列四大類：

1. 常態分配（normal distribution）：其最大特徵即為左右對稱（symmetric），不偏分布。

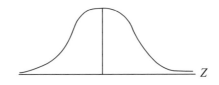

2. 偏斜分配（skewed distribution）：可分為兩大類，分別為左偏和右偏。左偏又稱為負偏，右偏又稱為正偏。

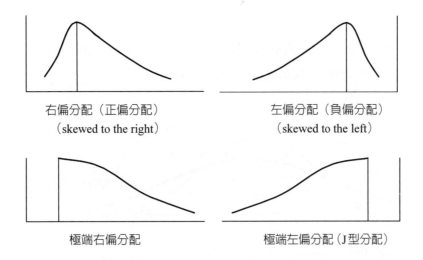

| 右偏分配（正偏分配）
（skewed to the right） | 左偏分配（負偏分配）
（skewed to the left） |

極端右偏分配　　　　　　極端左偏分配（J型分配）

3. 雙峰分配（bimodal distribution）：資料呈現兩個群體。

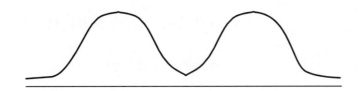

4. U 型分配（U-shape distribution）：資料也呈現對稱的型態，但不同的是高峰
   落在兩個端點，而非中間。

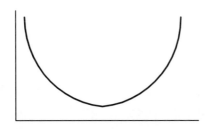

二、峰度

定義：次數分配曲線的高度，即為峰度。

峰度的計算公式為：$g_2 = \dfrac{m_4}{m_2^2} - 3 = \dfrac{\dfrac{\sum(X-\overline{X})^4}{n}}{S^4} - 3 = \dfrac{\sum Z^4}{n} - 3 = \overline{Z^4} - 3$

峰度可分為下列三種型態：**高狹峰分配**（lepto kurtic distribution）、**低闊峰分配**（platy kurtic distribution）、**常態峰分配**（meso kurtic distribution）。另也可能出現特殊的型態，如矩形分配（rectangular kurtic distribution）。

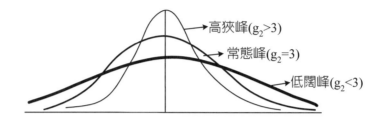

補充：動差（m）

一級動差 $m_1 = \dfrac{\sum(X-\overline{X})}{n} = 0$

二級動差 $m_2 = \dfrac{\sum(X-\overline{X})^2}{n} = S^2 \rightarrow$ 此即為代表分散情形的變異數

三級動差 $m_3 = \dfrac{\sum(X-\overline{X})^3}{n} \rightarrow$ 代表偏態的主要指標

四級動差 $m_4 = \dfrac{\sum(X-\overline{X})^4}{n} \rightarrow$ 代表峰度的主要指標

◆ 3-5 統計特徵量之IBM SPSS Statistics 25.0中文版範例操作

一、描述統計量數之操作

描述統計量數之操作方法有三種，以下將分別示範操作。三種方法雖都可以進行描述統計功能運算，但其輸出報表內容不大相同。

範例（檔名為描述統計.sav）：下表共有 48 位學生的性別與學習成績資料，試求其描述性統計量數。

編號	成績	性別	編號	成績	性別
1	18	1	25	16	1
2	14	2	26	10	1
3	12	1	27	8	1
4	6	2	28	4	1
5	19	2	29	18	1
6	12	2	30	8	2
7	8	2	31	4	1
8	4	2	32	1	1
9	14	2	33	16	2
10	10	2	34	12	1
11	6	1	35	6	1
12	2	1	36	2	2
13	16	1	37	19	1
14	12	1	38	16	2
15	10	1	39	10	1
16	4	2	40	8	2
17	12	2	41	16	2
18	8	2	42	14	1
19	6	2	43	10	1
20	2	2	44	9	1
21	18	2	45	16	1
22	10	1	46	12	2
23	5	1	47	8	2
24	1	1	48	8	1

(一) 方法一

其 IBM SPSS Statistics 25.0 中文版操作步驟爲：開啓功能列中之「分析」，選擇「敘述統計」，再選擇「次數分配表」，如圖 3-1 所示。出現「次數分配表」之對話框，將變數「成績」、「性別」選入右方之「變數」欄位，如圖 3-2 所示。再開啓「統計資料」之選項，會呈現「次數：統計量」次對話框，勾選所需要的選項，如：在「百

分位值」，點選「四分位數」，亦可根據使用者的需求，自行設定欲計算之「百分位數」；在「集中趨勢」，可勾選「平均值」、「眾數」、「中位數」與「總和」；在「離差」欄位，可勾選「變異」、「標準差」、「範圍」或「最大值」、「最小值」等；在「以事後分布為特…」欄位，可勾選「偏態」、「峰度」選項，如圖3-2所示。

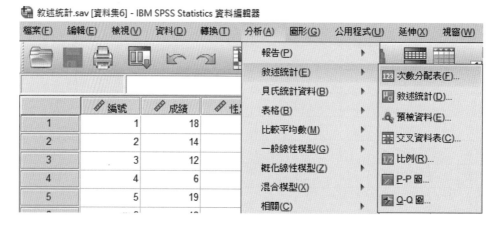

圖 3-1　開啟功能列之「分析」，選擇「敘述統計」，再選擇「次數分配表」

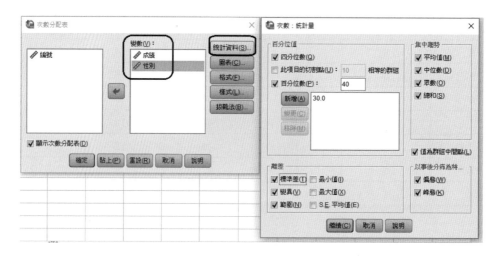

圖 3-2　點選「成績、性別」至「變數」欄；開啟「次數：統計量」之次對話框

再點選「圖表」之次對話框，勾選「直方圖」，也可一併勾選「在直方圖上顯示常態曲線」，如圖 3-3 所示。而另一個對話框「格式」，則是讓使用者選擇觀察值或變數之「順序依據」，通常這部分都不需更動，使用內建指令即可。待次對話框完成設定選擇之後，點選「繼續」，回到「次數分配表」之對話框，選擇「確定」即完成。

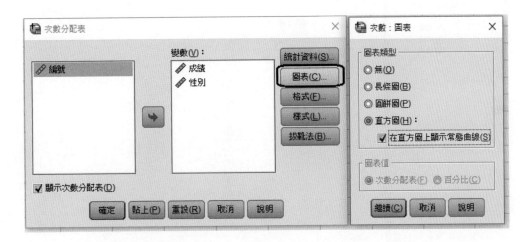

圖 3-3　點選「圖表」之次對話框，勾選直方圖，並勾選「在直方圖上顯示常態曲線」

根據以上步驟，輸出報表視窗如圖 3-4、圖 3-5、圖 3-6 所示，而詳細的報表內容除有統計量之外，亦有「成績」、「性別」兩個變項的次數分配表與直方圖。使用者可從下列報表中選取需要的數值進行研究報告撰寫。要注意的是，間斷變數（如：性別）顯示的許多統計量（例如：平均數、標準差）是無意義的數值，在解釋或閱讀時必須要小心使用。

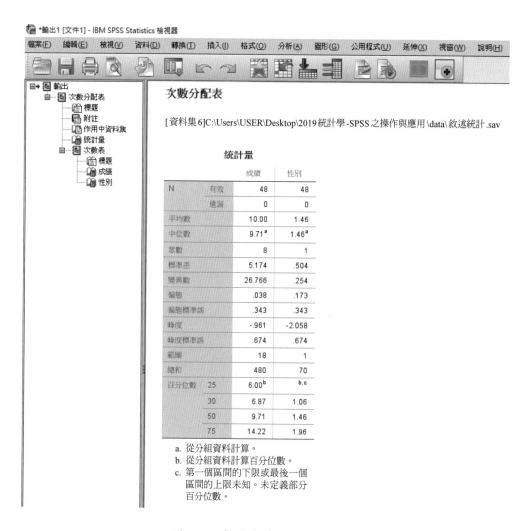

圖 3-4　輸出報表——統計量

次數表

成績

		次數分配表	百分比	有效百分比	累積百分比
有效	1	2	4.2	4.2	4.2
	2	3	6.3	6.3	10.4
	4	4	8.3	8.3	18.8
	5	1	2.1	2.1	20.8
	6	4	8.3	8.3	29.2
	8	7	14.6	14.6	43.8
	9	1	2.1	2.1	45.8
	10	6	12.5	12.5	58.3
	12	6	12.5	12.5	70.8
	14	3	6.3	6.3	77.1
	16	6	12.5	12.5	89.6
	18	3	6.3	6.3	95.8
	19	2	4.2	4.2	100.0
	總計	48	100.0	100.0	

性別

		次數分配表	百分比	有效百分比	累積百分比
有效	男生	26	54.2	54.2	54.2
	女生	22	45.8	45.8	100.0
	總計	48	100.0	100.0	

圖 3-5　輸出報表 —— 次數分配表

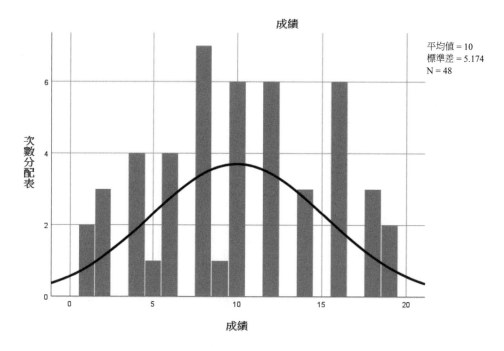

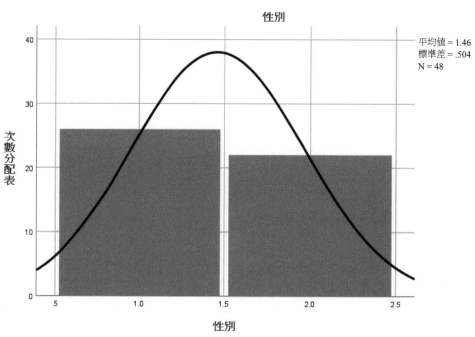

圖 3-6　輸出報表——直方圖

　　報表輸出結果是使用者最關心的重點，也期待將獲得的報表進行文字敘述與排版。在欲使用的表格上按滑鼠右鍵，如圖 3-7 所示，有多種功能可以選擇。使用「複製」的結果是，使用者可以在文書軟體上進行表格的編輯；若遇到過大的輸出表格時，使用者可以自行修正刪減欄位，使之與編輯文章融為一體。另也有「複製為」功能，可依使用者需求轉成不同格式。

次數表

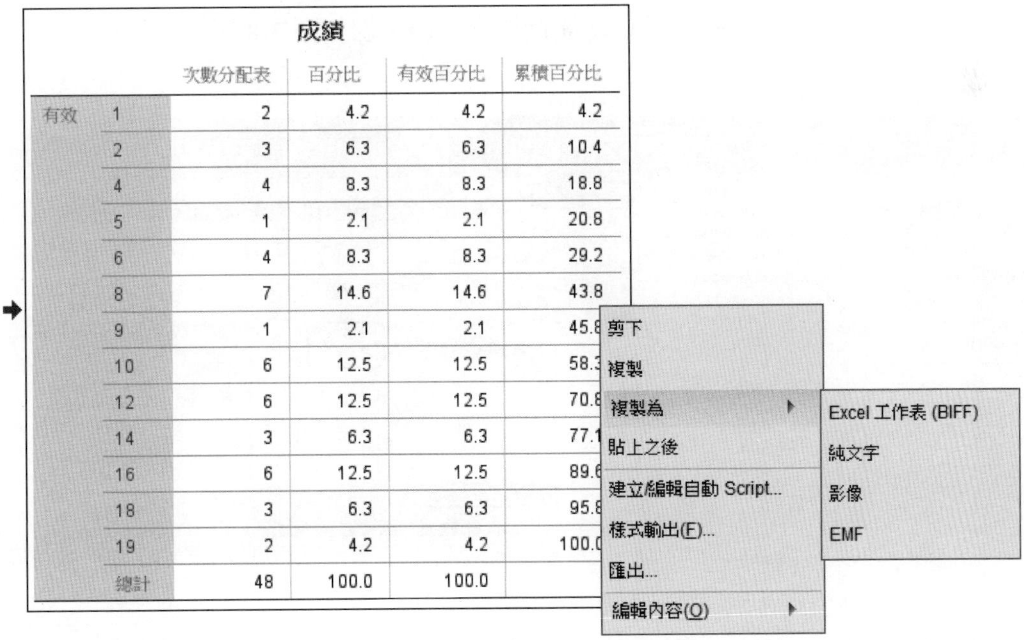

成績		次數分配表	百分比	有效百分比	累積百分比
有效	1	2	4.2	4.2	4.2
	2	3	6.3	6.3	10.4
	4	4	8.3	8.3	18.8
	5	1	2.1	2.1	20.8
	6	4	8.3	8.3	29.2
	8	7	14.6	14.6	43.8
	9	1	2.1	2.1	45.8
	10	6	12.5	12.5	58.3
	12	6	12.5	12.5	70.8
	14	3	6.3	6.3	77.1
	16	6	12.5	12.5	89.6
	18	3	6.3	6.3	95.8
	19	2	4.2	4.2	100.0
	總計	48	100.0	100.0	

剪下
複製
複製為　　　　　　▶　　Excel 工作表 (BIFF)
貼上之後　　　　　　　　純文字
建立/編輯自動 Script...　　影像
樣式輸出(F)...　　　　　EMF
匯出...
編輯內容(O)　　　　　▶

圖 3-7　報表輸出格式選項。在圖表上按滑鼠右鍵，即可複製至其他文書處理檔案（如：
　　　　word 檔）

　　早期的 SPSS 版本（如：SPSS 10.0）出現選用複製的方式，將報表轉貼至 word 時，所有的中文字會變成亂碼，因而造成使用者在文字編輯的困擾與負擔，值得慶幸的是 SPSS for Windows 12.0 中文版已經解決這個問題。SPSS for Windows 12.0 版本有「複製物件」這項功能，它能將 SPSS 輸出報表存成圖檔並複製到 word 中，但它的缺點是無法編輯，故也可能造成進行文書編輯處理時的困難。如今的 IBM SPSS Statistics 系列版本報表輸出功能皆非常友善，直接選取「複製」即可將所有的圖、表複製至 word 檔案，可進行文字編輯且不會出現亂碼。

(二) 方法二

其 IBM SPSS Statistics 25.0 中文版操作步驟爲：開啓功能列中之「分析」，點選「敘述統計」，再選擇「敘述統計」，出現次對話框，將變數「成績」選至右方之「變數」欄（見圖 3-8）。若點選下方的「將標準化值存成變數」，執行之後，在「資料視圖」視窗會出現新的欄位「Z 成績」，如圖 3-9 所示。若點選「選項」，開啓「敘述統計：選項」次對話框，此方法可選擇之統計特徵量項目較方法一少，如：「百分位值」的功能已不存在。待選擇完畢後，選擇「繼續」，回到最初之對話框，選擇「確定」，即完成描述性統計分析功能選擇，操作步驟如圖 3-8 所示。

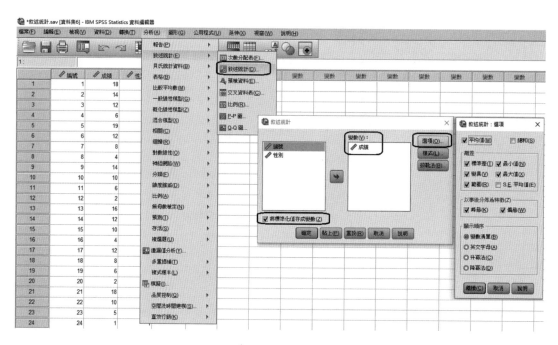

圖 3-8　開啓功能列「分析」，點選「敘述統計」，再選擇「敘述統計」

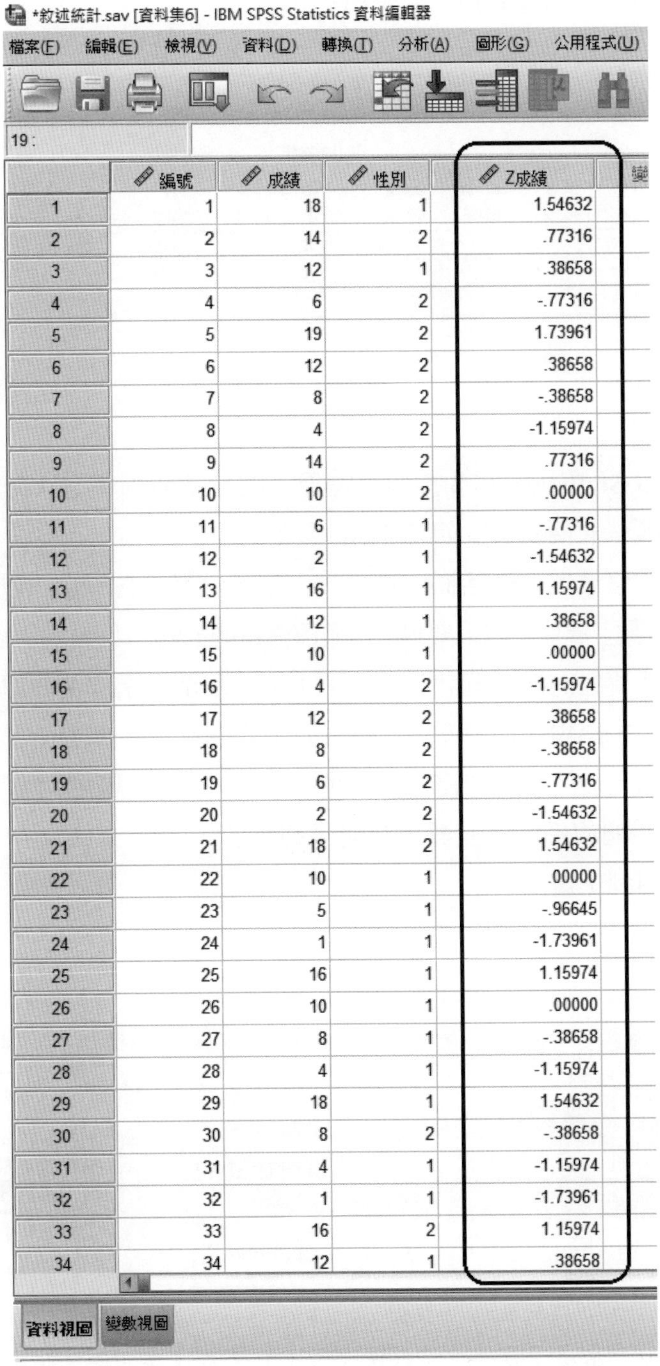

	✏ 編號	✏ 成績	✏ 性別	✏ Z成績	變
1	1	18	1	1.54632	
2	2	14	2	.77316	
3	3	12	1	.38658	
4	4	6	2	-.77316	
5	5	19	2	1.73961	
6	6	12	2	.38658	
7	7	8	2	-.38658	
8	8	4	2	-1.15974	
9	9	14	2	.77316	
10	10	10	2	.00000	
11	11	6	1	-.77316	
12	12	2	1	-1.54632	
13	13	16	1	1.15974	
14	14	12	1	.38658	
15	15	10	1	.00000	
16	16	4	2	-1.15974	
17	17	12	2	.38658	
18	18	8	2	-.38658	
19	19	6	2	-.77316	
20	20	2	2	-1.54632	
21	21	18	2	1.54632	
22	22	10	1	.00000	
23	23	5	1	-.96645	
24	24	1	1	-1.73961	
25	25	16	1	1.15974	
26	26	10	1	.00000	
27	27	8	1	-.38658	
28	28	4	1	-1.15974	
29	29	18	1	1.54632	
30	30	8	2	-.38658	
31	31	4	1	-1.15974	
32	32	1	1	-1.73961	
33	33	16	2	1.15974	
34	34	12	1	.38658	

資料視圖　變數視圖

圖 3-9 「資料視圖」視窗新增「Z 成績」欄位

根據以上步驟，輸出報表結果如下所示：

→ 敘述統計

敘述統計

	N	範圍	最小值	最大值	平均值	標準偏差	變異	偏態		峰態	
	統計量	統計量	統計量	統計量	統計量	統計量	統計量	統計量	標準錯誤	統計量	標準錯誤
成績	48	18	1	19	10.00	5.174	26.766	.038	.343	-.961	.674
性別	48	1	1	2	1.46	.504	.254	.173	.343	-2.058	.674
有效的 N (listwise)	48										

(三) 方法三

其 IBM SPSS Statistics 25.0 操作步驟為：開啟功能列中之「分析」，點選「報告」，再選擇「觀察值摘要」，如圖 3-10 所示。

出現「彙總觀察值」之對話框，將變數「成績」選至右方之「變數」欄，將「性別」選至「分組變數」欄位（如果要探討分組資料的描述統計分析時，可使用此功能；若要做全體受試者資料的描述統計分析，則不要將類別變項放至分組變數欄位中），點選「統計資料」，出現「摘要報告：統計量」次對話框，此對話框內可選擇之選項有很多，且未分類，使用者可依需求自行選擇。此外，這個功能多了前二方法都未有的兩個選項，即「調和平均值」與「幾何平均值」，如圖 3-11 所示。完成勾選後，選擇「繼續」，回到主畫面。

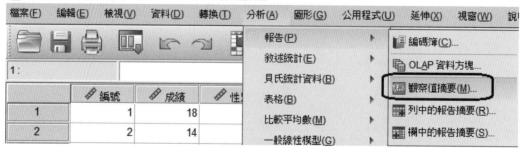

圖 3-10　開啟「分析」，點選「報告」，再選擇「觀察值摘要」

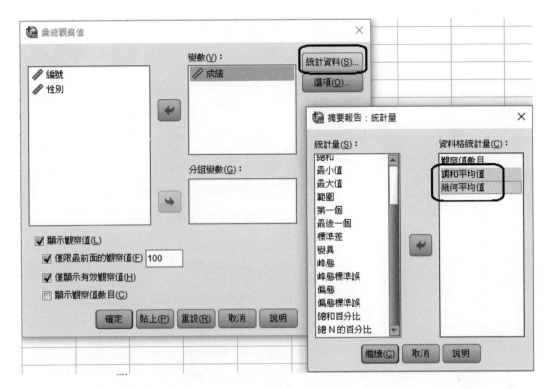

圖 3-11　點選「成績」至「變數」欄，並選擇「統計資料」之次對話框

　　而另一個次對話框為「選項」，使用者可依研究的需要更改輸出報表標題，或者，有遺漏值時，可在此設定排除。待設定完畢後，選擇「繼續」，回到最初之對話框，選擇「確定」，即完成描述統計分析功能選擇。

二、百分等級之操作

（範例檔名：敘述統計 .sav）

　　IBM SPSS Statistics 25.0 中文版操作步驟為：開啟功能列中之「轉換」，選擇「秩觀察值」，如圖 3-12 所示。

圖 3-12　開啟「轉換」，選擇「秩觀察值」

　　開啟「秩觀察值」之對話框，將「成績」選入「變數」欄位中，開啟「秩類型」之次對話框，再勾選「分數秩以 % 表示」，也可再多勾選「常態評分」選項，點選「繼續」，回到主對話框，點選「確定」，即完成百分等級之操作步驟，如圖 3-13 所示。

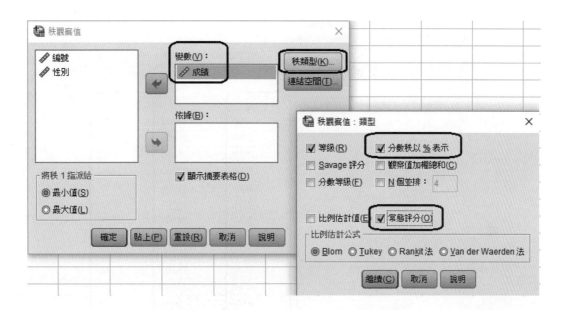

圖 3-13　將「成績」選入「變數」欄位，勾選「分數秩以 % 表示」選項

其輸出結果如圖 3-14 所示，「R 成績」欄位資料表示將此 48 筆資料依序排列，測驗分數最高者，則「R 成績」表示 47.5（因為最高分者有兩位）。「P 成績」欄位資料才是百分等級的結果，其顯示的最大值為 98.96。「N 成績」欄位則是常態分數。

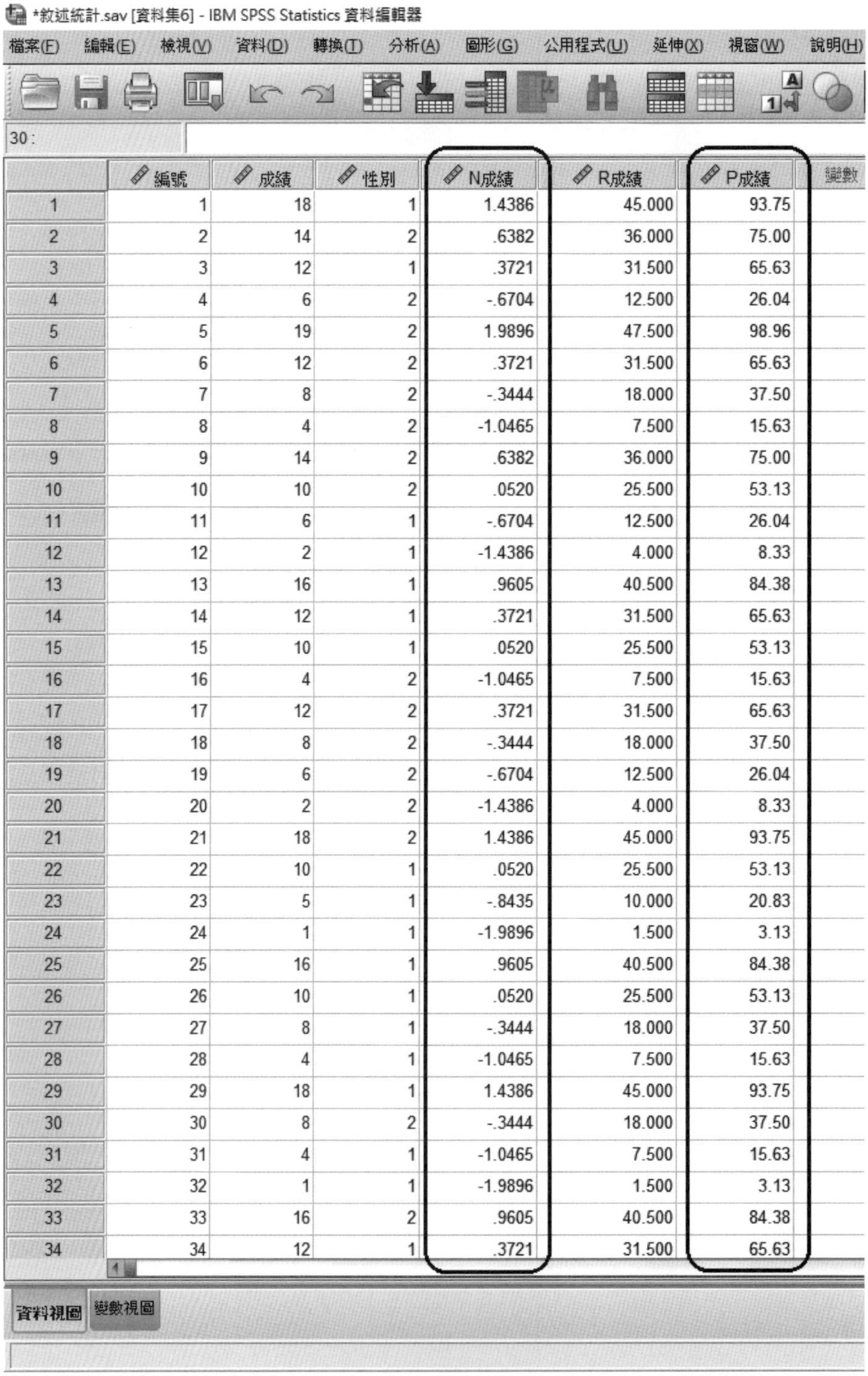

*敘述統計.sav [資料集6] - IBM SPSS Statistics 資料編輯器

檔案(F)	編輯(E)	檢視(V)	資料(D)	轉換(T)	分析(A)	圖形(G)	公用程式(U)	延伸(X)	視窗(W)	說明(H)

30 :

	編號	成績	性別	N成績	R成績	P成績	變數
1	1	18	1	1.4386	45.000	93.75	
2	2	14	2	.6382	36.000	75.00	
3	3	12	1	.3721	31.500	65.63	
4	4	6	2	-.6704	12.500	26.04	
5	5	19	2	1.9896	47.500	98.96	
6	6	12	2	.3721	31.500	65.63	
7	7	8	2	-.3444	18.000	37.50	
8	8	4	2	-1.0465	7.500	15.63	
9	9	14	2	.6382	36.000	75.00	
10	10	10	2	.0520	25.500	53.13	
11	11	6	1	-.6704	12.500	26.04	
12	12	2	1	-1.4386	4.000	8.33	
13	13	16	1	.9605	40.500	84.38	
14	14	12	1	.3721	31.500	65.63	
15	15	10	1	.0520	25.500	53.13	
16	16	4	2	-1.0465	7.500	15.63	
17	17	12	2	.3721	31.500	65.63	
18	18	8	2	-.3444	18.000	37.50	
19	19	6	2	-.6704	12.500	26.04	
20	20	2	2	-1.4386	4.000	8.33	
21	21	18	2	1.4386	45.000	93.75	
22	22	10	1	.0520	25.500	53.13	
23	23	5	1	-.8435	10.000	20.83	
24	24	1	1	-1.9896	1.500	3.13	
25	25	16	1	.9605	40.500	84.38	
26	26	10	1	.0520	25.500	53.13	
27	27	8	1	-.3444	18.000	37.50	
28	28	4	1	-1.0465	7.500	15.63	
29	29	18	1	1.4386	45.000	93.75	
30	30	8	2	-.3444	18.000	37.50	
31	31	4	1	-1.0465	7.500	15.63	
32	32	1	1	-1.9896	1.500	3.13	
33	33	16	2	.9605	40.500	84.38	
34	34	12	1	.3721	31.500	65.63	

資料視圖　變數視圖

圖 3-14　輸出結果

標準分數 Z 分數之操作步驟，在前節已說明。開啓「分析」，選擇「敘述統計」，再選擇「敘述統計」。在「敘述統計」對話框中，將「成績」選入「變數」欄位中，勾選「將標準化值存成變數」即可。利用 Z 分數的結果，用來計算 T 分數，故利用「計算變數」的功能，將上述已經得到的 Z 分數轉換成 T 分數，操作步驟如圖 3-15 所示，輸出報表結果如圖 3-16 所示。

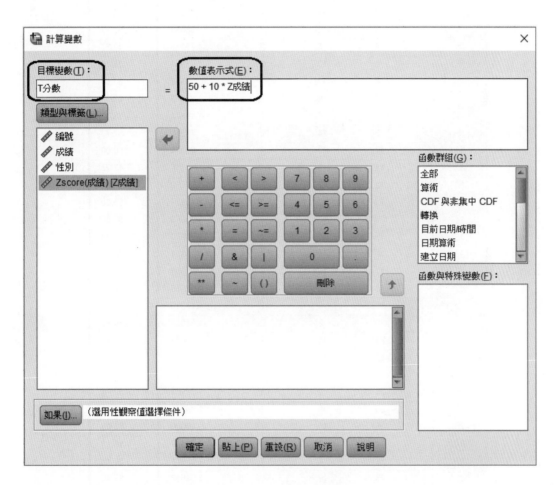

圖 3-15　計算 T 分數

*敘述統計.sav [資料集6] – IBM SPSS Statistics 資料編輯器

檔案(F)　編輯(E)　檢視(V)　資料(D)　轉換(T)　分析(A)　圖形(G)　公用程式(U)　延伸(X)　視窗

31 :

	編號	成績	性別	Z成績	T分數	變數
1	1	18	1	1.54632	65.46	
2	2	14	2	.77316	57.73	
3	3	12	1	.38658	53.87	
4	4	6	2	-.77316	42.27	
5	5	19	2	1.73961	67.40	
6	6	12	2	.38658	53.87	
7	7	8	2	-.38658	46.13	
8	8	4	2	-1.15974	38.40	
9	9	14	2	.77316	57.73	
10	10	10	2	.00000	50.00	
11	11	6	1	-.77316	42.27	
12	12	2	1	-1.54632	34.54	
13	13	16	1	1.15974	61.60	
14	14	12	1	.38658	53.87	
15	15	10	1	.00000	50.00	
16	16	4	2	-1.15974	38.40	
17	17	12	2	.38658	53.87	
18	18	8	2	-.38658	46.13	
19	19	6	2	-.77316	42.27	
20	20	2	2	-1.54632	34.54	
21	21	18	2	1.54632	65.46	
22	22	10	1	.00000	50.00	
23	23	5	1	-.96645	40.34	
24	24	1	1	-1.73961	32.60	
25	25	16	1	1.15974	61.60	
26	26	10	1	.00000	50.00	
27	27	8	1	-.38658	46.13	
28	28	4	1	-1.15974	38.40	
29	29	18	1	1.54632	65.46	
30	30	8	2	-.38658	46.13	
31	31	4	1	-1.15974	38.40	
32	32	1	1	-1.73961	32.60	
33	33	16	2	1.15974	61.60	
34	34	12	1	.38658	53.87	

圖 3-16　Z 分數、T 分數之輸出結果

三、統計圖之繪製操作

在敘述統計分析中，除了以數據資料作為說明之外，更常會用圖形來表現分析結果，使得研究者與讀者能更加清楚地看出資料的分布情形。以下僅就常用的幾種圖形，如：直方圖、長條圖、圓餅圖、線形圖、肩形圖、莖葉圖、箱型圖等作介紹。

(一) 直方圖（histograms）

次數資料常以條狀圖呈現在兩個向度的圖形上，代表每個分數或組距發生的次數，謂之直方圖，常用於連續變數的資料。

範例（檔名為敘述統計 .sav）：IBM SPSS Statistics 25.0 中文版操作步驟為：開啟功能列「圖形」之「圖表建置器」，如圖 3-17 所示。開啟一個說明視窗，如圖 3-18 所示，可點選「定義變數內容」，修改變數的性質資料，如圖 3-19 所示；也可以不做任何定義，直接按右上方的 X 關掉，進入統計圖繪製。

圖 3-17　開啟功能列「圖形」之「圖表建置器」對話框

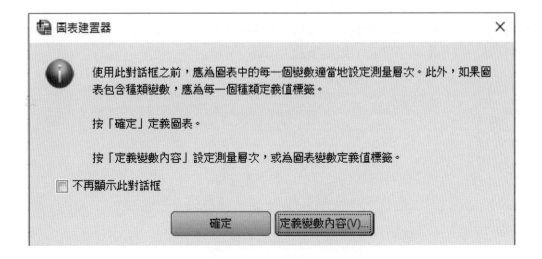

圖 3-18　說明視窗

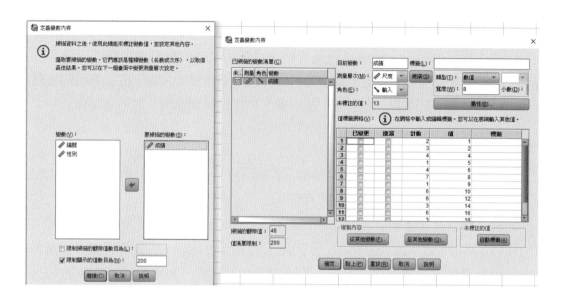

圖 3-19　定義變數內容

利用「圖表建置器」繪製統計圖的好處是很方便，可以直接利用拖曳的方式，將所欲繪製的統計圖拉至上方中間方框中，再拉進變數即可。

例如：選擇繪製「直方圖」或「長條圖」，並選擇是哪一種直方圖或是哪一種長條圖（例如：簡易長條圖），按著欲繪製的圖形，拉至上方中間的方框中，並將變數拉入統計圖中的座標即可，如圖 3-20、圖 3-21 所示。

另提醒「設定參數」功能，操作者可根據資料分析的需求設定橫軸座標的級距。當資料數值區間範圍不大、樣本個數又不多時，區間寬度可設定為「1」，以方便瞭解每個數值的個數（見圖 3-21）；當資料區間很大時，若設定為 1，則圖形將變得很不易閱讀。其輸出結果畫面，如圖 3-22 所示。

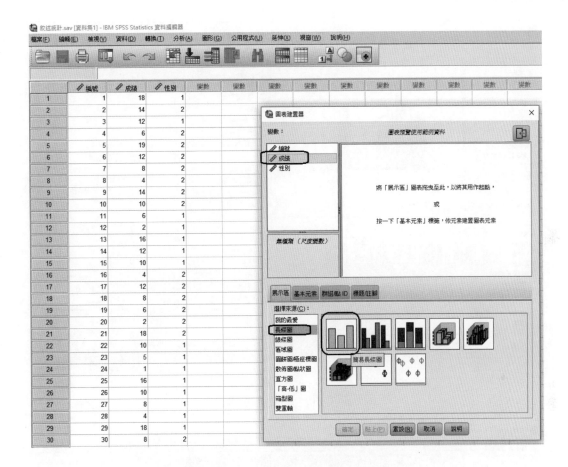

圖 3-20　利用拖曳功能繪製統計圖

　　若是不習慣或是不熟悉這樣的作法，也可以直接選取要繪製的圖形。操作步驟為：開啓「圖形」之「舊式對話框」，選擇「直方圖」，將「成績」選至「變數」欄，並勾選「顯示常態曲線」，如圖 3-23 所示。輸出結果如圖 3-24 所示，會和圖 3-22 一樣。

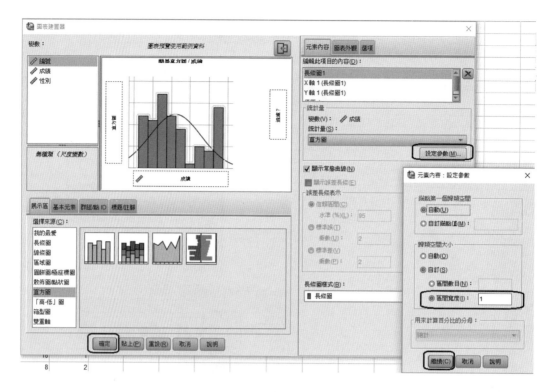

圖 3-21　繪製直方圖

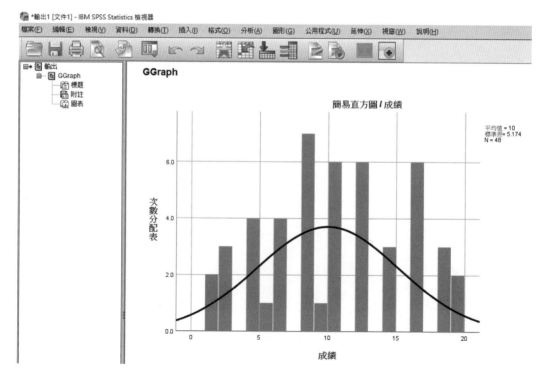

圖 3-22　輸出統計圖──直方圖

圖 3-23　開啓「圖形」之「舊式對話框」，選擇「直方圖」，將「成績」選至「變數」欄

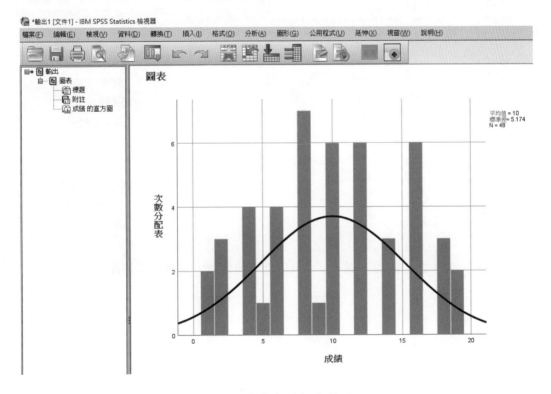

圖 3-24　直方圖輸出結果

(二) 直條圖 (bar chart)

長條圖與上述的直方圖相似，適用於類別變數、間斷變數或兩者的混合。IBM SPSS Statistics 25.0 中文版操作步驟為：開啟功能列之「圖形」，在「舊式對話框」選擇「長條圖」，如圖 3-25 所示。點選後會出現一個視窗，先選擇欲繪製之長條圖類型，如：簡式、集群或是堆疊形式，其次再選擇圖表中資料的呈現方式。本例選用「集群」、「觀察值群組摘要」作為示範，選擇「集群」則表示將依不同性別之資料進行長條圖之繪製，如圖 3-26 所示。定義後進入變數設定，將「成績」選入「種類軸」、「性別」放在「定義集群方式」，建議放在定義集群方式這個欄位的變數以類別資料為佳，如圖 3-27 所示。點選「確定」，即完成製作長條圖步驟，輸出結果如圖 3-28 所示。

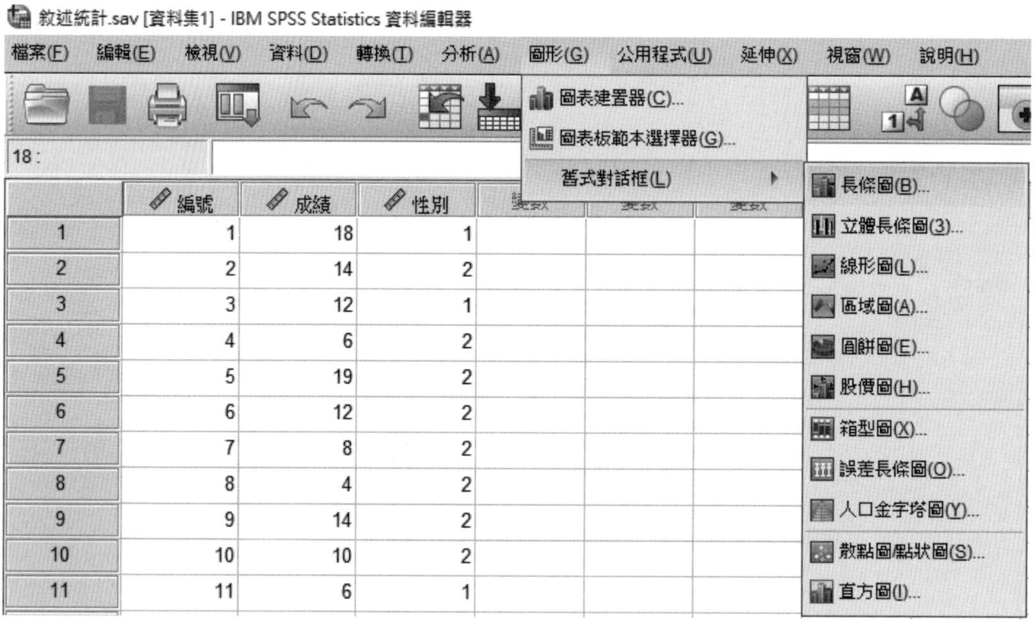

圖 3-25　開啟「圖形」，在「舊式對話框」選擇「長條圖」

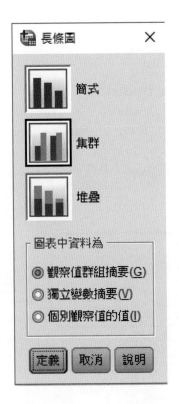

圖 3-26　長條圖之對話框，選擇欲製作長條圖之種類

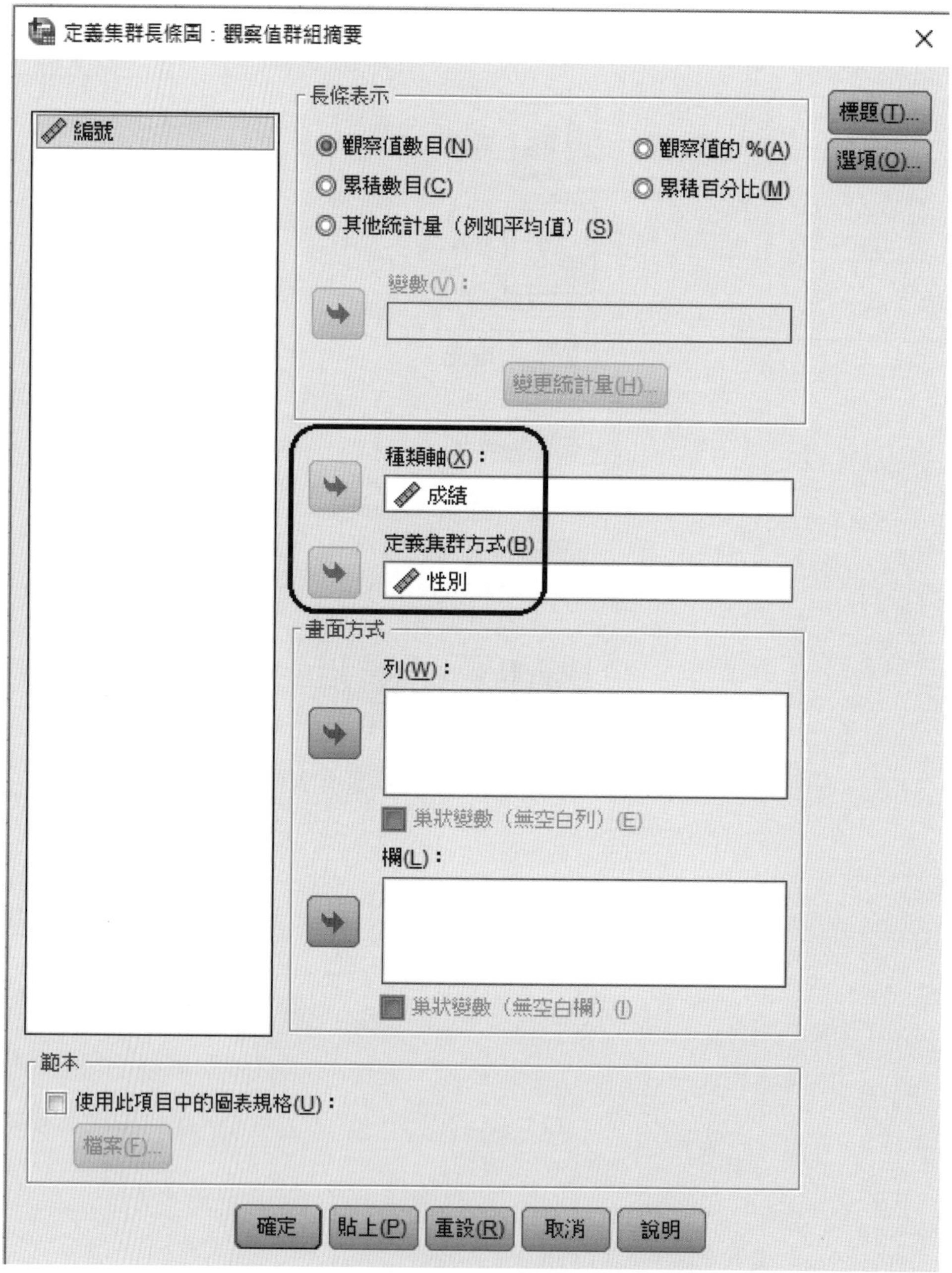

圖 3-27 「定義集群長條圖」對話框，將「成績」選入「種類軸」方框中，將「性別」
放在「定義集群方式」方框中，並在「長條表示」中選擇「觀察值數目」

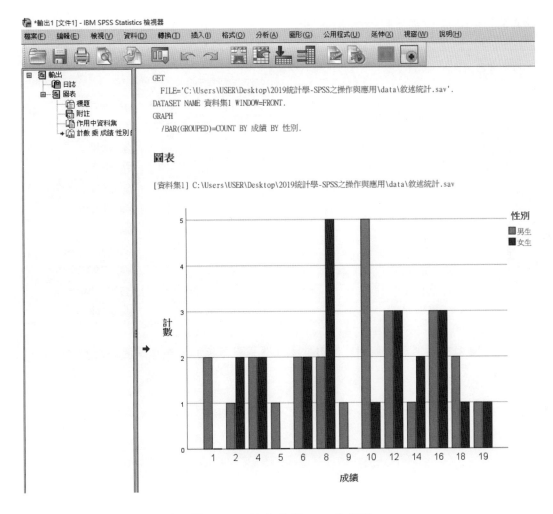

圖 3-28　輸出結果──長條圖

(三) 圓餅圖 （pie chart）

依類別分組的情況下，則圓餅圖特別適用。IBM SPSS Statistics 25.0 中文版操作步驟為：開啟功能列「圖形」之「舊式對話框」，選擇「圓餅圖」，如圖 3-29 所示。出現圓餅圖之對話框，選擇欲製作圓餅圖之資料依據分類，點選「觀察值群組摘要」，將欲製圖之變項「成績」選入至「定義截塊方式」欄位中，點選「確定」，即完成製作圓餅圖步驟，如圖 3-30 所示。

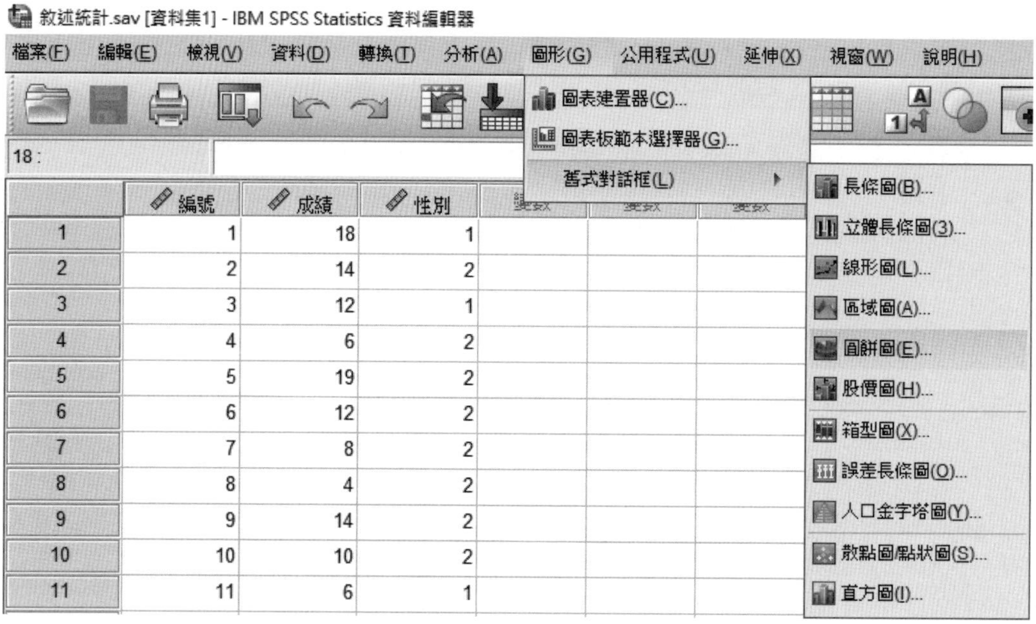

圖 3-29　開啓功能列「圖形」之「舊式對話框」，選擇「圓餅圖」

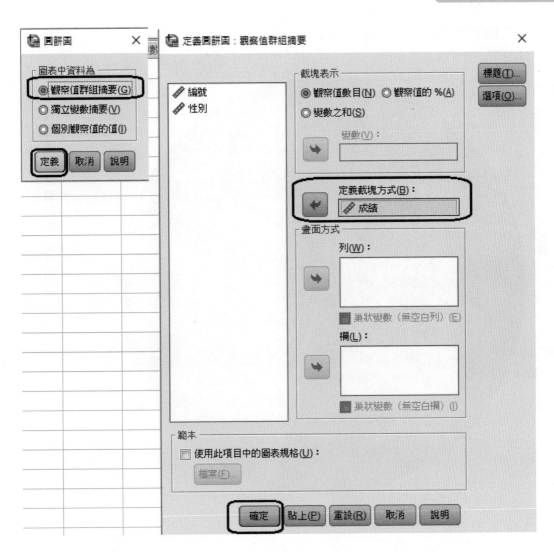

圖 3-30「定義圓餅圖」對話框，將「成績」選入「定義截塊方式」欄位

其輸出之圓餅圖，如下圖所示：

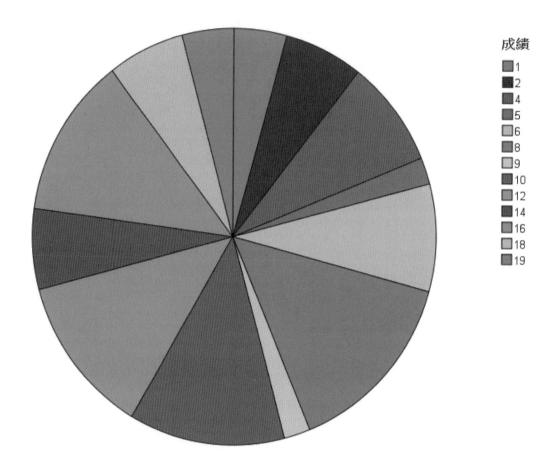

成績
- 1
- 2
- 4
- 5
- 6
- 8
- 9
- 10
- 12
- 14
- 16
- 18
- 19

　　若要對圓餅圖進行圖形編輯時，可在圖形上按滑鼠右鍵，選擇「編輯內容」，即會出現一個新視窗，如圖 3-31 所示。在這個新開啓的視窗中，按滑鼠右鍵，出現選項視窗，選擇「顯示資料標籤」選項，如圖 3-32 所示。出現「內容」次對話框，可選擇「資料值標籤」，可依個人需要選擇「成績」、「百分比」放至上方的「已顯示」欄位。在本例中，選擇各顏色圓餅圖輔以百分比呈現，如圖 3-33 所示。確定的輸出結果，如圖 3-34 所示。

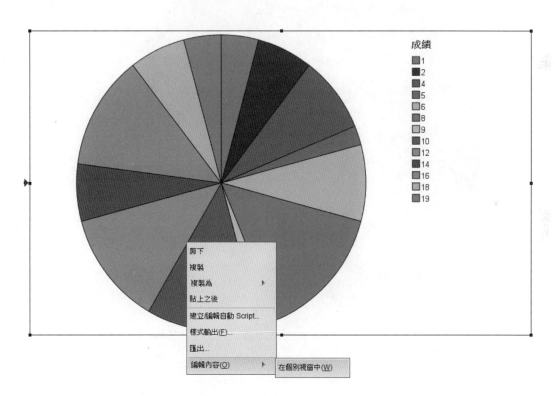

圖 3-31　在圖形上按滑鼠右鍵，選擇「編輯內容」

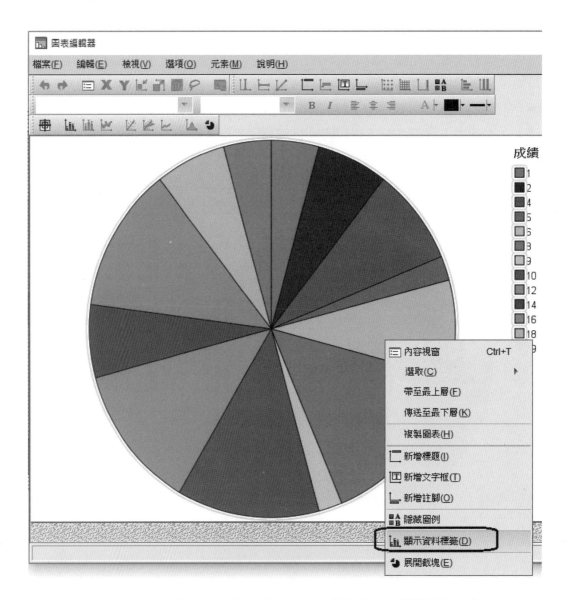

圖 3-32　按滑鼠右鍵，出現選項視窗，選擇「顯示資料標籤」選項

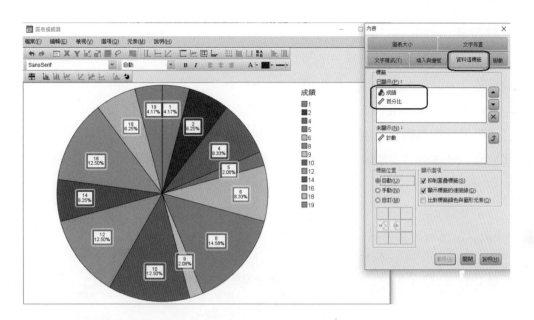

圖 3-33　選擇「資料值標籤」，選擇「成績」、「百分比」放至「已顯示」欄位

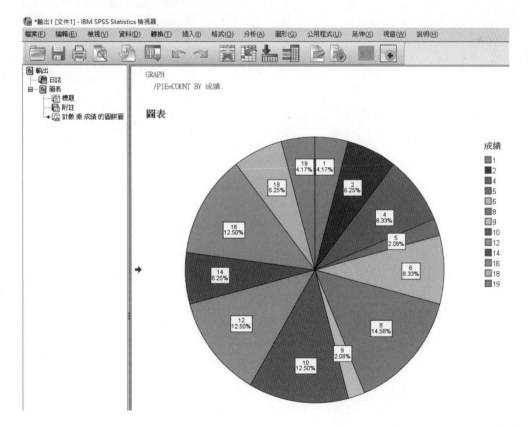

圖 3-34　對圓餅圖進行編輯，圓餅圖內容已被修改：選擇扇形分解、顯示資料標籤（增
　　　加百分比的資料）

(四) 線形圖（折線圖，polygon）、肩形圖、區域圖

線形圖與直方圖相似，唯一不同的是以單點來取代條狀標示，並將這些單點以直線連結起來，通常適用於等距及比率變數。

IBM SPSS Statistics 25.0 中文版操作步驟為：開啟功能列「圖形」之「舊式對話框」，選擇「線形圖」（見圖 3-35）。出現線形圖之對話框，先定義圖形種類，本例欲呈現不同性別的線形圖，故選擇「多重」，再進一步定義多重線條圖的內容，如圖 3-36 左側圖。

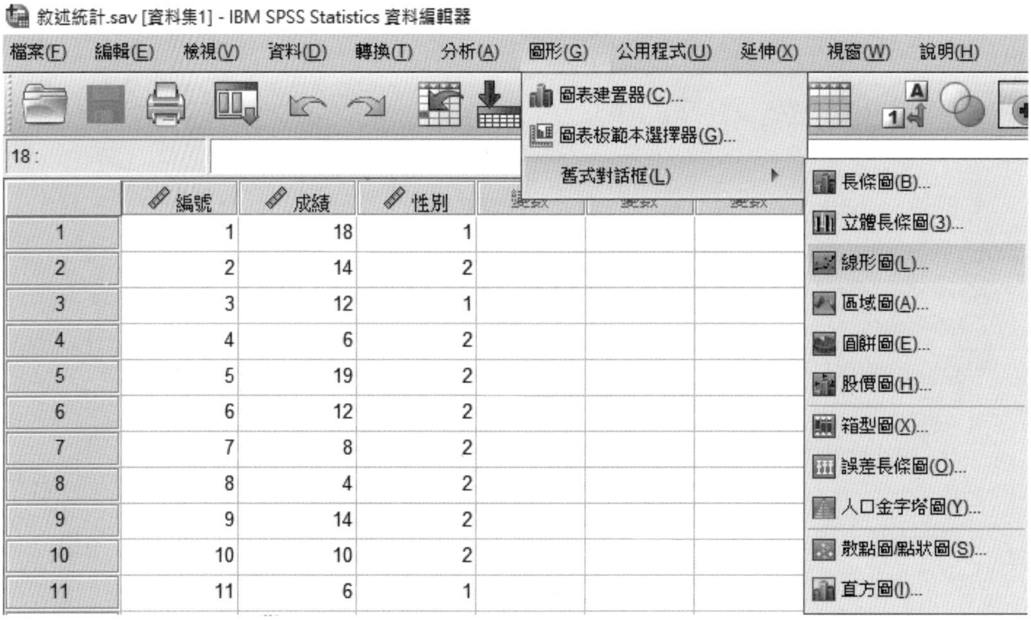

圖 3-35　功能列開啟「圖形」之「舊式對話框」，選擇「線形圖」

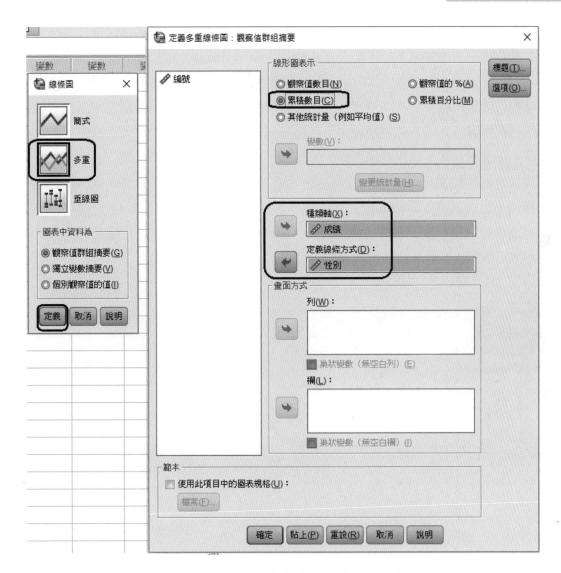

圖 3-36　設定「定義多重線條圖」表示內容

　　出現「定義多重線條圖：觀察值群組摘要」次對話框，在「線形圖表示」欄位，若要呈現各分數的次數多寡，可選擇「觀察值數目」，本例則挑選「累積數目」；其次，將欲製圖之變項「成績」選入至「種類軸」欄位中，再把「性別」放入「定義線條方式」欄位，點選「確定」，即完成製作線形圖步驟，如圖 3-36 所示。

　　而肩形圖（累加次數分配圖），亦是線形圖的一種類型。以累積次數及累積百分比來製作圖示，通常適用於等距及比率變數。本例所繪製之線形圖，即是肩形圖。

　　輸出之線形圖，如圖 3-37 所示。如同圓餅圖，使用者亦可再修改圖形內容，補上數據可使圖形結果更加容易理解。可在圖形按滑鼠右鍵，出現簡易視窗選項，可選擇「編輯內容」之「在個別視窗中」，將會開啟一個新的視窗：「圖表編輯器」，在圖形上按滑鼠右鍵，出現數個選項，使用者也可選擇「顯示資料標籤」，將線形圖上的線條進行註記或更改顏色，如圖 3-38、圖 3-39 所示。若覺得輸出之肩形圖看起來太複雜，也可以將「累積次數」、「百分比」刪除（利用旁邊的紅色 X 選項），讓肩形圖單純只有「性別」的資訊，如圖 3-40 所示。簡言之，若需要補充何種資訊，使用者可依個人喜好或需求進行調整。

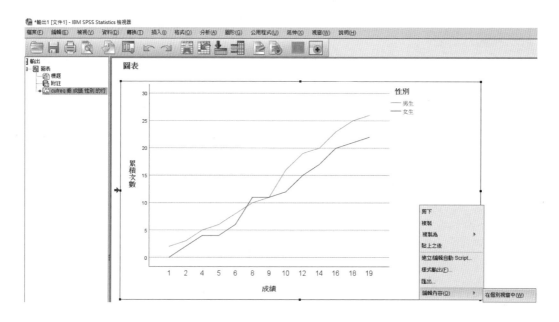

圖 3-37　輸出之線形圖（肩形圖）

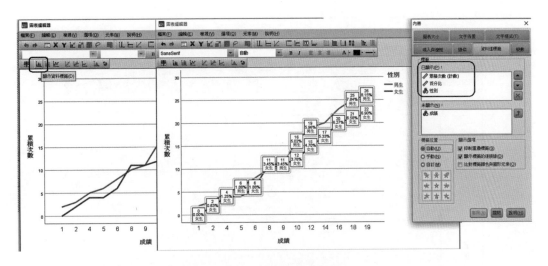

圖 3-38　進行圖形編輯

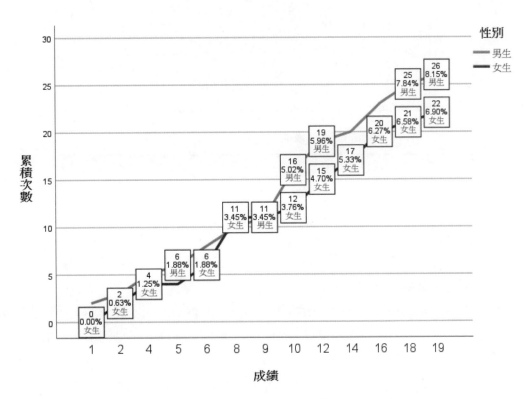

圖 3-39　不同性別之肩形圖（含累積次數、百分比）

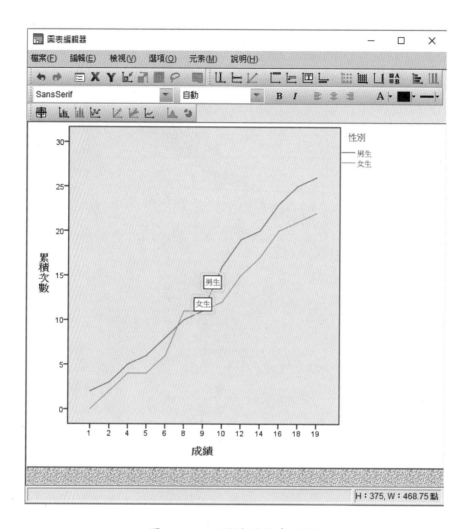

圖 3-40　不同性別之肩形圖

　　另與線形圖很類似的區域圖，差別在於強調的重點不僅是各點之間的關係，且關心曲線所涵蓋之區域。

　　IBM SPSS Statistics 25.0 中文版操作步驟為：開啟功能列「圖形」之「舊式對話框」，選擇「區域圖」，出現區域圖次對話框，選擇欲製作之區域圖種類，本例欲呈現不同性別的結果，故點選「堆疊」，再選擇欲製作區域圖之資料依據種類「觀察值群組摘要」，如圖 3-41 所示。設定「定義堆疊區域圖」表示內容，「區域表示」方式選擇百分比的方式，故點選「觀察值的％」，如圖 3-42 所示。

圖 3-41　製作區域圖

　　而輸出之區域圖，如圖 3-43 所示。使用者亦可仿照前述之圖形編輯功能，對圖形之內容進行修改。

(五) 莖葉圖（stem-and-leaf）

　　探索式資料分析法（exploratory data analysis, EDA）以簡單的圖形或結合統計量數的使用，使資料分析者可以對資料分配有粗略的瞭解，可利用之圖形為莖葉圖與盒形圖。透過探索式資料分析，可以達到五項目的：

　　1. 對資料有全面性的瞭解；

　　2. 能夠發現過去不知道的資料結構；

　　3. 發現有無極端值或異常數值的存在；

　　4. 檢定某些現象是否保留；

　　5. 提供模型參數簡化的資訊。

圖 3-42　設定「定義堆疊區域圖」表示內容

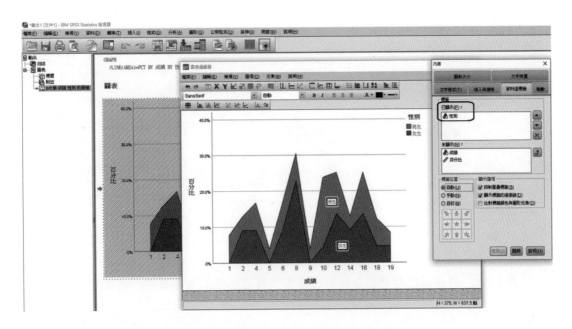

圖 3-43　輸出之區域圖，可依前述圖形編輯步驟修改標示

　　普林斯頓大學 John Tukey 教授於 1977 年所發展一種用以描述觀察值的簡便方法，可以快速地以人工方式將觀察值進行劃記，並以圖表的方式呈現出來，與直方圖近似，是提供檢驗變項分配的簡易圖示法，且其兼具數字和圖形的優點，不僅可以使讀者看到資料的次數分配圖形，更可以提供更多有關實際資料值的訊息，兼具次數分配表與長條圖的雙重優點。通常莖葉圖是將觀察值分成兩部分，首數稱為莖（stem），尾數稱為葉（leaf），例如：數字 23，莖（stem）為 2、葉（leaf）為 3。

　　IBM SPSS Statistics 25.0 中文版操作步驟為：開啟功能列之「分析」，選擇「敘述統計」，再選擇「預檢資料」，如圖 3-44 所示。出現「預檢資料」之對話框，選擇欲製圖之變數「成績」至右方「依變數清單」欄位中，使用者可開啟「統計資料」選項，勾選「離群值」，此功能可以幫助使用者篩選出偏離值；再其次，選擇「圖形」選項，出現「預檢資料：圖形」之次對話框，勾選「莖葉圖」，亦可再勾選「常態圖（含檢定）」，此為資料是否符合常態分配的檢定，操作者可依需求作選擇，如圖 3-45 所示。選擇「繼續」，至原對話框中選擇「確定」，即完成莖葉圖之操作步驟，利用此方法亦可同時獲得箱型圖。

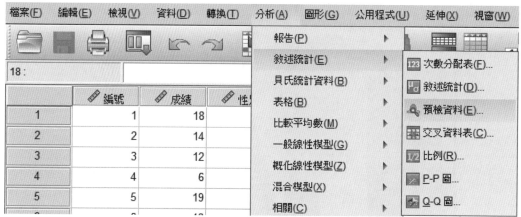

圖 3-44　開啟功能列之「分析」，選擇「敘述統計」，再選擇「預檢資料」

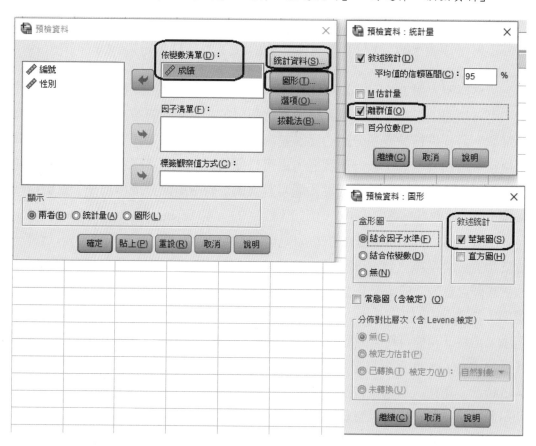

圖 3-45　將變數「成績」移至「依變數清單」欄位，其次勾選「離群值」，再其次勾選「莖葉圖」

以下為輸出結果：

根據觀察值處理摘要表可知，共有 48 筆資料。

觀察值處理摘要

	觀察值					
	有效		遺漏		總計	
	N	百分比	N	百分比	N	百分比
成績	48	100.0%	0	0.0%	48	100.0%

由敘述統計表得知基本的描述統計資料，平均數是 10，標準差是 5.174。

敘述統計

			統計量	標準錯誤
成績	平均數		10.00	.747
	平均數的 95% 信賴區間	下限	8.50	
		上限	11.50	
	5% 修整的平均數		10.00	
	中位數		10.00	
	變異數		26.766	
	標準差		5.174	
	最小值		1	
	最大值		19	
	範圍		18	
	內四分位距		8	
	偏態		.038	.343
	峰度		-.961	.674

下表為極端值檢查結果，是否要判定為極端值，仍需視研究者的判斷來決定。

極端值

			觀察值數目	值
成績	最高	1	5	19
		2	37	19
		3	1	18
		4	21	18
		5	29	18
	最低	1	32	1
		2	24	1
		3	36	2
		4	20	2
		5	12	2

以下即為莖葉圖。從莖葉圖可以知道48筆資料的詳細分布情形，例如：「1」有兩筆、「8」有七筆、「9」有一筆，也可以藉由「葉節點」得知眾數是8。

成績　莖葉圖

頻率		Stem &	葉節點
2.00		0 .	11
3.00		0 .	222
5.00		0 .	44445
4.00		0 .	6666
8.00		0 .	88888889
6.00		1 .	000000
6.00		1 .	222222
3.00		1 .	444
6.00		1 .	666666
5.00		1 .	88899

詞幹寬度：　　　10
每個葉節點：　　　1　觀察值

製作莖葉圖也會同時輸出箱型圖，如下圖所示。關於箱型圖的說明，請參閱下一主題。

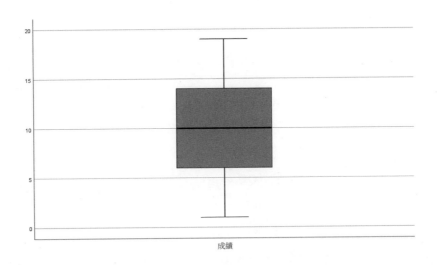

(六) 箱型圖、盒形圖、盒鬚圖（box-whisker plot）

　　繪製箱型圖的目的，在於可藉由圖形瞭解這筆資料的四分差及全距的數值，其中四分差包含：第一四分位數、第二四分位數（即中位數）、第三四分位數等數值。此外，亦可判斷是否有極端值、界外值存在。另根據盒子的長度，瞭解資料的分布範圍，盒子愈長，資料分散愈廣；又可根據中位數兩側的延伸線是否相等，判斷資料是否有偏態存在，愈不相等表示該筆資料為偏態分配。

　　箱型圖並不繪製實際的觀察值，而是顯示分配的**總計統計量**（summary-statistics），其可用以檢驗資料的極端量數及分配的型態。盒形圖主要是繪製中位數（median，即第 50 的百分位數、第二四分位數）、第一四分位數（即第 25 的百分位數）、第三四分位數（即第 75 的百分位數）等，盒子的下界限是第 25 的百分位數（25%，Q_1，即下四分位數或稱第一四分位數），上界限是第 75 的百分位數（75%，Q_3，即上四分位數或稱第三四分位數），盒子的長度即代表內四分位數的範圍（interquartile range），亦即第 75 的百分位數與第 25 的百分位數之差值（IQR = $Q_3 - Q_1$）。簡言之，箱型圖可提供之資訊包含：1. 資料的集中趨勢；2. 資料的分散趨勢；3. 資料的形狀。

　　盒中的星號「＊」代表中位數（median），通常盒中包含有 50% 變項的觀察值，因此盒子愈大，則表示觀察值散布範圍愈大。此外，箱型圖中亦可顯示出資料的**界外值**（或稱偏離值，outlier），以符號「O」表示，以及**極體值**（或稱極端值，extreme），以「E」表示。通常其界定是以任何觀察值與盒端的距離介於 1.5 至 3 倍盒長（即內四分位數 IQR = $Q_3 - Q_1$）之間者，稱之為界外值（outlier）；而超過 3 倍

的盒長者，則稱之爲極體值（或稱極端值，extreme）。箱型圖中各位置的說明，如圖 3-46 所示。

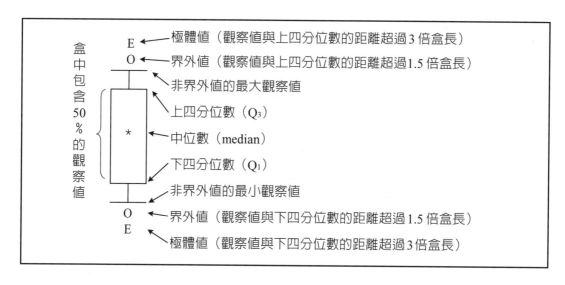

圖 3-46　箱型圖之說明

　　IBM SPSS Statistics 25.0 中文版操作步驟爲：開啓功能列之「圖形」，點選「舊式對話框」，選擇「箱型圖」，如圖 3-47 所示。

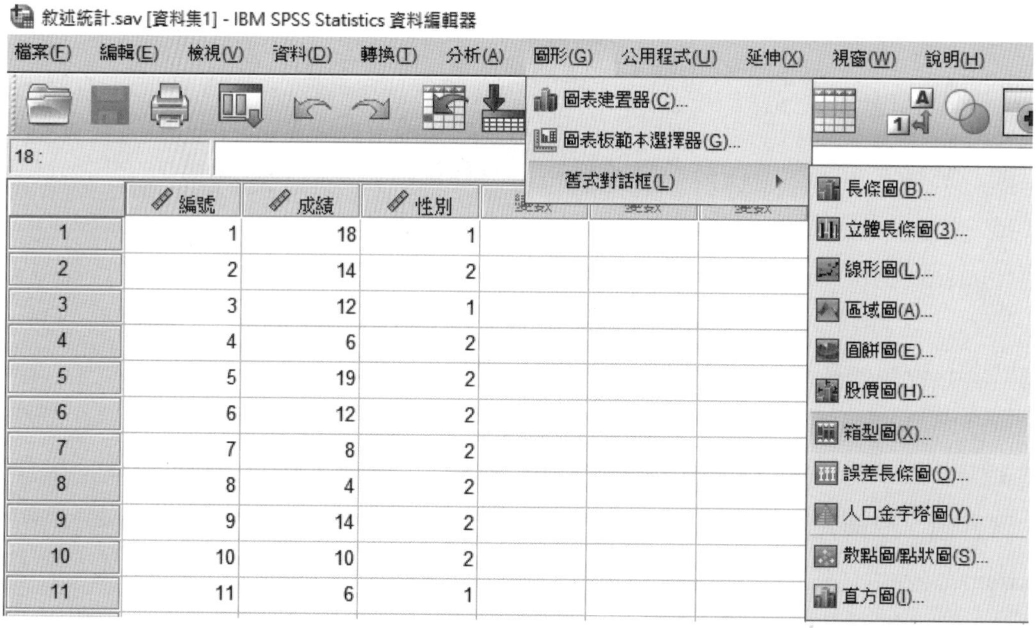

圖 3-47　開啓功能列之「圖形」，點選「舊式對話框」，選擇「箱型圖」

　　出現箱型圖之對話框，選擇欲製作之箱型圖種類。若選擇「簡式」，再選擇「獨立變數摘要」，出現「定義簡式箱型圖：獨立變數摘要」次對話框，將欲製圖之變數「成績」選入至「方框表示」欄位中，點選「確定」，即完成製作箱型圖步驟，如圖3-48所示。

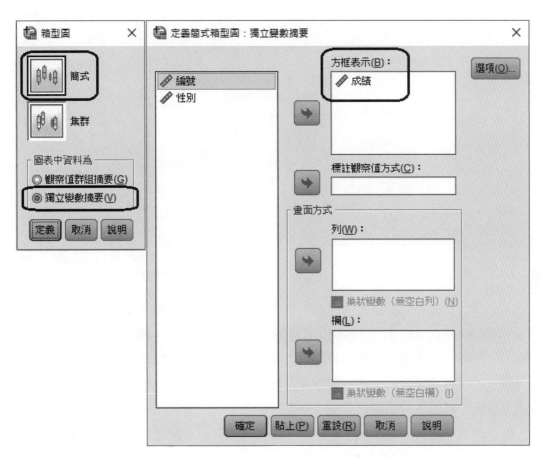

圖 3-48　將欲製圖之變項「成績」選入至「方框表示」欄位

輸出之單一變數箱型圖報表，如下圖所示：

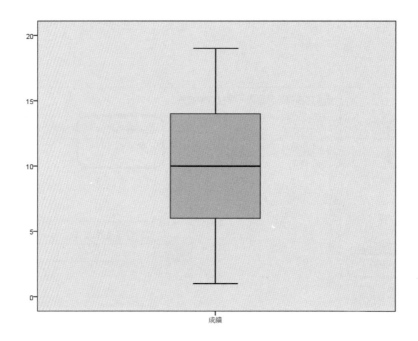

以上操作步驟乃是針對單一變數所製作之箱型圖，若欲製作兩變數之箱型圖，則 IBM SPSS Statistics 25.0 中文版操作步驟為：開啟功能列之「圖形」，點選「舊式對話框」，選擇「箱型圖」，出現箱型圖之次對話框，選擇欲製作之箱型圖種類。若選擇「簡式」，再選擇欲製作箱型圖之資料依據種類「觀察值群組摘要」，出現「定義簡式箱型圖：觀察值群組摘要」次對話框，將欲製圖之變數「成績」選入「變數」欄位，將「性別」放入「種類軸」欄位中，點選「確定」，即完成製作箱型圖步驟，如圖 3-49 所示。

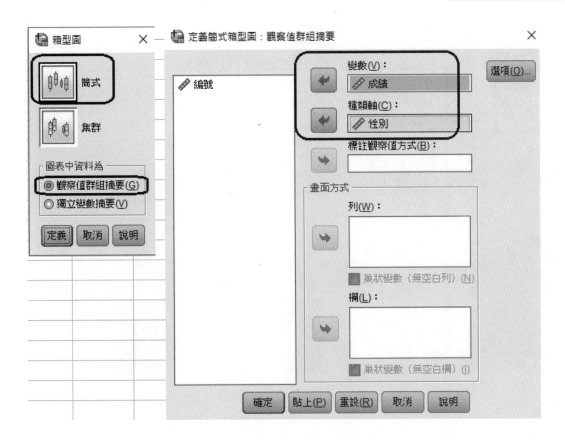

圖 3-49 選擇「簡式」，「成績」選入「變數」欄位，「性別」放入「種類軸」欄位

輸出之箱型圖報表，如圖 3-50 所示。

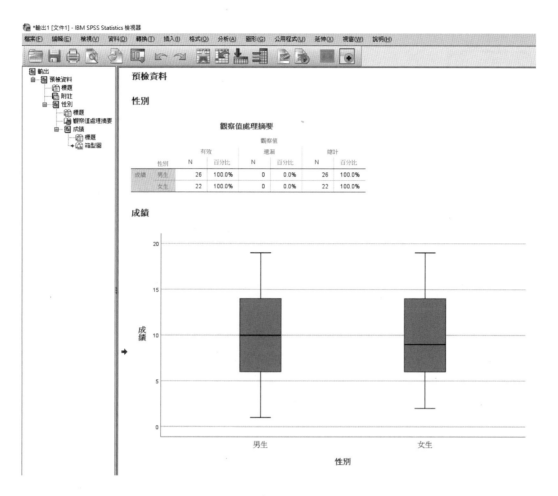

圖 3-50　箱型圖輸出結果

習題練習

1. 已知某次數分配的 M = 65、Md = 65、Mo = 60，後來發現有一個分數登錄錯誤，正確分數應為 90 分，而不是 62 分。請問：上述哪一個集中量數不是正確數值？若全體受試樣本為 35 人，請問算術平均數應更正為多少？

2. 請分別寫出下列五項資料，適合使用的集中量數：

   (1) 6 名學生所穿休閒鞋的號碼：40, 39, 39, 41, 45, 39

   (2) 6 隻老鼠跑迷津的時間（單位秒）：78, 77, 86, 90, 100, ∞

   (3) 6 名學生的身高（單位公分）：168, 172, 165, 166, 170, 180

   (4) 5 位老師的月收入（單位元）：38900, 42300, 74500, 56700, 156800

   (5) 6 個男人的體重（單位公斤）：130, 66, 78, 76, 110, 76

3. 下列十個數值：1, 3, 6, 6, 8, 9, 9, 10, 10, 10，試求：

   (1) 眾數、中位數、算術平均數、溫塞平均數、截尾平均數、標準差、變異數。

   (2) 每個數值各加 0.5，則新的算術平均數為何？新的標準差為何？

   (3) 每個數值各乘以 2，則新的算術平均數為何？新的標準差為何？

4. 假設某班 40 名學生接受兩次測驗，第一次測驗的平均分數為 50 分，第二次的平均分數為 40 分，請回答以下問題：

   (1) 該班的兩次測驗分數總和的平均數為多少分？

   (2) 該班的兩次測驗分數差異的平均數為多少分？

   (3) 若該班教師宣稱第一次測驗的分數評分錯誤，每位學生都需要再加 5 分才是正確，請問第一次測驗的真正平均分數是多少？

   (4) 若該班教師宣稱第二次測驗的分數評分錯誤，每位學生都需要再乘 2 倍才是正確，請問第二次測驗的真正平均分數是多少？

5. 已知某班同學共 51 人，統計學小考成績之算術平均數為 66，標準差為 8，後來大明被同學檢舉考試作弊，故原本大明考的分數 80，則不能列入全班統計量的計算。試求：剔除大明的成績後，該班統計學小考成績的算術平均數與標準差應為何？

6. 已知某班學生測驗分數的中位數為 115，四分差為 15，則該班最中間的 50% 學生的測驗分數是介於_____至_____之間。

7. 有一群數列，平均數為 45，變異數為 25。若每個數值都加 10，則新的 S_x^2 為_____；新的 S_x 為_____。

8. 承上題，若每個數值都乘以 10，則新的 S_x^2 為＿＿＿＿；新的 S_x 為＿＿＿＿。

9. 有兩組分數的次數分配如下表，請問：其組合次數分配的變異數為何？

	第一組	第二組
N	10	20
$\overline{X}$	50	41
S^2	36	30

10. 某甲 SAT（$\mu = 500$，$\sigma = 100$）測驗分數是 430，試問比其成績還差的人有多少比例？

11. 某項測驗分數呈常態分配（$\sigma = 10$，$\mu = 50$），某人的分數是前 6%，則其分數至少多少分？

12. 已知 $X = 176$、$\sigma = 26$、$\mu = 163$，則可以將 X 表示成多少的 Z 分數、T 分數、百分等級？

13. 下表為學生在各項測驗上的表現，請回答下列各項問題：

		學科測驗的年級分數	
	WISC	閱讀	算術
μ	100	5.0	5.0
σ	15	1.4	1.2

(1) 智力測驗分數在 130 分以上的人口約占多少比例？

(2) A 生閱讀測驗成績之 PR = 97，則他的年級分數是多少？

(3) B 生算術測驗成績為 6.2 分，則他贏過同年齡多少比例的學生？

14. 有 5 位學生接受不同的智力測驗，甲生的 T 分數為 70，乙生的百分等級為 84，丙生的 Z 分數為 1.8，丁生的魏氏智力測驗分數為 85，戊生的比西量表分數為 103。請問這 5 位學生成績的優劣順序為何？

15. 假設測驗分數呈常態分配，請問：

(1) 某人的測驗分數為前 10%，則其 Z 分數至少是多少？

(2) 某人的測驗分數為前 1%，則其 Z 分數至少是多少？

16. 假設智力測驗呈現常態分配，則臺灣有多少人的魏氏智力測驗成績超過 145？（N = 2300 萬）

17. 某國中一年級數學月考全班平均成績為 56 分，標準差為 8.5，平平考 73 分、偉偉考了 47.5 分，試求兩人的 Z 分數。此外，請計算平平的 PR＝？而偉偉在這次考試中勝過多少百分比的同學？

18. 已知某國家 15,000 位男子的身高趨近於常態分配，且 $\overline{X} = 168$ 公分，$S = 6$，試求：

    (1) 身高在 162-174 公分者，約有多少人？

    (2) 身高在 180 公分以上者，約有多少人？

19. 如下盒形圖所示：

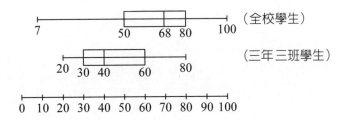

    試求：

    (1) 全校學生的最大值、最小值、全距。

    (2) 三年三班學生的全距、中位數、四分差。

    (3) 以三年三班學生而言，中位數以下的變異較大或是中位數以上的變異較大？

第 **4** 章
抽樣與抽樣分配

S
P
S
S

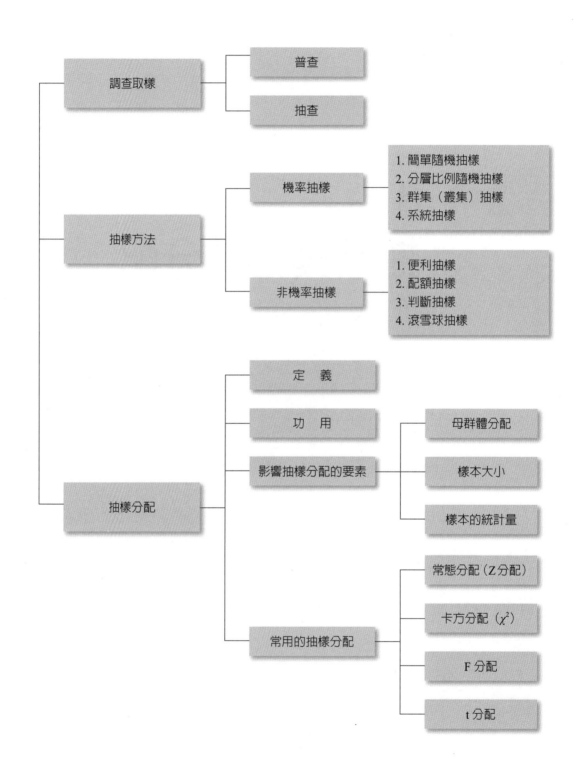

4-1　抽樣

一、抽樣

　　一般在進行資料調查時，有兩種取得資料的方法：一爲普查，另一爲抽查。所謂「普查」是指對所有欲研究或調查現象的所有對象，皆一一進行調查。其優點爲所得的分析結果較爲完整與正確，然其亦有缺點——費時、費事、費錢，且無法用於有破壞性的檢查。基於此，另一種取樣方法則是更爲人們所習慣使用，即爲抽查。所謂「抽查」是指從所欲研究或調查的現象之個體中，選取一部分具有代表性的個體爲樣本來進行資料分析，並且以此樣本之結果推論到母群體。故樣本是否具有代表性，將直接影響研究的效度或研究的成敗。抽樣的優點有三：

　　(一) 能以較少的人力、金錢達到統計觀測的目的。

　　(二) 因對象數變少，取得資料、分析資料的時間也相對減少，能迅速獲得調查結果。

　　(三) 對於無法進行普查的研究或調查有更佳的處理，例如：對具有破壞性或毀損性的調查，即可以利用抽查的方式進行調查。

　　然而亦有缺點，其缺點就是若研究者無法抽取具有代表性的樣本時，則分析結果推論到母群體時則有錯誤發生。此外，凡是抽查就必定會有誤差存在，如何控制誤差，將是一個非常重要的問題。

二、抽樣方法

　　抽樣方法可分爲兩大類：一爲**機率抽樣**；另一爲**非機率抽樣**。選擇何種抽樣方法需視研究者需求，以及是否有輔助的資源而定，比如是否有母群體名單，方能進行隨機抽樣。抽樣方法這個單元在研究方法的課程中會有更深入的介紹，故本書僅簡單概略敘述。

(一) 機率抽樣（probability sampling）

　　即樣本的選取必須按照其機率予以抽出，而不可根據抽樣者之主觀判斷抽出或是受試者的自願參與。機率抽樣包含四大類，簡述如下：

1. 簡單隨機抽樣（simple random sampling）

　　又稱爲單純隨機抽樣。研究者不可有主觀的意志介入，必須完全採取機率性的方

法抽取樣本，使母群體中的所有個體皆有相等的被抽出機會，因此必須要有母群體的名冊才可以。其優點是方法簡單，基於個體被抽出的機會相等，因此容易推定抽樣誤差；而其缺點則為完全隨機性不易做到，實用性不高。

2. 分層比例隨機抽樣（stratified random sampling）

在抽樣前先將母群體按性質標準、種類標準或其他標準進行分層，再決定各層應抽取之比例，然後再對各層隨機抽取樣本，最後合併組成一個完整的樣本。其優點是簡單易行、層間差異大、層內差異小、樣本的代表性強，適當分層後之抽樣誤差比簡單隨機抽樣法來得低；而其缺點則是分層之整理計算過程較為繁瑣。

3. 群集抽樣（或稱為叢集，cluster sampling）

亦是一種混合抽樣法。在抽樣之前，先將母群體依指定標準分成若干個叢集，之後再以叢集為單位，進行隨機抽樣。此方法的優點為：叢間差異小、叢內差異大，抽樣精確度較高，有較佳的代表性；因樣本集中，可以省時、省錢、省力。然而缺點則為：若叢集內的分子無差異性時，則誤差會變大；其次，當叢集內的個體數不一時，難以實行有效地隨機抽樣。

4. 系統抽樣（systematic sampling）

將母群體內的所有個體依序排列，然後分成許多間隔，每間隔若干區段即抽取一個樣本，故此法又被稱為「間隔抽樣法」。由優點是：簡單易行、個體序列成隨機排列，其抽樣精確和簡單抽樣相同。而其缺點則為：當母群體呈現階段性週期序列時，將不可採用此方法進行抽樣。

(二) 非機率抽樣（nonprobability sampling）

即樣本的選取不按照其機率予以抽出，而是根據抽樣者之主觀判斷抽出或是受試者的自願參與。非機率抽樣方法有其便利性，惟在其分析結果之引用上要特別注意。非機率抽樣亦包含四大類，簡述如下：

1. 便利抽樣（convenience sampling）

又稱為方便抽樣，亦可稱為臨時抽樣（accidental sampling），係指研究者以最接近的人選或最方便取得的受試者、受訪者作研究對象，如班上學生、校內教師，或是逛街的人群等，即是利用方便抽樣的方式進行資料蒐集。

2. 配額抽樣（quota sampling）

又稱為定額抽樣，為兩階段的非機率抽樣技術。第一階段先確定母群體內容的類別或定額；第二階段則根據便利或判斷抽出樣本元素。研究者有時會刻意超額抽取或減額抽取某些具備特定特質的個體，以便更詳細檢視其行為表現。

3. 判斷抽樣（purposive sampling）

又稱為立意取樣。根據研究者的判斷來選擇樣本單位，研究者需瞭解母群體的有關特徵，此方法特別適用於母群體之構成單位極不相似，且樣本數又較少的情況。

4. 滾雪球抽樣（snowball sampling）

此方法主要針對特殊母群體的成員，因其樣本不容易尋得，故必須藉由滾雪球的方式搜尋受試者。一開始是先隨機選擇一群受訪者，再根據這群受訪者的介紹或所提供的資訊，選擇其他接下來的受訪者。此過程會一直持續，不斷轉介下去，一個介紹一個才能取得樣本。比如欲進行同性戀學生的調查，研究者難以目視的方式辨別受試者或受訪者，故必須透過某些管道取得樣本；又為了累積相當的樣本數，就更加需要仰賴特定族群受試者的口耳相傳。

◆ 4-2　抽樣分配

一、定義

從母群體內抽出無數次各種可能樣本之某種統計量的次數分配，即是抽樣分配。簡言之，即為**統計量之次數分配**。如：樣本平均數的次數分配。在母群體中可能有多個參數需要被估計，則需要許多統計量來估計參數，則每一個統計量就有一個抽樣分配。此外，在隨機抽樣過程中往往有抽樣誤差發生，故統計量所得之估計值將會隨著不同樣本而產生不同的估計值，而將所有估計值整理成次數分配後，即為該統計量之抽樣分配。母群體內各數字資料之次數的分配型態，稱為母群體分配；樣本內各數字資料之次數的分配型態，稱為樣本分配。根據抽樣分配的定義，又衍生出**大數法則**和**中央極限定理**兩個重要理論。

（一）大數法則（law of large number）

當研究樣本之母群體分配情形未知，但其母群體之平均數 μ 雖未知，仍可確定存在，且此時若有一組具有代表性的樣本（x_1, x_2, x_3, ..., x_n），則此組樣本平均數

$\overline{X}$ 會是用來估計 μ 的優良統計量，尤其當樣本數夠大，無論母群體為何種分配，則 $\overline{X} = \mu$。簡言之，當樣本愈大，樣本平均數愈接近母群體平均數。

(二) 中央極限定理（central limit theorem）

當研究樣本之母群體分配情形未知，而其母群體之平均數 μ 及母群體標準差 σ 雖未知且仍可確定存在時，此時若有一組具有代表性的隨機樣本 $(x_1, x_2, x_3, ..., x_n)$ 之樣本平均數 $\overline{X}_1$，又有另一組具有代表性的隨機樣本 $(x_1, x_2, x_3, ..., x_n)$ 之樣本平均數 $\overline{X}_2$，以此類推，在當樣本數夠大時，即 $n \to \infty$，則 $\overline{X}$ 之抽樣分配會趨近於常態分配。即：$\overline{X} \xrightarrow[n\to\infty]{} N(\mu, \frac{\sigma^2}{n})$ 或 $Z = \dfrac{\overline{X} - \mu}{\sigma / \sqrt{n}} \xrightarrow[n\to\infty]{} N(0, 1)$。即無數個樣本平均數的平均數趨近於母群體的平均數，平均數的標準差稱為平均數分配的標準誤 $(SE_{\overline{x}})$，標準誤的公式為 $SE_{\overline{x}} = \dfrac{\sigma}{\sqrt{n}}$，此即是中央極限定理。

例如：有 36 位女性，其身高的平均數為 160 公分，標準差為 12 公分，則樣本平均數分配之標準誤為：$SE_{\overline{x}} = \dfrac{12}{\sqrt{36}} = 2$（公分）。

二、功用

（一）可測量統計推論之不確定程度的大小或誤差的大小。

（二）可說明推論結果之可靠性的大小。

三、影響抽樣分配的要素

（一）**母群體分配**：母群體分配不同，則抽樣分配亦不同。

（二）**樣本大小**：樣本大小不同，則抽樣分配亦不同。樣本大小是造成抽樣誤差的主因，抽樣誤差率為 $\dfrac{1}{\sqrt{n}}$，n 為樣本數。當樣本為無窮大時，則抽樣誤差率為 $\dfrac{1}{\sqrt{\infty}} = \pm\infty \to 0$。

（三）**樣本的統計量**：樣本的統計量不同，則抽樣分配亦不同。

四、常用的抽樣分配

(一) 常態分配（normal distribution）

假定 $X_1, X_2, X_3, ..., X_n$ 等 n 個變數所來自的母群體為同一常態母群體 $X \sim N(\mu, \sigma^2)$，則：

1. 樣本和 $S = \sum X_i$ 之抽樣分配為 $S \sim N(n\mu, n\sigma^2)$

2. 樣本平均數 $\overline{X} = \dfrac{S}{n}$ 之抽樣分配為 $\overline{X} \sim N(\mu, \dfrac{\sigma^2}{n})$

3. 兩個常態分配母群體：$X_1 \sim N(\mu, \sigma^2)$ 與 $X_2 \sim N(\mu, \sigma^2)$，則

$$\overline{X_1} + \overline{X_2} = N(\mu_1 + \mu_2, \dfrac{\sigma_1^2}{n_1} + \dfrac{\sigma_2^2}{n_2}) \; ; \; \overline{X_1} - \overline{X_2} = N(\mu_1 - \mu_2, \dfrac{\sigma_1^2}{n_1} + \dfrac{\sigma_2^2}{n_2})$$

4. 重要表徵數

   (1) $E(Z) = 0$ （平均數為 0）

   (2) $Var(Z) = 1$ （標準差為 1）

   (3) $\beta_1(Z) = 0$ （偏態係數為 0，屬於對稱分配）

   (4) $\beta_2(Z) = 3$ （峰度係數為 3，屬於常態峰）

5. 常態分配曲線的意涵

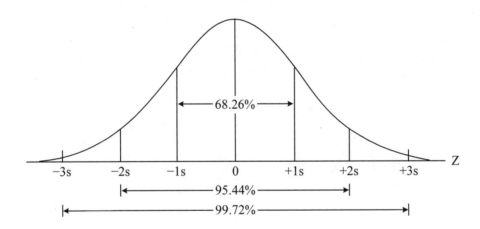

圖 4-1　常態分配曲線

在常態分配曲線下，標準差之間的所占面積之比例有一定關係存在。介於正負一個標準差時，面積占了 68.26%；介於正負二個標準差時，面積占了 95.44%；介於正負三個標準差時，面積占了 99.72%。換言之，在常態分配的情況下，有 99.72% 的機會，發生在正負三個標準差之間。

常態分配是多變量分析最根本的假定，更是許多統計分析的基本假定。它是指個別計量變數的資料應屬常態性，若資料分配與常態分配差異過大，統計檢定則無效。檢查常態分配有幾種方式：

(1) 觀察直方圖（histogram）的形狀，是否接近常態分配。

(2) 利用常態機率繪圖，常態分配應呈現對角直線，實際資料則將與直線比較

以判斷是否屬於常態分配。

(3) 利用峰度（kurtosis）與偏度（skewness）來判斷，峰度與偏度都是以計算
Z 值來判定資料是否呈現常態分配，

$$Zskewness = \frac{skewness}{\sqrt{\dfrac{6}{N}}} \qquad Zkurtosis = \frac{kurtosis}{\sqrt{\dfrac{24}{N}}}$$

Z 值若超過臨界值，則表示資料不屬於常態分配。臨界值由 Z 分配而得，
在 $\alpha = .05$ 時，臨界值為 ± 1.96；$\alpha = .01$ 時，臨界值為 ± 2.58。

(4) 以 Kolmogorov-Smirnov 與 Shpiro-Wilk 檢測顯著水準，若 $p > .05$ 表示資料
呈現常態分配。

當資料不是常態分配時，最常見的兩種型態為平坦或偏斜的分配，此時應將資料
作轉換加以改進。對平坦分配的轉換為取變數倒數，而正偏斜的轉換為變數的對數，
負偏斜的轉換則為利用變數的平方根。

(二) 卡方分配（χ^2 分配）

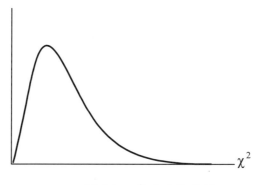

圖 4-2　卡方分配曲線

設有 n 個獨立隨機變數 $X_1, X_2, X_3, ..., X_n$，來自同一常態母群體 $X \sim N(\mu, \sigma^2)$，
其平均數分別為 $\mu_1, \mu_2, \mu_3, ..., \mu_n$，變異數分別為 $\sigma_1^2, \sigma_2^2, \sigma_3^2, ..., \sigma_n^2$，則卡方統計量為
$\sum_{i=1}^{n}(\frac{X_i - \mu_i}{\sigma_i})^2$，而抽樣分配則為自由度 $v = n$ 的卡方分配。**卡方分配**為右偏分配，其形
狀因自由度而異；當自由度愈大，向右偏斜程度愈小。

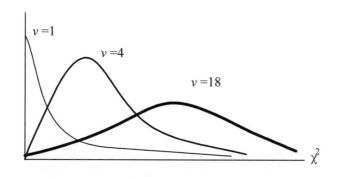

圖 4-3　不同自由度時的卡方分配

卡方分配有以下六個重要性質：

1. 自由度 $v = n$ 為卡方分配所特有的，當有 n 個 X 時，則有 n 個 X 可以自由變動。

2. χ^2 的加法性：當有兩個獨立的卡方統計量 χ_1^2, χ_2^2，其自由度分別為 v_1, v_2，則新的統計量 $\chi^2 = \chi_1^2 + \chi_2^2$ 仍為卡方統計量，自由度為 $v = v_1 + v_2$。

3. 當 $v \to \infty$ 時，$\sqrt{2\chi^2}$ 之分配趨近於常態分配。

4. 卡方分配為無母數統計學的重要分配之一，主要可應用於適合度檢定、獨立性檢定、百分比同質性檢定、改變的顯著性檢定等。

5. 卡方統計量的定義公式為 $\sum_{i=1}^{n}(\dfrac{X_i - \mu_i}{\sigma_i})^2 = \chi_{(n)}^2$，其自由度為 $v = n$ 的卡方分配。

   若母數 μ 未知，則以統計量 $\overline{X}$ 代之，得到實用公式：

   $$\sum_{i=1}^{n}(\frac{X_i - \overline{X}}{\sigma_i})^2 = \frac{(n-1)\widehat{S}^2}{\sigma^2} = \chi_{(n-1)}^2$$，其自由度為 $v = n - 1$。

6. 重要表徵數

   (1) $E(\chi^2) = v$

   (2) $\text{Var}(\chi^2) = 2v$

   (3) $\beta_1(\chi^2) = \sqrt{\dfrac{8}{v}}$（偏態係數大於 0，故為右偏分配）

   (4) $\beta_2(\chi^2) = 3 + \dfrac{12}{v}$（峰度係數大於 3，故為高狹峰）

(三) F 分配

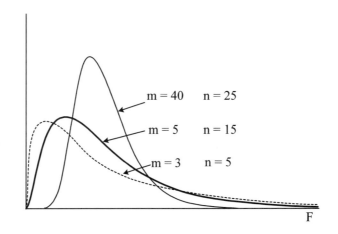

圖 4-4　不同自由度時的 F 分配（m, n 爲 F 分配的兩個自由度）

　　設有兩個常態母群體分配，分別由其中隨機抽出樣本，分別求算其卡方統計

量，χ_1^2, χ_2^2，再計算 F 統計量，即 $F = \dfrac{\dfrac{\chi_1^2}{v_1}}{\dfrac{\chi_2^2}{v_2}}$，亦即兩個獨立的卡方統計量分別除以其

自由度後，得到 F 統計量。F 分配之性質有：

　　1. F 分配所在範圍爲 $0 \rightarrow \infty$。

　　2. F 分配爲右偏分配，v_1, v_2 爲兩個自由度，不同的自由度產生不同的 F 分配。當自由度 v_1, v_2 接近無限大時，F 分配會趨近常態分配。F 分配值會隨 α、自由度之組合而不同。

　　3. 當 $v_1 \rightarrow \infty$、$v_2 \rightarrow 1$ 時，$\dfrac{1}{\sqrt{F}}$ 之分配成爲標準常態分配；當 $v_1 \rightarrow 1$、$v_2 \rightarrow \infty$ 時，$\sqrt{F}$ 之分配成爲標準常態分配。

　　4. 當卡方統計量爲 $\chi^2_{(n-1)} = \dfrac{(n-1)\hat{S}^2}{\sigma^2}$ 時，則 F 統計量爲 $F = \dfrac{\dfrac{\hat{S}_1^2}{\sigma_1^2}}{\dfrac{\hat{S}_2^2}{\sigma_2^2}}$，若當 $\sigma_1^2 = \sigma_2^2$

時，則得實用公式 $F = \dfrac{\hat{S}_1^2}{\hat{S}_2^2}$。

5. F 分配最常用於變異數分析、迴歸分析，用來檢定二個常態母群體之變異數 σ_1^2, σ_2^2 是否相等（比值是否等於 1）。

(四) t 分配

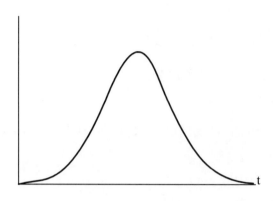

圖 4-5　t 分配曲線

常態分配之母群體 $X \sim N(\mu, \sigma^2)$，自其中隨機抽取 n 個樣本，令 $Z = \dfrac{\overline{X} - \mu}{\dfrac{\sigma}{\sqrt{n}}}$、

$\chi^2 = \sum\limits_{i=1}^{n} (\dfrac{X_i - \mu_i}{\sigma_i})^2$，可令 $t = \dfrac{Z}{\sqrt{\dfrac{\chi^2}{v}}}$，此即為 t 分配之定義公式。而其實用公式為：

$t = \dfrac{\overline{X} - \mu}{\dfrac{\widehat{S}}{\sqrt{n}}}$，$v = n - 1$。

t 分配的重要性質為：

1. t 分配主要的用途在於對小樣本作母群體母數 μ 的推論，以及兩常態母群體母數 μ_1, μ_2 差異之推論。

2. 當 n 屬於大樣本時，則 t 分配之結果趨近於常態分配。

3. 重要表徵數

　(1) $E(t) = 0$

　(2) $\text{Var}(t) = \dfrac{v}{v-2}$，$v > 2$

　(3) $\beta_1(t) = 0$（偏態係數為 0，屬於對稱分配）

　(4) $\beta_2(t) = \dfrac{3(v-2)}{v-4}$，$v > 4$（屬於高狹峰）

4. t 分配與 Z 分配之相同處

(1) 皆介於 $-\infty \sim \infty$ 之間。

(2) 以 0 為中心的左右對稱分配。

5. t 分配與 Z 分配之不同處

(1) t 分配的變異程度較大。

(2) t 分配為高狹峰，Z 分配為常態峰。

(五) 卡方分配、F 分配、t 分配之比較

1. 皆為小樣本分配。

2. 皆為連續分配；皆為有母群體統計的重要分配，其中卡方分配更是無母數統計之重要角色。

3. 三者之母數皆有自由度。

4. 皆來自於常態母群體。

5. 皆可在某些條件下，轉換為標準常態分配：

(1) $v \rightarrow \infty$，$\sqrt{2\chi^2} \sim \text{N.D}(\sqrt{2v-1}, 1)$

(2) $v \rightarrow \infty$，$t \sim \text{N.D}(0,1)$

(3) $v_1 \rightarrow \infty$、$v_2 \rightarrow 1$，$\dfrac{1}{\sqrt{F}} \sim \text{N.D}(0,1)$；$v_1 \rightarrow 1$、$v_2 \rightarrow \infty$，$\sqrt{F} \sim \text{N.D}(0,1)$

第 **5** 章
估計與檢定

S
P
S
S

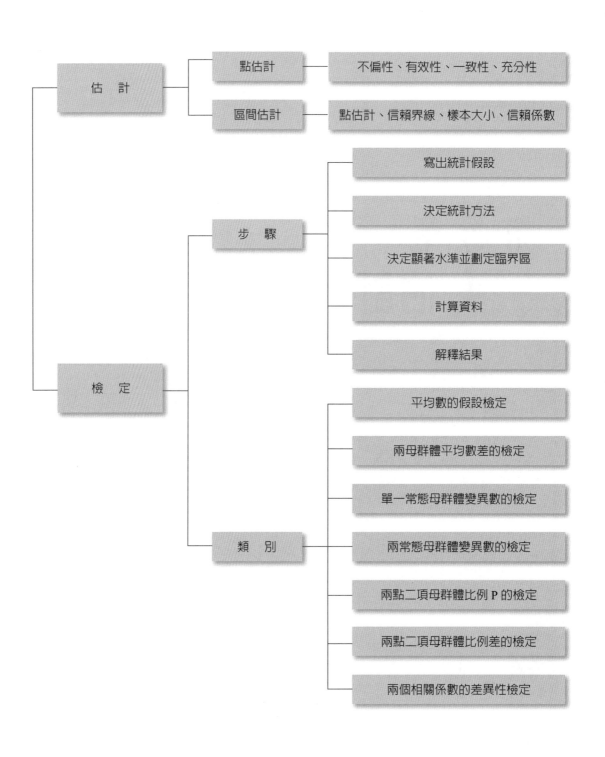

5-1 估計

一、估計 .

(一) 基本概念

利用推論統計的概念，以描述樣本性質的量數，用來推估母數量數的方法，稱為**估計**。而此估計數之大小，即稱為**估計量**。

(二) 推論統計的目的

根據樣本的性質來推估母群體的性質，由已知推論未知、由特殊瞭解普遍，是一種科學的步驟。

(三) 估計

1. 點估計

(1) 意義

依機率原理，以樣本統計量估計未知母數的最佳唯一估計值，又可稱為**點推定**。

(2) 條件

點估計應具備四個條件：

① 不偏性

統計量的期望值若等於被估計之母數，即 $E(\hat{\theta}) = \theta$，則稱此統計量 $\hat{\theta}$ 為被估計母數之不偏估計量。如：$\overline{X}$ 是母數 μ 之不偏估計量。而估計母群變異數 σ^2 時，一定要用不偏估計量，否則將會低估。以公式表示即為：

$$S^2 = \frac{\sum(X - \overline{X})^2}{N-1} \text{，而非 } S^2 = \frac{\sum(X - \overline{X})^2}{N} \text{。}$$

② 有效性

當母數有許多估計量 $\hat{\theta}$ 時，需滿足的條件為 $\text{Min}\,(\hat{\theta} - \theta)^2$，則對應之估計量 $\hat{\theta}$ 為有效估計量。簡言之，當一母數 θ 有許多估計量 $\hat{\theta}$，則各 $\hat{\theta}$ 之抽樣分配中，變異程度最小者，即為有效估計量。

③ 一致性

當樣本大小 n 趨於無窮大時，統計量 $\hat{\theta}$ 與被估計母數 θ 之差的絕對值，

小於 ε 的機率極限等於 1。以符號表示即為：$\underset{n \to \infty}{\text{Lim}} P(|\hat{\theta} - \theta| < \varepsilon) = 1$，則此統計量 $\hat{\theta}$ 為母數 θ 的一致估計量，亦即以 $\hat{\theta}$ 估計 θ 具有一致性。

④ 充分性

由樣本 $\hat{\theta}$ 所得之資料能對母數 θ 提供全部的訊息，再也沒有其他統計量能提供更多的訊息。

2. 區間估計

(1) 意義

在某一信賴係數條件下，以隨機區間來估計未知母數 θ 的所在範圍，此區間即為信賴區間。簡言之，不以單一估計量來代表母數值，而以一個範圍來說明母數值落在這一線段之間的最大可能性。如：$\overline{X}$ 落在 $\mu \pm 1.96\sigma_{\overline{X}}$ 之間的機率為 95%。換言之，區間估計即指以數線上的一個線段作為母群體參數的估計值，並且說明母群體參數可能落在此線段內的機率有多大。

(2) 影響因素

① 點估計量

② 信賴界線的取法

③ 樣本之大小

④ 信賴係數之大小

(3) 母群體平均數 μ 的區間估計

① 母群體變異數 σ^2 已知，不論樣本大小，皆採標準常態分配處理。

公式：$\overline{X} - Z_{(1-\frac{\alpha}{2})} \dfrac{\sigma}{\sqrt{n}} \leq \mu \leq \overline{X} + Z_{(1-\frac{\alpha}{2})} \dfrac{\sigma}{\sqrt{n}}$

② 母群體變異數 σ^2 未知，大樣本（$n \geq 30$），採常態分配處理。

公式：$\overline{X} - Z_{(1-\frac{\alpha}{2})} \dfrac{\hat{S}}{\sqrt{n}} \leq \mu \leq \overline{X} + Z_{(1-\frac{\alpha}{2})} \dfrac{\hat{S}}{\sqrt{n}}$

③ 母群體變異數 σ^2 未知，小樣本（$n < 30$），採 t 分配處理。

公式：$\overline{X} - t_{(1-\frac{\alpha}{2}, n-1)} \dfrac{\hat{S}}{\sqrt{n}} \leq \mu \leq \overline{X} + t_{(1-\frac{\alpha}{2}, n-1)} \dfrac{\hat{S}}{\sqrt{n}}$

(4) 兩母群體平均數 $\mu_1 - \mu_2$ 之差的區間估計

① 兩母群體之變異數 σ_1^2, σ_2^2 皆已知，樣本獨立，不論樣本大小，皆採標準常態分配處理。公式：

$$(\overline{X_1} - \overline{X_2}) - Z_{(1-\frac{\alpha}{2})}\sqrt{\frac{\sigma_1^2}{n_1} + \frac{\sigma_2^2}{n_2}} \le \mu_1 - \mu_2 \le (\overline{X_1} - \overline{X_2}) + Z_{(1-\frac{\alpha}{2})}\sqrt{\frac{\sigma_1^2}{n_1} + \frac{\sigma_2^2}{n_2}}$$

② 兩母群體之變異數 σ_1^2, σ_2^2 未知，樣本獨立，皆為大樣本，採標準常態分配處理。公式：

$$(\overline{X_1} - \overline{X_2}) - Z_{(1-\frac{\alpha}{2})}\sqrt{\frac{\widehat{S}_1^2}{n_1} + \frac{\widehat{S}_2^2}{n_2}} \le \mu_1 - \mu_2 \le (\overline{X_1} - \overline{X_2}) + Z_{(1-\frac{\alpha}{2})}\sqrt{\frac{\widehat{S}_1^2}{n_1} + \frac{\widehat{S}_2^2}{n_2}}$$

③ 兩母群體之變異數 σ_1^2, σ_2^2 未知，但相等，皆為獨立小樣本（$n < 30$），採 t 分配處理。公式：

$$(\overline{X_1} - \overline{X_2}) - t_{(1-\frac{\alpha}{2},\ n_1+n_2-2)} S_p \sqrt{\frac{1}{n_1} + \frac{1}{n_2}} \le \mu_1 - \mu_2 \le (\overline{X_1} - \overline{X_2})$$

$$+ t_{(1-\frac{\alpha}{2},\ n_1+n_2-2)} S_p \sqrt{\frac{1}{n_1} + \frac{1}{n_2}}$$

其中

$$S_p = \frac{(n_1-1)\widehat{S}_1^2 + (n_2-1)\widehat{S}_2^2}{n_1 + n_2 - 2} = \frac{[\sum X_1^2 - \frac{(\sum X_1)^2}{n_1}] + [\sum X_2^2 - \frac{(\sum X_2)^2}{n_2}]}{n_1 + n_2 - 2}$$

兩母群體之變異數 σ_1^2, σ_2^2 未知，但不相等，皆為獨立小樣本（$n < 30$），可採 t 分配處理。公式：

$$(\overline{X_1} - \overline{X_2}) - t_{(1-\frac{\alpha}{2},\ v)}\sqrt{\frac{\widehat{S}_1^2}{n_1} + \frac{\widehat{S}_2^2}{n_2}} \le \mu_1 - \mu_2 \le (\overline{X_1} - \overline{X_2}) + t_{(1-\frac{\alpha}{2},\ v)}\sqrt{\frac{\widehat{S}_1^2}{n_1} + \frac{\widehat{S}_2^2}{n_2}}$$

其中自由度 $v = \dfrac{(\frac{\widehat{S}_1^2 + \widehat{S}_2^2}{n_1 + n_2})^2}{\frac{(\frac{\widehat{S}_1^2}{n_1})^2}{n_1 - 1} + \frac{(\frac{\widehat{S}_2^2}{n_2})^2}{n_2 - 1}} \approx n_1 + n_2 - 2$

(5) 母群體變異數 σ^2 的區間估計

① 母群體為常態分配，其中 μ 已知，σ^2 未知，則採卡方分配處理。

公式：$\dfrac{nS^2}{\chi^2_{(1-\frac{\alpha}{2},\ v)}} \le \sigma^2 \le \dfrac{nS^2}{\chi^2_{(\frac{\alpha}{2},\ v)}}$ （自由度 $v = n$）

② 母群體為常態分配，其中 μ 與 σ^2 皆未知，採卡方分配處理。

公式：$\dfrac{(n-1)\widehat{S}^2}{\chi^2_{(1-\frac{\alpha}{2},\, v)}} \le \sigma^2 \le \dfrac{(n-1)\widehat{S}^2}{\chi^2_{(\frac{\alpha}{2},\, v)}}$（自由度 $v = n - 1$）

(6) 母群體變異數 $\dfrac{\sigma_1^2}{\sigma_2^2}$ 的區間估計（目的：求兩母群體分散情形是否一致）

① 兩個常態分配之母群體，其 μ_1 和 μ_2 皆已知，$\sigma_1{}^2$ 與 $\sigma_2{}^2$ 均未知，則採 F 分配處理。

公式：$\dfrac{S_1^2}{S_2^2} \cdot \dfrac{1}{F_{(1-\frac{\alpha}{2},\, v_1, v_2)}} \le \dfrac{\sigma_1^2}{\sigma_2^2} \le \dfrac{S_1^2}{S_2^2} \cdot F_{(1-\frac{\alpha}{2},\, v_2, v_1)}$（自由度 $v_1 = n_1$, $v_2 = n_2$）

② 兩個常態分配之母群體，其 μ_1 和 μ_2、$\sigma_1{}^2$ 與 $\sigma_2{}^2$ 均未知，則採 F 分配處理。

公式：$\dfrac{\widehat{S}_1^2}{\widehat{S}_2^2} \cdot \dfrac{1}{F_{(1-\frac{\alpha}{2},\, v_1, v_2)}} \le \dfrac{\sigma_1^2}{\sigma_2^2} \le \dfrac{\widehat{S}_1^2}{\widehat{S}_2^2} \cdot F_{(1-\frac{\alpha}{2},\, v_2, v_1)}$

（自由度 $v_1 = n_1 - 1$, $v_2 = n_2 - 1$）

(7) 母群體比例 P 的區間估計

① 當樣本爲小樣本時，可直接利用二項分配求 P 的區間估計。

② 當樣本爲大樣本時，二項分配會趨近常態分配，可直接利用常態分配求 P 的區間估計。

$$\widehat{P} - Z_{(1-\frac{\alpha}{2})}\sqrt{\dfrac{\widehat{P}(1-\widehat{P})}{n-1}} \le P \le \widehat{P} + Z_{(1-\frac{\alpha}{2})}\sqrt{\dfrac{\widehat{P}(1-\widehat{P})}{n-1}}$$

(8) 兩母群體比例之差的區間估計

$$(\widehat{P}_1 - \widehat{P}_2) - Z_{(1-\frac{\alpha}{2})}\sqrt{\dfrac{\widehat{P}_1(1-\widehat{P}_1)}{n_1-1} + \dfrac{\widehat{P}_2(1-\widehat{P}_2)}{n_2-1}} \le P_1 - P_2 \le (\widehat{P}_1 - \widehat{P}_2)$$

$$+ Z_{(1-\frac{\alpha}{2})}\sqrt{\dfrac{\widehat{P}_1(1-\widehat{P}_1)}{n_1-1} + \dfrac{\widehat{P}_2(1-\widehat{P}_2)}{n_2-1}}$$

樣本大小的推定：爲求研究結果精確，有二種方法：一爲**提高顯著水準**；另一爲**增加樣本數**。如何設定最佳樣本數，可由以下方法來推估：

① 以樣本平均數 $\overline{X}$ 來推估母群體平均數 μ。在 $1 - \alpha$ 的信賴水準，誤差小於定數 e 爲已知，則可以 $n = [\dfrac{Z_{(1-\frac{\alpha}{2})}\sigma}{e}]^2$ 來求算樣本數之大小。

② 以樣本比例 $\hat{P}$ 來推估母群體比例 P。在 $1-\alpha$ 的信賴水準，誤差小於定數 e 為已知，則可以 $n = \dfrac{Z^2_{(1-\frac{\alpha}{2})}P(1-P)}{e^2}$ 來求算樣本數之大小。又因母數 P 值未知，若以 $P = \dfrac{1}{2}$ 代入，得到 $P(1-P) = \dfrac{1}{4}$ 代入上式中，則可得 n 之最大值，其公式為 $n = \dfrac{Z^2_{(1-\frac{\alpha}{2})}}{4e^2}$。

◆ 5-2　檢定

一、統計檢定之基本原理

(一) 基本概念

1. 研究假設

根據研究者的觀察和理論，對某一問題所作的邏輯猜測，並以陳述的方法表達出來，又叫做科學假設，此種假設僅為暫時性或試驗性的理論。

2. 統計假設

將研究假設以數量或統計學用詞等之陳述句加以表達，並對未知母數之性質作有關的陳述，便是統計假設。

3. 統計假設檢定（考驗）

依據某些訊息，事先對有關母數建立合理的假設，再由樣本資料來驗證此假設是否成立，以作為決策之參考依據的方法，又稱為假設檢定，簡稱為檢定。換言之，檢定是指依據機率理論，由樣本資料來驗證對母群體母數所下的假設是否成立，藉以決定採取適當行動之統計方法。

4. 虛無假設（null hypothesis）

凡所定的假設而欲予以否定者，以 H_0 來表示。

5. 對立假設（alternative hypothesis）

係相對於虛無假設之假設，以 H_1 表示之，其大多為實驗研究者內心所想要加以支持的假設。虛無假設與對立假設是互斥的兩個假設。

6. 型 I 錯誤（type I error）

又稱第一類型錯誤。當虛無假設為真時，而研究者卻加以拒絕時所犯下的錯誤。其發生之機率，以 α 表示之。

7. 型 II 錯誤（type II error）

又稱第二類型錯誤。當虛無假設為假時，而研究者卻加以接受時所犯下的錯誤。其發生之機率，以 β 表示之。

	H_0 為真	H_0 為假
拒絕 H_0	型 I 錯誤 α（顯著水準）	裁決正確 $1-\beta$
接受 H_0	裁決正確 $1-\alpha$（信賴水準）	型 II 錯誤 β

8. 統計考驗力

正確拒絕錯誤之虛無假設的百分比，以 $1-\beta$ 表示之。

9. 自由度（degree of freedom）

任何變數之中可以自由變動之數值的數目，以 df 表示之。

(二) 檢定的原則

1. 顯著水準（α）一旦在實驗觀察前決定好，就不可再變動。

2. 在利用一定樣本大小的一次實驗觀察之後，不可再增加樣本之大小。絕不可為了達成拒絕虛無假設的結果，而在實驗之後更改 α 與 N。

(三) 假設考驗的步驟

1. 寫出統計假設（H_0 和 H_1）

平均數差異考驗，在檢定兩個平均數是否有達顯著差異的方法。可分為有特定方向的檢定（單尾考驗）或無方向性的檢定（雙尾考驗）等，兩種不同模式。

(1) 單尾考驗（one-tailed test）

當研究者只關心單一方向的比較關係時〔例如：同齡男性的薪水（X_1）高於同齡女性的薪水（X_2）〕。此類平均數的檢定僅有一個拒絕區，即是單尾考驗。而虛無假設與對立假設的寫法為：

$$H_0 : \mu_{x_1} \leq \mu_{x_2}$$
$$H_1 : \mu_{x_1} > \mu_{x_2}$$

其中：μ_{x_1} 與 μ_{x_2} 分別表示男性與女性薪水的平均數

(2) 雙尾考驗（two-tailed test）

當研究者並未有特定方向的設定（例如：男生的智商與女生的智商不同）。假設考驗在兩個極端的情況皆有可能發生，故必須設定兩個拒絕區，即為雙尾考驗。而虛無假設與對立假設的寫法為：

$H_0 : \mu_{x_1} = \mu_{x_2}$

$H_1 : \mu_{x_1} \neq \mu_{x_2}$

其中：μ_{x_1} 與 μ_{x_2} 分別表示男生與女生智商的平均數

2. 決定統計方法

一般常使用的有 Z 考驗、t 考驗、F 考驗、χ^2 考驗等方法。

3. 決定顯著水準並劃定臨界區

4. 計算資料

5. 解釋結果

(四) 平均數的假設檢定

在進行平均數差異考驗時，必須要先釐清資料來源樣本性質，不同的平均數可能來自於不同的樣本，亦有可能來自於同一樣本，或者是具有配對關係的不同樣本。故在進行考驗分析之前，先瞭解樣本性質，才能選擇正確的分析方法。樣本可分為獨立樣本和相依樣本兩大類，簡要概述如下：

1. 獨立樣本設計

平均數來自於獨立、沒有關聯的不同樣本群，根據機率原理，當不同的平均數來自於不同的獨立樣本，兩個樣本的抽樣機率相互獨立。

2. 相依樣本設計（包含兩種）

(1) 重複量數設計（repeated measure design）

不同的平均數來自於同一樣本中的同一群人（例如：學生的期中考與期末考成績），即是同一樣本內重複測量的結果比較。

(2) 配對樣本設計（matched sample design）

不同的平均數來自具有配對關係的不同樣本（例如：夫妻兩人的薪資；同卵

雙生子的學業成績等），樣本抽取的機率爲非獨立、相依的情況。因此，在進行配對樣本設計時，必須特別考量到重複計數或配對的機率。

　　當研究者關心某一個連續變數的平均數，是否與某個理論值或母群體平均數相符時，稱爲「單母群體平均數檢定」。例如：某縣市內勤新進人員的平均薪資爲 23,000 元，是否與全國之內勤新進人員的平均薪資 24,500 元相同，此問題之研究假設即可陳述爲：樣本平均數（某縣市內勤新進人員的平均薪資）與母群體（或理論值，即全國之內勤新進人員的平均薪資）平均數不同，或是以統計假設陳述之，即以 $\mu \neq \mu_0$ 表示。

　　當母群體的標準差已知，抽樣分配的標準誤可依中央極限定理求得時，且無違反常態假設之虞，可使用 Z 檢定。若母群體的標準差未知，則需使用樣本標準差的不偏估計數來推估母群體之標準差。以下將相關公式臚列如下：

1. 母群體之 σ 已知，採 Z 檢定

H_0	H_1	拒絕 H_0 之條件
$\mu \leq \mu_0$	$\mu > \mu_0$	$Z_0 = \dfrac{\overline{X} - \mu_0}{\dfrac{\sigma}{\sqrt{n}}} > Z_{(1-\alpha)}$
$\mu \geq \mu_0$	$\mu < \mu_0$	$Z_0 = \dfrac{\overline{X} - \mu_0}{\dfrac{\sigma}{\sqrt{n}}} < -Z_{(1-\alpha)}$
$\mu = \mu_0$	$\mu \neq \mu_0$	$Z_0 = \dfrac{\overline{X} - \mu_0}{\dfrac{\sigma}{\sqrt{n}}} > Z_{(1-\frac{\alpha}{2})}$ 或 $< -Z_{(1-\frac{\alpha}{2})}$

2. 母群體之 σ 未知，大樣本，採 Z 檢定

H_0	H_1	拒絕 H_0 之條件
$\mu \leq \mu_0$	$\mu > \mu_0$	$Z_0 = \dfrac{\overline{X} - \mu_0}{\dfrac{\hat{S}}{\sqrt{n}}} > Z_{(1-\alpha)}$
$\mu \geq \mu_0$	$\mu < \mu_0$	$Z_0 = \dfrac{\overline{X} - \mu_0}{\dfrac{\hat{S}}{\sqrt{n}}} < -Z_{(1-\alpha)}$

H_0	H_1	拒絕 H_0 之條件
$\mu = \mu_0$	$\mu \neq \mu_0$	$Z_0 = \dfrac{\overline{X} - \mu_0}{\dfrac{\hat{S}}{\sqrt{n}}} > Z_{(1-\frac{\alpha}{2})}$ 或 $< -Z_{(1-\frac{\alpha}{2})}$

3. 母群體之 σ 未知，小樣本，採 t 檢定

H_0	H_1	拒絕 H_0 之條件
$\mu \leq \mu_0$	$\mu > \mu_0$	$t = \dfrac{\overline{X} - \mu_0}{\dfrac{\hat{S}}{\sqrt{n}}} > t_{(1-\alpha,\ n-1)}$
$\mu \geq \mu_0$	$\mu < \mu_0$	$t = \dfrac{\overline{X} - \mu_0}{\dfrac{\hat{S}}{\sqrt{n}}} < -t_{(1-\alpha,\ n-1)}$
$\mu = \mu_0$	$\mu \neq \mu_0$	$t = \dfrac{\overline{X} - \mu_0}{\dfrac{\hat{S}}{\sqrt{n}}} > t_{(1-\frac{\alpha}{2},\ n-1)}$ 或 $< -t_{(1-\frac{\alpha}{2},\ n-1)}$

(五) 兩母群體平均數差的檢定

1. 當研究者關心兩個平均數的差異是否達顯著差異時，此為兩母群體之平均數考驗。研究假設即可陳述為：母群體 1 之樣本平均數（如：A 縣市內勤新進人員的平均薪資）與母群體2之樣本平均數（即B縣市內勤新進人員的平均薪資）不同，或是以統計假設陳述之，即以 $\mu_1 \neq \mu_2$ 表示。

2. 當兩母群體之平均數考驗所使用的樣本是獨立樣本時，即可使用獨立樣本平均數檢定。以下將相關公式臚列如下：

   (1) 兩母群體之 σ_1, σ_2 已知，採 Z 檢定（獨立樣本）

H_0	H_1	拒絕 H_0 之條件
$\mu_1 \leq \mu_2$	$\mu_1 > \mu_2$	$Z = \dfrac{(\overline{X_1} - \overline{X_2}) - (\mu_1 - \mu_2)}{\sqrt{\dfrac{\sigma_1^2}{n_1} + \dfrac{\sigma_2^2}{n_2}}} > Z_{(1-\alpha)}$

H_0	H_1	拒絕 H_0 之條件
$\mu_1 \geq \mu_2$	$\mu_1 < \mu_2$	$Z = \dfrac{(\overline{X}_1 - \overline{X}_2) - (\mu_1 - \mu_2)}{\sqrt{\dfrac{\sigma_1^2}{n_1} + \dfrac{\sigma_2^2}{n_2}}} < -Z_{(1-\alpha)}$
$\mu_1 = \mu_2$	$\mu_1 \neq \mu_2$	$Z = \dfrac{(\overline{X}_1 - \overline{X}_2) - (\mu_1 - \mu_2)}{\sqrt{\dfrac{\sigma_1^2}{n_1} + \dfrac{\sigma_2^2}{n_2}}} > Z_{(1-\frac{\alpha}{2})}$ 或 $< -Z_{(1-\frac{\alpha}{2})}$

(2) 兩母群體之 σ_1, σ_2 未知，大樣本，採 Z 檢定

H_0	H_1	拒絕 H_0 之條件
$\mu_1 \leq \mu_2$	$\mu_1 > \mu_2$	$Z = \dfrac{(\overline{X}_1 - \overline{X}_2) - (\mu_1 - \mu_2)}{\sqrt{\dfrac{\widehat{S}_1^2}{n_1} + \dfrac{\widehat{S}_2^2}{n_2}}} > Z_{(1-\alpha)}$
$\mu_1 \geq \mu_2$	$\mu_1 < \mu_2$	$Z = \dfrac{(\overline{X}_1 - \overline{X}_2) - (\mu_1 - \mu_2)}{\sqrt{\dfrac{\widehat{S}_1^2}{n_1} + \dfrac{\widehat{S}_2^2}{n_2}}} < -Z_{(1-\alpha)}$
$\mu_1 = \mu_2$	$\mu_1 \neq \mu_2$	$Z = \dfrac{(\overline{X}_1 - \overline{X}_2) - (\mu_1 - \mu_2)}{\sqrt{\dfrac{\widehat{S}_1^2}{n_1} + \dfrac{\widehat{S}_2^2}{n_2}}} > Z_{(1-\frac{\alpha}{2})}$ 或 $< -Z_{(1-\frac{\alpha}{2})}$

(3) 兩母群體之 σ_1, σ_2 未知但相等，獨立樣本，採 t 檢定

H_0	H_1	拒絕 H_0 之條件
$\mu_1 \leq \mu_2$	$\mu_1 > \mu_2$	$t = \dfrac{(\overline{X}_1 - \overline{X}_2) - (\mu_1 - \mu_2)}{Sp\sqrt{\dfrac{1}{n_1} + \dfrac{1}{n_2}}} > t_{(1-\alpha,\ n_1+n_2-2)}$
$\mu_1 \geq \mu_2$	$\mu_1 < \mu_2$	$t = \dfrac{(\overline{X}_1 - \overline{X}_2) - (\mu_1 - \mu_2)}{Sp\sqrt{\dfrac{1}{n_1} + \dfrac{1}{n_2}}} < -t_{(1-\alpha,\ n_1+n_2-2)}$
$\mu_1 = \mu_2$	$\mu_1 \neq \mu_2$	$t = \dfrac{(\overline{X}_1 - \overline{X}_2) - (\mu_1 - \mu_2)}{Sp\sqrt{\dfrac{1}{n_1} + \dfrac{1}{n_2}}} > t_{(1-\frac{\alpha}{2},\ n_1+n_2-2)}$ 或 $< -t_{(1-\frac{\alpha}{2},\ n_1+n_2-2)}$

$$Sp = \sqrt{\frac{\Sigma(X_1 - \overline{X}_1)^2 + \Sigma(X_2 - \overline{X}_2)^2}{n_1 + n_2 - 2}}$$

$$= \sqrt{\frac{S_1^2(n_1 - 1) + S_2^2(n_2 - 1)}{n_1 + n_2 - 2}}$$

$$= \sqrt{\frac{[\Sigma X_1^2 - \frac{(\Sigma X_1)^2}{n_1}] + [\Sigma X_2^2 - \frac{(\Sigma X_2)^2}{n_2}]}{n_1 + n_2 - 2}}$$

(4) 兩母群體之 σ_1, σ_2 未知，且不相等，獨立樣本，採 t 檢定

H_0	H_1	拒絕 H_0 之條件
$\mu_1 \leq \mu_2$	$\mu_1 > \mu_2$	$t = \dfrac{(\overline{X}_1 - \overline{X}_2) - (\mu_1 - \mu_2)}{\sqrt{\dfrac{\widehat{S}_1^2}{n_1} + \dfrac{\widehat{S}_2^2}{n_2}}} > t_{(1-\alpha, v)}$, $V = \dfrac{(\dfrac{\widehat{S}_1^2 + \widehat{S}_2^2}{n_1 + n_2})^2}{\dfrac{(\dfrac{\widehat{S}_1^2}{n_1})^2}{n_1 - 1} + \dfrac{(\dfrac{\widehat{S}_2^2}{n_2})^2}{n_2 - 1}}$
$\mu_1 \geq \mu_2$	$\mu_1 < \mu_2$	$t = \dfrac{(\overline{X}_1 - \overline{X}_2) - (\mu_1 - \mu_2)}{\sqrt{\dfrac{\widehat{S}_1^2}{n_1} + \dfrac{\widehat{S}_2^2}{n_2}}} < -t_{(1-\alpha, v)}$
$\mu_1 = \mu_2$	$\mu_1 \neq \mu_2$	$t = \dfrac{(\overline{X}_1 - \overline{X}_2) - (\mu_1 - \mu_2)}{\sqrt{\dfrac{\widehat{S}_1^2}{n_1} + \dfrac{\widehat{S}_2^2}{n_2}}} > t_{(1-\frac{\alpha}{2}, v)}$ 或 $< -t_{(1-\frac{\alpha}{2}, v)}$

(5) 常態母群體，變異數未知，樣本之抽取為成對樣本，採 t 檢定

H_0	H_1	拒絕 H_0 之條件
$\mu(D) \leq 0$	$\mu(D) > 0$	$t = \dfrac{\overline{D}}{\dfrac{S(D)}{\sqrt{n}}} > t_{(1-\alpha, v)}$, $v = n$
$\mu(D) \geq 0$	$\mu(D) < 0$	$t = \dfrac{\overline{D}}{\dfrac{S(D)}{\sqrt{n}}} < -t_{(1-\alpha, v)}$
$\mu(D) = 0$	$\mu(D) \neq 0$	$t = \dfrac{\overline{D}}{\dfrac{S(D)}{\sqrt{n}}} > t_{(1-\frac{\alpha}{2}, v)}$ 或 $-t_{(1-\frac{\alpha}{2}, v)}$

(六) 單一常態母群體變異數的檢定：χ^2 檢定

1. 母群體之 μ 未知

H_0	H_1	拒絕 H_0 之條件
$\sigma^2 \leq \sigma_0^2$	$\sigma^2 > \sigma_0^2$	$\chi_0^2 = \dfrac{(n-1)\widehat{S}^2}{\sigma^2_0} > \chi^2_{(1-\alpha,\ n-1)}$
$\sigma^2 \geq \sigma_0^2$	$\sigma^2 < \sigma_0^2$	$\chi_0^2 = \dfrac{(n-1)\widehat{S}^2}{\sigma^2_0} < \chi^2_{(\alpha,\ n-1)}$
$\sigma^2 = \sigma_0^2$	$\sigma^2 \neq \sigma_0^2$	$\chi_0^2 = \dfrac{(n-1)\widehat{S}^2}{\sigma^2_0} > \chi^2_{(1-\frac{\alpha}{2},\ n-1)}$ 或 $< \chi^2_{(\frac{\alpha}{2},\ n-1)}$

2. 母群體之 μ 已知

H_0	H_1	拒絕 H_0 之條件
$\sigma^2 \leq \sigma_0^2$	$\sigma^2 > \sigma_0^2$	$\chi^2_{(n)} = \dfrac{\sum(X-\mu)^2}{\sigma^2} > \chi^2_{(1-\alpha,\ n)}$
$\sigma^2 \geq \sigma_0^2$	$\sigma^2 < \sigma_0^2$	$\chi^2_{(n)} = \dfrac{\sum(X-\mu)^2}{\sigma^2} < \chi^2_{(1-\alpha,\ n)}$
$\sigma^2 = \sigma_0^2$	$\sigma^2 \neq \sigma_0^2$	$\chi^2_{(n)} = \dfrac{\sum(X-\mu)^2}{\sigma^2} > \chi^2_{(1-\frac{\alpha}{2},\ n)}$ 或 $< \chi^2_{(\frac{\alpha}{2},\ n)}$

(七) 兩常態母群體變異數的檢定

　　F 分配為兩母群體等變異數的檢定方法，是兩個彼此獨立且個別除以自己自由度之卡方隨機變數的比值之分配。具有兩個自由度 v_1 與 v_2 的 F 分配有以下假定：

　　1. F 分配隨機變數都是正數，所以其左邊的界線為零。

　　2. F 分配為右偏分配。

　　3. F 分配透過分子自由度 v_1，與分母自由度 v_2，來區分彼此。

　　以下根據不同的樣本性質，將公式臚列如下：

1. 獨立樣本，F 檢定

H_0	H_1	拒絕 H_0 之條件
$\sigma_1^2 \leq \sigma_2^2$ $\dfrac{\sigma_1^2}{\sigma_2^2} \leq 1$	$\sigma_1^2 > \sigma_2^2$ $\dfrac{\sigma_1^2}{\sigma_2^2} > 1$	$F = \dfrac{\widehat{S}_1^2}{\widehat{S}_2^2} > F_{(1-\alpha,\, v_1,\, v_2)}\, (v_1 = n_1 - 1,\, v_2 = n_2 - 1)$
$\sigma_1^2 \geq \sigma_2^2$ $\dfrac{\sigma_1^2}{\sigma_2^2} \geq 1$	$\sigma_1^2 < \sigma_2^2$ $\dfrac{\sigma_1^2}{\sigma_2^2} < 1$	$F = \dfrac{\widehat{S}_1^2}{\widehat{S}_2^2} < F_{(\alpha,\, v_1,\, v_2)} = \dfrac{1}{F_{(1-\alpha,\, v_2,\, v_1)}}$
$\sigma_1^2 = \sigma_2^2$ $\dfrac{\sigma_1^2}{\sigma_2^2} = 1$	$\sigma_1^2 \neq \sigma_2^2$ $\dfrac{\sigma_1^2}{\sigma_2^2} \neq 1$	$F = \dfrac{\widehat{S}_1^2}{\widehat{S}_2^2} > F_{(1-\frac{\alpha}{2},\, v_1,\, v_2)}$ 或 $< F_{(\frac{\alpha}{2},\, v_1,\, v_2)}$

2. 相依樣本，t 檢定

H_0	H_1	拒絕 H_0 之條件
$\sigma_1^2 \leq \sigma_2^2$	$\sigma_1^2 > \sigma_2^2$	$t = \dfrac{\widehat{S}_1^2 - \widehat{S}_2^2}{\sqrt{4\widehat{S}_1^2 \widehat{S}_2^2 \dfrac{(1-r^2)}{N-2}}} > t_{(1-\alpha,\, N-2)}$
$\sigma_1^2 \geq \sigma_2^2$	$\sigma_1^2 < \sigma_2^2$	$t = \dfrac{\widehat{S}_1^2 - \widehat{S}_2^2}{\sqrt{4\widehat{S}_1^2 \widehat{S}_2^2 \dfrac{(1-r^2)}{N-2}}} < t_{(\alpha,\, N-2)}$
$\sigma_1^2 = \sigma_2^2$	$\sigma_1^2 \neq \sigma_2^2$	$t = \dfrac{\widehat{S}_1^2 - \widehat{S}_2^2}{\sqrt{4\widehat{S}_1^2 \widehat{S}_2^2 \dfrac{(1-r^2)}{N-2}}} > t_{(1-\frac{\alpha}{2},\, N-2)}$ 或 $< t_{(\frac{\alpha}{2},\, N-2)}$

(八) 兩點二項母群體比例 P 的檢定

百分比的考驗多用於問卷調查法。小樣本的公式用 F 檢定，而大樣本則是用 Z 檢定。茲將各類公式臚列如下：

1. 小樣本，F 檢定。
2. 大樣本，Z 檢定。

H_0	H_1	拒絕 H_0 之條件
$P \leq P_0$	$P > P_0$	$Z = \dfrac{\hat{P} - P_0}{\sqrt{\dfrac{P_0(1-P_0)}{n}}} > Z_{(1-\alpha)}$
$P \geq P_0$	$P < P_0$	$Z = \dfrac{\hat{P} - P_0}{\sqrt{\dfrac{P_0(1-P_0)}{n}}} < -Z_{(1-\alpha)}$
$P = P_0$	$P \neq P_0$	$Z = \dfrac{\hat{P} - P_0}{\sqrt{\dfrac{P_0(1-P_0)}{n}}} > Z_{(1-\frac{\alpha}{2})}$ 或 $< -Z_{(1-\frac{\alpha}{2})}$

(九) 兩點二項母群體比例差的檢定：Z 檢定

H_0	H_1	拒絕 H_0 之條件
$P_1 \leq P_2$	$P_1 > P_2$	$Z = \dfrac{\hat{P_1} - \hat{P_2}}{\sqrt{\hat{P}(1-\hat{P})(\dfrac{1}{n_1} + \dfrac{1}{n_2})}} > Z_{(1-\alpha)}$
$P_1 \geq P_2$	$P_1 < P_2$	$Z = \dfrac{\hat{P_1} - \hat{P_2}}{\sqrt{\hat{P}(1-\hat{P})(\dfrac{1}{n_1} + \dfrac{1}{n_2})}} < -Z_{(1-\alpha)}$
$P_1 = P_2$	$P_1 \neq P_2$	$Z = \dfrac{\hat{P_1} - \hat{P_2}}{\sqrt{\hat{P}(1-\hat{P})(\dfrac{1}{n_1} + \dfrac{1}{n_2})}} > Z_{(1-\frac{\alpha}{2})}$ 或 $< -Z_{(1-\frac{\alpha}{2})}$

(十) 兩個相關係數的差異性檢定

1. 獨立樣本

H_0	H_1	拒絕 H_0 之條件
$\rho_1 \leq \rho_2$	$\rho_1 > \rho_2$	$Z = \dfrac{Z_{r1} - Z_{r2}}{\sqrt{\dfrac{1}{N_1 - 3} + \dfrac{1}{N_2 - 3}}} > Z_{(1-\alpha)}$
$\rho_1 \geq \rho_2$	$\rho_1 < \rho_2$	$Z = \dfrac{Z_{r1} - Z_{r2}}{\sqrt{\dfrac{1}{N_1 - 3} + \dfrac{1}{N_2 - 3}}} < -Z_{(1-\alpha)}$
$\rho_1 = \rho_2$	$\rho_1 \neq \rho_2$	$Z = \dfrac{Z_{r1} - Z_{r2}}{\sqrt{\dfrac{1}{N_1 - 3} + \dfrac{1}{N_2 - 3}}} > Z_{(1-\frac{\alpha}{2})}$ 或 $< -Z_{(1-\frac{\alpha}{2})}$

2. 相依樣本

H_0	H_1	拒絕 H_0 之條件
$\rho_1 \leq \rho_2$	$\rho_1 > \rho_2$	$t = \dfrac{(r_{12} - r_{13})\sqrt{(N-3) + (1 + r_{23})}}{\sqrt{2(1 - r_{1.2}^2 - r_{1.3}^2 - r_{2.3}^2 + 2r_{12}r_{13}r_{23})}} > t_{(1-\alpha,\ n-3)}$
$\rho_1 \geq \rho_2$	$\rho_1 < \rho_2$	$t = \dfrac{(r_{12} - r_{13})\sqrt{(N-3) + (1 + r_{23})}}{\sqrt{2(1 - r_{1.2}^2 - r_{1.3}^2 - r_{2.3}^2 + 2r_{12}r_{13}r_{23})}} < -t_{(1-\alpha,\ n-3)}$
$\rho_1 = \rho_2$	$\rho_1 \neq \rho_2$	$t = \dfrac{(r_{12} - r_{13})\sqrt{(N-3) + (1 + r_{23})}}{\sqrt{2(1 - r_{1.2}^2 - r_{1.3}^2 - r_{2.3}^2 + 2r_{12}r_{13}r_{23})}} > t_{(1-\frac{\alpha}{2},\ n-3)}$ 或 $< -t_{(1-\frac{\alpha}{2},\ n-3)}$

習題練習

1. 某研究假設為「不同性別之月收入沒有差異存在」。研究者擬以 $\alpha = .05$ 為顯著水準進行統計考驗，請解釋 $\alpha = .05$ 的意義。

2. 在統計分析中，假定隨機抽樣與測量程序都完成，欲探討「員工對不同性別主管之滿意度」是否有差異存在時，請問該使用哪一種統計方法來做分析？

3. 當變異數估計值為獨立時，何種分配用來考驗 $H_0: \sigma_1^2 = \sigma_2^2$？

4. 當 σ 已知，何種分配可用來考驗平均數間的差異？

5. 下列哪一項的考驗設計是最容易被拒絕的統計性假設？

    (1) $\alpha = .01$ 的單側考驗

    (2) $\alpha = .05$ 的單側考驗

    (3) $\alpha = .01$ 的雙側考驗

    (4) $\alpha = .05$ 的雙側考驗

6. 永欽想進行「國小男老師對行政工作意願是否較高」研究，請回答下列問題：

    (1) 本研究的虛無假設為＿＿＿＿＿＿＿＿＿＿＿＿＿＿＿＿＿＿

    (2) 本研究中的型 I 錯誤為＿＿＿＿＿＿＿＿＿＿＿＿＿＿＿＿＿

    (3) 本研究中的型 II 錯誤為＿＿＿＿＿＿＿＿＿＿＿＿＿＿＿＿

7. 請寫出下列各問題的 H_0, H_1：

    (1) 家長在圖書館上班的小孩比家長未在圖書館上班的小孩閱讀成績高。

    (2) A 城市居民的收入比一般居民收入佳。

    (3) 經歷過 921 地震的災民和未經歷過地震經驗的居民，對地震的驚恐程度不同。

    (4) 探究式教學法和講述式教學法對某縣市某國小五年級學童在數學科有不同成就表現。

8. 假設一高速公路調查員在中山高速公路上，隨機抽取經過某一地點的 20 輛汽車時速：80, 85, 100, 110, 85, 98, 80, 95, 95, 105, 108, 93, 102, 105, 85, 87, 93, 102, 105, 100 公里。試求在中山高速公路上，汽車平均時速的 99% 信賴區間。

9. 從某個常態分配的母群體中（$\sigma = 15$，$\mu = 100$），隨機抽取 100 名學生，測得其魏氏智力測驗成績的平均數為 103，試求：真正母群體 μ 的 95% 信賴區間。

10. 某心理學者想瞭解國中三年級學生每天上網的時間，故隨機抽取某校 40 位國三學生，得知他們每天平均上網的時間為 2.5 小時，標準差為 1.2 小時。試問：該校國三學生每天平均上網時間的 95% 信賴區間。

11. 某校學生接受智力測驗得到的平均智商 $\mu = 100, \sigma = 16$，現隨機抽取 64 人，測得其智力之平均數為 104，試問在 $\alpha = .05$ 顯著水準下，該校宣稱「學生智力測驗與平均智商一樣」的論述是否正確？

12. 某高中學生入學時進行健康檢查，測得男生平均身高為 170 公分，一年後隨機抽取 36 位學生，測得其平均身高為 174 公分，標準差為 8 公分，請問：該校男學生的身高是否增加？（$\alpha = .05$）

13. 六個作業員採用兩種不同方法完成某項工作，其花費時間如下表，試考驗兩種方法對完成此項工作的時間是否有差異存在？

作業員	A	B	C	D	E	F
方法一	6.0	5.0	7.0	6.2	6.0	6.4
方法二	5.4	5.2	6.5	5.9	6.0	5.8

14. 某學者欲研究「公司員工在正向心理感受分數的分散情形是否一致」，故從某企業抽取員工進行資料分析，抽取樣本之相關統計資料如下表所示。請問：不同性別員工之正向心理感受分數的分散情況是否一致？

男	$\overline{X_1} = 73.45$	$S_1 = 3.95$	$N_1 = 11$
女	$\overline{X_2} = 74.00$	$S_2 = 8.95$	$N_2 = 10$

第 6 章

卡方檢定

S
P
S
S

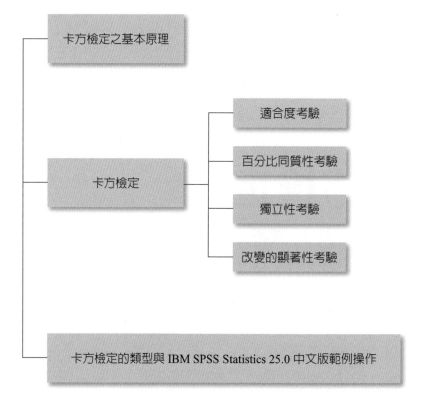

卡方檢定之基本原理

卡方檢定

適合度考驗

百分比同質性考驗

獨立性考驗

改變的顯著性考驗

卡方檢定的類型與 IBM SPSS Statistics 25.0 中文版範例操作

◆ 6-1　卡方檢定之基本原理

一、類別資料的意義

在社會科學領域中，時常會遇到類別變數或次序變數間變數關係的討論，如：「同事關係與工作滿意度之間的關係」或「不同年級學生對於校規的看法是否有不同」。針對上例所述之二個非連續之類別變數，或一個類別變數與次序變數間關係的討論，可以**卡方檢定**（Chi-square test）來解決。類別資料可包含以下三類：

（一）**原發性類別資料**：當被測定的變數的本質是名義性屬性，例如：性別。

（二）**操弄性類別資料**：以人為操作的手段所獲致的分類性資料，例如：實驗操弄的分類結果。

（三）**虛擬化類別資料**：由其他類型的資料型態轉換成類別形式的資料，例如：由連續變數轉換而來的類別變數。

關於類別資料的處理型態，主要以次數或百分比表示，故類別資料的呈現型態即為次數分配表與列聯表，類別資料的分析方法主要為卡方檢定或其他關聯性分析法，在資料的呈現方式或分析方法選擇部分，都得視研究的問題與資料的性質而定。

二、卡方檢定的定義

卡方統計量的定義公式為：$\sum_{i=1}^{n}(\frac{X_i - \mu_i}{\sigma_i})^2 = \sum_{1}^{n} Z_i^2 = Z_1^2 + Z_2^2 + ... + Z_n^2 = \chi^2_{(n)}$，其自由度為 $v = n$ 的卡方分配。若母數 μ 未知，則以統計量 $\overline{X}$ 代之，得到實用公式如下：

$$\sum_{i=1}^{n}(\frac{X_i - \overline{X}}{\sigma_i})^2 = \sum_{i=1}^{n}\frac{(X_i - \overline{X})^2}{\sigma_i} \quad \because \widehat{S}^2 = \frac{\sum(X_i - \overline{X})^2}{n-1}$$

$$\therefore \sum_{i=1}^{n}\frac{(X_i - \overline{X})^2}{\sigma^2} = \frac{(n-1)\widehat{S}^2}{\sigma^2} = \chi^2_{(n-1)}，其自由度為 v = n - 1$$

而卡方檢定的主要用途有四類：**適合度考驗、百分比同質性考驗、獨立性考驗、改變的顯著性考驗**。使用卡方檢定分析時，應注意下列事項：

（一）卡方檢定僅適用於類別性資料。

（二）各細格之期望次數（或理論次數）最好不應少於 5。通常要有 80% 以上的 fe ≧ 5，否則會影響其卡方檢定的效果。若有一格或數格的期望次數小於 5 時，在配合研究目的下，可將此數格予以合併。

（三）在 2×2 的列聯表（contigency cross tabulation）中，當期望次數介於

5 和 10 之間（5 ≦ fe ≦ 10），即應該運用葉茲連續校正（Yate's correction for continuity）予以校正。

（四）在 2×2 的列聯表中，若期望次數小於 5（fe < 5），或樣本人數小於 20 時，則應使用費雪正確機率考驗（Fisher's exact probability test）。

（五）對於同一群受試者前後進行兩次觀察的重複量數卡方檢定時，應使用麥內瑪考驗（McNemar test）。

當列聯表中只有一格理論次數小於 5 時，表中的所有觀察次數均需校正，此校正稱之為「葉茲連續校正」。進行葉茲連續校正有幾個原則：

（一）只有在自由度等於 1（即 2×2 的列聯表）時，需要校正。

（二）原則上觀察次數 > 理論次數，則觀察值減 0.5。

（三）原則上觀察次數 < 理論次數，則觀察值加 0.5。

當進行適合度考驗時，葉茲連續校正公式為：

$$\chi^2_{(1)} = \sum_{i=1}^{2} \frac{\left(|fo_i - fe_i| - \frac{1}{2}\right)^2}{fe_i}$$

當進行獨立性考驗時，葉茲連續校正公式為：

$$\chi^2_{(1)} = \sum_{i=1}^{2}\sum_{j=1}^{2} \frac{\left(|fo_{ij} - fe_{ij}| - \frac{1}{2}\right)^2}{fe_{ij}}$$

fo_i：第 i 組樣本之觀察次數
fe_i：第 i 組樣本之理論次數

6-2 卡方檢定的類型與IBM SPSS Statistics 25.0中文版範例操作

以下各小節將分別介紹卡方檢定的四種用途，說明各種考驗之定義與 IBM SPSS Statistics 25.0 軟體之操作步驟。

一、適合度考驗

研究者常會想瞭解某一間斷變數的反應百分比，是否有差異的問題。而適合度考驗就是對樣本在某一間斷變數上的表現，考驗其觀察次數（實際次數）與相對應的理論次數（期望次數）是否相符合。

公式：$\chi^2 = \sum\left[\frac{(fo_i - fe_i)^2}{fe_i}\right]$　fo_i：第 i 組之觀察次數
fe_i：第 i 組之理論次數

(一) 當理論次數（期望次數）都一樣時

範例〔檔名為適合度考驗（期望值相等）.sav〕：某兒童心理學家欲探討 240 名幼稚園的兒童，對六種玩具喜歡的情況是否相同？其調查結果整理如下表：

玩具	A	B	C	D	E	F
人數	30	36	44	55	26	49

在 SPSS 資料編輯程式中輸入各項數值，將玩具類型 A、B、C、D、E、F 分別編碼為數字 1-6，變數名稱命名為「玩具種類」，如圖 6-1 所示。

圖 6-1　在功能列中選擇「分析」，點選「無母數檢定」，選擇「舊式對話框」，再選擇「卡方檢定」

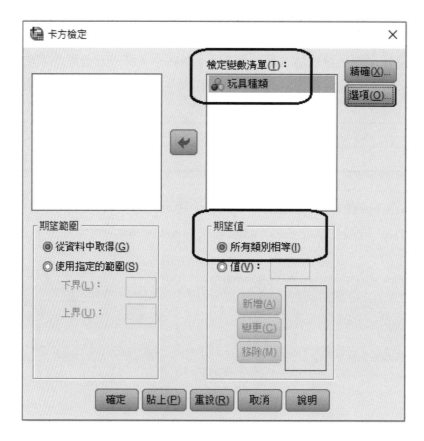

圖 6-2　選「玩具種類」至「檢定變數清單」欄位中，確定各組之期望值都相等

　　IBM SPSS Statistics 25.0中文版操作步驟為：在功能列中選擇「分析」，點選「無母數檢定」，選擇「舊式對話框」，再選擇「卡方檢定」，如圖 6-1 所示。開啓「卡方檢定」之對話框，將「玩具種類」選入右方「檢定變數清單」欄位中，如圖 6-2 所示。右上角的「選項」，可開啓次對話框，操作者可自行決定是否勾選「描述性統計量」。而在「期望值」欄位，則選擇「所有類別相等」，因本題之各類玩具之選擇人數的期望值是相同的。

輸出報表解釋

　　根據報表輸出結果，進行解釋。先根據研究問題，提出研究假設：

H_0：兒童對六種玩具的喜好程度相同

H_1：兒童對六種玩具的喜好程度不相同

玩具種類

	觀察 N	預期為 N	殘差
1	30	40.0	−10.0
2	36	40.0	−4.0
3	44	40.0	4.0
4	55	40.0	15.0
5	26	40.0	−14.0
6	49	40.0	9.0
總計	240		

檢定統計量

	玩具種類
卡方檢定	15.850[a]
自由度	5
漸近顯著性	.007

a. 有 0 個單元（0.0%）其期望次數小於 5。最小期望單元次數為40.0。

根據檢定統計量表結果得知，卡方檢定值為 15.850，自由度為 5，其漸近顯著性值（即 p-value 或 p 值）為 .007，小於顯著水準（$\alpha = .05$），故拒絕虛無假設，即兒童對於六種玩具的喜好程度不相同。

可利用卡方公式進行計算：

$$\chi^2 = \frac{(30-40)^2 + (36-40)^2 + (44-40)^2 + (55-40)^2 + (26-40)^2 + (49-40)^2}{40}$$

$$= 15.85$$

查表得 $\chi^2_{0.95,\,5} = 11.07 < 15.85$

故拒絕虛無假設，即兒童對於六種玩具的喜好程度不相同。

(二) 當理論次數（期望次數）不一樣時

範例〔檔名為適合度考驗（期望值不相等）.sav〕：某教授過去採常態化的評分方式，即是得到 A 的學生人數約占 2.5%，得到 B 的學生約占 14%，得到 C 的學生約占 67%，得到 D 的學生約占 14%，得到 E 的學生約占 2.5%。今年教授想改變評分方式，想根據答對的比例評分，若答對 90% 的得 A，答對 80-89% 的得 B，以此類推。今年這位教授的學生有 200 人，教授欲根據此 200 位學生的資料，探討新評分方式的分數分配型態是否與過去不同？

成績	觀察次數	期望次數
A	10	5(2.5% × 200)
B	34	28(14.0% × 200)
C	140	134(67.0% × 200)
D	10	28(14.0% × 200)
E	6	5(2.5% × 200)

註：期望次數等於預期的百分比與樣本數的乘積。

　　IBM SPSS Statistics 25.0 中文版操作步驟大致與上例相同，在 SPSS 資料編輯程式中輸入各項數值，將成績等級 A、B、C、D、E 分別編碼為數字 1-5，變數名稱命名為「成績」，另一變數則是「人數」，即是上表中的觀察次數，同樣需要進行「加權觀察值」的步驟，如圖 6-3 所示。

圖 6-3　建立檔案

圖 6-4　在功能列中選擇「分析」，點選「無母數檢定」，選擇「舊式對話框」，再選擇「卡方檢定」

　　在功能列中選擇「分析」，點選「無母數檢定」，選擇「舊式對話框」，再選擇「卡方檢定」，如圖 6-4 所示。開啓「卡方檢定」之對話框，將「成績」選入右方「檢定變數清單」欄位中，下方的「期望值」欄位，因本範例之各組期望值不相等，故必須自行輸入期望值數值，如圖 6-5 所示。

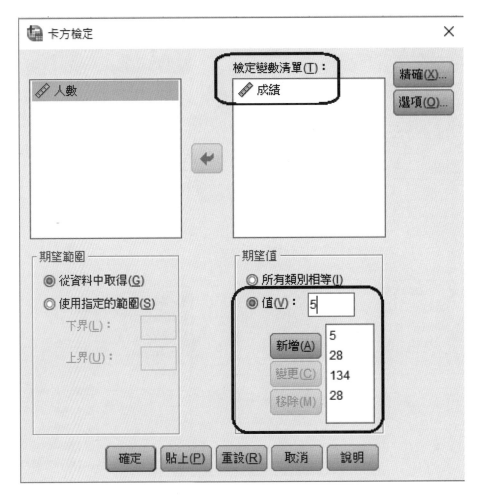

圖 6-5　期望值的欄位，需自行輸入數值，且需依序輸入（「5」需按「新增」鍵，才會列入期望值中）

報表解釋

根據報表輸出結果，進行解釋。先依據研究問題，提出研究假設：

H_0：新評分方式的分數分配型態與過去分數的分配型態相同

H_1：新評分方式的分數分配型態與過去分數的分配型態不相同

成績

	觀察 N	預期為 N	殘差
1	10	5.0	5.0
2	34	28.0	6.0
3	140	134.0	6.0
4	10	28.0	-18.0
5	6	5.0	1.0
總計	200		

檢定統計量

	成績
卡方檢定	18.326[a]
自由度	4
漸近 顯著性	.001

a. 有 0 個單元（0.0%）其期望次數小於5。最小期望單元次數為5.0。

根據檢定統計量表結果得知，卡方檢定值為 18.326，自由度為 4，其漸近顯著性值（即 p-value 或 p 值）為 .001，小於顯著水準（$\alpha = .05$），故拒絕虛無假設，即新評分方式的分數分配型態與過去分數的分配型態不同。

利用卡方公式進行計算：

$$\chi^2 = \frac{(10-5)^2}{5} + \frac{(34-28)^2}{28} + \frac{(140-134)^2}{134} + \frac{(10-28)^2}{28} + \frac{(6-5)^2}{5} = 18.326$$

查表得 $\chi^2_{0.95, 4} = 9.488 < 18.326$

故拒絕虛無假設，即新評分方式的分數分配型態與過去分數的分配型態不同。

二、百分比同質性考驗

百分比同質性考驗主要目的在於考驗被調查的 K 組受試者在 I 個反應中，選擇某一個變項的百分比是否有顯著性差異。通常其分析結果若達到顯著差異水準，則必須進行事後比較，以瞭解究竟是自變數中哪些組別對依變數的反應百分比有顯著差異效果存在。

公式：$\chi^2 = \Sigma \left[\frac{(fo_i - fe_i)^2}{fe_i} \right]$

範例（檔名為百分比同質性考驗 .sav）：調查高中教師 60 名、高職教師 53 名、國中教師 67 名，欲瞭解其是否贊成學生穿便服的意見，其調查結果如下表所示：

		教育程度			合計
		高中	高職	國中	
意見	贊成	22	41	35	98
	反對	38	12	32	82
合計		60	53	67	180

(一) IBM SPSS Statistics 25.0 中文版操作步驟

在資料編輯程式中輸入各項數值，將教育程度：高中、高職、國中分別編碼為 1, 2, 3；而意見：贊成、反對分別編碼為 1, 2，其各細格之人數則依教育程度與意見相互搭配，輸入第三欄，變數名稱定為「人數」。因教育程度與意見皆為名義變數，其數字意義僅代表分類的目的，未具有真正的數值意義，故使用卡方檢定來考驗不同教育程度的人對此事件反應的百分比是否達顯著差異。

因為此資料呈現型態已非原始資料，而是已經經過歸類整理，故必須在進行 SPSS 分析之前，先對變數意義進行宣告，讓 SPSS 得以辨識變數的意義，以避免造成分析錯誤。故開啟功能列選擇「資料」，點選「加權觀察值」，此時會出現「加權觀察值」次對話框，選擇「加權觀察值方式」，並將「人數」選至右方「次數變數」欄位中，點選「確定」，即完成觀察值加權設定。

進入百分比同質性考驗分析的操作，在功能列中選擇「分析」，點選「敘述統計」，再選擇「交叉資料表」，如圖 6-6 所示。開啟「交叉表」之對話框，將「教育程度」、「意見」分別選入右方「列」、「欄」欄位中，若無特殊規定，放在列或欄並不會影響分析結果，僅是交叉表資料的呈現有差異而已。點選右方的「統計資料」，開啟「交叉資料表：統計量」次對話框，勾選「卡方檢定」，選擇「繼續」。再點選「資料格」，開啟「交叉資料表：資料格顯示」之次對話框，在「百分比」欄位，勾選「列」、「欄」、「總計」等選項，選擇「繼續」，再按「確定」，如圖 6-7 所示，即完成百分比同質性檢定之操作步驟。

*百分比同質性考驗.sav [資料集4] - IBM SPSS Statistics 資料編輯器

| 檔案(F) | 編輯(E) | 檢視(V) | 資料(D) | 轉換(T) | 分析(A) | 圖形(G) | 公用程式(U) | 延伸(X) | 視窗(W) |

報告(P) ▶

敘述統計(E) ▶　　　123 次數分配表(F)...

貝氏統計資料(B) ▶　　　敘述統計(D)...

表格(B) ▶　　　預檢資料(E)...

比較平均數(M) ▶　　　交叉資料表(C)...

一般線性模型(G) ▶　　　1/2 比例(R)...

概化線性模型(Z) ▶　　　P-P 圖...

混合模型(X) ▶　　　Q-Q 圖...

相關(C) ▶

迴歸(R) ▶

對數線性(O) ▶

神經網路(W) ▶

分類(F) ▶

維度縮減(D) ▶

比例(A) ▶

無母數檢定(N) ▶

預測(T) ▶

存活(S) ▶

複選題(U) ▶

遺漏值分析(Y)...

多重插補(T) ▶

複式樣本(L) ▶

模擬(I)...

品質控制(Q) ▶

空間及時間建模(S)...

直效行銷(K) ▶

	教育程度	意見	人
1	1	1	
2	1	2	
3	2	1	
4	2	2	
5	3	1	
6	3	2	
7			
8			
9			
10			
11			
12			
13			
14			
15			
16			
17			
18			
19			
20			
21			
22			
23			
24			

圖 6-6　在功能列中選擇「分析」，點選「敘述統計」，再選擇「交叉資料表」

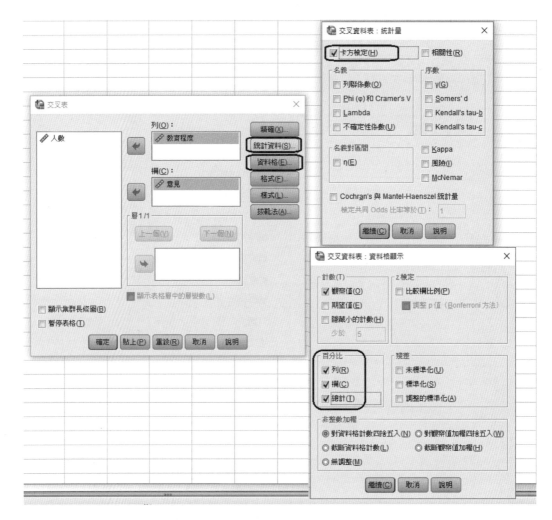

圖 6-7　點選變數至右方欄位，並開啓「交叉資料表」之次對話框

(二) 輸出報表解釋

觀察值處理摘要

	觀察值					
	有效		遺漏		總計	
	N	百分比	N	百分比	N	百分比
教育程度 * 意見	180	100.0%	0	0.0%	180	100.0%

教育程度 * 意見交叉列表

			意見		總計
			贊成	反對	
教育程度	高中	計數	22	38	60
		教育程度內的 %	36.7%	63.3%	100.0%
		意見內的 %	22.4%	46.3%	33.3%
		占總計的百分比	12.2%	21.1%	33.3%
	高職	計數	41	12	53
		教育程度內的 %	77.4%	22.6%	100.0%
		意見內的 %	41.8%	14.6%	29.4%
		占總計的百分比	22.8%	6.7%	29.4%
	國中	計數	35	32	67
		教育程度內的 %	52.2%	47.8%	100.0%
		意見內的 %	35.7%	39.0%	37.2%
		占總計的百分比	19.4%	17.8%	37.2%
總計		計數	98	82	180
		教育程度內的 %	54.4%	45.6%	100.0%
		意見內的 %	100.0%	100.0%	100.0%
		占總計的百分比	54.4%	45.6%	100.0%

卡方檢定

	值	df	漸近顯著性（兩端）
Pearson 卡方檢定	**18.997**[a]	2	**.000**
概似比	19.802	2	.000
線性對線性關聯	2.671	1	.102
有效觀察值個數	180		

a. 有0個單元（0.0%）其預期計數小於 5。預期的計數下限為 24.14。

根據報表輸出結果，進行解釋。先根據研究問題，提出研究假設：

H_0：高中、高職與國中教師的意見一致

H_1：高中、高職與國中教師的意見不一致

根據統計檢定表結果得知，Pearson 卡方檢定值為 18.997，自由度為 2，其漸近

顯著性值（即 p-value 或 p 值）為 .000，小於顯著水準（$\alpha =0.05$），故拒絕虛無假設，即教育程度與意見表達之間有差異存在。換言之，高中、高職與國中老師對於學生穿便服看法並不一致。

由「教育程度＊意見交叉列表」可得知，「高中」老師傾向於「反對（38 人反對，占高中老師人數之 63.3%）」，而「高職老師（41 人贊成，占高職老師人數之 77.4%）」與「國中老師（35 人贊成，占國中老師人數之 52.2%）」傾向於「贊成」。就「高中」老師「贊成」的人數而言，共有 22 人，占全體高中教師人數的 36.7%，占全部贊成人數的 22.4%，又占全體受試者的 12.2%。

讀者若欲利用圖形呈現更清楚易讀的圖形訊息，可在「交叉表」對話框左下方勾選「顯示集群長條圖」，輸出結果即可出現圖形。

利用卡方公式進行計算：

方法一：

觀察次數交叉表

		教育程度			合計
		高中	高職	國中	
意見	贊成	22	41	35	98
	反對	38	12	32	82
合計		60	53	67	180

$$\chi^2 = 180(\frac{22^2}{60 \times 98} + \frac{41^2}{53 \times 98} + \frac{35^2}{67 \times 98} + \frac{38^2}{60 \times 82} + \frac{12^2}{53 \times 82} + \frac{32^2}{67 \times 82} - 1) = 18.997$$

查表得 $\chi^2_{0.95,\ 2} = 5.991 < 18.997$

故拒絕虛無假設，即高中、高職與國中老師對於學生穿便服看法並不一致。

方法二：

或利用 $\chi^2 = \Sigma\left[\frac{(fo_i - fe_i)^2}{fe_i}\right]$ 公式計算，必須先求出各細格的理論次數：

理論次數交叉表

		教育程度			合計
		高中	高職	國中	
意見	贊成	32.7	28.9	36.5	98
	反對	27.3	24.1	30.5	82
合計		60	53	67	180

$$\frac{x_{11}}{60} = \frac{98}{180} \rightarrow x_{11} = 32.7 \ ; \quad \frac{x_{12}}{53} = \frac{98}{180} \rightarrow x_{12} = 28.9 \ ; \quad \frac{x_{13}}{67} = \frac{98}{180} \rightarrow x_{13} = 36.5$$

$$\frac{x_{21}}{60} = \frac{82}{180} \rightarrow x_{21} = 27.3 \ ; \quad \frac{x_{22}}{53} = \frac{82}{180} \rightarrow x_{22} = 24.1 \ ; \quad \frac{x_{23}}{67} = \frac{82}{180} \rightarrow x_{23} = 30.5$$

$$\chi^2 = \frac{(22-32.7)^2}{32.7} + \frac{(38-27.3)^2}{27.3} + \frac{(41-28.9)^2}{28.9} + \frac{(12-24.1)^2}{24.1} + \frac{(35-36.5)^2}{36.5}$$

$$+ \frac{(32-30.5)^2}{30.5} = 18.972$$

查表得 $\chi^2_{0.95,\ 2} = 5.991 < 18.972$

因計算過程有四捨五入，故最後的數值稍有些微差異，但結論仍是相同的。即高中、高職與國中老師，對於學生穿便服看法並不一致。

三、獨立性考驗

獨立性考驗目的在於瞭解自母群體抽樣而來的一組受試者，在兩個變項之間是否獨立，若不相互獨立，則其間的關聯性如何。計算公式除用定義公式之外，亦可使用快捷法計算。當兩個變項所組成的列聯表成基本型式 (2×2) 時，其公式為：

A	B
C	D

$$\chi^2 = \frac{N(AD-BC)^2}{(A+B)(C+D)(A+C)(B+D)}$$

範例（檔名為**獨立性考驗**.sav）：欲瞭解 30 位受試者，對於同事關係的滿意度與工作性質滿意度之間是否有關係存在。

同事關係	工作滿意	性別
3	4	1
3	4	1
3	4	1

同事關係	工作滿意	性別
4	4	1
4	3	2
3	3	2
3	4	2
4	4	1
3	2	1
2	3	1
1	2	1
1	2	2
2	2	2
2	2	2
3	1	1
4	4	1
3	4	2
3	2	1
2	2	2
1	2	1
3	3	1
3	4	1
3	4	2
4	4	2
4	4	2
1	1	2
3	3	2
4	4	1
4	4	2
4	3	1

（一）IBM SPSS Statistics 25.0 中文版操作步驟

在資料編輯程式中輸入各項數值，將工作性質：「非常滿意、滿意、不滿意、非常不滿意」分別編碼為 1, 2, 3, 4；而同事關係：「非常滿意、滿意、不滿意、非常不

滿意」分別編碼為 1, 2, 3, 4；第三欄，輸入性別資料，變數名稱定為「性別」。因同事關係與工作性質皆為名義變數，故使用卡方檢定中的獨立性考驗來檢驗兩變數間之相關性是否達顯著。

　　在功能列中選擇「分析」，選擇「敘述統計」，再選擇「交叉資料表」，開啟「交叉表」之對話框，將「同事關係」、「工作滿意」分別選入右方「列」、「欄」欄位中，若無特殊規定，放在列或欄並不會影響分析結果，僅是交叉表資料的呈現有差異而已。點選右方的「統計資料」，開啟「交叉資料表：統計量」次對話框，勾選「卡方檢定」。在「名義」的欄位中，勾選「列聯係數」、「Phi(φ) 和 Cramer's V」、「Lambda」等，也勾選「相關性」，如圖 6-8 所示。回到主選單，再按「確定」，即完成獨立性考驗之操作步驟。

圖 6-8　點選變數至「列」、「欄」，開啟「統計資料」之次對話框

(二) 輸出報表解釋

觀察值處理摘要

	觀察值					
	有效		遺漏		總計	
	N	百分比	N	百分比	N	百分比
同事關係 * 工作滿意	30	100.0%	0	0.0%	30	100.0%

同事關係 * 工作滿意交叉列表

計數						
		工作滿意				總計
		非常滿意	滿意	不滿意	非常不滿意	
同事關係	非常滿意	1	3	0	0	4
	滿意	0	3	1	0	4
	不滿意	1	2	3	7	13
	非常不滿意	0	0	2	7	9
總計		2	8	6	14	30

卡方檢定

	值	df	漸近顯著性（兩端）
Pearson 卡方檢定	**19.610**[a]	9	**.020**
概似比	24.020	9	.004
線性對線性關聯	13.805	1	.000
有效觀察值個數	30		

a. 15 單元（93.8%）預期計數小於 5。預期的計數下限為 .27。

根據報表輸出結果，進行解釋。先根據研究問題，提出研究假設：

H_0：同事關係與工作滿意之間無相關存在（或 $\rho = 0$）

H_1：同事關係與工作滿意之間有相關存在（或 $\rho \neq 0$）

根據統計檢定表結果得知，Pearson 卡方檢定值為 19.610，自由度為 9，其漸近顯著性值（即 p-value 或 p 值）為 .020，小於顯著水準（$\alpha = .05$），故拒絕虛無假設，即同事關係與工作滿意之間有相關存在；換言之，同事間的相處是否和諧滿意與工作滿意有相關性存在。

既然有相關存在，則需再進一步探討兩者之間的關聯性程度與性質。關聯性指標有三種：**Phi 係數值** (ϕ)、**Cramer's V 值**和**列聯係數**，三種係數的適用情況並不相同。

1. Phi 係數值 (ϕ)

當兩個變數皆為類別變數時，在 2×2 的列聯表，可用 Phi 係數值 (ϕ) 表示其關聯程度大小。$\phi = \sqrt{\dfrac{\chi^2}{N}}$。

2. Cramer's V 值

通常用於列與欄個數不相等的交叉列聯表中，如 3×4 交叉表，以 V_C 或 ϕ_C 來表示。$Vc = \sqrt{\dfrac{\chi^2}{N \times df_{smaller}}}$。例如：一個 3×2 的列聯表，自由度為 (3 − 1)×(2 − 1)，較小的值為 1(2 − 1 = 1)，故求 Cramer's 係數時，$Vc = \sqrt{\dfrac{\chi^2}{N \times 1}}$。

3. 列聯係數 (C)

可用於 2×2 或以上的交叉表，如：3×3、4×4……之資料。列聯係數通常多用於 2×2 以上的方形交叉列聯表，當卡方值達顯著時，列聯相關係數值亦達顯著。列聯係數之計算公式：$C = \sqrt{\dfrac{\chi^2}{\chi^2 + N}}$

由「對稱性量數」可得知，phi 係數值 (φ) 為 .808、Cramer's V 值為 .467，以及列聯係數為 .629，其漸近顯著性值為 .020，均達顯著水準（小於 .05），故可知兩變數有相關性存在。

對稱的測量

		值	漸近標準誤[a]	大約 T[b]	漸近顯著性
名義變數對名義變數	Phi	**.808**			**.020**
	Cramer's V	**.467**			**.020**
	列聯係數	**.629**			**.020**
等距對等距	Pearson's R	.690	.089	5.044	.000[c]
次序對次序	Spearman 相關性	.673	.092	4.815	.000[c]
有效觀察值個數		30			

a. 未使用虛無假設。

b. 正在使用具有虛無假設的漸近標準誤。

c. 基於一般近似值。

而「方向性量數」則進一步說明關聯性指標的預測效果。在本例中，由同事關係來預測工作性質，其 Lambda(λ) 值為 .375，漸近顯著性值為 .006，達顯著水準，表示此預測效果成立，即由同事之間相處的滿意程度，可以增加研究者預測對工作性質滿意度的能力達 37.5% 之多；反之，由工作滿意度預測同事關係，漸近顯著性值為 .705，則未達顯著解釋效果。

有方向性的測量

			值	漸近標準誤[a]	大約 T[b]	漸近顯著性
名義變數對名義變數	Lambda	對稱	.212	.114	1.680	.093
		同事關係 依變數	**.059**	.151	.379	**.705**
		工作滿意 依變數	**.375**	.121	2.739	**.006**
	Goodman 及 Kruskal tau	同事關係 依變數	.179	.052		.077[c]
		工作滿意 依變數	.287	.075		.003[c]

a. 未使用虛無假設。

b. 正在使用具有虛無假設的漸近標準誤。

c. 基於卡方近似值。

利用卡方公式作計算：

先將未分類資料進行整理，呈現交叉表樣式，以便於進行計算。

		工作滿意				總和
		非常滿意	滿意	不滿意	非常不滿意	
同事關係	非常滿意	1	3	0	0	4
	滿意	0	3	1	0	4
	不滿意	1	2	3	7	13
	非常不滿意	0	0	2	7	9
總和		2	8	6	14	30

$$\chi^2 = 30(\frac{1^2}{2\times4} + \frac{1^2}{2\times13} + \frac{2\times3^2}{8\times4} + \frac{2^2}{8\times13} + \frac{1^2}{6\times4} + \frac{3^2}{6\times13} + \frac{2^2}{6\times9} + \frac{7^2}{14\times13}$$

$$+\frac{7^2}{14\times9} - 1) = 19.61$$

查表得 $\chi^2_{0.95,\ 9} = 16.919 < 19.61$

故拒絕虛無假設，即同事關係與工作滿意之間有相關存在，且各相關係數值如下：

列聯相關 $C = \sqrt{\frac{x^2}{x^2+n}} = \sqrt{\frac{19.61}{19.61+30}} = .629$

$$phi(\phi) = \sqrt{\frac{x^2}{n}} = \sqrt{\frac{19.61}{30}} = .808$$

$$V_C = \sqrt{\frac{x^2}{N \times df_{\text{smaller}}}} = \sqrt{\frac{19.61}{30 \times 3}} = .467$$

　　交叉表除了可以同時呈現兩個變項間的關係之外，可再加入第三個變項，即利用「層」這個功能，如圖 6-9 所示，將「性別」變項加入「層」選項，此功能會自動將受試者根據性別的不同，分別進行卡方檢定。這樣的作法，第 1 章所述之「分割檔案」或選擇觀察值有類似的功能，只是在本章特別強調類別性資料，以及兩個變項間的交叉關係。

圖 6-9　將「性別」變項加入「層」選項

(三) 輸出報表解釋

觀察值處理摘要

	觀察值					
	有效		遺漏		總計	
	N	百分比	N	百分比	N	百分比
同事關係 * 工作滿意 * 性別	30	100.0%	0	0.0%	30	100.0%

同事關係 * 工作滿意 * 性別交叉列表

計數							
性別			工作滿意				總計
			非常滿意	滿意	不滿意	非常不滿意	
男性	同事關係	非常滿意	0	2	0	0	2
		滿意	0	0	1	0	1
		不滿意	1	2	1	4	8
		非常不滿意	0	0	1	4	5
	總計		1	4	3	8	16
女性	同事關係	非常滿意	1	1	0	0	2
		滿意	0	3	0	0	3
		不滿意	0	0	2	3	5
		非常不滿意	0	0	1	3	4
	總計		1	4	3	6	14
總計	同事關係	非常滿意	1	3	0	0	4
		滿意	0	3	1	0	4
		不滿意	1	2	3	7	13
		非常不滿意	0	0	2	7	9
	總計		2	8	6	14	30

卡方檢定

性別		值	df	漸近顯著性（兩端）
男性	Pearson 卡方檢定	**13.467**[b]	9	**.143**
	概似比	13.358	9	.147
	線性對線性關聯	4.354	1	.037
	有效觀察值個數	16		
女性	Pearson 卡方檢定	**19.600**[c]	9	**.021**
	概似比	20.709	9	.014
	線性對線性關聯	9.313	1	.002
	有效觀察值個數	14		

總計	Pearson 卡方檢定	19.610[a]	9	.020
	概似比	24.020	9	.004
	線性對線性關聯	13.805	1	.000
	有效觀察值個數	30		

a. 15 單元 (93.8%) 預期計數小於 5。預期的計數下限為 .27。

b. 16 單元 (100.0%) 預期計數小於 5。預期的計數下限為 .06。

c. 16 單元 (100.0%) 預期計數小於 5。預期的計數下限為 .14。

根據報表輸出結果，進行解釋。先根據研究問題，提出研究假設：

H_0：同事關係與工作滿意之間無相關存在（或 $\rho = 0$）

H_1：同事關係與工作滿意之間有相關存在（或 $\rho \neq 0$）

根據統計檢定表結果得知，男性 Pearson 卡方檢定值為 13.467，自由度為 9，其漸近顯著性值（即 *p*-value 或 *p* 值）為 .143，大於顯著水準（$\alpha = .05$），故接受虛無假設，即男性在同事關係與工作滿意之間沒有相關存在；換言之，男性認為同事間相處是否和諧滿意與工作滿意沒有顯著相關性存在。

根據統計檢定表結果得知，女性 Pearson 卡方檢定值為 19.600，自由度為 9，其漸近顯著性值（即 *p*-value 或 *p* 值）為 .021，小於顯著水準（$\alpha = .05$），故拒絕虛無假設，即女性在同事關係與工作滿意之間有相關存在；換言之，女性認為同事間的相處是否和諧滿意與工作滿意有顯著相關存在。

可進一步根據「方向性量數」結果，說明關聯性指標的預測效果。根據卡方檢定結果，已知男性在同事關係與工作滿意沒有相關，而女性則有。故在女性部分，以同事關係為依變數時，Lambda (λ) 為 .444，P = .018，表示工作滿意度可預測同事關係滿意度達 44.4% 解釋力；而以工作滿意為依變數時，$\lambda = .5$，P = .018，表示同事關係滿意度可預測工作滿意達 50% 的解釋力。

再根據「對稱性量數」結果，女性的列聯係數為 .764，P = .021，表示兩變數之間有顯著相關存在。

有方向性的測量

性別				值	漸近標準誤[a]	大約 T[b]	漸近顯著性
男性	名義變數對名義變數	Lambda	對稱	.188	.221	.790	.430
			同事關係 依變數	.000	.306	.000	1.000
			工作滿意 依變數	.375	.171	1.922	.055
		Goodman 及 Kruskal tau	同事關係 依變數	.210	.087		.397[c]
			工作滿意 依變數	.340	.075		.083[c]
女性	名義變數對名義變數	Lambda	對稱	.471	.160	2.366	.018
			同事關係 依變數	**.444**	.166	2.366	**.018**
			工作滿意 依變數	**.500**	.177	2.366	**.018**
		Goodman 及 Kruskal tau	同事關係 依變數	.425	.092		.056[c]
			工作滿意 依變數	.488	.075		.025[c]
總計	名義變數對名義變數	Lambda	對稱	.212	.114	1.680	.093
			同事關係 依變數	.059	.151	.379	.705
			工作滿意 依變數	**.375**	.121	2.739	**.006**
		Goodman 及 Kruskal tau	同事關係 依變數	.179	.052		.077[c]
			工作滿意 依變數	.287	.075		.003[c]

a. 末使用虛無假設。

b. 正在使用具有虛無假設的漸近標準誤。

c. 基於卡方近似值。

對稱的測量

性別			值	漸近標準誤[a]	大約 T[b]	漸近顯著性
男性	名義變數對名義變數	Phi	.917			.143
		Cramer's V	.530			.143
		列聯係數	.676			.143
	等距對等距	Pearson's R	.539	.130	2.393	.031[c]
	次序對次序	Spearman 相關性	.557	.132	2.507	.025[c]
	有效觀察值個數		16			
女性	名義變數對名義變數	Phi	1.183			.021
		Cramer's V	.683			.021
		列聯係數	.764			.021
	等距對等距	Pearson's R	.846	.068	5.506	.000[c]

	次序對次序	Spearman 相關性	.814	.118	4.849	.000[c]
	有效觀察值個數		14			
總計	名義變數對名義變數	Phi	.808			.020
		Cramer's V	.467			.020
		列聯係數	.629			.020
	等距對等距	Pearson's R	.690	.089	5.044	.000[c]
	次序對次序	Spearman 相關性	.673	.092	4.815	.000[c]
	有效觀察值個數		30			

a. 未使用虛無假設。

b. 正在使用具有虛無假設的漸近標準誤。

c. 基於一般近似值。

　　根據上述結果可發現，若將全體受試者作區分再進行考驗，其結果可能就會出現很大的不同。在研究設計之初，研究者就應該審愼思考研究架構以及資料分析的方式。

四、改變的顯著性考驗

　　改變的顯著性考驗目的，在於檢定同一群受試者在同一個變項的前後兩次反應之差異，是否達顯著水準。

　　範例（檔名爲改變的顯著性考驗 .sav）：某行銷策略專家想瞭解某一產品廣告改爲偶像代言之後，社會大眾對該產品的購買意願是否有改變。下表即爲此行銷策略專家在抽取 174 名受訪者意見後的調查結果，試問社會大眾對偶像代言產品的態度是否有改變。基本型式：2×2 列聯表

	不喜歡	喜歡
喜歡	A	B
不喜歡	C	D

A：由喜歡改變爲不喜歡

D：由不喜歡改變爲喜歡

∴改變的有 A+D 人

　　所以，理論上由不喜歡變爲喜歡的應有 $\left(\dfrac{A+D}{2}\right)$ 人

由喜歡變為不喜歡的應有 $\left(\dfrac{A+D}{2}\right)$ 人

$$\chi^2 = \frac{\left[A - \dfrac{A+D}{2}\right]^2}{\dfrac{A+D}{2}} + \frac{\left[D - \dfrac{A+D}{2}\right]^2}{\dfrac{A+D}{2}} = \frac{\dfrac{2(A-D)^2}{4}}{\dfrac{A+D}{2}} = \frac{(A-D)^2}{(A+D)}$$

偶像代言後

		願意購買	不願購買	
偶像	願意購買	35	31	66
代言前	不願購買	87	21	108
	總計	122	52	174

補充：也可以改變量的概念來作解釋

$\hat{P}_{前} = 37.9\%$，$\hat{P}_{後} = 70.1\%$，$\Delta P = 32.2\%$，即 $\Delta P = \dfrac{87-31}{174} = 32.2\%$（由願意到不願意）

(一) IBM SPSS Statistics 25.0 中文版操作步驟

在資料編輯程式中輸入各項數值，將偶像代言前：願意購買、不願購買分別編碼為 1, 2；而偶像代言後：願意購買、不願購買分別編碼為 1, 2，其各細格之人數則依偶像代言前後是否願意購買相互搭配，輸入第三欄，變數名稱定為「人數」。因教育程度與意見皆為名義變數，故使用卡方檢定來考驗偶像代言產品前後的購買意願是否達顯著差異。

同樣地，需對已分類資料進行觀察值加權，其操作步驟為在功能列中選擇「資料」，選擇「加權觀察值」。開啟「加權觀察值」之對話框，選擇「觀察值加權依據」，並將「人數」選至右方「次數變數」欄位中，點選「確定」即完成觀察值加權設定。因「偶像代言前」、「偶像代言後」乃是名義變數，其數字意義僅代表分類的目的，未具有真正的數值意義。又因為此資料呈現型態已非原始資料，而是已經經過歸類整理，故必須在進行 SPSS 軟體資料分析之前，先對變數意義進行宣告，讓 SPSS 軟體得以辨識變數的意義，以避免造成分析錯誤。

改變的顯著性考驗操作步驟為：在功能列中選擇「分析」，選擇「無母數檢定」，點選「舊式對話框」，再選擇「2 個相關樣本」，如圖 6-10 所示。開啟「兩個相關樣本檢定」之對話框，分別點選「之前」、「之後」，移至右方「檢定配對」

圖 6-10　建立檔案，在功能列中選擇「分析」，選擇「無母數檢定」，點選「舊式對話框」，再選擇「2 個相關樣本」

的欄位中，確定二個變項確實呈現配對關係。在「檢定類型」欄位中，已有預設勾選「Wilcoxon」，再勾選「McNemar」檢定類型，點選「確定」，如圖 6-11 所示，即完成改變的顯著性考驗之操作步驟。

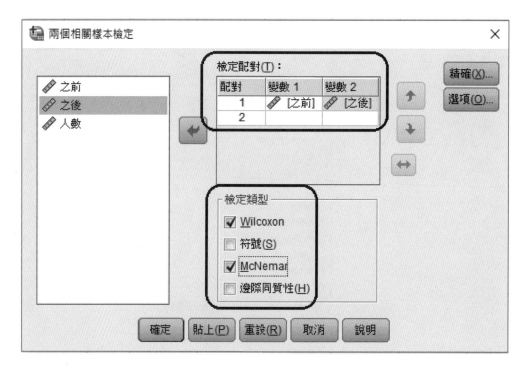

圖 6-11　設定變數 1 與變數 2 之內容，再勾選「McNemar」檢定類型

(二) 輸出報表解釋

輸出結果看 McNemar 檢定結果即可。

McNemar 檢定

交叉資料表

之前 & 之後

之前	之後	
	願意	不願意
願意	35	31
不願意	87	21

檢定統計量 [a]

	之前 & 之後
N	174
卡方檢定 [b]	25.636
漸近顯著性	.000

a. McNemar 檢定。
b. 已更正連續性。

根據報表輸出結果，進行解釋。先根據研究問題，提出研究假設：

H_0：消費者在偶像代言前與代言後之購買意願無顯著性改變

H_1：消費者在偶像代言前與代言後之購買意願有顯著性改變

根據統計檢定表結果得知，卡方檢定值為 25.636，漸近顯著性值為 .000，小於顯著水準（$\alpha = .05$），故拒絕虛無假設，即消費者在偶像代言前與代言後之購買意願有顯著性改變。換言之，是否為社會大眾喜愛的明星代言產品，將會使產品的銷售量產生改變。

利用卡方公式作計算：

$$\chi^2 = \frac{(87-31)^2}{87+31} = 26.576$$

查表得 $\chi^2_{0.95,\,1} = 3.841 < 26.576$

故拒絕虛無假設，即消費者在偶像代言前與代言後之購買意願有顯著性改變。

習題練習

1. 某教育學者欲瞭解當今小學生對於課外書的喜好程度，是否因類別的不同而有差異。故自某校隨機抽取 200 名學童，請他們從下列各類讀物中選取最喜歡的類別，得到的結果如下表所示。請問：該教育學者是否可以宣稱小學生喜歡閱讀的課外書因類別的不同而有所差異？

類別	漫畫類	傳記類	科學類	小說類	報紙類
人數	52	48	44	30	26

2. 某研究者想瞭解當今學生的閱讀習慣，故分別隨機抽取 42 名國小學生、國中 46 名和高中 37 名學生，詢問他們是否常到圖書館或書店看書，結果如下表所示。請問：各類別學生常到圖書館或書店看書的百分比是否相同？

	國小	國中	高中	合計
常常	27	34	28	89
不常	15	12	9	36
合計	42	46	37	125

3. 某醫學研究欲瞭解濫用酒精和精神喪失的關係，故蒐集了 185 名受試者的資料，如下表所示。請問：濫用酒精和精神喪失是否有關係存在？

	濫用酒精	無濫用酒精	合計
精神喪失	54	27	81
無精神喪失	22	82	104
合計	76	109	185

4. 某班大一學生共計 100 名，期中考和期末考的成績如下表所示。請問：該班學生兩次考試的成績是否有顯著性的改變？

		期中考		合計
		及格	不及格	
期末考	及格	33	12	45
	不及格	34	21	55
合計		67	33	100

第 7 章

平均數的差異檢定
—— t 檢定

S
P
S
S

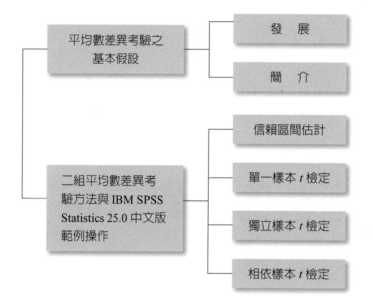

7-1　單變量二組平均數差異考驗之假設

本章將以四個範例介紹常用的平均數差異考驗方法，包括：**信賴區間估計、單一樣本 t 檢定、獨立樣本 t 檢定、相依樣本 t 檢定**等。在進行 t 檢定之前，必須要先瞭解 t 檢定的基本假設，其基本假設有二：

一、常態性假設

兩常態母群體平均數差異考驗中，平均數來自於兩個樣本，除了樣本的抽樣分配需為常態化之外，兩個平均數之差的抽樣分配也必須符合常態分配的假設（normality）。

二、變異數同質性假設（homogeneity of variance）

兩常態母群體平均數差異考驗中，每一個常態化樣本的平均數要能夠相互比較，除了需符合常態分配假設外，必須具有相似的離散狀況，也就是樣本的變異數必須具有同質性；若樣本的變異數不同質，表示兩個樣本在平均數差異之外，另外存有差異的來源，致使變異數呈現不同質的情況。變異數同質性假設若不能成立，會使得平均數的比較存有混淆因素。檢驗兩個獨立樣本變異數同質性假設是否違反的方法，可利用 Levene's test 同質性檢定，以變異數檢定（F 檢定）的概念，計算兩個樣本變異數的比值。若 F 檢定達到顯著水準，表示兩個樣本的變異數不同質，此時則需使用校正公式來計算 t 值。

7-2　二組平均數差異考驗方法與IBM SPSS Statistics 25.0中文版範例操作

一、信賴區間估計

在某一信賴係數條件下，以隨機區間來估計未知母數 θ 的所在範圍，此區間即為信賴區間。

範例（檔名為信賴區間 .sav）：某研究員想知道某校四年級學生的平均身高，故自該校隨機抽取 10 位小朋友為樣本，測得身高分別為：140, 142, 140, 143, 139, 140, 141, 142, 141,145 公分，試求該校四年級小學生平均身高的 95% 信賴區間。

(一) IBM SPSS Statistics 25.0 中文版操作步驟

輸入資料，開啓功能列「分析」，選擇「比較平均數」，再選擇「單一樣本 T 檢定」，出現「單樣本 T 檢定」次對話框，將「身高」選入右方「檢定變數」欄位中，在下方的「檢定值」欄位中，維持系統預設值「0」，只要是作信賴區間的估計，檢定值都設為「0」。若需要改變信賴區間時可點選「選項」，預設是 95% 信賴區間。本例採用 $\alpha = .05$，故信賴區間百分比即為 95%，無須更改。點選「確定」，即完成信賴區間估計的操作步驟，如圖 7-1 所示。

圖 7-1　開啓功能列「分析」，選擇「比較平均數」，再選擇「單一樣本 T 檢定」

(二) 輸出報表解釋

根據輸出報表可知，該校四年級小學生的平均身高之 95% 信賴區間為 [140.04, 142.56]。

單一樣本檢定

	檢定值 = 0					
	t	自由度	顯著性（雙尾）	平均差異	差異的 95% 信賴區間	
					下界	上界
身高	252.878	9	.000	141.300	140.04	142.56

除了可以用 SPSS 統計套裝軟體進行估算，讀者也可以練習利用統計公式進行運算。

利用信賴區間公式進行計算：$\overline{X} - t_{(1-\frac{\alpha}{2},\ n-1)}\dfrac{\hat{S}}{\sqrt{n}} \le \mu \le \overline{X} + t_{(1-\frac{\alpha}{2},\ n-1)}\dfrac{\hat{S}}{\sqrt{n}}$

先計算

$$\overline{X} = \frac{140 + 142 + 140 + 143 + 139 + 140 + 141 + 142 + 141 + 145}{10} = 141.3$$

$$S_x = \sqrt{\frac{\sum x_i^2 - \dfrac{(\sum x)^2}{n}}{n-1}} = \sqrt{\frac{199685 - \dfrac{1996569}{10}}{10-1}} = 1.766981$$

$t_{1-\alpha/2,\ 10-1} = 2.262$

故信賴區間為：

$$141.3 - 2.262 \times \frac{1.766981}{\sqrt{10}} \le \mu \le 141.3 + 2.262 \times \frac{1.766981}{\sqrt{10}}$$

$$141.3 - 1.2639341 \le \mu \le 141.3 + 1.2639341$$

$$140.03607 \le \mu \le 142.56393$$

可知，該校四年級小學生的平均身高之 95% 信賴區間為 [140.04, 142.56]。讀者若因計算過程四捨五入的關係，而使得筆算和 SPSS 計算結果有些微的差異，但仍無損於結果的解釋。

二、單一樣本 t 檢定

所謂單一樣本（one-sample）t 檢定，目的在於考驗某一母群體平均數與某一指定常數值間是否有差異存在。而在進行單一樣本 t 檢定之前，所抽取樣本之母群體，必須要符合常態分配的基本假定。

範例（檔名為單一樣本 t 檢定 .sav）：下表為某一電子公司 40 位員工薪資，公司宣稱其員工之平均薪資為 35,000 元，試問此說法是否正確？（$\alpha = .01$）

29,400	24,450	30,750	27,600
26,250	27,900	97,000	25,800
26,400	34,500	40,200	26,700
55,750	56,500	22,050	30,750
28,500	21,300	25,050	42,300
34,410	17,100	27,000	26,550
86,250	75,000	30,900	65,000
35,250	17,250	20,550	27,300
31,950	22,500	103,500	27,000
30,150	29,340	26,100	26,250

(一) IBM SPSS Statistics 25.0 中文版操作步驟

輸入資料，開啓功能列「分析」，選擇「比較平均數」，再選擇「單一樣本 T 檢定」，如圖 7-2 所示。

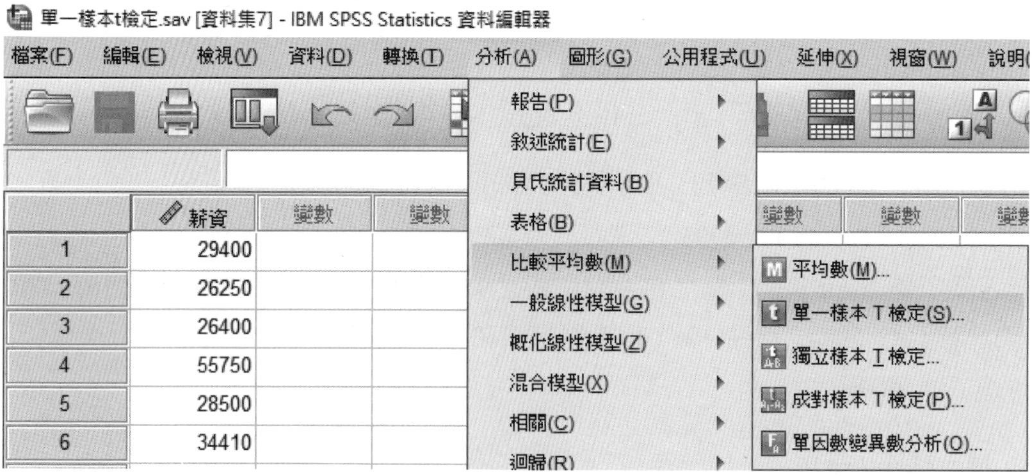

圖 7-2　選擇「分析」，選擇「比較平均數」，再選擇「單一樣本 T 檢定」

出現「單樣本 T 檢定」次對話框，將「薪資」選入右方「檢定變數」欄位中，在下方的「檢定值」欄位中，將系統預設值 0 更改爲欲考驗的「35000」。

此外，點選「選項」，因爲 $\alpha = .01$，將原本預設的 95% 信賴區間改爲題目要求

的 99% 信賴區間，如圖 7-3 所示。按「繼續」回到原對話框，點選「確定」，即完成單一樣本 t 檢定的操作步驟。

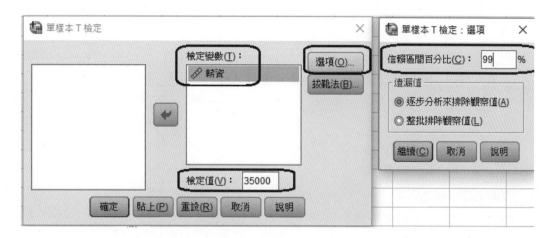

圖 7-3 輸入檢定變數，更改檢定值，並修正信賴區間

(二) 輸出報表解釋

根據報表輸出結果，進行解釋。先根據研究問題，提出統計假設：

$H_0 : \mu = \mu_0$

$H_1 : \mu \neq \mu_0$

根據統計檢定表結果得知，$t = .441$，自由度為 39，其顯著性值（p-value）為 .661，大於顯著水準（$\alpha = .01$），故接受虛無假設，即員工之平均薪資為 35,000 元。

單一樣本統計量

	N	平均值	標準差	標準誤平均值
薪資	40	36462.50	20959.286	3313.954

單一樣本檢定

	檢定值 = 35000					
					差異的 99% 信賴區間	
	t	自由度	顯著性（雙尾）	平均值差異	下限	上限
薪資	.441	39	.661	1462.500	-7511.40	10436.40

在統計學的檢定計算中，必須算出統計量，並找到臨界值，以判斷統計量是否落入拒絕域；若是，則拒絕虛無假設；若否，則接受虛無假設。在統計套裝軟體（如 SPSS）的檢定方式則是利用 p 值（p-value），p 值為當虛無假設為真時，統計量值的極端機率。

即：$p\text{-value} = p[Z < Z^* | H_0 \text{ is true}]$

除了可以用 SPSS 軟體進行估算，讀者也可以練習利用統計公式進行運算。

利用公式進行計算：

$$t = \frac{\overline{X} - \mu_0}{\frac{\hat{S}}{\sqrt{n}}} = \frac{36462.5 - 35000}{\frac{20959.29}{\sqrt{40}}} = .441$$

查表 $t_{.995, 39} \doteqdot 2.704$

$t = .441 < t_{.995, 39}$，故接受虛無假設，即老闆宣稱員工之平均薪資為 35,000 元是正確的，此結論正確的機率達 99%。

此外，也可利用信賴區間進行差異考驗。即當信賴區間 $[-7511.40, 10436.40]$ 包含「0」時，表示兩者之間無差異存在；換言之，即老闆宣稱員工之平均薪資為 35,000 元的說法成立。

三、獨立樣本 t 檢定

所謂獨立樣本 t 檢定，指兩個樣本間彼此相互獨立，沒有關聯，兩個樣本分別接受同性質的測量，再比較兩群樣本之間的平均數差異是否達顯著效果。此檢定方法即是在瞭解兩個獨立樣本間之平均數，是否有差異存在。

範例（檔名為獨立樣本 t 檢定 .sav）：某老師欲瞭解性別是否影響學生的數學與英文成績，故找了 10 位女生、10 位男生進行調查，試檢定男女學生在數學與英文的學習表現，是否有顯著差異存在。

性別	數學	英文
女	67	83
女	35	74
女	56	90
女	42	68
女	63	95
女	76	60

性別	數學	英文
女	78	75
女	65	81
女	53	70
女	49	67
男	78	68
男	85	57
男	95	46
男	98	84
男	70	59
男	61	40
男	55	52
男	99	60
男	86	77
男	82	69

(一) IBM SPSS Statistics 25.0 中文版操作步驟

點選功能列「分析」，選擇「比較平均數」，再選擇「獨立樣本 T 檢定」，如圖 7-4 所示。

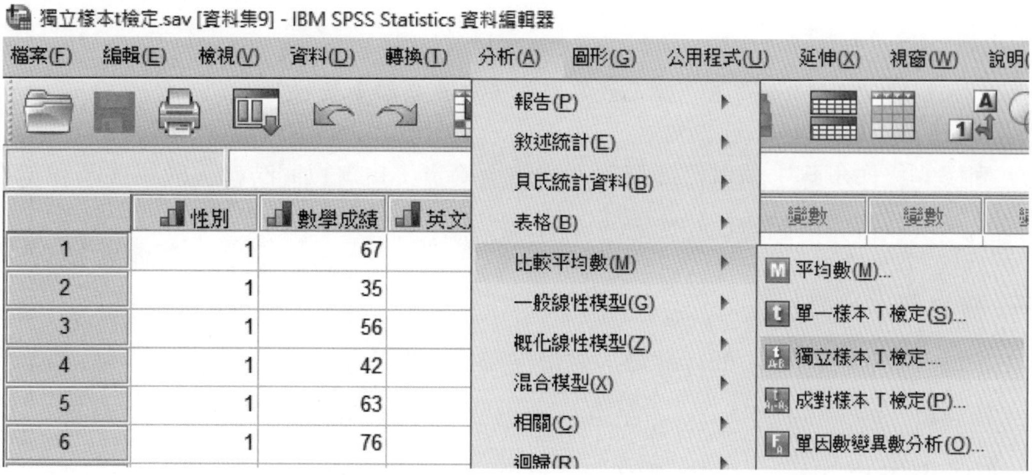

圖 7-4　選擇功能列「分析」，點選「比較平均數」，再選擇「獨立樣本 T 檢定」

　　出現「獨立樣本 T 檢定」次對話框，將「數學成績」選入右方「檢定變數」欄位中，而將「性別」選入下方之「分組變數」欄位中，進一步開啓「定義群組」之次對話框，定義分組變數之組別，故操作者必須知道名義變數所設定之意義。

　　以本例說明，女生編碼爲「1」，男生編碼爲「2」，故分組變數之組別則分別輸入「1」與「2」，如圖 7-5 所示。若需要修改顯著水準（α）時，可再點選「選項」，修正信賴區間值即可。按「繼續」回到原對話框，點選「確定」，即完成獨立樣本 t 檢定的操作步驟。

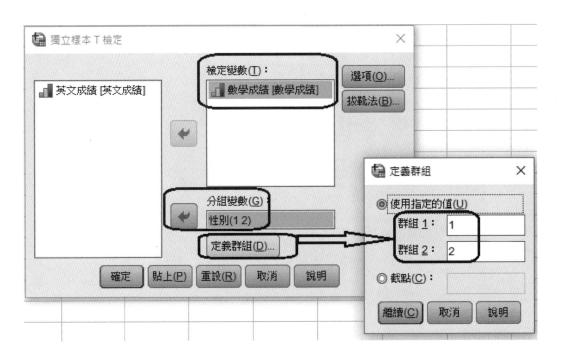

圖 7-5　輸入檢定變數，定義分組變數組別

　　同樣的操作步驟，請自行練習英文成績之檢定，也可以同時輸入數學成績和英文成績，一次執行完兩個變項的檢定。

(二) 輸出報表解釋

　　根據報表輸出結果，進行解釋。先根據研究問題，提出研究假設：

$H_0 : \mu_1 = \mu_2$

$H_1 : \mu_1 \neq \mu_2$

群組統計量

	性別	N	平均值	標準差	標準誤平均值
數學成績	女性	10	58.40	14.033	4.438
	男性	10	80.90	15.118	4.781
英文成績	女性	10	76.30	10.914	3.451
	男性	10	61.20	13.604	4.302

獨立樣本檢定

		變異數等式的 Levene 檢定		平均值等式的 *t* 檢定						
		F	顯著性	*t*	自由度	顯著性（雙尾）	平均值差異	標準誤差異	差異的 95% 信賴區間 下限	上限
數學成績	採用相等變異數	.022	.884	**-3.449**	18	**.003**	-22.500	6.523	-36.204	-8.796
	不採用相等變異數			-3.449	17.901	.003	-22.500	6.523	-36.209	-8.791
英文成績	採用相等變異數	.379	.546	**2.738**	18	**.014**	15.100	5.515	3.513	26.687
	不採用相等變異數			2.738	17.192	.014	15.100	5.515	3.474	26.726

　　根據輸出報表結果得知，在進行獨立樣本 *t* 檢定之前，必須先進行變異數同質性考驗。先對數學成績的 *t* 檢定結果作說明：數學成績之變異數同質性檢定值 *F* = .022，其顯著性值（*p*-value）為 .884，大於 .05 顯著水準，故需選擇「採用變異數相等」（equal variance assumed）這一列，其獨立樣本檢定值 *t* = −3.449，自由度為 18，顯著性值（*p*-value）為 .003，小於顯著水準（*α* = .05），拒絕虛無假設，故結論為：男女學生在數學成績的表現有顯著差異存在，且男生的成績（*M* = 80.9）高於女生（*M* = 58.4），而此結論正確的機率達 95%。

　　其次，對英文成績之 *t* 檢定結果作說明：英文成績之變異數同質性檢定值 *F* = .379，其顯著性值（*p*-value）為 .546，故需選擇「採用變異數相等」（equal variance assumed）這一列，其檢定值 *t* = 2.738，自由度為 18，其顯著性值（*p*-value）為 .014，小於顯著水準（*α* = .05），拒絕虛無假設，即男女學生在英文成績的表現亦有顯著

差異存在，且女生的成績（$M = 76.3$）高於男生（$M = 61.2$），此結論正確的機率達 95%。

同樣地，亦可使用信賴區間的結果來進行差異性考驗。在數學成績部分，95% 的信賴區間值為 [-36.204, -8.796]，此區間之數值未包含 0，故不接受虛無假設，即男女學生在數學成績的表現不相同；在英文成績部分，95% 的信賴區間值為 [3.513, 26.687]，此區間之數值亦未包含 0，故不接受虛無假設，即男女學生在英文成績的表現不相同。

除了可以用 SPSS 軟體進行估算，讀者也可以練習利用統計公式進行計算：

1. 數學

$$t = \frac{(\overline{X_1} - \overline{X_2})}{Sp\sqrt{\frac{1}{n_1} + \frac{1}{n_2}}} = \frac{80.9 - 58.4}{14.56 \times \sqrt{\frac{1}{10} + \frac{1}{10}}} = \frac{22.5}{6.51} = 3.456$$

S_p^2 是一種合併變異數（pooled variance），它是一個不偏估計值。

$$Sp = \sqrt{\frac{\Sigma(X_1 - \overline{X_1})^2 + \Sigma(X_2 - \overline{X_2})^2}{n_1 + n_2 - 2}}$$

$$= \sqrt{\frac{S_1^2(n_1 - 1) + S_2^2(n_2 - 1)}{n_1 + n_2 - 2}}$$

$$= \sqrt{\frac{[\Sigma X_1^2 - \frac{(\Sigma X_1)^2}{n_1}] + [\Sigma X_2^2 - \frac{(\Sigma X_2)^2}{n_2}]}{n_1 + n_2 - 2}}$$

$$= \sqrt{\frac{(67505 - \frac{809^2}{10}) + (35878 - \frac{584^2}{10})}{10 + 10 - 2}} = 14.56$$

查表 $t_{.975, 18} = 2.101$

$t = 3.456 > t_{.975, 18} = 2.101$，故拒絕虛無假設，即男女學生在數學成績的表現有顯著差異存在，且男生的成績（$M = 80.9$）高於女生（$M = 58.4$），此結論正確的機率達 95%。

2. 英文

$$t = \frac{(\overline{X_1} - \overline{X_2})}{Sp\sqrt{\frac{1}{n_1} + \frac{1}{n_2}}} = \frac{76.3 - 61.2}{12.33 \times \sqrt{\frac{1}{10} + \frac{1}{10}}} = \frac{15.1}{5.51} = 2.74$$

$$Sp = \sqrt{\frac{\Sigma(X_1 - \overline{X}_1)^2 + \Sigma(X_2 - \overline{X}_2)^2}{n_1 + n_2 - 2}}$$

$$= \sqrt{\frac{S_1^2(n_1 - 1) + S_2^2(n_2 - 1)}{n_1 + n_2 - 2}}$$

$$= \sqrt{\frac{[\Sigma X_1^2 - \frac{(\Sigma X_1)^2}{n_1}] + [\Sigma X_2^2 - \frac{(\Sigma X_2)^2}{n_2}]}{n_1 + n_2 - 2}}$$

$$= \sqrt{\frac{(39120 - \frac{612^2}{10}) + (59289 - \frac{763^2}{10})}{10 + 10 - 2}} = 12.33$$

查表 $t_{.975,\ 18} = 2.101$

$t = 2.74 > t_{.975,\ 18} = 2.101$，故拒絕虛無假設，即男女學生在英文成績的表現有顯著差異存在，且女生的成績（$M = 76.3$）高於男生（$M = 61.2$），此結論正確的機率達95%。

根據 APA6 規定，檢定結果需附上效果量（effect size，簡稱 ES），但 SPSS 並未提供兩個樣本平均數差異檢定結果的效果量，故必須利用公式自行計算。兩個樣本平均數差異檢定之效果量包括：Pearson 相關係數 r（Pearson r correlation）、Cohen's d、Hedge's g 及勝算比（odds ratio）等。一般而言，兩個樣本平均數差異檢定常用的效果量為 Cohen's d。Cohen's d 的適用時機為（Cohen, 1988; Cohen,1992）：

1. 二個隨機抽樣樣本（獨立或相依皆可）。

2. 以 t 檢定（t-test）為基礎（需符合常態分配、變異數同質性）。

3. 需要有兩個樣本的平均數與標準差方能進行計算。

Cohen's $d = \dfrac{M_1 - M_2}{\sqrt{\dfrac{Sd_1^2 + Sd_2^2}{2}}}$

Cohen（1988, 1992）認為 d 值即為效果量（effect size），d 值愈小，表示效果量愈小，0.2 屬於很弱的效果量、0.5 屬於中強度的效果量、0.8 或以上屬於較強的效果量。故根據 APA6 格式規定，本範例之獨立樣本 t 檢定摘要表，如表 7-1 所示。

表 7-1　不同性別在學習表現之獨立樣本 *t* 檢定摘要表

變項	男生		女生		*t*(18)	*p*	95% CI		Cohen's *d*
	M	*SD*	*M*	*SD*			*LL*	*UL*	
數學	80.90	15.118	58.40	14.033	-3.449**	.003	-36.204	-8.796	-1.54
英文	61.20	13.604	76.30	10.914	2.738*	.014	3.513	26.687	1.22

*p < .05. **p < .01

數學科的

$$\text{Cohen's } d = \frac{58.4 - 80.9}{\sqrt{\frac{(14.033)^2 + (15.118)^2}{2}}} = \frac{-22.5}{\sqrt{\frac{196.92508 + 228.55392}{2}}} = -1.5426182$$

英文科的

$$\text{Cohen's } d = \frac{76.3 - 61.2}{\sqrt{\frac{(10.914)^2 + (13.604)^2}{2}}} = \frac{15.1}{\sqrt{\frac{119.11539 + 185.06881}{2}}} = 1.2244008$$

四、相依樣本 *t* 檢定

所謂相依樣本乃指兩個樣本間彼此有關聯，相依樣本包含兩種：一為重複量數；另一為配對組。此檢定方法即是在瞭解兩個相依樣本間之平均數是否有差異存在。

範例（檔名為相依樣本 *t* 檢定 .sav）：14 位小朋友各分別採取兩種不同方法走迷宮，其花費之時間的分析結果如下表所示，試說明兩種方法所花的時間是否有差異。

方法一	方法二
6.20	3.90
3.80	4.30
4.50	5.70
7.40	5.10
6.80	7.90
6.30	5.50
5.70	5.30
6.10	5.90
7.40	4.30

方法一	方法二
4.90	6.00
7.10	4.00
9.60	6.20
11.00	3.50
10.30	4.10

(一) IBM SPSS Statistics 25.0 中文版操作步驟

首先輸入資料，將方法一與方法二分別輸入不同欄位中。開啓功能列選單「分析」，選擇「比較平均數」，再選擇「成對樣本 T 檢定」。出現「記對樣本 T 檢定」次對話框，將「方法一」、「方法二」兩個欲配對的變數，選入右方「配對變數」欄位中，分別置於「變數 1」、「變數 2」欄位中，如圖 7-6 所示。若需要修改顯著水準（α）時，可再點選「選項」，修正信賴區間值即可，按「繼續」回到原對話框，點選「確定」，即完成相依樣本 t 檢定的操作步驟。

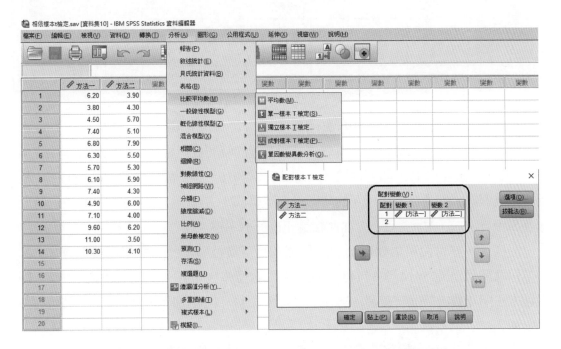

圖 7-6　選擇「分析」，點選「比較平均數」，再選擇「成對樣本 T 檢定」

(二)輸出報表解釋

根據報表輸出結果，進行解釋。先根據研究問題，提出統計假設：

$H_0：\mu_1 = \mu_2$

$H_1：\mu_1 \neq \mu_2$

成對樣本統計量

		平均值	N	標準差	標準誤平均值
配對 1	方法一	6.9357	14	2.12118	.56691
	方法二	5.1214	14	1.19433	.31920

成對樣本相關性

		N	相關性	顯著性
配對 1	方法一 & 方法二	14	-.271	.348

成對樣本檢定

		成對差異							
				標準誤	差異的 95% 信賴區間				顯著性
		平均值	標準差	平均值	下限	上限	t	自由度	（雙尾）
配對 1	方法一 & 方法二	1.81429	2.70210	.72217	.25414	3.37443	2.512	13	.026

　　根據輸出報表結果得知，方法一與方法二之相關係數值為 -.271，顯著性值（p-value）為 .348，表示方法一與方法二所花費的時間並無相關。而成對樣本檢定值 $t = 2.512$，自由度為 13，顯著性值（p-value）為 .026，小於顯著水準（$\alpha = .05$），故拒絕虛無假設，即兩種方法所花的時間是有差異的，方法一（$M = 6.94$）耗費的時間顯著高於方法二（$M = 5.12$），而此結論正確的機率達 95%。

　　同樣地，亦可使用信賴區間的結果來進行差異性考驗。在數學成績部分，95% 的信賴區間值為 [.25414, 3.37443]，此區間之數值未包含 0，故不接受虛無假設，即兩種方法所花費的時間有差異，方法一（$M = 6.94$）耗費的時間顯著高於方法二（$M = 5.12$）。

　　除了可以用 SPSS 軟體進行估算，讀者也可以練習利用統計公式進行運算。

　　利用公式進行計算：

受試者	方法一	方法二	差(D)
1	6.20	3.90	2.30
2	3.80	4.30	-.50
3	4.50	5.70	-1.20
4	7.40	5.10	2.30
5	6.80	7.90	-1.10
6	6.30	5.50	.80
7	5.70	5.30	.40
8	6.10	5.90	.20
9	7.40	4.30	3.10
10	4.90	6.00	-1.10
11	7.10	4.00	3.10
12	9.60	6.20	3.40
13	11.00	3.50	7.50
14	10.30	4.10	6.20
總和	97.1	71.7	25.4
平方和	-	-	141
平均	6.936	5.121	1.814
標準差	2.121	1.194	2.70

$$t = \frac{\overline{D}}{\frac{S(D)}{\sqrt{n}}} = \frac{1.814}{\frac{2.70}{\sqrt{14}}} \doteq 2.5127$$

查表 $t_{.975,13} = 2.16$

$t = 2.5127 > t_{.975,13}$，故拒絕虛無假設，即兩種方法所花的時間是有顯著差異存在，方法一（$M = 6.94$）耗費的時間顯著高於方法二（$M = 5.12$），此結論正確的機率達 95%。

本範例之相依樣本 t 檢定摘要表，如表 7-2 所示。

表 7-2 不同方法花費時間之相依樣本 *t* 檢定摘要表

變項	第一次		第二次		t(13)	p	95% CI		Cohen's d
	M	SD	M	SD			LL	UL	
時間	6.936	2.121	5.121	1.194	2.512*	.026	.254	3.374	1.055

*$p < .05$

$$\text{Cohen's } d = \frac{6.936 - 5.121}{\sqrt{\dfrac{(2.121)^2 + (1.194)^2}{2}}} = \frac{1.815}{\sqrt{\dfrac{4.498641 + 1.425636}{2}}} = \frac{1.815}{1.7210864} = 1.0545664$$

習題練習

1. 某學者欲瞭解該校學生的平均身高，故抽取某班級 30 位學生為樣本，試求該校學生平均身高的 99% 信賴區間。

138	150	149	154	135	149	146	142	148	159
149	145	142	156	155	143	149	129	138	147
135	145	146	151	144	138	144	150	148	137

2. 假設一高速公路調查員在中山高速公路上，隨機抽取經過某一地點的 20 輛汽車時速：80, 85, 100, 110, 85, 98, 80, 95, 95, 105, 108, 93, 102, 105, 85, 87, 93, 102, 105, 100 公里。該調查員宣稱駕駛人都有遵照速限行駛（100 公里／時），請問此人說法是否正確？（$\alpha = .05$）

3. 英文老師想瞭解自己任教的甲、乙兩班成績是否有差異，成績如下表所示，試問兩班學生的成績是否有差異？（$\alpha = .01$）

甲班	86	82	74	85	76	79	82	83	83	79	82
乙班	81	77	63	75	69	86	81	60	78	86	80

4. 下表為 40 位員工的薪資，試探討不同性別員工的薪資是否有顯著差異？（$\alpha = .05$）

男	女	男	女
39,400	30,750	24,450	27,600
35,000	45,000	27,900	25,800
36,400	40,200	34,500	26,700
55,750	22,050	56,500	30,750
52,390	25,050	31,300	32,500
34,410	27,000	27,100	26,550
86,250	30,900	75,000	35,800
35,250	20,550	34,200	27,300
31,950	27,690	33,500	27,000
30,150	26,100	29,340	26,250

5. 下表為學生在期初與期末的學習表現，試討論 10 位學生在期末的表現是否有進步？並試著討論在 $\alpha = .05$ 和 $\alpha = .01$ 的檢定結果是否相同？

期初	期末
45	64
56	70
78	87
67	80
67	66
78	76
76	80
66	70
55	60
87	84

第 8 章

相關

S
P
S
S

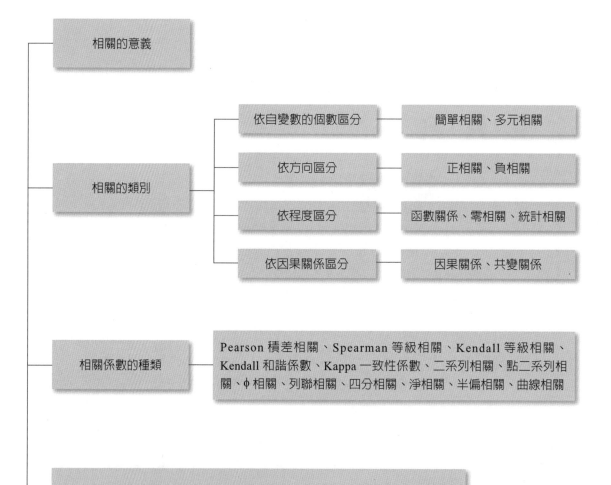

相關的意義

相關的類別

依自變數的個數區分 ── 簡單相關、多元相關

依方向區分 ── 正相關、負相關

依程度區分 ── 函數關係、零相關、統計相關

依因果關係區分 ── 因果關係、共變關係

相關係數的種類 ── Pearson 積差相關、Spearman 等級相關、Kendall 等級相關、Kendall 和諧係數、Kappa 一致性係數、二系列相關、點二系列相關、φ 相關、列聯相關、四分相關、淨相關、半偏相關、曲線相關

各類相關分析之 IBM SPSS Statistics 25.0 中文版範例操作

◆ 8-1　相關分析概論

一、相關的意義

相關（correlation）是用以檢驗兩個變項間線性關係的統計技術，以相關係數（coefficient of correlation）來表示其相關程度。故當欲探討變項與變項間是否有相關存在，以及關聯的程度或方向，即稱為相關分析。相關係數通常以 r 來表示兩個變項之間關係密切的程度。一般而言，其值介於 +1 與 −1 之間，亦即 $-1 \leq r \leq +1$。但並非所有的相關係數皆如此，另一類（A 型相關）的相關係數則是介於 0 與 +1 之間，例如：等級相關、列聯相關、Kendall 和諧係數，都屬於 A 型相關。

二、相關的類別

(一) 依自變數的個數區分

1. 簡單相關（simple correlation）

只測量依變數與**一個自變數**間的變動關係，且能表示兩者之方向與關聯程度者，可用母數 ρ 或統計量 r，來表示其關聯程度與方向。

2. 複相關或多元相關（multiple correlation）

測量依變數與**多個自變數**間的變動關係，且能表示兩者之關聯程度，但不能表示其方向，可用母數 ρ 或統計量 R，來表示其關聯程度。

(二) 依方向區分

1. 正相關（positive correlation）

以直線關係而言，隨著自變數增加，而依變數亦隨之增加；或隨著自變數減少，而依變數亦隨之減少，如此**同方向**的相關性即是**正相關**。

2. 負相關（negative correlation）

以直線關係而言，隨著自變數增加，而依變數則減少；或隨著自變數減少，而依變數則增加，如此**反方向**的相關性即是**負相關**。

(三) 依程度區分

1. 函數關係（functional correlation）

若自變數與依變數的變動呈亦步亦趨形式，則相關程度最高，相關係數值為 -1 或 $+1$，此時稱為函數關係或完全相關。$r = 1$ 稱為**完全正相關**；-1 稱為**完全負相關**。

2. 零相關（zero correlation）

若自變數與依變數相互獨立，而無關聯性，則此時稱為**零相關**，以 $r = 0$ 表示之。

3. 統計相關（statistical correlation）

若自變數與依變數之相關係數值非剛好為 $+1$、-1 或 0，而是介於 ± 1 之間的數值，則稱為**統計相關**。一般社會現象的相關，均為此類。

(四) 依因果關係區分

1. 因果關係（causation）

係指以自變數為因，依變數為果之直接相關，自變數與依變數**不可相互調換位置**。然在相關分析中，無法根據相關係數值直接說明因果關係是否存在。

2. 共變關係（covariation）

自變數與依變數可相互調換位置，其關係為**間接關係**。

三、相關係數的種類

(一) Pearson 積差相關（K. Pearson product-moment correlation; r）

　　1. X 變數：等距、比率變數（連續變數）。
　　2. Y 變數：等距、比率變數（連續變數）。
　　3. 公式：

$$r_{xy} = \frac{\sum Z_x Z_y}{N} = \frac{C_{xy}}{S_x S_y} = \frac{\sum (x - \bar{x})(y - \bar{y})}{N S_x S_y}$$

$$= \frac{\sum xy - \dfrac{\sum x \sum y}{N}}{\sqrt{\sum x^2 - \dfrac{(\sum x)^2}{N}} \sqrt{\sum y^2 - \dfrac{(\sum y)^2}{N}}}$$

$$= \frac{\sum xy - \frac{\sum x \sum y}{N}}{N\sqrt{\frac{\sum x^2 - \frac{(\sum x)^2}{N}}{N}}\sqrt{\frac{\sum y^2 - \frac{(\sum y)^2}{N}}{N}}}$$

$$= \frac{\sum xy - \frac{\sum x \sum y}{N}}{N S_x S_y}$$

4. 特性：數值穩定、標準誤小。

例1：

試求工作時數與收入的關係。

工作時數（x）	7	8	6	9	5	3	6	10	4	3
收入（y）	6	14	8	12	10	4	5	9	6	2

$\Sigma x = 61 \quad \Sigma x^2 = 425 \quad \Sigma xy = 522$

$\Sigma y = 76 \quad \Sigma y^2 = 702$

$$r_{xy} = \frac{\sum xy - \frac{\sum x \sum y}{n}}{\sqrt{\sum x_i^2 - \frac{(\sum x_i)^2}{n}}\sqrt{\sum y_i^2 - \frac{(\sum y_i)^2}{n}}}$$

$$= \frac{522 - \frac{61 \times 76}{10}}{\sqrt{425 - \frac{61^2}{10}}\sqrt{702 - \frac{76^2}{10}}} = \frac{58.4}{7.27 \times 11.15} = .719904388 \cong .72$$

例2：

已知 x 的變異數為 4.00，y 的變異數為 6.25，x 與 y 的共變數為 3.85，則試求：x 與 y 的積差相關。

解

$\because Cxy = r_{xy} s_x s_y \quad \therefore 3.85 = r_{xy} \cdot 2 \cdot 2.5$，故 $r_{xy} = .77$

(二) Spearman 等級相關（Spearman rank correlation; r_s）

1. X 變數：次序變數。

2. Y 變數：次序變數。

3. 公式：

(1) 未有相同等級者：$r_s = 1 - \dfrac{6\sum D^2}{n(n^2 - 1)}$

（D 為兩變數對稱之等級差）

(2) 有相同等級者：$r_s = \dfrac{\sum x^2 + \sum y^2 - \sum D^2}{2\sqrt{\sum x^2 \sum y^2}}$

$\sum x^2 = \dfrac{N^3 - N}{12} - \sum Tx$ $\quad$ $\sum y^2 = \dfrac{N^3 - N}{12} - \sum Ty$

$\sum T = \dfrac{t^3 - t}{12}$ $\quad$ t：表示得到相同等級的人數

4. 特性：適用於二個評分者評 N 件作品，或同一位評分者，先後二次評 N 件作品。

5. 例：兩位評審對 N 件學生作品之評定。

(三) Kendall 等級相關〔Kendall's coefficient of rank correlation; τ (tau)〕

1. X 變數：人為次序變數。

2. Y 變數：人為次序變數。

3. 公式：$\tau = \dfrac{S}{\dfrac{1}{2}N(N-1)}$

S：等級逆序量數（measures of inversions）；N：被評者的人數或作品件數

4. 特性：相當簡便。

5. 例：兩位評審對 N 件學生作品之評定。

(四) Kendall 和諧係數（the Kendall's coefficient of concordance; W）

當 K = 2 時，即為 Spearman 等級相關。

1. X 變數：次序變數。

2. Y 變數：次序變數。

3. 公式：

(1) 未有相同等級者：$W = \dfrac{S}{\dfrac{1}{12} \cdot K^2 \cdot (N^3 - N)}$ ；

$S = \sum R_i{}^2 - \dfrac{(\sum R_i)^2}{N} = \sum (R_i - R)^2$

(2) 有相同等級者：$W = \dfrac{S}{\dfrac{1}{12} \cdot K^2 \cdot (N^3 - N) - K\sum T}$；

$$\sum T = \dfrac{t^3 - t}{12} \quad (K \geq 3)$$

K：評分者人數；N：被評者的人數或作品件數

4. 特性：特別適用於**評分者間信度**（interjudge reliability）；考驗多位評審者對 N 件作品評定等第之一致性。

5. 例：多位評審對 N 件學生作品之評定。

6. 補充：SPSS 操作步驟：分析→無母數檢定→歷史對話記錄→K 個相關樣本→勾選「Kendall's W 檢定」。

(五) Kappa 一致性係數（K coefficient of agreement; K）

1. X 變數：類別變項。

2. Y 變數：類別變項。

3. 公式：Kappa 一致性係數是評分者實際評定一致的次數百分比與評分者理論上評定的最大可能次數百分比的比率（林清山，1992）。公式為：

$$K = \dfrac{P(A) - P(E)}{1 - P(E)}$$

P(A)：K 位評分者評定一致的百分比

$$P(A) = [\dfrac{1}{NK(K-1)} \sum_{i=1}^{N} \sum_{j=1}^{m} n_{ij}^2] - \dfrac{1}{K-1}$$

N：總人數；K：評分者人數；m：評定類別；n：細格資料

P(E)：K 位評分者理論上可能評定一致的百分比。當評分者的評定等第完全一致時，則 $K = 1$；當評分者的評定等第完全不一致時，則 $K = 0$。

$$P(E) = \sum_{j=1}^{m} P_j^2 \text{；} P_j = \dfrac{C_j}{NK} \text{；} C_j = \sum_{i=1}^{N} n_{ij}$$

4. 特性：前述之 Kendall 和諧係數，所論之評分者所評定對象是限定在可評定出等第的，亦即是可以排列出次序的。然而，在有些情況下是無法將被評定對象列出等級次序的，而僅能將其歸於某一類別，此時，就必須使用 Kappa 一致性係數，來表示評分者間一致性的關係。

5. 例：K 位精神科醫師，將 N 名病患，經診斷後歸類至 m 個心理疾病類別中。

(六) 二系列相關（biserial correlation; rbis）

    1. X 變數：人為二分變數（名義變數）。

    2. Y 變數：連續變數（等距、比率變數）。

    3. 公式：$r_{bis} = \dfrac{\overline{X_p} - \overline{X_q}}{S_t} \cdot \dfrac{p \cdot q}{y}$

    4. 特性：項目分析時使用；標準誤大；有可能出現 r_{bis} 大於 1。

    5. 例：智商與學業成績及格與否的關係。

(七) 點二系列相關（point-biserial correlation; r_{pq}）

    1. X 變數：真正二分變數（名義變數）。

    2. Y 變數：連續變數。

    3. 公式：$r_{pq} = \dfrac{\overline{X_p} - \overline{X_q}}{S_t} \sqrt{pq}$

      $\overline{X_p}$：表第一類之平均數；$\overline{X_q}$：表第二類之平均數

      S_t：表全體分數之標準差；p：表第一類人數之百分比

      q：表第二類人數之百分比

    4. 特性：標準誤較 r_{bis} 小。

    5. 例：性別（男、女）與收入的關係。

(八) φ 相關（phi coefficient; φ）

    1. X 變數：真正二分變數（名義變數）。

    2. Y 變數：真正二分變數（名義變數）。

    3. 公式

$$\phi = \frac{p_{xy} - p_x p_y}{\sqrt{p_x q_x}\sqrt{p_y q_y}} = \frac{BC - AD}{\sqrt{(A+B)(C+D)(A+C)(B+D)}}$$

    4. 特性：與卡方檢定有密切關係。

    5. 例：父母對子女的管教方式（權威式、民主式）。

(九) 列聯相關（contingency coefficient; C）

    考驗列聯相關是否顯著不同於 0 的方法，即是看 χ^2 是否達顯著，或 χ^2 達顯著，則 C 就會達顯著。此外，列聯相關屬於 A 型相關，且最大值並非為 1.00，需視類別

數目大小而決定。在方形列聯表時，兩個變項的最大相關值為 $C = \sqrt{\dfrac{m-1}{m}}$（m 為類別數）。例如：2×2 列聯表，C 的最大值為 $C = \sqrt{\dfrac{2-1}{2}} = .707$；3×3 列聯表，C 的最大值為 $C = \sqrt{\dfrac{3-1}{3}} = .8164$。

1. X 變數：真正二分以上名義變數。

2. Y 變數：真正二分以上名義變數。

3. 公式：$C = \sqrt{\dfrac{\chi^2}{N + \chi^2}}$，N 為總人數

4. 特性：與卡方檢定有密切關係。

5. 例：人民（老師、學生）對於實施政策的態度（同意、無意見、不同意）。

(十) 四分相關（tetrachoric correlation; r_{tet}）

1. X 變數：人為二分名義變數（原始資料為等距變數）。

2. Y 變數：人為二分名義變數（原始資料為等距變數）。

3. 公式：$r_{tet} = \cos\left(\dfrac{180^\circ}{1 + \sqrt{\dfrac{BC}{AD}}}\right)$

4. 例：學業成績（及格、不及格）與智商（高、低）的關係。

(十一) 淨相關（partial correlation; $r_{12.3}$）

1. X 變數：連續變數。

2. Y 變數：連續變數。

3. 影響變數：連續變數。

4. 公式：$r_{12.3} = \dfrac{r_{12} - r_{13} \cdot r_{23}}{\sqrt{1 - r_{13}{}^2}\sqrt{1 - r_{23}{}^2}}$（顯著性考驗 $t = \dfrac{r_{12.3}}{\sqrt{\dfrac{1 - r_{12.3}{}^2}{N-3}}}$）

5. 特性：先去除影響 X 變數或 Y 變數的其他變數影響力，再求 X 變數與純粹 Y 變數（或純粹 X 變數與 Y 變數）之相關。

6. 例：智力與年齡有相關存在，故欲求數學成績與純粹智力的相關時，必須先去除智力中的年齡影響，再計算數學成績與純粹智力分數的相關。

(十二) 半偏相關（semi-partial correlations）

1. X 變數：連續變數。

2. Y 變數：連續變數。

3. 影響變數：連續變數。

4. 公式：$r_{1 \cdot (2 \cdot 3)} = \dfrac{r_{12} - r_{13} \cdot r_{23}}{\sqrt{1 - r_{23}^2}}$

(十三) 曲線相關或相關比（correlation ratio; η）

1. X 變數：連續變數。

2. Y 變數：連續變數。

3. 公式：$\eta_{xy} = \sqrt{\dfrac{SS_b}{SS_t}}$

4. 特性：隨著 X 變數增加，Y 變數先增加，待增加至某一階段後，反而開始下降，此兩者之關係即稱為**曲線相關**或**相關比**。

5. 例：工作效率與焦慮的關係。

綜合以上各項相關係數的變數類型，歸納彙整如表 8-1 所示。

表 8-1　各類相關係數之適用變數整理

Y＼X	名義變數	次序變數	等距以上變項
名義變數	列聯相關 φ 相關 Kappa 一致性係數 四分相關		點二系列相關 二系列相關 多系列相關
次序變數		Spearman 等級相關 Kendall 等級相關 Kendall 和諧係數	
等距以上變項	點二系列相關 二系列相關 多系列相關		Pearson 積差相關 淨相關、半偏相關 相關比

四、積差相關係數之特性

(一) $-1 \leq r \leq +1$。

(二) 相關係數之數值與 N（個數）之大小有密切關係。

1. 由公式 $r_{xy} = \dfrac{\sum XY}{NS_xS_y}$ 可得知 N 是決定相關係數 r 值大小的重要因素之一。

2. 僅看 r 值之大小，仍不能說兩個變數之間有高相關或低相關（因為有可能是機率所造成），尚須再考慮樣本個數（N）與顯著水準（α）的大小。

   (1) 一般而言，N 愈小時，相關係數 r 值必須愈大，方能說此兩個變數間有相關存在；相反地，N 愈大時，相關係數 r 值不需太大，吾人也可說兩個變數間有相關存在。

   (2) α 愈小，則相關係數 r 值必須愈大，方能說其有相關存在，如表 8-2 所示。

表 8-2　α、N 與 r 的關係表

N	df	α = .05	α = .01
3	1	.997	.999
5	3	.979	.959
10	8	.632	.765
30	28	.361	.463
102	100	.195	.254

(三) 相關的程度不是與 r 成正比。相關係數只是表示兩變項之間關係密切與否的指標，故不能將相關係數視為比率或等距變數。如：$r_1 = .80, r_2 = .20$，則不可說 r_1 之值為 r_2 之 4 倍。

(四) 有關係存在，但不表示一定有因果關係。兩事件可能同時發生，或一前一後發生，僅能說兩事件有相關關係，但不一定即有因果關係存在。

◆ 8-2　各類相關分析之 IBM SPSS Statistics 25.0 中文版範例操作

一、Pearson 積差相關分析

   用於 Pearson 積差相關之變數需皆為等距、比率變數（即連續變數）。

   範例（檔名為 Pearson 積差相關 .sav）：某學者欲瞭解國中學生數學成績與國文成績之學習表現是否有相互影響關係存在，故用 Pearson 積差相關進行統計分析。

(一) IBM SPSS Statistics 25.0 中文版操作步驟

開啓功能列之「分析」選單，選擇「相關」，再選擇「雙變異數」，如圖 8-1 所示。開啓「雙變量相關性」之對話框，將欲進行 Pearson 積差相關分析之變數「數學成績」、「國文成績」選入右方之「變數」欄位中。在「相關係數」欄位、「顯著性檢定」欄位，已預設「Pearson」和「雙尾」（如圖 8-2）。若相關的方向事先無法決定者，可以雙尾檢定進行顯著性考驗，此亦爲 IBM SPSS Statistics 25.0 內定的預設選項；若相關的方向已經確定，就可選擇單尾檢定進行考驗。

此外，建議保留預設的「標示顯著相關性」這個選項，因爲 IBM SPSS Statistics 25.0 的輸出報表會在檢定結果達 .05 顯著水準時，出現一個「*」，達 .01 顯著水準時，出現二個「*」，以提醒研究者變項之間的關聯程度是否達到顯著效果。但要留意的是即使 $p<.001$，報表也只會顯示兩個「*」，故在撰寫研究報告或論文時要留意「*」個數的表示。此外，若需要顯示變數的平均數與標準差，可點選「選項」次對話框進行勾選，操作畫面如圖 8-2 所示。

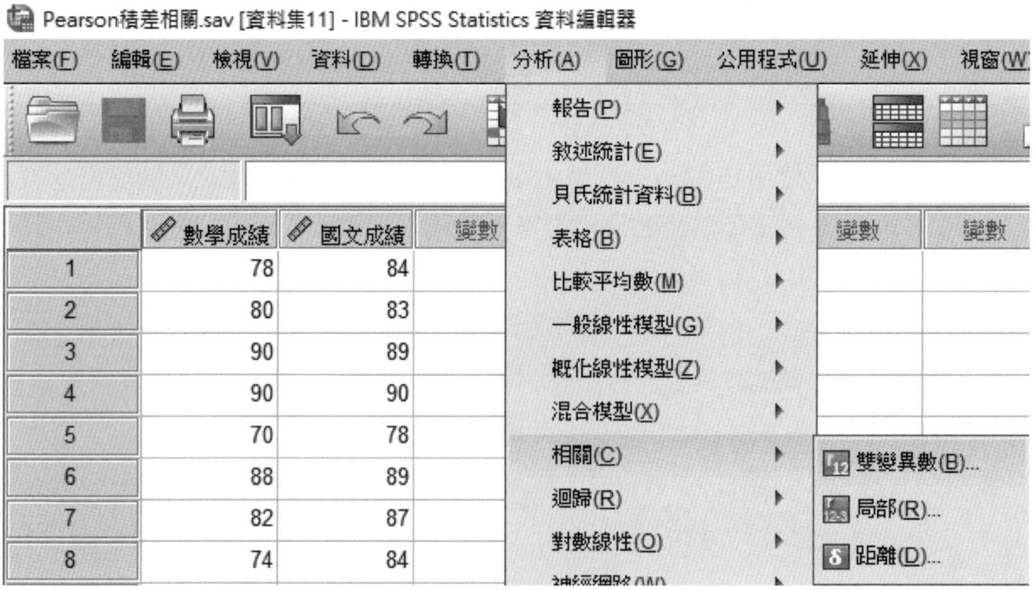

圖 8-1　選擇「相關」，再選擇「雙變異數」

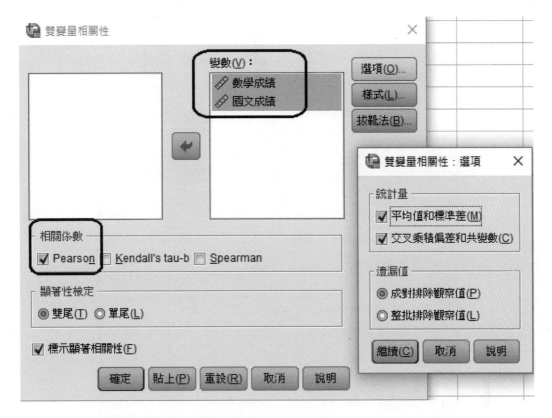

圖 8-2 選擇相關係數及顯著性檢定，預設即為「Pearson」與「雙尾」選項

(二) 輸出報表結果

　　輸出報表出現一個相關係數矩陣表格，可知 Pearson 相關係數值為 .569。雖已求出相關係數值，但是兩個變項之間是否真有相關事實存在，必須進一步透過檢定才可以確認，故需再進行相關係數檢定分析。

　　先寫出虛無假設與對立假設：

$H_0：\rho = 0$

$H_1：\rho \neq 0$

　　$r = .569$，$p = .009 < .01$，達 .01 之顯著水準，故可知數學成績與國文成績之學業表現有相關存在且為正相關。換言之，隨著數學成績愈高，國文成績也愈高；或者可以說隨著國文成績愈高，數學成績也愈高。

敘述統計

	平均值	標準差	N
數學成績	77.50	9.600	20
國文成績	83.50	6.228	20

相關性

		數學成績	國文成績
數學成績	皮爾森（Pearson）相關性	1	**.569****
	顯著性（雙尾）		.009
	平方和及交叉乘積	1751.000	646.000
	共變數	92.158	34.000
	N	20	20
國文成績	皮爾森（Pearson）相關性	.569**	1
	顯著性（雙尾）	.009	
	平方和及交叉乘積	646.000	737.000
	共變數	34.000	38.789
	N	20	20

**. 相關性在 0.01 層級上顯著（雙尾）。

　　除求得相關數值之外，亦可利用散布圖來瞭解兩個變數之間的關係。其 IBM SPSS Statistics 25.0 操作步驟爲：開啓功能列之「圖形」選單，選擇「舊式對話框」，再選擇「散點圖／點狀圖」，出現「散布圖／點狀圖」次對話框，選擇「簡式散布圖」，此選項目的在於製作兩變項間之二維座標平面圖，如圖 8-3 所示。

　　進一步再開啓「簡式散布圖」次對話框，由操作者自行決定將變數「國文成績」、「數學成績」分別放入「Y 軸」與「X 軸」之欄位中，變數座標軸之設定並無特殊限制，除非操作者對於圖形座標軸有其他特殊的限定要求，如圖 8-4 所示。其次，「選項」之次對話框中，可採用預設設定即可，視操作者之需要輸入，完全空白未輸入也可以。完成之後，點選「確定」，即完成散布圖之操作。

圖 8-3　開啓功能列「圖形」選單，選擇「舊式對話框」，再選擇「散點圖／點狀圖」，
　　　　再選擇「簡式散布圖」

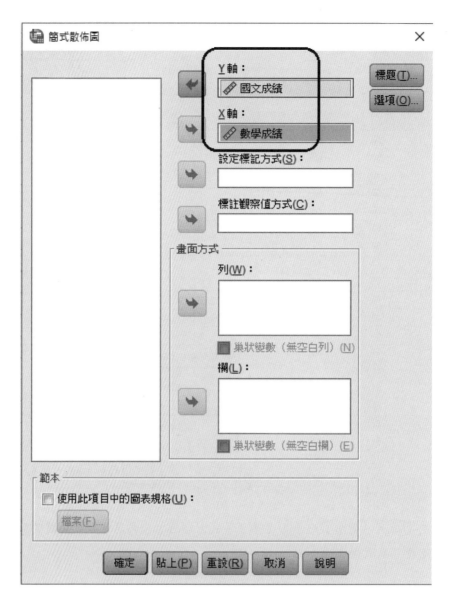

圖 8-4　選擇變數之座標軸

　　下圖即為 SPSS 輸出報表之數學與國文成績的散布圖，X 軸為數學成績，Y 軸為國文成績，由散布圖可約略窺出兩個變項間有正相關存在，隨著國文成績愈高，數學成績也有愈高的趨勢。

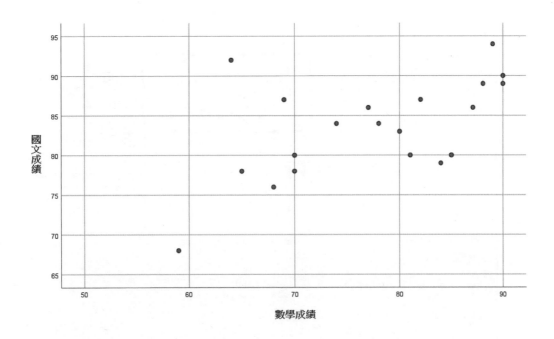

二、二系列相關（biserial correlation; r_{bis}）

　　用於二系列相關之變數，需是人為二分變數（名義變數）與連續變數（等距、比率變數）。

　　範例（檔名為二系列相關 .sav）：某學者欲暸解國一學生智商與數學科學業成績及格與否的關係，故利用二系列相關進行分析。

(一) IBM SPSS Statistics 25.0 中文版操作步驟

　　開啟功能列之「分析」選單，選擇「相關」，再選擇「雙變異數」。進行二系列相關分析時，將「重新編碼之數學成績」與「IQ」兩個變數，選入右方之「變數」欄位中，其他設定條件皆與 Pearson 積差相關的設定完全一樣，點選「確定」，即完成二系列相關之操作設定，如圖 8-5 所示。

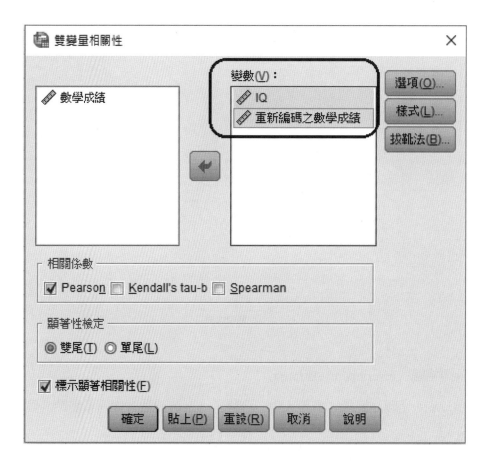

圖 8-5　將「重新編碼之數學成績」與「IQ」選入「變數」欄位

(二)輸出報表解釋

　　輸出報表出現一個相關係數矩陣表格，可知數學成績及格與否和智商間之相關係數值為 .686。雖已求出相關係數值，但是兩個變項之間是否真有相關事實存在，必須進一步透過檢定才可以確認，故需再進行相關係數之檢定分析。

　　先寫出虛無假設與對立假設：

$H_0 : \rho = 0$

$H_1 : \rho \neq 0$

　　$r = .686, p = .001 < .01$，達 .01 之顯著水準，故可知數學成績及格與否和智商間有相關存在，且為正相關。換言之，隨著智商愈高，數學成績也愈高；或者可說成數學及格的學生，也是智商較高的學生。

相關性

		IQ	重新編碼之數學成績
IQ	皮爾森（Pearson）相關性	1	.686**
	顯著性（雙尾）		.001
	N	20	20
重新編碼之數學成績	皮爾森（Pearson）相關性	.686**	1
	顯著性（雙尾）	.001	
	N	20	20

**. 相關性在 0.01 層級上顯著（雙尾）。

三、點二系列相關（point-biserial correlation; r_{pq}）

用於點二系列相關的變數一為真正二分變數（名義變數），另一為連續變數。

範例（檔名為點二系列相關 .sav）：某學者欲探討 100 位成年人之性別是否影響收入，性別為真正二分變數，收入則為連續變數，故用點二系列相關進行相關分析。

（一）IBM SPSS Statistics 25.0 中文版操作步驟

開啟功能列之「分析」選單，選擇「相關」，再選擇「雙變異數」。將「性別」與「薪水收入」兩個變數，選入右方之「變數」欄位中，其他設定條件皆與 Pearson 積差相關的設定完全一樣，點選「確定」，即完成點二系列相關之操作設定，如圖 8-6 所示。

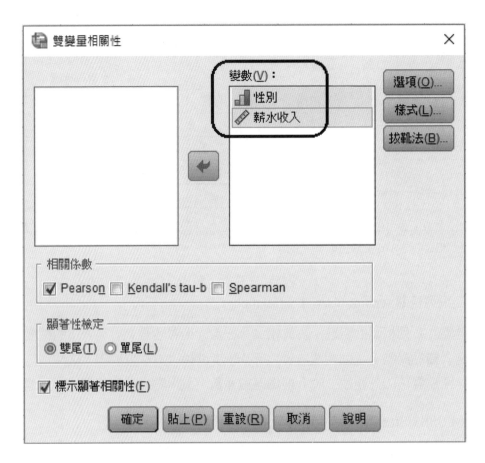

圖 8-6　將「性別」與「薪水收入」兩個變數，選入右方之「變數」欄位

(二) 輸出報表解釋

　　輸出報表出現一個相關係數矩陣表格，可知性別與收入間相關係數值為 −.021。雖已求出相關係數值，但是兩個變項之間是否真有相關事實存在，必須進一步透過檢定才可以確認，故需再進行相關係數之檢定分析。

　　先寫出虛無假設與對立假設：

$H_0 : \rho = 0$

$H_1 : \rho \neq 0$

　　$r = -.021, p = .836 > .05$，未達 .05 之顯著水準，故可知性別與收入之間並無相關存在。

相關性

		性別	薪水收入
性別	皮爾森（Pearson）相關性	1	−.021
	顯著性（雙尾）		.836
	N	100	100
薪水收入	皮爾森（Pearson）相關性	−.021	1
	顯著性（雙尾）	.836	
	N	100	100

四、四分相關（tetrachoric correlation）

用於四分相關分析之變數，皆是人為二分名義變數（即原始資料為等距變數）。

範例（檔名為四分相關 .sav）：某學者欲瞭解國中學生數學學業成績（及格、不及格）與智商（高、低）是否相關，故使用四分相關進行分析。

進行四分相關時，兩個變數必須皆為名義變數，若資料為連續變數時，需利用「重新編碼成不同變數」之功能，將數學成績轉換成「及格」與「不及格」，將智商轉為「高」與「低」，產生新的變數分別為「重新編碼之數學成績」、「重新編碼之IQ」。四分相關在 SPSS 操作中有兩種作法：一為利用 Spearman 等級相關作法；另一則為利用卡方檢定之方法求得，以下分別對這兩種方法進行示範。

方法一：採 Spearman 等級相關檢定作法

(一) IBM SPSS Statistics 25.0 中文版操作步驟

開啟功能列之「分析」選單，選擇「相關」，再選擇「雙變異數」。並將「重新編碼之數學成績」、「重新編碼之IQ」兩個變數，選入右方之「變數」欄位中，在「相關係數」欄位中除預設之「Pearson」，可再點選「Spearman」，最後點選「確定」，即完成四分相關之操作設定，如圖 8-7 所示。

圖 8-7　將「重新編碼之數學成績」、「重新編碼之 IQ」兩個變數，選入「變數」欄位

(二) 輸出報表結果

　　輸出報表出現兩個相關係數矩陣表格，一個是大家原本習慣的「Pearson 相關係數值」，另一個則為「Spearman's rho 係數」，此二種表格的內容完全一樣，皆可得知數學成績及格與否和智商高低間之相關係數值為 .535。雖已求出相關係數值，但是兩個變數之間是否真有相關事實存在，必須進一步透過檢定才可以確認，故需再進行相關係數之檢定分析。

　　先寫出虛無假設與對立假設：

$H_0：\rho = 0$

$H_1：\rho \neq 0$

　　$r = .535, p = .015 < .05$，達 .05 之顯著水準，故可知數學成績及格與否和智商高低之間有相關存在，且為正相關。換言之，隨著智商愈高，數學成績也愈高；或者可

說成數學及格的學生，也是智商較高的學生。

相關性

		重新編碼之數學成績	重新編碼之IQ
重新編碼之數學成績	皮爾森（Pearson）相關性	1	**.535***
	顯著性（雙尾）		**.015**
	N	20	20
重新編碼之 IQ	皮爾森（Pearson）相關性	.535*	1
	顯著性（雙尾）	.015	
	N	20	20

*. 相關性在 0.05 層級上顯著（雙尾）。

相關性

			重新編碼之數學成績	重新編碼之IQ
Spearman 的 rho	重新編碼之數學成績	相關係數	1.000	**.535***
		顯著性（雙尾）	.	**.015**
		數目	20	20
	重新編碼之 IQ	相關係數	.535*	1.000
		顯著性（雙尾）	.015	.
		數目	20	20

*. 相關性在 0.05 水準上顯著（雙尾）。

方法二：以卡方檢定方法

(一) IBM SPSS Statistics 25.0 中文版操作步驟

開啟功能列之「分析」選單，選擇「敘述統計」，再選擇「交叉資料表」。開啟交叉表之對話框，分別將「重新編碼之數學成績」、「重新編碼之 IQ」選入右方之「列」與「欄」之欄位中，列與欄之變數的放置並無特殊限制，依操作者個人之偏好決定。其次，再開啟「統計資料」之次對話框，勾選「卡方檢定」、「相關性」，點選「繼續」，回到主對話框，選擇「確定」即完成，其操作畫面如圖 8-8 所示。

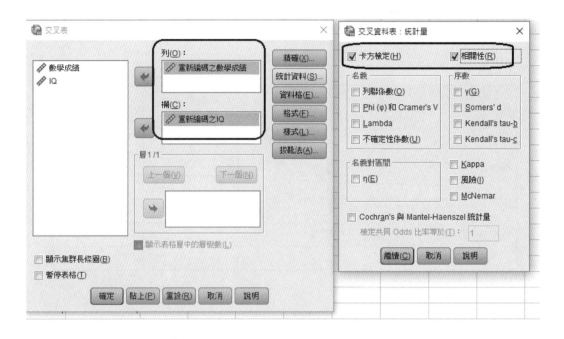

圖 8-8　勾選「卡方檢定」、「相關性」

(二) 輸出報表結果

在輸出報表中，可知 Pearson 卡方值為 5.714，其漸近顯著性值為 .017，達 .05 之顯著水準，故可知數學成績及格與否和智商高低之間有相關存在，且相關係數值為 .535，為正相關。換言之，隨著智商愈高，數學成績也愈高；或者可說數學及格的學生，也是智商較高的學生。

卡方檢定

	值	df	漸近顯著性（兩端）	精確顯著性（兩端）	精確顯著性（一端）
Pearson 卡方檢定	**5.714**[a]	1	**.017**		
持續更正 [b]	3.581	1	.058		
概似比	7.799	1	.005		
費雪（Fisher）精確檢定				.042	.024
線性對線性關聯	5.429	1	.020		
有效觀察值個數	20				

a. 2 單元（50.0%）預期計數小於 5。預期的計數下限為 2.40。

b. 只針對 2x2 表格進行計算。

對稱的測量

		值	漸近標準誤[a]	大約 T[b]	漸近顯著性
等距對等距	Pearson's R	**.535**	.122	2.683	**.015**[c]
次序對次序	Spearman 相關性	**.535**	.122	2.683	**.015**[c]
有效觀察值個數		20			

a. 未使用虛無假設。

b. 正在使用具有虛無假設的漸近標準誤。

c. 基於一般近似值。

五、淨相關

用於淨相關分析之變數，需皆爲連續變數。

範例（檔名為淨相關.sav）：某學者欲瞭解國一學生數學成績與國文成績之學習表現是否受到智力因素影響，故可利用淨相關進行分析。

(一) IBM SPSS Statistics 25.0 中文版操作步驟

開啓功能列之「分析」選單，選擇「相關」，再選擇「局部」，如圖 8-9 所示。

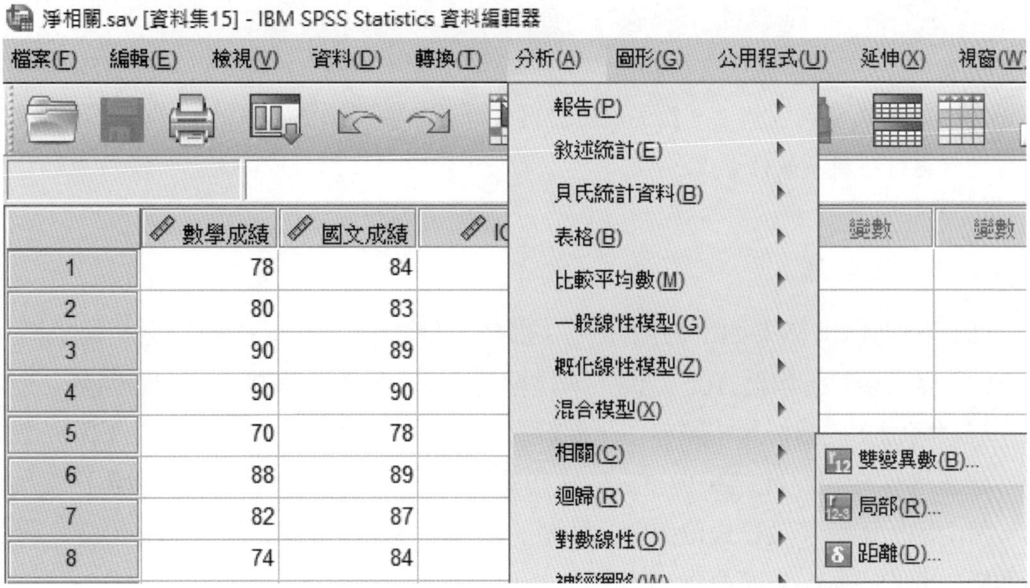

圖 8-9　開啓「分析」選單，選擇「相關」，再選擇「局部」

開啟「局部相關性」之對話框，將欲探討相關之兩個變數「數學成績」、「國文成績」選入右方之「變數」欄位中，而將欲排除的變數「IQ」選入「為此項目進行控制」欄位中，如圖 8-10 所示。

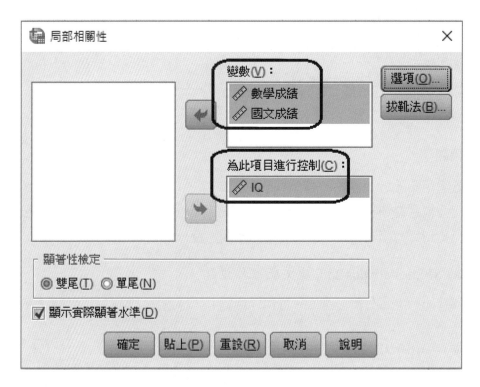

圖 8-10　將「數學成績」、「國文成績」選入「變數」欄位中，「IQ」選入「為此項目進行控制」欄位中

(二) 輸出報表解釋

　　淨相關之輸出結果如下表所示。「數學成績」與「國文成績」之相關係數值為 .389，其顯著性 p 值為 .100 > .05，未達顯著水準。故可知在排除了智力因素之後，數學成績與國文成績並無相關存在，即數學成績與國文成績之間乃為獨立關係。

　　建議操作者可將此結果與 Pearson 積差相關之結果作對照。是否考慮了智力因素，將明顯地影響了數學成績與國文成績的關係，故研究者在進行相關分析時，各變數關係之間的設計必須要非常小心。

相關性

控制變數			數學成績	國文成績
IQ	數學成績	相關性	1.000	**.389**
		顯著性（雙尾）	.	**.100**
		自由度	0	17
	國文成績	相關性	.389	1.000
		顯著性（雙尾）	.100	.
		自由度	17	0

六、列聯相關

用於列聯相關分析之變數，需皆為間斷變數。

範例（檔名為列聯相關.sav）：某決策人員想瞭解城鄉差異和新政策的施行是否有相關存在，故隨機抽取共 160 位受試者進行調查。試問：新政策施行與城鄉之間的關係如何？

(一) IBM SPSS Statistics 25.0 中文版操作步驟

開啟功能列之「分析」選單，選擇「敘述統計」，再選擇「交叉資料表」。開啟「交叉表」次對話框，選擇欲檢定之「意見」、「地點」至「列」與「欄」欄位中，如圖 8-11 所示。

圖 8-11　選擇「交叉資料表」，再選擇檢定變數至「列」與「欄」

　　再進一步點選「統計資料」的選項，開啓「交叉資料表：統計量」之次對話框，勾選「卡方檢定」、「相關性」，並在「名義」的欄位中，勾選「列聯係數」、「Phi(φ) 和 Cramer's V」、「Lambda」等，選擇「繼續」，如圖 8-12 所示。回到「交叉表」主選單，再點選「確定」，即完成列聯相關之操作步驟，此作法和卡方檢定中的獨立性考驗之操作步驟完全一樣。換言之，獨立性考驗即是檢定列聯相關係數值是否達到統計的顯著效果。

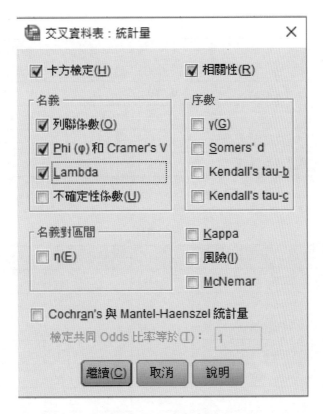

圖 8-12　開啟「交叉資料表：統計量」之次對話框，勾選「卡方檢定」、「相關性」

(二) 輸出報表結果

　　列聯相關之輸出結果如下表所示：新政策施行與城鄉差異的相關係數值為 .442，其顯著性 p 值為 .000 <.05，達顯著水準。若要計算列聯相關係數是否達顯著，必須進行卡方檢定，故可得 Pearson 卡方值為 38.76，其 p 值為 .000，達顯著水準。故可知新政策施行與城鄉差異有顯著相關存在，且相關程度為 .442。

意見 * 地點交叉列表

計數				
		地點		總計
		城市	鄉村	
意見	反對	13	42	55
	不知道	17	20	37
	贊成	54	14	68
總計		84	76	160

卡方檢定

	值	df	漸近顯著性（兩端）
Pearson 卡方檢定	**38.760**ᵃ	2	**.000**
概似比	41.055	2	.000
線性對線性關聯	38.166	1	.000
有效觀察值個數	160		

a. 0 單元（0.0%）預期計數小於 5。預期的計數下限為 17.58。

對稱的測量

		值	漸近標準誤ᵃ	大約 Tᵇ	漸近顯著性
名義變數對名義變數	Phi	.492			.000
	Cramer's V	.492			.000
	列聯係數	**.442**			**.000**
等距對等距	Pearson's R	-.490	.067	-7.064	.000ᶜ
次序對次序	Spearman 相關性	-.491	.066	-7.088	.000ᶜ
有效觀察值個數		160			

a. 未使用虛無假設。
b. 正在使用具有虛無假設的漸近標準誤。
c. 基於一般近似值。

以上結果除了可知意見與地點有顯著相關之外，另外可透過「有方向性的測量」輸出結果進一步發現，當意見為依變數時，λ(Lambda) = .304, p = .000，表示城鄉地點可以預測對新政策的意見；反之，當地點為依變數時，λ(Lambda) = .421, p = .001，表示對新政策的意見也可以預測城鄉地點。總而言之，兩者不僅有相關存在，也發現互有因果關係存在。

有方向性的測量

			值	漸近標準誤ᵃ	大約 Tᵇ	漸近顯著性
名義變數對名義變數	Lambda	對稱	.357	.073	4.145	.000
		意見 依變數	.304	.068	3.917	.000
		地點 依變數	.421	.096	3.459	.001

Goodman 及 Kruskal tau	意見 依變數	.143	.041		.000[c]
	地點 依變數	.242	.065		.000[c]

a. 未使用虛無假設。

b. 正在使用具有虛無假設的漸近標準誤。

c. 基於卡方近似值。

七、等級相關

用於等級相關分析之變數，需皆為次序變數。

範例（檔名為等級相關.sav）：某競賽評審對 12 份作品進行評分，試求其 Spearman 等級相關。

第一位評審	第二位評審	第一位評審排序	第二位評審排序
92	87	11	9
88	90	10	10
60	63	3	4
87	92	9	12
52	60	1	3
62	55	4	2
84	78	7	6
85	80	8	8
66	79	5	7
58	51	2	1
95	91	12	11
82	76	6	5

在進行 Spearman 相關分析之前，先將評審的原始分數改成等級分數。等級分數的計算請參閱第 3 章 3-3 相對地位量數之百分等級的操作方法。

(一) IBM SPSS Statistics 25.0 中文版操作步驟

開啟功能列之「分析」選單，選擇「相關」，再選擇「雙變異數」。開啟「雙變量相關性」之對話框，將欲探討已轉換成等級分數之兩個變數「Rank of 第一位評分」和「Rank of 第二位評分」選入右方之「變數」欄位中。在「相關係數」欄位中則點

選「Spearman」，如圖 8-13 所示。點選「確定」，即完成等級相關的操作步驟。

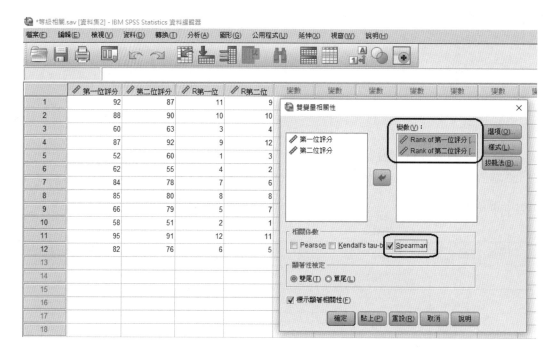

圖 8-13　將欲探討之變數，選入「變數」欄位中

(二) 輸出報表結果

Spearman 等級相關之輸出結果，如下表所示。「Rank of 第一位評分」與「Rank of 第二位評分」之相關係數值為 .895，其 p 值為 .000 <.05，達顯著水準。故可知兩位評分者的評比，有顯著相關存在。

相關性

			Rank of 第一位評分	Rank of 第二位評分
Spearman 的 rho	Rank of 第一位評分	相關係數	1.000	**.895****
		顯著性（雙尾）	.	**.000**
		數目	12	12
	Rank of 第二位評分	相關係數	.895**	1.000
		顯著性（雙尾）	.000	.
		數目	12	12

**. 相關性在 0.01 水準上顯著（雙尾）。

使用者亦可直接將原始的分數放入「變數」欄位中，在「相關係數」欄位仍是勾選「Spearman」，如圖 8-14 所示，其結果會和用等級分數進行計算一樣。

圖 8-14 　將「第一位評分」、「第二位評分」選入「變數」，「相關係數」欄位則勾選「Spearman」

其 Spearman 等級相關之輸出結果，如下表所示。「第一位評分」與「第二位評分」之相關係數值為 .895，其 p 值為 .000 <.05，達顯著水準，故可知兩位評分者的評比有顯著相關存在。故儘管資料的型態不同，但點選「Spearman」相關係數的選項，其輸出的報表和上述的結果一樣。

相關性

			第一位評分	第二位評分
Spearman 的 rho	第一位評分	相關係數	1.000	**.895****
		顯著性（雙尾）	.	**.000**
		數目	12	12
	第二位評分	相關係數	.895**	1.000
		顯著性（雙尾）	.000	.
		數目	12	12

**. 相關性在 0.01 水準上顯著（雙尾）。

習題練習

1. 有一筆資料，已知 $S_x = 15, S_y = 3$，請問 C_{xy} 的最大可能值為多少？

2. 試依下列變數之性質，決定擬採取的相關統計方法。

X變項	Y變項	相關統計方法
等距變數	連續變數	
二分名義變數	連續變數	
次序變數	次序變數（n = 5）	
人為的二分名義變數	人為的二分名義變數	
類別變數	類別變數	
人為的三分名義變數	人為的三分名義變數	

3. 某研究者欲瞭解數學成績與國文成績之相關程度，蒐集了 8 位學生之數學、國文與智力分數之後，試問：數學與國文的淨相關為何？

學生	國文	數學	智力分數
A	10	10	8
B	6	9	7
C	8	15	8
D	7	11	4
E	12	13	10
F	10	8	7
G	5	9	6
H	6	7	5

4. 某競賽評審先後對 10 件作品進行評分,結果如下表。請問兩次評分之間的等級相關程度為何?請繪製散布圖,說明圖形呈現的結果,並以 $\alpha = .05$ 檢定其是否達到顯著水準。

作品編號	A	B	C	D	E	F	G	H	I	J
第一次評分	92	88	60	87	52	50	84	80	66	48
第二次評分	87	90	63	92	60	55	78	77	72	50

5. 某教育專家想瞭解國中學生學校生活適應和家長管教方式之關係。隨機抽取 10 位學生進行調查,其結果如下。請問國中學生之學校生活適應和家長管教方式是否有顯著相關存在?

學生編號	1	2	3	4	5	6	7	8	9	10
學校生活適應	0	1	1	0	1	0	1	1	1	1
家長管教方式	1	0	1	0	1	0	0	1	0	1

學校生活適應:1 表示適應良好;0 表示適應不佳

家長管教方式:1 表示民主型;0 表示放任型

第 **9** 章

線性迴歸分析

S
P
S
S

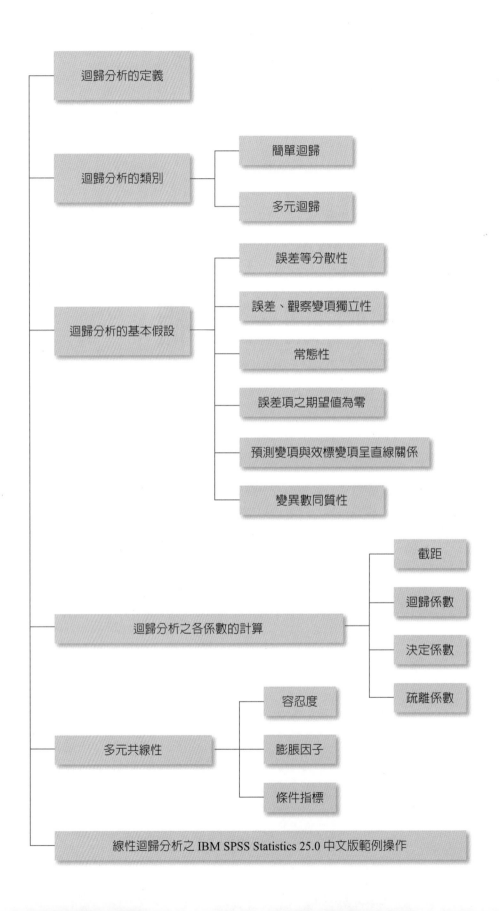

9-1　迴歸分析概論

一、迴歸的意義

1885 年高登（F. Galton）在其「Regression Towards Mediocrity in Hereditary Stature」研究中，發現身高高的父母，其子女之平均身高低於父母的平均身高；反之，身高矮的父母，其子女之平均身高高於父母的平均身高。高登當時以「regression」來表示這樣的效應，亦即表示兩極端分數會「迴歸」到平均數的現象。迴歸由原本的特殊定義，至今日普遍用於描述兩個或兩個以上變項間的關係，用途可說是相當廣泛，且對於不能以實驗取得資料之社會現象，尤其有重要價值。

二、迴歸分析的定義

研究一個或多個自變數對依變數的影響情況，稱之爲迴歸分析（analysis of regression），其多用於預測與估計的統計方法，亦即以一個或多個自變數來描述，預測或估計一個特定依變數的分析方法。

三、迴歸分析的類別

(一) 簡單迴歸（simple regression）──直線迴歸

即研究一個自變數對一個依變數的影響情況。線性迴歸模型爲：$Y = \beta_0 + \beta_1 X + \varepsilon$，可以樣本迴歸方程式來估計：$\widehat{Y} = b_0 + b_1 X$。

(二) 多元迴歸（multiple regression）──複迴歸

研究多個自變數對一個依變數的影響情況。線性迴歸模型爲：$Y = \beta_0 + \beta_1 X_1 + \beta_2 X_2 + ... + \varepsilon$，可以樣本迴歸方程式來估計：$\widehat{Y} = b_0 + b_1 X_1 + b_2 X_2 + ...$。

四、迴歸分析的基本假設

(一) 誤差等分散性（homo-scedusticity）

誤差項之變異數不會隨著自變數之不同而不同。即不論預測變項之分數高低，效標變項的估計標準誤都是一樣大的特性。此乃迴歸分析之重要基本假定之一。

(二) 誤差、觀察變項獨立性（independency）

誤差項之間相互獨立，且每一個觀察值之間亦是彼此獨立。

(三) 常態性（normality）

誤差項之分配符合常態分配，且所有觀察值是來自於一個常態分配的母群體。

(四) 誤差項之期望值為零。

(五) 預測變項與效標變項呈直線相關

Y 變項與 X 變項呈現線性函數關係，即迴歸分析中的所有變項都必須是連續變數，若非線性關係時需將數據進行數學轉換；且若自變數為非連續變數時，必須轉化為虛擬變項（dummy variable）。

(六) 變異數同質性

就 X_i 的線性組合，依變數 Y 的變異數均相同。

五、迴歸分析之迴歸係數的計算公式

簡單線性迴歸模型（simple linear regression model）之假設為：

$Y = \beta_0 + \beta_i X_i + \varepsilon$，$i = 1, 2, ..., n$。其中：

X_i：自變數〔或稱為預測變數（predictor）、解釋變數（explaintary variable）〕。

Y：依變數〔或稱為效標變數（criterion）、被解釋變數（explained variable）〕。

ε：誤差項（error term）。

β_0, β_i：迴歸係數（regression coefficient）。以 X 預測 Y 所得之直線方程式，其斜率 β_i 即迴歸係數，即當 X 變數變動一個單位，則 Y 變數亦隨之變動的比例量數。β_0 是常數，為迴歸方程式之截距。

方法一：利用最小平方法（least square method）

在使用最小平方法之前，需符合兩個條件：

1. $\sum(Y - \hat{Y}) = 0$，誤差項之和為零。

2. $\sum(Y - \hat{Y})^2$ 為極小值，即誤差項之平方和為最小。

設迴歸方程式為：$\hat{Y} = a + bX$

則 $\sum(Y - \hat{Y})^2 = \sum[Y - (a + bX)]^2$

$\qquad\qquad\qquad = \sum[Y^2 - 2(a + bX)Y + (a + bX)^2]$

令 $f = \sum[Y^2 - 2aY - 2bXY + a^2 + 2abX + b^2 X^2]$

$\qquad = \sum Y^2 - 2a\sum Y - 2b\sum XY + 2ab\sum X + b^2\sum X^2 + Na^2$

1. 以 b 為變數,並對其作微分,得到:

$$\sum XY = b\sum X^2 + a\sum X \text{ ———————————————} ①$$

2. 以 a 為變數,並對其作微分,得到:

$$\sum Y = Na + b\sum X \text{ ———————————————} ②$$

解①②得:$a = \overline{Y} - b\overline{X}$

$$by.x = \frac{\sum XY - \dfrac{\sum X\sum Y}{N}}{\sum X^2 - \dfrac{(\sum X)^2}{N}} = \frac{C_{xy}}{S_X^2} = r_{xy} \cdot \frac{Sy}{Sx}$$

練習

$\overline{Y} = 485, S_x = 80, S_y = 75$,迴歸方程式為 $\hat{Y} = .78X + 95.6$,試求:

(1) $\overline{X} = ?$ (2) $r_{xy} = ?$

解

(1) $\because \hat{Y} = .78X + 95.6$,代入 $\overline{Y} = 485$,則 $\overline{Y} = .78(\overline{X}) + 95.6$

$\therefore \overline{X} = 499.23$

(2) $b_{y \cdot x} = r_{xy} \cdot \dfrac{s_y}{s_x}$ $r_{xy} = b_{y \cdot x} \cdot \dfrac{s_x}{s_y}$

$\therefore r_{xy} = .78 \cdot \dfrac{80}{75} = .832$

方法二:利用離均差——斜率不變,截距為0

$\hat{Y} = a + bX$,$a = \overline{Y} - b\overline{X}$

$\therefore \hat{Y} = \overline{Y} - b\overline{X} + bX = \overline{Y} - b(X - \overline{X})$

即 $\hat{Y} - \overline{Y} = b(X - \overline{X})$

方法三:利用標準分數——截距為0,斜率為r_{xy}

由方法二可知:$\hat{Y} - \overline{Y} = b(X - \overline{X})$

同除 Sy 後:$\dfrac{Y - \overline{Y}}{Sy} = \dfrac{X - \overline{X}}{Sy}$

則 $\dfrac{Y - \overline{Y}}{Sy} = \dfrac{X - \overline{X}}{Sx} \cdot \dfrac{Sx}{Sy} \Rightarrow Z_y = r_{xy} \cdot Z_x$

練習

當 $r_{xy} = .50$ 且 $Z_x = 2.0$ 時,$\hat{Z}_y = ?$

解

$\hat{Z}_y = r_{xy} \cdot Z_x = .50 \cdot 2.0 = 1.0$

六、決定係數、疏離係數、估計標準誤

(一) 迴歸最適線解釋樣本資料之程度

總離均差平方和（總變異）＝迴歸離均差平方和（解釋變異）＋殘差平方和（被解釋變異）$\Rightarrow$ SSt = SSreg + SSres

$$\Rightarrow \sum(Y - \overline{Y})^2 = \sum(\hat{Y} - \overline{Y})^2 + \sum(Y - \hat{Y})^2$$

(二) 決定係數（coefficient of determination）、疏離係數之意涵

總離均差平方和（總變異）被分割成兩大部分：迴歸離均差平方和（解釋變異）與殘差平方和（被解釋變異）。若將殘差平方和部分解釋為預測錯誤的部分，那麼解釋變異部分即為預測正確的部分。研究者皆希望預測正確的部分愈多愈好，預測錯誤的部分愈少愈好，這樣表示研究的結果愈正確。

故決定係數即為：由 X 預測 Y 之迴歸方程式中，在效標變項 Y 的總變異之中，由預測變項 X 所能解釋之變異的百分比，希望此值愈大愈好。

以公式表示即為：

$$\frac{\text{SSreg}}{\text{SSt}} = \frac{\sum(\hat{Y} - \overline{Y})^2}{\sum(Y - \overline{Y})^2} = \frac{[\sum XY - \frac{\sum X \sum Y}{N}]^2}{[\sum X^2 - \frac{(\sum X)^2}{N}][\sum Y^2 - \frac{(\sum Y)^2}{N}]} = r^2 = R^2$$

(三) 疏離係數（或稱「離間係數」，coefficient of alienation）

因為 SSt = SSreg + SSres，所以 $\frac{\text{SSt}}{\text{SSt}} = \frac{\text{SSreg}}{\text{SSt}} + \frac{\text{SSres}}{\text{SSt}}$

$\Rightarrow 1 = r^2 + (1 - r^2)$，其中 r^2 為決定係數，而 $\sqrt{(1 - r^2)}$ 即為疏離係數。表示根據 X_i 變數預測 Y_i 變數時之估計標準差與 Y_i 變數標準差的比（比值愈小，表示預測愈正確）。以公式表示即為：$\sqrt{1 - r_{xy}^2} = \frac{\sigma_{y \cdot x}}{\sigma_y}$。

練習

已知 $r_{xy} = .50$，則以 X 預測 Y 的解釋變異量是多少？

解

$$r_{xy}^2 = R^2 = (.50)^2 = .25 = 25\%$$

(四) 估計標準誤的意義與實際運用

估計標準誤（standard error of estimate，縮寫為 SEest）：為根據迴歸線上的分數 Y 來預測 Y_i 的估計誤差。由 X_i 來預測 Y_i 之直線方程式中，Y（預測值）與實際 Y 值有誤差存在，而其誤差的平方和除以總人數後，即為估計誤差變異數，其平方根即為估計誤差標準差，簡稱為估計標準誤。在總變異量中，解釋變異量愈大愈好，而被解釋變異量愈小愈好，即希望估計標準誤愈小愈好。

描述統計公式：$S_{y \cdot x} = \sqrt{\dfrac{\sum (Y - \hat{Y})^2}{N}} = \sqrt{\dfrac{SS_{res}}{N}}$

推論統計公式：$S_{y \cdot x} = \sqrt{\dfrac{\sum (Y - \hat{Y})^2}{N - 2}} = \sqrt{\dfrac{SS_{res}}{N - 2}}$

估計標準誤通常較少以上述公式計算或表示，較常以 $\sqrt{1 - r_{xy}^2} = \dfrac{\sigma_{y \cdot x}}{\sigma_y}$ 表示。由公式可知估計標準誤的大小與相關係數的大小有直接關係存在，亦即相關係數愈大，估計標準誤愈小，愈可以自 X 變數正確的預測 Y 變數；反之，相關係數愈小，估計標準誤便愈大，其預測正確性便會大為降低。

練習

某銷售主管欲評選高銷售業績與低銷售業績之業務人員，故隨機抽測公司 120 名業務人員之服務年資與銷售金額，求得迴歸方程式為 $\hat{Y} = .82X - 6.54$ 及估計標準誤 $S_{y \cdot x} = 4.45$。以銷售金額高於預測金額兩個標準差者，評為高績效人員；反之，則為低績效人員。已知 A、B、C 三位業務員之年資積分為 98、105、125；上個月的銷售績效積分為 77、92、85。試問：何人為高績效人員？何人為低績效人員？

解

已知 $\hat{Y} = .82X - 6.54$，$S_{y \cdot x} = 4.45$

A 員之年資積分為 98，其預測之銷售金額為 $\hat{Y} = .82(98) - 6.54 = 73.82$

$\therefore \dfrac{Y - \hat{Y}}{S_{y \cdot x}} = \dfrac{77 - 73.82}{4.45} = .71$

B 員之年資積分為 105，其預測之銷售金額為 $\hat{Y} = .82(105) - 6.54 = 79.56$

$\therefore \dfrac{Y - \hat{Y}}{S_{y \cdot x}} = \dfrac{92 - 79.56}{4.45} = 2.80$

C 員之年資積分爲 125，其預測之銷售金額爲 $\hat{Y} = .82(125) - 6.54 = 95.96$

$$\therefore \frac{Y - \hat{Y}}{S_{y \cdot x}} = \frac{85 - 95.96}{4.45} = -2.46$$

因此可知，B 員是高績效業務人員，C 員是低績效業務人員。

七、多元共線性

在多元迴歸分析中，必須要特別注意**共線性**（collinear 或 multicollinear）的問題。所謂共線性指的是預測變項之間的相關太高，造成進行迴歸分析時，出現解釋不合理的困擾現象。簡言之，若預測變項間有共線性問題存在，表示有某個預測變項是其他預測變項的線性組合。以預測變項 X_1、X_2 爲例，完全共線性代表的是 X_1 是 X_2 的直線函數，$X_1 = \alpha + BX_2$，故點 (X_{i1}, X_{i2}) 會在同一條線上，因而稱爲共線性。若模式中有嚴重的共線性問題存在時，模式之參數就無法被完全估計出來（吳明隆、涂金堂，2006），或是估算出來的迴歸係數值不夠穩定，且有很大的誤差。

在進行迴歸分析前，建議對預測變項間進行相關係數矩陣計算，以瞭解各變項間之相關程度，若發現預測變項之間的相關係數值太大，則研究者可自行斟酌要挑選哪些（個）變項進入迴歸模式中。預測變項間是否有共線性存在，可經由下列三項指標檢驗。

(一) 容忍度

容忍度（tolerance）爲 $1 - R^2$，爲預測變項之間的多元相關係數值的平方。當 R^2 愈大時，表示模式中的其他預測變項皆能有效地解釋這個預測變項。容忍度值介於 0 至 1 之間。若預測變項的容忍度值愈小，表示此變項與其他預測變項之間有共線性問題存在。

(二) 變異數膨脹因子

變異數膨脹因子（variance inflation factor，簡稱 VIF）爲容忍度的倒數。即 $\text{VIF} = \frac{1}{\text{tolerance}} = \frac{1}{1 - R^2}$。當 VIF 值愈大，表示預測變項的容忍度愈小，愈有共線性的問題存在。

(三) 條件指標

條件指標（condition index，簡稱 CI）是最大特徵值除以第 i 個特徵值之平方根（最大特徵值與個別特徵值比例的平方根），即 $CI = \sqrt{\dfrac{\lambda_{max}}{\lambda_i}}$。當 CI 值愈大時，表示愈有共線性的問題存在。吳明隆、涂金堂（2006）歸納 Tacq, Belsley, Kuh 和 Welsch 分別在 1997 年、1980 年提出的結論：當 CI 值在 30 至 100 之間時，表示迴歸模式中具有中度至高度的共線性問題；若 CI 值大於 100 以上時，就表示有嚴重的共線性問題了。

補充

因變數的類型不同，選擇的迴歸分析理論亦不同。

		自變數	
		連續變數	間斷變數
依變數	連續變數	線性迴歸分析	虛擬迴歸分析
	間斷變數	Logistic 迴歸分析	--

9-2 線性迴歸分析之IBM SPSS Statistics 25.0 中文版範例操作

一、簡單線性迴歸分析

範例（檔名為簡單線性迴歸分析 .sav）：某研究者欲探討「顧客的忠誠度」是否可預測「顧客消費額」，隨機抽取 30 位顧客進行調查與資料分析。請利用簡單迴歸分析進行資料處理。

(一) IBM SPSS Statistics 25.0 中文版操作步驟

將資料鍵入 IBM SPSS Statistics 25.0 資料編輯程式，開啟功能列之「分析」選單，選擇「迴歸」，再選擇「線性」，如圖 9-1 所示。

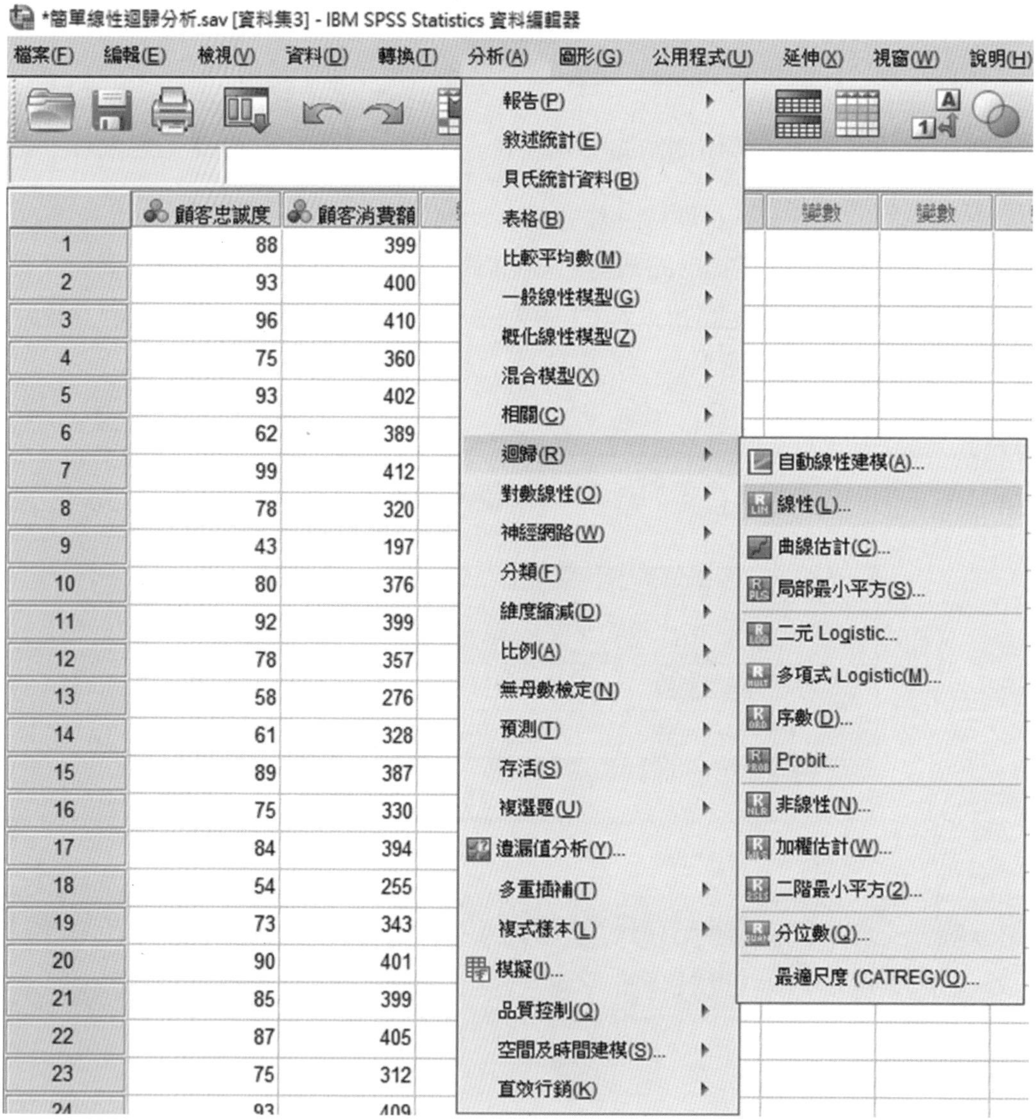

圖 9-1　開啓「分析」，選擇「迴歸」，再選擇「線性」

　　出現「線性迴歸」之對話框，將「顧客消費額」選入「應變數」欄位中，而「顧客忠誠度」選入「自變數」欄位；在「方法」選項中，以下拉式選單選擇迴歸分析的方法，在此選擇「輸入」，如圖 9-2 所示。線性迴歸分析方法常用的大致爲五種：輸入、逐步迴歸分析法、移除、向後法與向前法。讀者若欲進行「同時迴歸分析」，可選擇「輸入」法；若是欲進行「逐步迴歸分析」，則可選擇「逐步迴歸分析法」。一般而言，使用者多選擇這兩者進行線性迴歸分析。

　　點選「統計資料」選項，開啟「線性迴歸：統計量」之次對話框，勾選「迴歸係數」欄位的「估計值」，以及「模型配適度」、「敘述統計」，還有下方「殘差」欄位的「Durbin-Watson」和「逐觀察值診斷」等二項，其畫面如圖 9-3 所示。因本例題討論的是簡單迴歸分析，故其他選項可暫時不勾選。完成次對話框之選項後，點選「繼續」，回到原對話框，點選「確定」，即完成簡單線性迴歸分析之操作步驟。

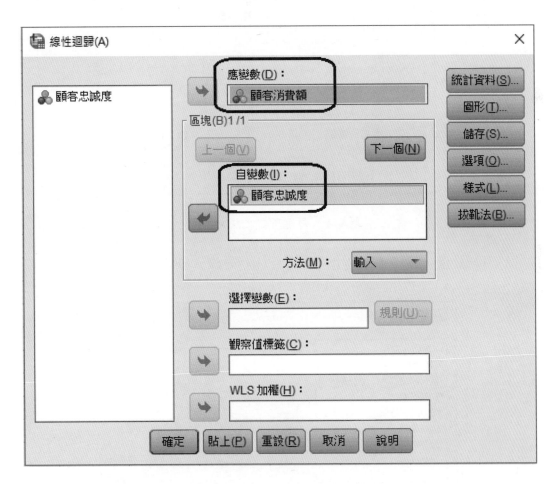

圖 9-2　在「線性迴歸」對話框，選入自變數、應變數，以及選擇「輸入」方法

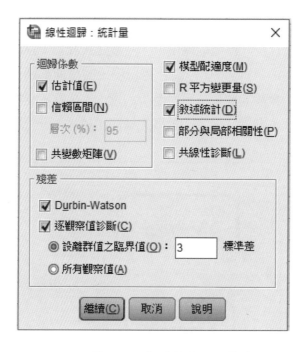

圖 9-3　勾選所需之統計量

除了「統計量」之外，研究者也可以利用「圖形」瞭解其殘差狀況，如圖9-4所示。

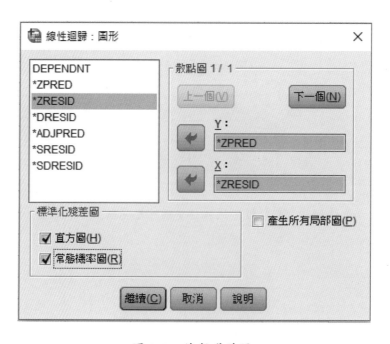

圖 9-4　繪製殘差圖

輸出報表如下，以下逐一解釋各表格之意義。

(二) 輸出報表解釋

迴歸

敘述統計

	平均數	標準偏差	N
顧客消費額	359.70	60.262	30
顧客忠誠度	78.37	15.291	30

上表爲描述統計資料，可得知顧客消費額和顧客忠誠度的平均數、標準差與樣本個數。下表則爲顧客忠誠度和顧客消費額之 Pearson 相關，兩者之相關係數爲 .895，且達顯著水準（$p = .000 < .05$）。

相關

		顧客消費額	顧客忠誠度
皮爾森（Pearson）相關	顧客消費額	1.000	.895
	顧客忠誠度	**.895**	1.000
顯著性（單尾）	顧客消費額	.	.000
	顧客忠誠度	**.000**	.
N	顧客消費額	30	30
	顧客忠誠度	30	30

「選入 / 刪除的變數」：此表格僅告知讀者在此簡單線性迴歸分析中，被選入之自變數爲「顧客忠誠度」，而選用的迴歸分析方法爲「輸入」。其輸出報表如下所示：

選入 / 刪除的變數 [a]

模型	已輸入的變數	已移除的變數	方法
1	顧客忠誠度 [b]	.	輸入 (Enter)

a. 應變數：顧客消費額。

b. 已輸入所有要求的變數。

「模型摘要」：此表格印出相關係數 $R = .895$，決定係數值即為 R 平方 $= .801$，調整後的 R 平方 $= .794$。此意義表示：可由「顧客忠誠度」來解釋「顧客消費額」的解釋量為 80.1%；換言之，以「顧客忠誠度」來解釋「顧客消費額」的影響力，占 80.1% 的比例。本例題僅有一個自變數，所以可不考慮調整過後的 R 平方值。其輸出報表如下表所示：

模型摘要[b]

模型	R	R 平方	調整後 R 平方	標準誤	Durbin-Watson
1	.895[a]	**.801**	.794	27.352	2.271

a. 解釋變數：（常數），顧客忠誠度。
b. 應變數：顧客消費額。

而由變異數分析摘要表可得知：$F = 112.768$，顯著性為 .000，此意義為該模式之建立可接受，而此模式亦達顯著水準。其輸出報表如下表所示：

變異數分析[a]

模型		平方和	自由度	均方	F	顯著性
1	迴歸	84366.301	1	84366.301	**112.768**	**.000[b]**
	殘差	20947.999	28	748.143		
	總計	105314.300	29			

a. 應變數：顧客消費額。
b. 解釋變數：（常數），顧客忠誠度。

「係數」：根據此表格之結果，可進一步建立迴歸方程式，在未標準化之係數值中，常數值為 83.28，而迴歸係數值為 3.527，且其 t 考驗的結果達到顯著水準（$t = 10.619$, $p = .000 < .05$）。故本例題之迴歸方程式可寫成：

$\hat{Y}_{顧客消費額} = 83.28 + 3.527X_{(顧客忠誠度)}$

而其標準化之迴歸方程式為：$Z_y = .895Z_x$

若有某位受試者，其「顧客忠誠度」分數為 95 分，將之代入此迴歸方程式中，則可預測其顧客消費額約為 418 元。

$Y = 83.28 + 3.527 (95) = 418.345 \doteqdot 418$

係數 [a]

模型		非標準化係數		標準化係數		
		B	標準誤	β	t	顯著性
1	（常數）	**83.280**	26.505		3.142	.004
	顧客忠誠度	**3.527**	.332	**.895**	**10.619**	**.000**

a. 應變數：顧客消費額。

　　此外，建議讀者進行殘差分析，以瞭解是否有影響值或是界外值（outlier）。根據「逐觀察值診斷」結果，提醒研究者要留意第 6 筆觀察值，殘差值偏大，也許是個需要考量的資料。可能的狀況是：填答時錯誤、輸入資料時錯誤等，研究者可斟酌其狀況，繼續保留或者刪除該筆資料。

逐觀察值診斷 [a]

觀察值數目	標準殘差	顧客消費額	預測值	殘差
6	**3.182**	389	301.97	87.030

a. 應變數：顧客消費額。

殘差統計量 [a]

	最小值	最大值	平均數	標準偏差	N
預測值	234.95	432.48	359.70	53.937	30
殘差	-44.007	87.030	.000	26.876	30
標準預測值	-2.313	1.349	.000	1.000	30
標準殘差	-1.609	3.182	.000	.983	30

a. 應變數：顧客消費額。

　　研究者可進一步瞭解其殘差圖形，利用散布圖來瞭解自變數與應變數間的關係。「迴歸標準化殘差之直方圖」可以檢定觀察值是否符合常態性的假設，當其直方圖愈接近常態分配曲線圖時，表示該觀察值愈接近常態分配。以本題爲例，大致尚可稱符合常態性的假設。

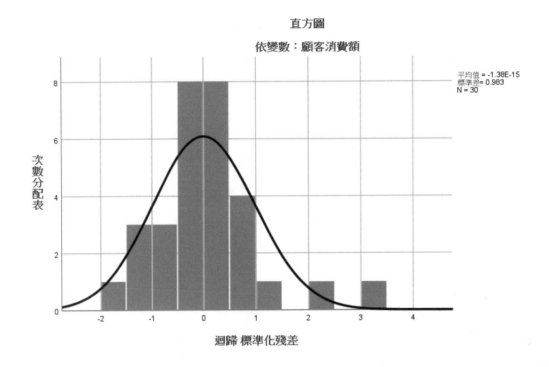

「迴歸標準化殘差的常態 P-P 圖」亦是檢定觀察值是否符合常態性假設。若殘差值的累積機率分布正好落在左下右上的 45 度斜線上時，即表示觀察值符合常態分配假設。以本題爲例，觀察值的分布都非常接近這條斜線，可說符合常態性的假設。

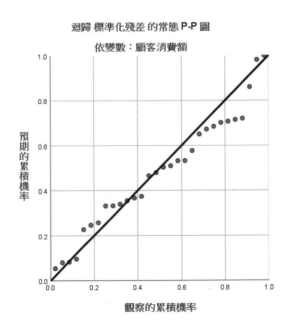

「散點圖」可用來檢定等分散性假設，即檢定樣本觀察值之常態性及殘差變異量是否有齊一性。當散點圖上的各點隨機落在「0」上下附近，表示觀察值為常態分布，且殘差變異量具有齊一性（陳正昌、程炳林、陳新豐、劉子鍵，2012）。以本題為例，觀察值的分布都非常接近 0，可說符合等分散性的假設。

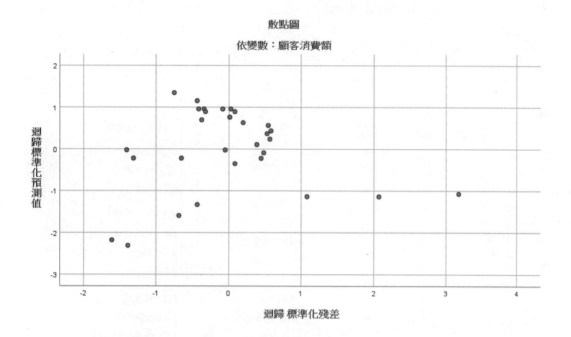

二、多元迴歸分析（複迴歸分析）

多元迴歸分析又可稱為複迴歸分析，簡單迴歸分析與多元迴歸分析之差異就在於自變數的個數，當自變數的個數超過一個時，即必須使用多元迴歸分析進行資料處理。

以下將以「學測成績」資料為例。**範例**（檔名為多元迴歸分析 .sav）：某研究者欲探討「在校成績」、「學習態度」與「創造力分數」等三個變項，是否可預測學生在「素養評量」的表現，故利用多元迴歸分析進行資料處理。

（一）IBM SPSS Statistics 25.0 操作步驟

開啟功能列之「分析」選單，選擇「迴歸」，再選擇「線性」，如圖 9-5 所示。

多元迴歸分析.sav [資料集4] - IBM SPSS Statistics 資料編輯器

| 檔案(F) | 編輯(E) | 檢視(V) | 資料(D) | 轉換(T) | 分析(A) | 圖形(G) | 公用程式(U) | 延伸(X) | 視窗(W) | 說明(H) |

14：

		在校成績	學習態度	創造力	變數	變數	變數
1		85	89				
2		93	78				
3		86	93				
4		75	83				
5		93	75				
6		76	80				
7		81	89				
8		78	88				
9		86	96				
10		80	85				
11		67	87				
12		78	78				
13		70	65				
14		85	61				
15		89	80				
16		90	87				
17		68	80				
18		75	88				
19		74	80				
20		83	97				
21		85	89				
22		92	88				
23		68	93				
24		80	81				

分析(A) 選單：
- 報告(P) ▶
- 敘述統計(E) ▶
- 貝氏統計資料(B) ▶
- 表格(B) ▶
- 比較平均數(M) ▶
- 一般線性模型(G) ▶
- 概化線性模型(Z) ▶
- 混合模型(X) ▶
- 相關(C) ▶
- 迴歸(R) ▶
- 對數線性(O) ▶
- 神經網路(W) ▶
- 分類(F) ▶
- 維度縮減(D) ▶
- 比例(A) ▶
- 無母數檢定(N) ▶
- 預測(T) ▶
- 存活(S) ▶
- 複選題(U) ▶
- 遺漏值分析(Y)...
- 多重插補(T) ▶
- 複式樣本(L) ▶
- 模擬(I)...
- 品質控制(Q) ▶
- 空間及時間建模(S)...
- 直效行銷(K) ▶

迴歸(R) 子選單：
- 自動線性建模(A)...
- 線性(L)...
- 曲線估計(C)...
- 局部最小平方(S)...
- 二元 Logistic...
- 多項式 Logistic(M)...
- 序數(D)...
- Probit...
- 非線性(N)...
- 加權估計(W)...
- 二階最小平方(2)...
- 分位數(Q)...
- 最適尺度 (CATREG)(O)...

圖 9-5　開啓「分析」，選擇「迴歸」，再選擇「線性」

　　開啓「線性迴歸」之對話框，將「素養評量」選入「應變數」欄位中；再將「在校成績」、「學習態度」與「創造力分數」等三個變項選入「自變數」欄位；在「方法」選項中，以下拉式選單選擇迴歸分析的方法，在此選擇「輸入」，如圖9-6所示。

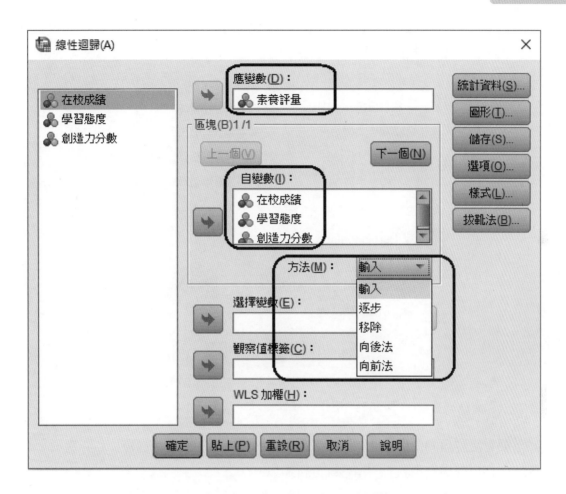

圖 9-6　選入自變數、應變數，以及選擇「輸入」方法

　　點選「統計資料」選項，開啟「線性迴歸：統計量」之次對話框，勾選迴歸係數中的「估計值」、「信賴區間」、「模型配適度」、「R 平方變更量」、「敘述統計」與「共線性診斷」，以及「殘差」中的「Durbin-Watson」、「逐觀察值診斷」等選項。「Durbin-Watson」統計量可以用來檢測迴歸分析中的殘差項是否存在自我相關，$D = \dfrac{\sum\limits_{t=2}^{n}(e_t - e_{t-1})^2}{\sum\limits_{t=1}^{n} e_t^2}$，若 DW 值在「2」上下，則沒有違反假定，通常若不是使用時間數列的資料時，可以不必進行檢定，其操作畫面如圖 9-7 所示。完成次對話框之選項後，點選「繼續」，回到原對話框，點選「確定」，即完成多元線性迴歸分析之操作步驟。

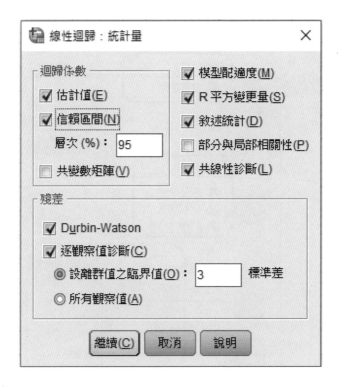

圖 9-7　選擇「線性迴歸：統計量」

　　若要有更詳盡的分析，建議研究者可以再進行「圖形」、「儲存」和「選項」等功能的操作。其操作步驟與簡單迴歸分析類似。

　　為了檢查是否有極端值或影響值存在，必須進行「儲存」的「距離」選項中的「Mahalanobis」、「Cook's」與「影響量數（較常使用的名稱為：「槓桿值」；英文版名稱為：「Leverage values」）」等檢查。其中，「Mahalanobis」被稱為**馬氏距離殘差值**，可測得是否有極端值存在，表示觀察變項與自變數平均數的距離量數，當此數值愈大時，表示此觀察變項愈有可能為具影響力之觀察值；「Cook's」距離值是指刪除第 i 個觀察值之後之迴歸係數改變值，此數值可檢測來自預測變項及效標變項具影響力的觀察值；「影響量數」又稱為槓桿值，能測出預測變項中的極端值，但效標變項內的極端值則無法偵測出（陳正昌等人，2012）。其輸出結果則會呈現在資料視圖檔案中，而不是在輸出報表裡。

(二) 輸出報表解釋

　　其輸出報表，將逐一解釋各表格所代表的意義。

「敘述統計」：表示各項變數之平均數、標準差（報表輸出用「標準偏差」）與個數之值。

敘述統計

	平均數	標準偏差	N
素養評量	84.20	9.137	30
在校成績	82.03	7.859	30
學習態度	83.93	8.103	30
創造力分數	78.60	7.977	30

「相關」：此為三個自變數與依變數間之 Pearson 相關係數值，由下表說明各變數間之相關情形。故可知：素養評量和在校成績之 Pearson 積差相關為 .493，達顯著水準（$p = .003 < .05$）；素養評量和學習態度之 Pearson 積差相關為 .428，達顯著水準（$p = .009 < .05$）；素養評量和創造力分數之 Pearson 積差相關為 .461，達顯著水準（$p = .005 < .05$）；在校成績和學習態度之 Pearson 積差相關為 .086，未達顯著水準（$p = .326 > .05$）；在校成績和創造力分數之 Pearson 積差相關為 .282，未達顯著水準（$p = .065 > .05$）；學習態度和創造力分數之 Pearson 積差相關為 .117，未達顯著水準（$p = .268 > .05$）。

相關

		素養評量	在校成績	學習態度	創造力分數
皮爾森（Pearson）相關	素養評量	1.000	.493	.428	.461
	在校成績	.493	1.000	.086	.282
	學習態度	.428	.086	1.000	.117
	創造力分數	.461	.282	.117	1.000
顯著性（單尾）	素養評量	.	.003	.009	.005
	在校成績	.003	.	.326	.065
	學習態度	.009	.326	.	.268
	創造力分數	.005	.065	.268	.
N	素養評量	30	30	30	30
	在校成績	30	30	30	30
	學習態度	30	30	30	30
	創造力分數	30	30	30	30

「選入 / 刪除的變數」：下表乃說明在此多元線性迴歸分析中，被選入之變數為「創造力分數」、「學習態度」、「在校成績」等三個變項，而選用的迴歸分析方法為「（強迫）輸入（變數法）」。

選入 / 刪除的變數 [a]

模型	已輸入的變數	已移除的變數	方法
1	創造力分數，學習態度，在校成績 [b]	.	輸入（Enter）

a. 應變數：素養評量。
b. 已輸入所有要求的變數。

「模型摘要」：下表印出相關係數 $R = .695$，決定係數（R^2）為 .482，調整後之 $R^2 = .423$。在多元迴歸分析中，建議以「調整後之 R^2」作為該迴歸分析的決定係數，因為隨著自變數的增加，R^2 也會隨之增加，因此恐有高估之虞。此意義表示：由「創造力分數」、「學習態度」與「在校成績」等三個變項來解釋「素養評量」，其解釋量為 42.3%；換言之，以此三個變項來判斷對學測成績的影響力，有 42.3% 的解釋力。而 DW 值亦介於 2 上下，故無殘差自我相關存在。

模型摘要 [b]

模型	R	R 平方	調整後 R 平方	標準誤	變更統計量					Durbin-Watson
					R 平方變更	F 值變更	自由度 1	自由度 2	顯著性 F 值變更	
1	.695[a]	.482	.423	6.942	.482	8.077	3	26	.001	2.451

a. 解釋變數：（常數），創造力分數、學習態度、在校成績。
b. 應變數：素養評量。

而由變異數分析摘要表可得知：$F = 8.077$，$p = .001$，此意義為該模式之建立是可接受的，此模式亦達顯著水準。

變異數分析[a]

模型		平方和	自由度	均方	F	顯著性
1	迴歸	1167.774	3	389.258	8.077	.001[b]
	殘差	1253.026	26	48.193		
	總計	2420.800	29			

a. 應變數：素養評量。
b. 解釋變數：（常數），創造力分數、學習態度、在校成績。

「係數」：根據「迴歸方程式係數」之結果，可進一步建立迴歸方程式，在未標準化之係數值中，常數值為 −13.641，而迴歸係數值分別為 .435、.405、.359。再進一步檢查 t 考驗之顯著性結果，三個變項的解釋力皆達顯著水準，故本例之迴歸方程式可寫成：

$\hat{y}$（素養評量）= −13.641 +.435X_1（在校成績）+ .405 X_2（學習態度）+ .359 X_3（創造力分數）

其標準化迴歸方程式為：

$Zy = .374Zx_1 + .359Zx_2 + .313Zx_3$

研究者若有充分的理論支持，或是根據研究的理論模式，欲進行同時迴歸分析，想要瞭解三個變項在迴歸模型中的表現情形，則可以無須考慮各變項是否達顯著，只要直接根據各變項之迴歸係數值寫成迴歸方程式即可。

再檢查各變項之間的共線性診斷結果，以共線性統計量中之「允差（或稱容忍度，tolerance）」與「VIF（變異數膨脹因子）」為指標，檢查自變數間是否有線性重合之情況存在。其中，允差乃是 VIF 之倒數（即允差 = 1/VIF），允差之值介於 0 與 1 之間。當允差愈接近 0，則 VIF 值愈大，表示自變數間的線性重合情況愈嚴重。在此例中之允差皆相當接近於 1，相對的 VIF 值也都偏低，故表示各自變數之間無共線性問題存在。

綜合迴歸係數之顯著性與共線性診斷，研究者必須斟酌兩者之資訊，且在符合迴歸分析之基本假設條件下，避免僅根據迴歸係數之顯著性來進行迴歸分析之結論，以免造成嚴重的錯誤。

係數 [a]

模型		非標準化係數		標準化係數	t	顯著性	B 的信賴區間		共線性統計量	
		B	標準誤	β			下限	上限	允差	VIF
1	（常數）	**-13.641**	19.967		-.683	.501	-54.683	27.401		
	在校成績	**.435**	.171	**.374**	**2.538**	**.017**	.083	.787	.917	**1.090**
	學習態度	**.405**	.160	**.359**	**2.523**	**.018**	.075	.735	.983	**1.017**
	創造力分數	**.359**	.169	**.313**	**2.120**	**.044**	.011	.707	.911	**1.097**

a. 應變數：素養評量。

　　下表為共線性診斷（collinearity diagnostics），即是對整體模式進行共線性檢核。當特徵值愈小、條件指標愈大、變異數比例值愈高，則表示該模式可能有較高機會呈現出共線性的問題。若研究者選擇用「逐步迴歸分析法」進行線性迴歸分析時，此方法會協助使用者排除有共線性的變項；但若是使用「輸入」的方法時，則得由研究者或使用者自行剔除具有共線性的變項。

　　根據 Tacq, Belsley, Kuh 和 Welsch 分別在 1997 年、1980 年提出的結論：當 CI 值在 30 至 100 之間時，表示迴歸模式中具有中度至高度的共線性問題。故以本例而言，「創造力分數」具有稍高的共線性，故研究者可以自行斟酌此變項是否適合留在模型中。

共線性診斷 [a]

模型	維度	特徵值	條件指數	變異數比例			
				（常數）	在校成績	學習態度	創造力分數
1	1	3.982	1.000	.00	.00	.00	.00
	2	.009	21.333	.00	.14	.62	.23
	3	.007	24.362	.00	.61	.01	.65
	4	.003	**36.451**	.99	.25	.37	.12

a. 應變數：素養評量。

　　下表為殘差統計量，殘差為觀察值和預測值的差。當殘差愈大時，表示誤差愈大，當標準化的殘差（studentized residual）絕對值大於 1.96 時，表示有偏離值存在（邱皓政，2011）。就本題資料而言，沒有偏離值存在。

殘差統計量 [a]

	最小值	最大值	平均數	標準偏差	N
預測值	69.65	94.72	84.20	6.346	30
殘差	-12.650	12.726	.000	6.573	30
標準預測值	-2.292	1.657	.000	1.000	30
標準殘差	**-1.822**	**1.833**	**.000**	**.947**	**30**

a. 應變數：素養評量。

　　其中，「Mahalanobis 距離」、「Cook's 距離」與「影響量數（槓桿值）」之值皆在可接受範圍內，表示此例題之資料並無特殊具有影響力之觀察值，或是極端值存在。

　　而其圖形的解釋則和簡單迴歸分析的結果一樣。本例題在經過多元迴歸分析之後，得到「迴歸標準化殘差之直方圖」、「迴歸標準化殘差的常態 P-P 圖」與「迴歸標準化殘差的散點圖」等三個圖形。迴歸標準化殘差之直方圖為檢定樣本觀察值是否符合常態性的基本假設。若標準化殘差直方圖曲線愈接近常態分配曲線圖，則樣本觀察值愈接近常態分配。

直方圖

依變數：素養評量

平均值 = -3.80E-16
標準差 = 0.947
N = 30

次數分配表

迴歸 標準化殘差

迴歸標準化殘差的常態 P-P 圖表示，當樣本殘差值的累積機率分布剛好成一條從左下到右上的 45 度角斜線時，則樣本觀察值符合常態性的假設。

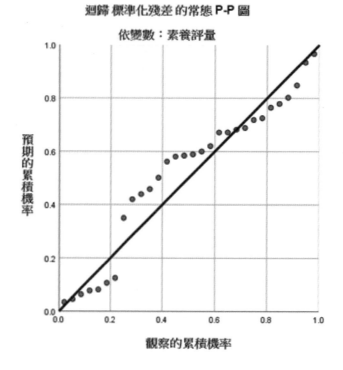

迴歸標準化殘差的散點圖（regression standardized residual and predicted value scatterplot）用以檢定樣本觀察值之常態性及殘差變異數是否具有齊一性。當散點圖中的點在 0 上下隨機分布，則表示樣本觀察值為常態分布，且殘差變異數具有齊一性（陳正昌等人，2012）。

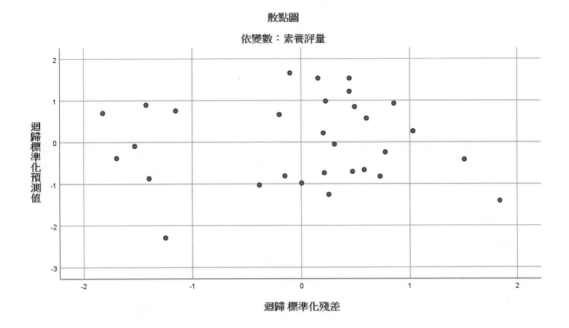

散點圖

依變數：素養評量

（縱軸）迴歸標準化預測值

（橫軸）迴歸 標準化殘差

三、逐步迴歸分析

在試探性研究中，研究者通常不知道哪個自變數才是最適合解釋依變數，故傾向於將全部自變數全部選入模型中，但基於經濟的考量，也許並不需要如此多的自變數來解釋或預測依變數，故在本節中介紹逐步迴歸分析方法，以提供操作者在進行迴歸分析時可獲得更經濟、簡潔的迴歸模型。不過，仍需要提醒使用者，在沒有確定基礎的情況下，還是建議使用強迫進入變數的「輸入」方法較爲安全。

同樣以「學測成績」資料爲例。**範例（檔名爲多元逐步迴歸分析 .sav）**：某研究者欲探討「國三成績」、「智力分數」、「創造力分數」等三個變項，何者是預測國三學生「學測成績」的最佳變數？利用逐步迴歸分析方法進行討論。

(一) IBM SPSS Statistics 25.0 操作步驟

開啓功能列之「分析」選單，選擇「迴歸」，再選擇「線性」，如圖 9-8 所示。開啓「線性迴歸」之對話框，如同多元迴歸分析之操作方法，將「國三成績」、「智力分數」、「創造力分數」等三個變項選入「自變數」欄位，「學測成績」選入「應變數」欄位中；在「方法」選項中，以下拉式選單選擇迴歸分析的方法，在此選擇「逐步」（stepwise）方法，如圖 9-9 所示。進行逐步迴歸分析的方法有很多種，一般最常用的是：「逐步」方法，但也有時候會選擇「向前法（forward）」、「向後

法（backward）」或「刪除法（remove）」等方法，視研究者的需求選擇。其餘選項的勾選，都和前述的步驟相同。

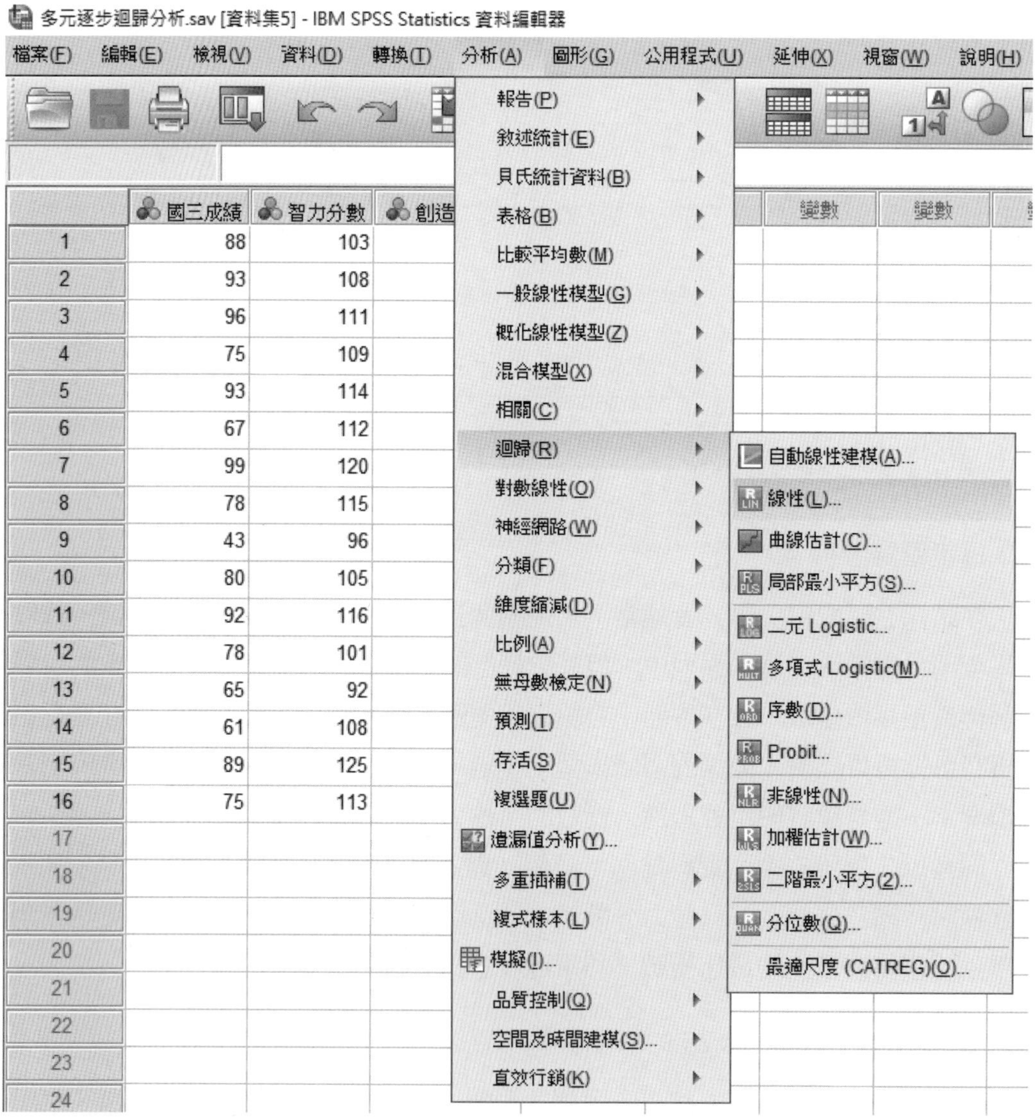

圖 9-8　開啓功能列「分析」選單，選擇「迴歸」，再選擇「線性」

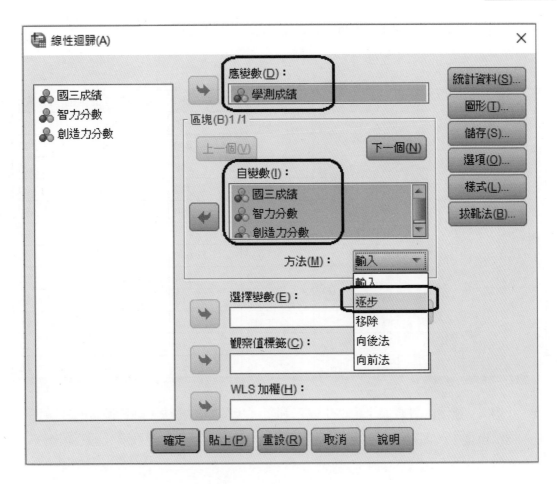

圖 9-9　選入自變數、應變數，以及選擇「逐步」方法

(二) 輸出報表解釋

完成選項設定之後，以下針對輸出報表解釋其所代表的意義。

「敘述統計」：表示各項變數之平均數、標準差與個數之值。

敘述統計

	平均數	標準偏差	N
學測成績	49.81	8.961	16
國三成績	79.50	15.104	16
智力分數	109.25	8.528	16
創造力分數	14.63	4.129	16

「相關」：表示各變數之間的 Pearson 相關係數與顯著性情形。

相關

		學測成績	國三成績	智力分數	創造力分數
皮爾森（Pearson）相關	學測成績	1.000	.766	.709	.407
	國三成績	.766	1.000	.608	.232
	智力分數	.709	.608	1.000	.026
	創造力分數	.407	.232	.026	1.000
顯著性（單尾）	學測成績	.	.000	.001	.059
	國三成績	.000	.	.006	.194
	智力分數	.001	.006	.	.463
	創造力分數	.059	.194	.463	.
N	學測成績	16	16	16	16
	國三成績	16	16	16	16
	智力分數	16	16	16	16
	創造力分數	16	16	16	16

「選入 / 刪除的變數」：模型 1 表示利用逐步迴歸的方法，篩選適當的變數逐一進入迴歸模型中，而在不斷重複的篩選過程中，逐一被選入之變數為「國三成績」。如下表所示：

選入 / 刪除的變數 [a]

模型	已輸入的變數	已移除的變數	方法
1	國三成績	.	逐步（準則：F-to-enter 的機率 <= .050，F-to-remove 的機率 >= .100）。

a. 應變數：學測成績。

說明：F-to-enter 表示 F 選取進入的標準是 $p \leq .05$

F-to-remove 表示 F 移除的標準是 $p \geq .100$

在「模型摘要」表格中，以「學測成績」為依變數，以「國三成績」為自變數的第一個模式之相關係數 $R = .766$，決定係數 $R^2 = .586$，調整後之 $R^2 = .557$。此意義表示：經過逐步迴歸分析之後，僅選取「國三成績」變數進入迴歸模型中，由此變數來

解釋「學測成績」之解釋量達 58.6%；換言之，由「國三成績」來預測對學測成績的影響力，有 58.6% 的解釋力。如下表所示：

模型摘要 ^b

| 模型 | R | R 平方 | 調整後 R 平方 | 標準誤 | 變更統計量 | | | | | Durbin-Watson |
					R 平方變更	F 值變更	自由度 1	自由度 2	顯著性 F 值變更	
1	.766^a	**.586**	**.557**	5.966	.586	19.841	1	14	.001	**1.580**

a. 解釋變數：（常數），國三成績。
b. 應變數：學測成績。

由變異數分析摘要表可得知：模型 1 之 F 檢定值為 19.841，顯著性為 .001，此意義表示：模型 1 所建立之迴歸模型是可接受的，而此模型亦達到顯著水準。

變異數分析 ^a

模型		平方和	自由度	均方	F	顯著性
1	迴歸	706.157	1	706.157	**19.841**	**.001**^b
	殘差	498.280	14	35.591		
	總計	1204.438	15			

a. 應變數：學測成績。
b. 解釋變數：（常數），國三成績。

根據「係數」表格之結果，建立逐步迴歸方程式，模型 1 即為此分析所建立之迴歸模型。在未標準化之係數值中，常數值為 13.698，而迴歸係數值為 .454。故本例題之未標準化迴歸方程式可寫成：

$\hat{Y}$（學測成績）$= 13.698 + .454X_1$（國三成績）

其標準化迴歸方程式則為：

$Zy = .766Zx$

再檢查各變數之間的共線性診斷結果，因選入的變項只有一個，故此例中之允差相當接近 1，相對地 VIF 值也偏低，故表示自變數之間無共線性問題存在，亦表示此模式是相當良好的迴歸模型。

係數 [a]

模型		非標準化係數		標準化係數	t	顯著性	共線性統計量	
		B	標準誤	β			允差	VIF
1	（常數）	**13.698**	8.244		1.662	.119		
	國三成績	**.454**	.102	.766	4.454	.001	1.000	1.000

a. 應變數：學測成績。

　　在「排除的變數」表格中，逐一列出被剔除於模型外之各變數的統計數值，研究者可藉此瞭解其之所以未被選入模型中的原因。在本例題中，「智力分數」與「創造力分數」兩個變項皆未被選入模型之中，如下表所示：

排除的變數 [a]

模型		輸入 β	t	顯著性	偏相關	共線性統計量		
						允差	VIF	允差下限
1	智力分數	.386[b]	1.955	.072	.477	.630	1.587	.630
	創造力分數	.242[b]	1.421	.179	.367	.946	1.057	.946

a. 應變數：學測成績。
b. 模型中的解釋變數：（常數），國三成績。

　　共線性診斷的結果則不需再看，因為只剩下一個變數，沒有共線性的問題。

共線性診斷 [a]

模型	維度	特徵值	條件指數	變異數比例	
				（常數）	國三成績
1	1	1.983	1.000	.01	.01
	2	.017	10.963	.99	.99

a. 應變數：學測成績。

殘差統計量 [a]

	最小值	最大值	平均數	標準偏差	N
預測值	33.23	58.67	49.81	6.861	16
殘差	-12.674	10.591	.000	5.764	16

| 標準預測值 | -2.417 | 1.291 | .000 | 1.000 | 16 |
| 標準殘差 | -2.124 | 1.775 | .000 | .966 | 16 |

a. 應變數：學測成績。

　　其中，「Mahalanobis 距離」、「Cook's 距離」與「影響量數（槓桿值）」之值
皆在可接受範圍內，表示此例題資料並無特殊具有影響力之觀察值，或極端值存在。

　　而其圖形的解釋則和簡單迴歸分析的結果一樣，表示皆符合常態分配。

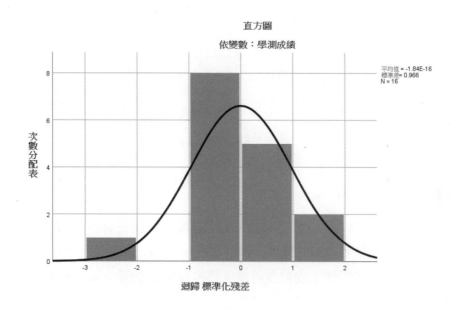

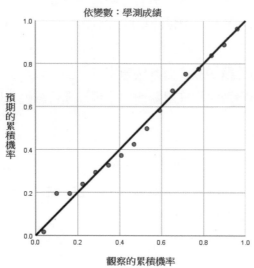

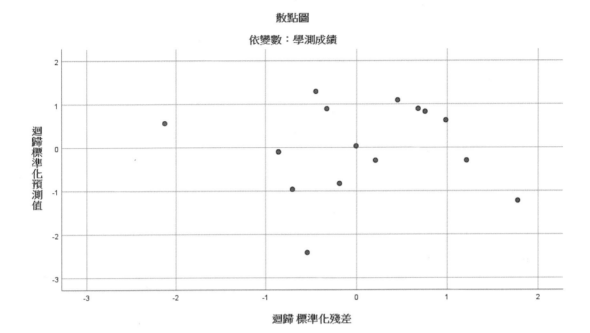

散點圖

依變數：學測成績

四、虛擬變項之迴歸分析

前三節的範例皆為連續變數的迴歸分析運算，然而在實際的研究或資料分析中，經常會遇到非連續變數也需被列入線性迴歸模型時，研究者該如何處理這樣的變數類型呢？這時必須先將類別變數作轉換，轉換成虛擬變項（dummy variable）才可以放入迴歸方程模型中。

範例（檔名為虛擬變項之迴歸分析）：研究者欲探討影響大學補習行為的因素，故蒐集：補習行為意向（Y）、學習滿意度（X_1）、補習預期效益（X_2）、個人成熟度（X_3）、個人因素（X_4）、家庭環境（X_5）和性別（X_6）等變項。因線性迴歸分析計算的變項皆必須為連續變數，而本例題中有一個「性別」變項為非連續變數，故需將「性別」這個類別變數轉換成虛擬變項才可以進行線性迴歸分析。

(一) IBM SPSS Statistics 25.0 操作步驟

其所有操作步驟皆與以上範例相同，使用者可自行決定「方法」要使用「輸入」，或是「逐步迴歸分析法」，本範例乃是使用「輸入」和「逐步迴歸分析法」等二種方法進行迴歸分析，如圖 9-10 所示。

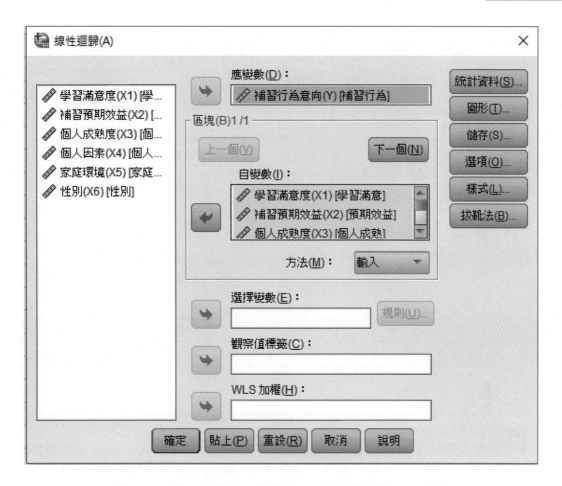

圖 9-10　選入自變數、應變數，以及選擇「輸入」方法

(二) 輸出報表解釋

1. 輸入法（全部變數皆投入迴歸模型中）

在「模型摘要」表格中，以「補習行為意向（Y）」為依變數，以學習滿意度（X_1）、補習預期效益（X_2）、個人成熟度（X_3）、個人因素（X_4）、家庭環境（X_5）和性別（X_6）為自變數，其相關係數 $R = .535$，決定係數 $R^2 = .286$，調整後之 $R^2 = .278$。此意義表示：投入六個變項進行多元迴歸分析之後，這些變數對「補習行為意向（Y）」之解釋量為 27.8%；換言之，以學習滿意度（X_1）、補習預期效益（X_2）、個人成熟度（X_3）、個人因素（X_4）、家庭環境（X_5）和性別（X_6）這些變項來預測補習行為意向，有 27.8% 的解釋力。

模型摘要[b]

模型	R	R 平方	調整後 R 平方	標準誤	變更統計量					Durbin-Watson
					R 平方變更	F 值變更	自由度 1	自由度 2	顯著性 F 值變更	
1	.535[a]	.286	.278	4.082	.286	34.868	6	523	.000	2.061

a. 解釋變數：（常數），性別（X_6）、補習預期效益（X_2）、家庭環境（X_5）、個人成熟度（X_3）、學習滿意度（X_1）、個人因素（X_4）。

b. 應變數：補習行為意向（Y）。

　　而由變異數分析摘要表可得知：模型 1 之 F 檢定值為 34.868，顯著性為 .000，此意義表示：模型 1 所建立之迴歸模型是可接受的，而此模型亦達到顯著水準。

變異數分析[a]

模型		平方和	自由度	均方	F	顯著性
1	迴歸	3485.082	6	580.847	**34.868**	**.000**[b]
	殘差	8712.473	523	16.659		
	總計	12197.555	529			

a. 應變數：補習行為意向（Y）。

b. 解釋變數：（常數），性別（X_6）、補習預期效益（X_2）、家庭環境（X_5）、個人成熟度（X_3）、學習滿意度（X_1）、個人因素（X_4）。

　　根據「係數」表格之結果，建立逐步迴歸方程式，模型 1 即為此分析所建立之迴歸模型。在未標準化之係數值中，常數值為 7.362，而迴歸係數值分別為 -.044、.147、.066、-.030、.239 和 -.746。根據標準化迴歸係數，可知個人成熟度、家庭環境和補習預期效益之 β 值為正數，表示家庭環境影響愈大、補習預期效益、個人成熟度愈大者，補習行為意向愈高；學習滿意度、個人因素之 β 值為負數，表示其得分愈低者，補習意向愈高；在類別變數部分，性別之 β 為負數，表示和女生相較之下，男生的補習行為意向較低。故本例題之迴歸方程式可寫成：

$\hat{Y}$（補習行為意向）$= 7.362 - .044X_1$（學習滿意度）$+ .147X_2$（補習預期效益）$+ .066X_3$（個人成熟度）$- .030X_4$（個人因素）$+ .239X_5$（家庭環境）$- .746X_6$（性別）

其標準化迴歸方程式則為：

$$Zy = -.094Zx_1 + .354Zx_2 + .105Zx_3 - .045Zx_4 + .341Zx_5 - .076Zx_6$$

或者排除未達顯著的變項：學習滿意度和個人因素，則迴歸方程式可寫成：

$\hat{Y}$（補習行為意向）$= 7.362 + .147X_2$（補習預期效益）$+ .066X_3$（個人成熟度）$+$ $.239 X_5$（家庭環境）$- .746X_6$（性別）

其標準化迴歸方程式則為：

$$Zy = .354Zx_2 + .105Zx_3 + .341Zx_5 - .076Zx_6$$

係數 [a]

模型		非標準化係數		標準化係數	t	顯著性	B 的信賴區間		共線性統計量	
		B	標準誤	β			下限	上限	允差	VIF
1	（常數）	**7.362**	1.363		5.401	.000	4.684	10.040		
	學習滿意度（X_1）	**-.044**	.022	-.094	-1.961	.050	-.087	.000	.600	**1.667**
	補習預期效益（X_2）	**.147**	.020	**.354**	7.446	**.000**	.108	.185	.605	**1.653**
	個人成熟度（X_3）	**.066**	.032	.105	2.071	**.039**	.003	.128	.531	**1.883**
	個人因素（X_4）	**-.030**	.036	-.045	-.836	.404	-.101	.041	.468	**2.138**
	家庭環境（X_5）	**.239**	.029	**.341**	8.335	**.000**	.182	.295	.817	**1.224**
	性別（X_6）	**-.746**	.374	**-.076**	-1.995	**.047**	-1.480	-.011	.930	**1.075**

a. 應變數：補習行為意向（Y）。

再檢查各變數之間的共線性診斷結果，在此例中之允差還算接近 1，相對的 VIF 值也都偏低，故表示各自變數之間無共線性問題存在，亦表示此模型是相當良好的迴歸模型。

共線性診斷 [a]

模型	維度	特徵值	條件指數	變異數比例						
				（常數）	學習滿意度（X_1）	補習預期效益（X_2）	個人成熟度（X_3）	個人因素（X_4）	家庭環境（X_5）	性別（X_6）
1	1	6.375	1.000	.00	.00	.00	.00	.00	.00	.01
	2	.532	3.463	.00	.00	.00	.00	.00	.00	.95
	3	.038	12.960	.00	.07	.01	.04	.00	.72	.00
	4	.019	18.118	.01	.19	.19	.34	.12	.00	.02
	5	.014	21.251	.95	.11	.04	.00	.05	.10	.01
	6	.013	22.244	.00	.61	.66	.01	.05	.09	.01
	7	.009	26.009	.03	.02	.11	.61	.77	.09	.00

a. 應變數：補習行為意向（Y）。

　　其中，「Mahalanobis 距離」、「Cook's 距離」與「影響量數（槓桿值）」之值皆在可接受範圍內，表示此例題之資料並無特殊具有影響力之觀察值，或是極端值存在。

　　而其圖形的解釋則和多元迴歸分析的結果一樣，表示皆符合常態分配。

逐觀察值診斷 [a]

觀察值數目	標準殘差	補習行為意向（Y）	預測值	殘差
134	-3.211	13	26.10	-13.105

a. 應變數：補習行為意向（Y）。

殘差統計量 [a]

	最小值	最大值	平均數	標準偏差	N
預測值	10.14	31.60	23.67	2.567	530
殘差	-13.105	12.135	.000	4.058	530
標準預測值	-5.269	3.089	.000	1.000	530
標準殘差	-3.211	2.973	.000	.994	530

a. 應變數：補習行為意向（Y）。

直方圖

依變數：補習行為意向(Y)

平均值 = 9.65E-16
標準差 = 0.994
N = 530

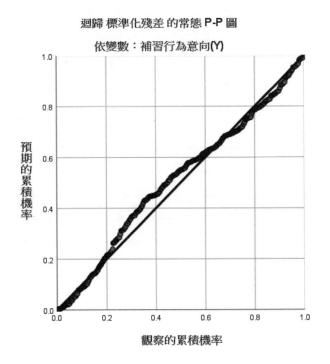

迴歸 標準化殘差

迴歸 標準化殘差 的常態 P-P 圖

依變數：補習行為意向(Y)

觀察的累積機率

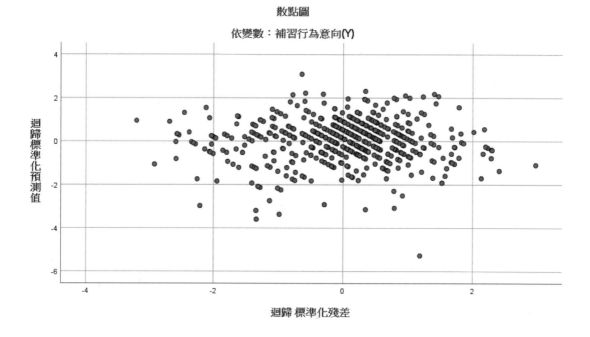

2. 逐步迴歸分析法

　　下表為逐步迴歸分析模型摘要表，可得知：家庭環境（X_5）、補習預期效益（X_2）、性別（X_6）等三個變項達到顯著。多元相關係數值為 .526，決定係數值為 .277，調整過後的決定係數值為 .273。表示這三個變項可以解釋補習行為意向（Y）27.3% 的變異量。

模型摘要 [d]

模型	R	R 平方	調整後 R 平方	估計的標準誤	Durbin-Watson
1	.417[a]	.174	.173	4.368	
2	.521[b]	.271	.268	4.107	
3	**.526**[c]	**.277**	**.273**	4.096	**2.039**

a. 解釋變數：（常數），家庭環境（X_5）。
b. 解釋變數：（常數），家庭環境（X_5）、補習預期效益（X_2）。
c. 解釋變數：（常數），家庭環境（X_5）、補習預期效益（X_2）、性別（X_6）。
d. 應變數：補習行為意向（Y）。

　　根據變異數分析摘要表，三個迴歸模型的整體顯著性考驗皆達顯著。模型 3 的 $F = 67.055$（$p = .000 < .05$）。

變異數分析 [a]

模型		平方和	自由度	均方	F	顯著性
1	迴歸	2123.893	1	2123.893	111.322	.000[b]
	殘差	10073.662	528	19.079		
	總計	12197.555	529			
2	迴歸	3306.840	2	1653.420	98.007	.000[c]
	殘差	8890.715	527	16.870		
	總計	12197.555	529			
3	迴歸	3374.350	3	1124.783	**67.055**	**.000[d]**
	殘差	8823.205	526	16.774		
	總計	12197.555	529			

a. 應變數：補習行為意向（Y）。
b. 解釋變數：（常數），家庭環境（X_5）。
c. 解釋變數：（常數），家庭環境（X_5）、補習預期效益（X_2）。
d. 解釋變數：（常數），家庭環境（X_5）、補習預期效益（X_2）、性別（X_6）。

　　下表為逐步迴歸分析結果的係數表，被選入模型的變項有三個：家庭環境（X_5）、補習預期效益（X_2）、性別（X_6）。根據標準化迴歸係數，可知家庭環境和補習預期效益之 β 值為正數，表示家庭環境影響愈大、補習預期效益愈大者，補習行為意向愈高，而性別變項之 β 為負數，表示和女生相較之下，男生的補習行為意向較低。

係數 [a]

模型		非標準化係數		標準化係數	t	顯著性	共線性統計量	
		B	標準誤	β			允差	VIF
1	（常數）	14.439	.895		16.131	.000		
	家庭環境（X_5）	.292	.028	.417	10.551	.000	1.000	1.000
2	（常數）	7.275	1.200		6.061	.000		
	家庭環境（X_5）	.228	.027	.326	8.409	.000	.921	1.086
	補習預期效益（X_2）	.134	.016	.325	8.374	.000	.921	1.086
3	（常數）	**7.307**	1.197		6.105	.000		
	家庭環境（X_5）	**.237**	.027	**.338**	8.640	.000	.899	**1.112**
	補習預期效益（X_2）	**.135**	.016	**.325**	8.401	.000	.921	**1.086**
	性別（X_6）	**-.735**	.366	**-.075**	-2.006	.045	.974	**1.026**

a. 應變數：補習行為意向（Y）。

將以上分析討論結果，整理成符合 APA6 格式之表格（見表 9-1）：

表 9-1　補習行為意向預測模式逐步迴歸分析摘要表

	B	SEB	β	R^2	OR^2	F
家庭環境（X_5）	0.237	0.027	0.338***	0.174	0.174	111.322***
補習預期效益（X_2）	0.135	0.016	0.325***	0.271	0.097	98.007***
性別（X_6）	-0.735	0.366	-0.075*	0.277	0.006	67.055***

$^*p < .05,\ ^{***}p < .001$

未標準化之迴歸方程式：

$$\hat{Y}（補習行為意向）= 7.307 + .237X_5（家庭環境）+ .135X_2（補習預期效益）$$
$$- .735X_6（性別）$$

標準化迴歸方程式為：

$$Zy = .338Zx_5 + .325\ Zx_2 - .075Zx_6$$

習題練習

1. 蒐集某公司30位員工工作經驗 X（單位：月）與其完成一件工作所需時間 Y（單位：分鐘），得到下列的資料，試進行迴歸分析。

編號	1	2	3	4	5	6	7	8	9	10
X	4	5	6	7	8	10	11	12	13	14
Y	21.73	17.46	13.27	11.44	10.12	8.09	7.66	7.16	6.05	6.07

編號	11	12	13	14	15	16	17	18	19	20
X	14	15	17	18	18	18	20	23	23	24
Y	4.48	4.64	5.23	4.01	4.38	5.51	3.97	4.29	3.57	3.86

編號	21	22	23	24	25	26	27	28	29	30
X	25	26	27	28	30	30	31	31	32	34
Y	3.17	2.98	3.34	3.36	3.94	2.85	2.83	2.83	1.76	2.67

2. 下表為某國近十七年來國民所得（X）與公債購買量（Y）的資料，其中 D 表示時代的安定性（1：戰時、2：和平），試進行迴歸分析。

年別	1	2	3	4	5	6	7	8	9	10
X	2.4	2.8	3.1	3.4	3.9	4.0	4.2	5.1	6.3	8.1
Y	2.4	3.0	3.6	3.7	3.8	4.1	4.4	7.1	8.0	8.9
D	2	2	2	2	2	2	2	1	1	1

年別	11	12	13	14	15	16	17
X	8.8	9.6	9.7	9.6	10.4	12.0	12.9
Y	9.7	10.2	10.1	7.9	8.7	9.1	10.1
D	1	1	1	2	2	2	2

第 10 章
路徑分析

SPSS

路徑分析定義

路徑分析之 IBM SPSS Statistics 25.0 中文版範例操作

◆ 10-1　路徑分析概論

一、定義

　　路徑分析（path analysis），也可稱為「徑路分析」，乃是研究者根據理論所建議的因果關係模型。當研究者關心變數間的關係不僅是相關，還欲探討因果關係或中介效果，且某個依變數又可能成為另一個依變數的自變數時，研究者可以考慮使用路徑分析進行資料處理。

　　在路徑分析中，可以雙箭頭表示兩個變數之間的相關程度，亦可使用單箭頭表示兩個變數間的因果關係，箭號開始的變數為**自變數（項）**，自變數又可稱為**外衍變項**（exogenous variable），而箭號所指的變數稱為**依變數（項）**，依變數又可稱為**內衍變項**（endogenous variable）。每一個因果關係都可以視為一個迴歸模型，即利用迴歸分析的方法進行分析，之後再加以組合，即可得到完整的路徑分析模型。

　　路徑分析中的路徑係數為迴歸分析輸出報表中的「標準化迴歸係數」，而依變數中無法被自變數解釋的變異量稱為殘差，而殘差的係數值即為迴歸分析中的「疏離係數」，即 $\sqrt{1-R^2}$。此外，可由自變數對依變數作直接解釋時，其間的效果稱為**直接效果**（direct effect），若必須透過中介變項而對依變數進行解釋時，稱為**間接效果**（indirect effect），直接效果加上間接效果即稱為「**總效果**」。

　　本章例題（**檔名為徑路分析.sav**）為欲探討中學生科學素養的研究，蒐集「科學投入」、「科學活動」、「學校經驗」作為自變數，研究者根據文獻探討結果後，認為以上三個變數可解釋「科學興趣」；又研究者欲再把「科學投入」、「科學活動」、「學校經驗」與「科學興趣」等四個變數作為自變數，探討對「未來科學發展」的解釋，故「科學興趣」可視為中介變數，假設因果模型如圖 10-1 所示。其中，a, b, c, d, e, f, g 為路徑係數值，b, c, e 為自變數對「科學興趣」之直接效果；a, d, f, g 為自變數對「未來科學發展」之直接效果，而其餘路徑之乘積可視為透過「科學興趣」這個中介變數對「未來科學發展」的間接效果。此外，研究者又欲探討「科學活動」和「科學投入」兩個變數的關聯程度，以 h 表示，其結果可利用 Pearson 積差相關求得。

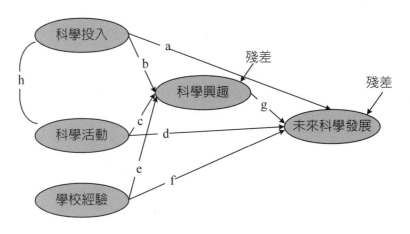

圖 10-1　假設因果模型圖

上述假設因果模型中，包含兩個多元迴歸分析：

（一）第一個多元迴歸分析為：以「科學投入」、「科學活動」、「學校經驗」為自變數，以「科學興趣」為依變數所建立的多元迴歸模型，如圖 10-2 所示。

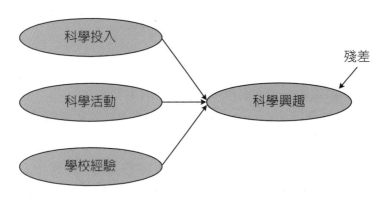

圖 10-2　第一個多元迴歸模型

（二）第二個多元迴歸分析為：以「科學投入」、「科學活動」、「學校經驗」和「科學興趣」為自變數，以「未來科學發展」為依變數所建立的多元迴歸模型，如圖 10-3 所示。

科學投入
科學興趣
科學活動
學校經驗
殘差
未來科學發展

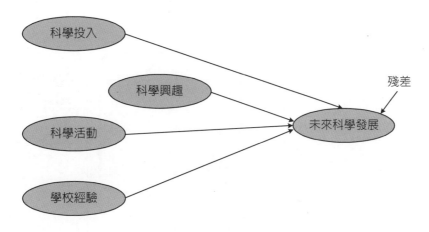

圖 10-3　第二個多元迴歸模型

10-2　路徑分析之IBM SPSS Statistics 25.0中文版範例操作

一、求 Pearson 積差相關

IBM SPSS Statistics 25.0 中文版操作步驟為：開啓功能列之「分析」選單，選擇「相關」，再選擇「雙變異數」，如圖 10-4。將所有變數選入右方的「變數」欄位中，再點選「確定」即可，如圖 10-5 所示。

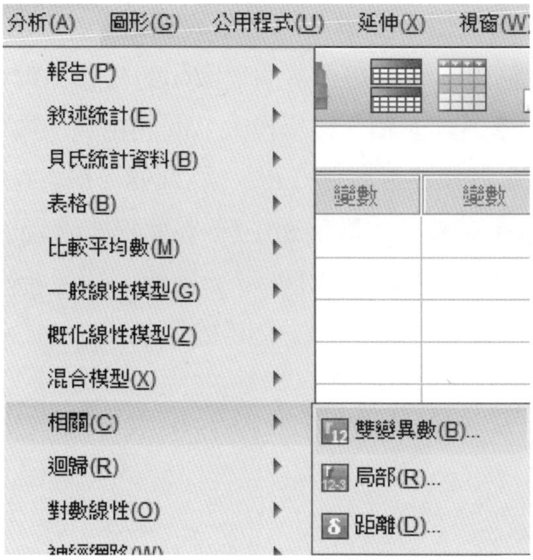

分析(A)
圖形(G)
公用程式(U)
延伸(X)
視窗(W)
報告(P)
敘述統計(E)
貝氏統計資料(B)
表格(B)
比較平均數(M)
一般線性模型(G)
概化線性模型(Z)
混合模型(X)
相關(C)
迴歸(R)
對數線性(O)
變數
變數
雙變異數(B)...
局部(R)...
距離(D)...

圖 10-4　開啓「分析」，選擇「相關」，再選擇「雙變異數」

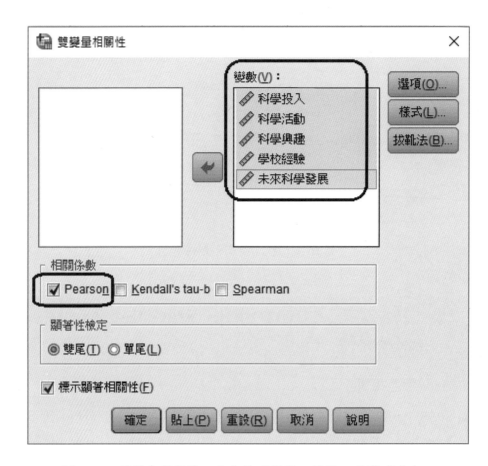

圖 10-5　將所有變數選入右方的「變數」欄位，點選「確定」

　　其輸出報表如下，即為三個自變數、一個中介變數和一個依變數間的 Pearson 積差相關輸出結果。由此輸出結果可知，各個變數間的相關係數皆達顯著相關（$p = .000 < .05$），例如：「科學活動」和「科學投入」間的相關係數值（r）為 .543, $p = .000 < .05$，達到顯著水準，其決定係數值（R^2）為 .2498（$R^2 = (.543)^2 = .2498$），彼此的解釋變異量為 24.98%，有效樣本數為 3019。在此提醒讀者，在 SPSS 輸出報表中，當 $p < .01$（含 $p < .001$）只會顯示兩個「*」符號，故在進行相關分析得到 $p = .000$ 的結果時，繪製相關係數表應留意「*」個數的表示。

相關性

		科學投入	科學活動	科學興趣	學校經驗	未來科學發展
科學投入	皮爾森（Pearson）相關性	1	.543**	.633**	.335**	.533**
	顯著性（雙尾）		.000	.000	.000	.000
	N	3019	3019	3019	3019	3019
科學活動	皮爾森（Pearson）相關性	.543**	1	.537**	.222**	.441**
	顯著性（雙尾）	.000		.000	.000	.000
	N	3019	3019	3019	3019	3019
科學興趣	皮爾森（Pearson）相關性	.633**	.537**	1	.312**	.529**
	顯著性（雙尾）	.000	.000		.000	.000
	N	3019	3019	3019	3019	3019
學校經驗	皮爾森（Pearson）相關性	.335**	.222**	.312**	1	.291**
	顯著性（雙尾）	.000	.000	.000		.000
	N	3019	3019	3019	3019	3019
未來科學發展	皮爾森（Pearson）相關性	.533**	.441**	.529**	.291**	1
	顯著性（雙尾）	.000	.000	.000	.000	
	N	3019	3019	3019	3019	3019

**. 相關性在 0.01 層級上顯著（雙尾）。

二、第一個多元迴歸分析：以「科學興趣」為依變數

　　徑路分析的操作步驟和多元迴歸分析一樣，只是徑路分析必須將數個多元迴歸分析的結果結合起來。開啟功能列之「分析」選單，選擇「迴歸」，再選擇「線性」，如圖 10-6 所示。

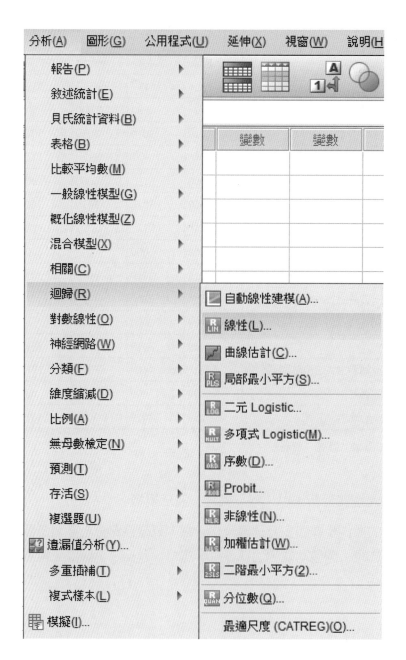

圖 10-6　開啟功能列「分析」選單，選擇「迴歸」，再選擇「線性」

　　開啟「線性迴歸」之對話框，將「科學興趣」選入「應變數」欄位中，將「科學投入」、「科學活動」、「學校經驗」等三個變項選入「自變數」欄位；在「方法」選項中，以下拉式選單選擇迴歸分析的方法，選擇「輸入」，點選下方的「確定」鍵，即完成第一個多元迴歸分析操作，如圖 10-7 所示。

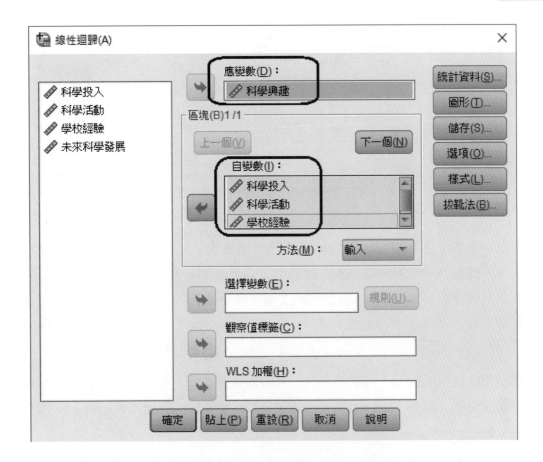

圖 10-7　選入自變數、應變數，選擇迴歸分析方法

根據以上步驟，得到多元迴歸分析的模型摘要表：

模型摘要

模型	R	R 平方	調整後 R 平方	標準誤
1	.681[a]	**.463**	**.463**	4.729

a. 解釋變數：（常數），學校經驗、科學活動、科學投入。

變異數分析[a]

模型		平方和	自由度	均方	F	顯著性
1	迴歸	58154.174	3	19384.725	**866.909**	**.000[b]**
	殘差	67417.628	3015	22.361		
	總計	125571.802	3018			

a. 應變數：科學興趣。

b. 解釋變數：（常數），學校經驗、科學活動、科學投入。

係數 [a]

模型		非標準化係數		標準化係數	t	顯著性
		B	標準誤	β		
1	（常數）	.616	.578		1.066	.286
	科學投入	.696	.025	**.454**	27.565	**.000**
	科學活動	.534	.032	**.268**	16.856	**.000**
	學校經驗	.047	.007	**.100**	7.073	**.000**

a. 應變數：科學興趣。

　　第一個多元迴歸方程式之自變數爲「科學投入」、「科學活動」、「學校經驗」，依變數爲「科學興趣」，其模式分析之 $F = 866.909$, $p = .000$，模型成立，決定係數 R^2 爲 .463，表示「科學興趣」可被「科學投入」、「科學活動」、「學校經驗」等三個變項解釋的變異量有 .463（即 46.3%），且其疏離係數值爲 .886 （$\sqrt{1 - R^2} = \sqrt{1 - .463^2} = \sqrt{1 - .2144} = \sqrt{.7856} = .886$）。迴歸分析係數表中的標準化迴歸係數值即爲路徑係數，「科學投入」、「科學活動」、「學校經驗」之標準化迴歸係數值分別爲：.454、.268、.100，三個變項對科學興趣的解釋力皆達顯著水準（$p = .000 < .05$）。

三、第二個多元迴歸分析：以「未來科學發展」爲依變數

　　同樣的步驟，開啓功能列之「分析」選單，選擇「迴歸」，再選擇「線性」。開啓「線性迴歸」次對話框，將「未來科學發展」選入「應變數」欄位中，將「科學投入」、「科學活動」、「學校經驗」和「科學興趣」等四個變項選入「自變數」欄位；在「方法」選項中，以下拉式選單選擇迴歸分析的方法，選擇「輸入」，如圖 10-8 所示。

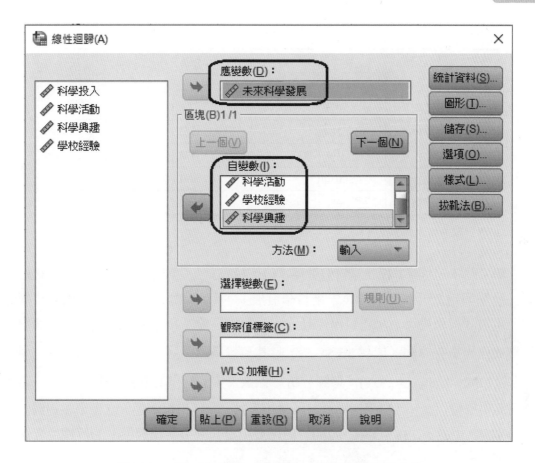

圖 10-8　選入自變數、應變數，選擇迴歸分析方法

根據以上步驟，得到多元迴歸分析的模型摘要表如下：

模型摘要

模型	R	R 平方	調整後 R 平方	標準誤
1	.604[a]	**.365**	**.364**	3.613

a. 解釋變數：（常數），科學興趣、學校經驗、科學活動、科學投入。

變異數分析 [a]

模型		平方和	自由度	均方	F	顯著性
1	迴歸	22602.577	4	5650.644	**432.935**	**.000**[b]
	殘差	39338.588	3014	13.052		
	總計	61941.165	3018			

a. 應變數：未來科學發展。
b. 解釋變數：（常數），科學興趣、學校經驗、科學活動、科學投入。

係數 [a]

模型		非標準化係數		標準化係數		
		B	標準誤	β	t	顯著性
1	（常數）	.071	.442		.160	.873
	科學投入	.284	.022	**.263**	13.130	**.000**
	科學活動	.193	.025	**.138**	7.625	**.000**
	學校經驗	.030	.005	**.091**	5.830	**.000**
	科學興趣	.182	.014	**.260**	13.105	**.000**

a. 應變數：未來科學發展。

　　第二個多元迴歸方程式之自變數為「科學投入」、「科學活動」、「學校經驗」和「科學興趣」，依變數為「未來科學發展」，其 R^2 為 .365，表示「未來科學發展」可被「科學投入」、「科學活動」、「學校經驗」和「科學興趣」等四個變項解釋的變異量有 .365（或說 36.5%），且其疏離係數值為 .931（$\sqrt{1-R^2} = \sqrt{1-.365^2}$ $= \sqrt{1-.1332} = \sqrt{.8667} = .931$）。迴歸分析之係數表中的標準化迴歸係數值即為徑路係數，「科學投入」、「科學活動」、「學校經驗」、「科學興趣」之標準化迴歸係數值分別為：.263、.138、.091、.260，四個變項對「未來科學發展」的解釋力皆達顯著水準（$p = .000 < .05$）。

四、結果說明

　　綜合以上討論，歸納三點結論：

　　1. 直接效果和間接效果都達顯著水準。科學投入、科學活動和學校經驗透過科學興趣中介變項，對未來科學發展的間接效果亦達顯著。

　　2. 科學投入對未來科學發展的影響，其直接效果為 .263，而其間接效果為 .454×.26 = .118，故其總效果為 .263 + .118 = **.381**；科學活動對未來科學發展的影響，其直接效果為 .138，而其間接效果為 .268×.26 = .070，故其總效果為 .138 + .070 = **.208**；學校經驗對未來科學發展的影響，其直接效果為 .091，而其間接效果為 .1×.26 = .026，故其總效果為 .208 + .091 = **.299**。由以上總效果發現，如果忽略了間接效果的影響，則會有低估的情形發生，且再參考先前所做的 Pearson 積差相關發現，總效果的值比直接效果更接近相關係數值，更可知若未考慮到間接效果的影響力時，解釋力將會低估。然該選擇何變項作為中介變項，又在模型設定時是否該考慮間

接效果的存在，則需視研究者的理論基礎而定，並非爲了可以提高總效果的解釋量而盲目抓取中介變項。

3. 根據 Pearson 積差相關分析，科學投入與科學活動之相關係數爲 .543（$p = .000 < .05$），達顯著水準，表示兩者之間有正相關存在。

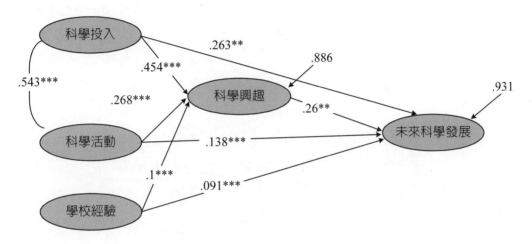

圖 10-9　完整的徑路分析結果

習題練習

　　某研究人員欲探究追求成功動機、逃避失敗動機、自我效能和性別刻板印象對數學成績的解釋力，其中更欲探究性別刻板印象是否具有調節效果。根據文獻探討提出以下模型，資料檔為：「路徑分析習題.sav」，試考驗模型是否成立。（*須閱讀多個報表，故不提供答案）

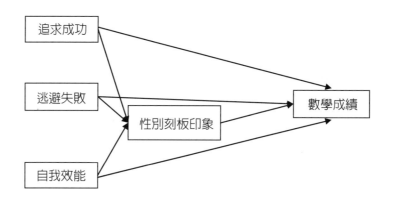

第 **11** 章
單因子變異數分析

S
P
S
S

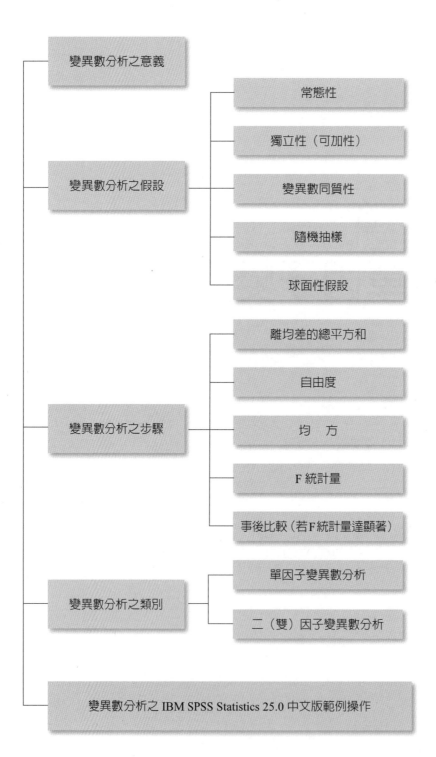

變異數分析之意義

變異數分析之假設
- 常態性
- 獨立性（可加性）
- 變異數同質性
- 隨機抽樣
- 球面性假設

變異數分析之步驟
- 離均差的總平方和
- 自由度
- 均　方
- F 統計量
- 事後比較（若F統計量達顯著）

變異數分析之類別
- 單因子變異數分析
- 二（雙）因子變異數分析

變異數分析之 IBM SPSS Statistics 25.0 中文版範例操作

◆ 11-1 變異數分析概論

一、變異數分析之意義

二個母群體平均數差異的顯著性考驗，可利用 t 考驗來完成。而針對三個或三個以上平均數比較之統計分析法，則稱為**變異數分析**（analysis of variance，或簡稱為 ANOVA），也可稱為 F 統計法。簡言之，變異數分析即是檢定多個母群體之平均數是否相等的方法。變異數分析又可依自變數個數分為單因子變異數分析，與多因子（二因子、三因子……）變異數分析；另又以實驗設計方法分為完全隨機化設計（又可稱為受試者間設計、獨立樣本）、隨機化區組設計（又可稱為受試者內設計、相依樣本）。在開始進入變異數分析步驟之前，請先認識下列重要名詞：

(一) 因子（factor）

研究問題中欲討論的變數，亦即自變數，為類別變數。

(二) 處理（treatment）

又稱為水準（level），即因子中可被區分之類別。

(三) 效標（criterion）

即依變數，或稱為效標變數，目的在於作為比較各處理間差異的觀察值。

(四) 完全隨機化設計（又可稱受試者間設計、獨立樣本）

利用「隨機抽樣」法從母群體中抽取 N 個受試者樣本，再利用「隨機分派」法將隨機抽取出的 N 個受試者分派至 K 個不同組別，以分別接受一個自變數之 K 個實驗處理中的其中一種實驗處理。由於每一組內的 N 個受試者皆非同一人，且是經由隨機抽樣而來，再分派至各組，故受試者彼此間並沒有關係存在，稱為獨立樣本。

若每組之受試者人數相等者，則稱為**平衡資料**（balance data）；反之，若各組人數不相等時，則稱為**不平衡資料**（unbalance data）。不論人數相等與否，在獨立樣本實驗中，資料皆不相互影響，亦不相關。

(五) 隨機化區組設計（又可稱為受試者內設計、相依樣本）

此類實驗設計又可再分為三種情形：

1. 重複量數設計（repeated measures design）

利用同一組 N 個受試者，接受重複的 K 次實驗處理。利用「單一組法」，使同樣的受試者在 K 個實驗處理條件下被重複觀察，其所得之 K 組量數之間是有相關存在，並非是獨立樣本。

2. 配對組法

利用配對組法組成 K 組受試者，並假定這 K 組受試者在某一與依變數有關的特質方法完全相同，雖然各組並非是同樣的人，但仍假定為同一組人。由於這 K 組受試者是透過某一特質而被視為是同一組人，故這 K 組量數之間亦不是獨立樣本。

3. 同胎法

此乃利用同卵雙生子隨機分派至不同組別，去接受不同的實驗處理，再比較其差異。

二、變異數分析之假設

(一) 常態性

各組之效標值皆符合常態分配。在進行變異數分析時，樣本所來自的母群體若為常態分配且為大樣本時，則幾乎不太有必要考驗常態性的問題，但若真的違反常態性的假設，通常的處理方法就是將顯著水準（α）值，定的較嚴格即可解決此問題。

(二) 獨立性（或稱為可加性）

各組受試者相互獨立（針對受試者間設計）。從母群體中抽出的各組隨機樣本必須相互獨立，而各變異來源對總離均差平方和解釋量正好可分割成數個可相加的部分，即 $SSt = SSb + SSw$（總離均差平方和＝組間離均差平方和＋組內離均差平方和）。

(三) 變異數同質性

各組效標值之變異數皆相等。F 統計量的分母和分子是相同母群體變異量的估計值，故各組樣本之母群體變異數相同，又因為各組樣本是來自於同一個母群體，因此各組樣本在依變數的變異數也應該要具有同質性，即 $\sigma_1^2 = \sigma_2^2 = \sigma_3^2 = ... = \sigma_n^2$。若違反變異數同質性時，將會導致平均數差異檢定的結果做出錯誤結論，尤其當研究者進行「不等組設計」時，變異數同質性假定是獲得正確結果的必要條件。換言之，各組樣本人數差異很大時，變異數是否同質的假定，將對虛無假設的被接受或被拒絕有很大

影響力。故在進行變異數分析時，各組樣本數若有較大差異時，最好進行變異數同質性考驗，以避免導致錯誤結果的發生。

(四) 隨機抽樣

觀察值經由隨機抽樣的方式從母群體中被抽出，隨機抽樣和隨機分派可作為實驗控制的方法，若無法做到這兩種方式，則必須改進行準實驗設計，並利用統計控制的方式進行資料處理。

(五) 球面性假定

除了以上所述之一般假定，當研究者進行「相依樣本」的變異數分析時，尤其需要再進行球面性（sphericity）假定的考驗。所謂的**球面性**是指受試樣本在自變數的每一個實驗處理中，在依變數的得分，兩兩配對相減所得之差的變異數必須相同，即不同的受試者在不同水準間配對或重複測量，其變動的情形應具有一致性（邱晧政，2011）。相依樣本若違反此假設，將會導致第一型誤差增加。

三、變異數分析之步驟

(一) 求各觀測值離均差的總平方和，即在迴歸單元已提過之總變異量（總離均差平方和），簡寫成 SSt。總變異量 $SSt = \sum\sum(X_{ij} - \overline{X})^2 = \sum\sum X_{ij}^2 - \dfrac{(\sum\sum X_{ij})^2}{N}$

(二) 求各組內離均差平方和的總和（組內離均差平方和），簡寫成 SSw。組內離均差平方和 $SSw = \sum\sum(X_{ij} - \overline{X}_{.j})^2 = \sum\left[\sum X_{ij}^2 - \dfrac{(\sum X_{ij})^2}{n_j}\right]$

(三) 求各組平均數離開總平均數之變異情形的量數（組間離均差平方和），簡寫成 SSb。組間離均差平方和

$$SSb = n\sum(\overline{X}_{.j} - \overline{X}_{..})^2 = \sum\left[\dfrac{(\sum X_{ij})^2}{n_j}\right] - \dfrac{(\sum\sum X_{ij})^2}{N} = SSt - SSw$$

*SSt = SSw + SSb

(四) 決定各變異對應的自由度

1. 總變異數的自由度：dft = $N - 1$

2. 組間變異數的自由度：dfb = $K - 1$（設有 K 組）

3. 組內變異數的自由度：dfw = $N - K = K(n - 1)$

* dft = dfb + dfw → $N - 1 = (K - 1) + (N - K)$

（五）求組間變異數不偏估計值和組內變異數不偏估計值：將各變異數取其平方和後，再除以相對應之自由度，化成變異數，亦即求得組間變異數不偏估計值 MSb，與組內變異數不偏估計值 MSw。另外，變異數之不偏估計值又稱為均方，以 MS 表示之。組間變異數不偏估計值 $MSb = \dfrac{SSb}{K-1}$，組內變異數不偏估計值 $MSw = \dfrac{SSw}{N-K}$

（六）求 F 統計量：將上述步驟所求得之組間變異數不偏估計值 MSb 除以組內變異數不偏估計值 MSw，即取得 F 統計量 $F = \dfrac{MSb}{MSw}$，而分子之自由度為 $K - 1$，分母之自由度為 $N - K$。在進行變異數分析時，期望 MSb 值愈大愈好，至少要大於 MSw，否則若 $\dfrac{MSb}{MSw} = 1$，表示實驗效果不大；若 $\dfrac{MSb}{MSw} = 0$，表示實驗沒有效果。

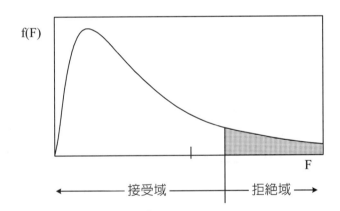

（七）F 考驗：在進行 F 檢定時，只採用單側右尾檢定結果，因為研究者只想知道 MSb > MSw 的結果是否顯著。此外，在進行考驗之前需先寫出自變數對依變數有無顯著影響之虛無假設與對立假設。

$H_0 : \mu_1 = \mu_2 = \mu_3 = \ldots\ldots\ldots = \mu_k$

$H_1 : \mu_1$ 不全等

（八）製作變異數分析摘要表（ANOVA table）：變異數分析摘要表因實驗設計不同而有些微差異。表 11-1 為獨立樣本單因子變異數分析摘要表；表 11-2 為相依樣本單因子變異數分析摘要表。

表 11-1　獨立樣本單因子變異數分析摘要表

變異來源	變異數平方和（SS）	自由度（df）	均方（MS）	F
組間變異（處理）	SSb	K − 1	$MSb = \dfrac{SSb}{K-1}$	$F = \dfrac{MSb}{MSw}$
組內變異（殘差）	SSw	N − K	$MSw = \dfrac{SSw}{N-K}$	
總變異	SST	N − 1		

註：K表實驗處理數；N表總人數。

表 11-2　相依樣本單因子變異數分析摘要表

變異來源	離均差平方和	自由度（df）	均方（MS）	F
受試者間變異	SSb×subject	N − 1	$\begin{aligned} &MSb \times subject \\ &= \dfrac{SSb \cdot subject}{N-1} \end{aligned}$	$F = \dfrac{MSb \cdot subject}{MSerror}$
受試者內變異	SSw×subject	NK − N	$\begin{aligned} &MSw \times subject \\ &= \dfrac{SSw \cdot subject}{NK-N} \end{aligned}$	$F = \dfrac{MSw \cdot subject}{MSerror}$
處理效果變異	SSb×treatment	K − 1	$\begin{aligned} &MSb \times treatment \\ &= \dfrac{SSb \cdot treatment}{K-1} \end{aligned}$	$F = \dfrac{MSb \cdot treatment}{MSerror}$
誤差變異	SSerror	(N − 1)(K − 1)	$\begin{aligned} &SSerror \\ &= \dfrac{SSerror}{(N-1)(K-1)} \end{aligned}$	
總變異	SStotal	NK − 1		

註：K表實驗處理數；N個受試者重複接受K個實驗處理。

（九）事後比較（posteriori comparisons）：當 F 值達顯著時，需再進一步進行兩兩處理的比較，以得知何項處理效果達顯著水準。

四、變異數分析類別

(一) 單因子變異數分析（one way ANOVA）

影響觀察值之差異，發生在只有一個因子的情況下。例如：欲觀察不同的教學方法對學生英文成績的影響為何，自變數即是教學方法，而 K 個不同的教學方法即稱之為 K 個處理或 K 個水準。

(二) 二（雙）因子變異數分析（two way ANOVA）

觀察值有兩種標準分類者，亦即影響觀察值結果者有二種因子。例如：不同的教室氣氛、不同的教學方法對學生國文科成績的影響。換言之，研究者必須同時操弄兩個自變數，探討其對依變數的影響情形。採用二因子變異數分析除了可以考驗每一個自變數的**主要效果**（main effect），更可進一步檢定自變數間的**交互作用效果**（interaction effect）。主要效果的考驗方式和單因子變異數分析、t 檢定相同。「二因子的總變異」包含了「處理間的變異」和「隨機變異」。其中，處理間的變異又包含了兩個主要效果變異以及交互作用效果的變異。在實驗設計中，採用二因子或多因子實驗設計，除了可以探討其交互作用的影響之外，還可以當作控制實驗誤差來源，可使實驗誤差變異變小，有效提高實驗效果。

五、多重比較

在進行 ANOVA 之前或之後，實驗研究者常決定要將 K 個平均數之間的差異加以比較，以考驗某種假設是否可以得到支持，或進一步解釋其資料所隱含的意義。有時，可能在進行實驗和進行 ANOVA 之前，就需先選擇好要比較哪幾對特定的平均數；有時候，則在實際觀察實驗和進行 ANOVA 之後，才要進一步對平均數兩兩作比較，以瞭解哪幾對平均數之間有差異存在。而以上所述之比較數對平均數差異的統計檢定方法，即是多重比較檢定。多重比較又可分為事前比較和事後比較；而兩兩平均數之間的比較又可採正交比較與非正交比較。在說明事前比較與事後比較之前，首先需要認識何謂正交比較與非正交比較。

所謂「比較」是指將兩個平均數之差，以符號 ψ_i（sai）表示，例如：$\widehat{\psi}_1 = \overline{X}_1 - \overline{X}_2$，$\widehat{\psi}_2 = \dfrac{\overline{X}_1 + \overline{X}_2}{2}$ 等。而 ψ_i 的樣本估計可以 $\widehat{\psi}_i$ 來表示。樣本平均數之間的關係，可以**比較係數**（coefficient of comparisons）來表示，如下列式子所示（林清山，1992）：

$$\widehat{\psi}_1 = (1)\overline{X}_1 + (-1)\overline{X}_2 + (0)\overline{X}_3 + (0)\overline{X}_4$$
$$\widehat{\psi}_2 = (1)\overline{X}_1 + (0)\overline{X}_2 + (-1)\overline{X}_3 + (0)\overline{X}_4$$
$$\widehat{\psi}_3 = (1)\overline{X}_1 + (0)\overline{X}_2 + (0)\overline{X}_3 + (-1)\overline{X}_4$$
$$\widehat{\psi}_4 = (0)\overline{X}_1 + (1)\overline{X}_2 + (-1)\overline{X}_3 + (0)\overline{X}_4$$
$$\widehat{\psi}_5 = (0)\overline{X}_1 + (1)\overline{X}_2 + (0)\overline{X}_3 + (-1)\overline{X}_4$$
$$\widehat{\psi}_6 = (0)\overline{X}_1 + (-1)\overline{X}_2 + (1)\overline{X}_3 + (0)\overline{X}_4$$

以上為四個平均數，每次一對的比較（pairwise comparisons）；而以下則為四個平均數，每次二個以上平均數之間的比較（nonpairwise comparisons），這些比較係數以 C_j 來表示。

$$\hat{\psi}_7 = \left(\frac{1}{2}\right)\overline{X}_1 + \left(\frac{1}{2}\right)\overline{X}_2 + \left(-\frac{1}{2}\right)\overline{X}_3 + \left(-\frac{1}{2}\right)\overline{X}_4$$

$$\hat{\psi}_8 = \left(-\frac{1}{2}\right)\overline{X}_1 + \left(\frac{1}{2}\right)\overline{X}_2 + \left(-\frac{1}{2}\right)\overline{X}_3 + \left(\frac{1}{2}\right)\overline{X}_4$$

$$\hat{\psi}_9 = (1)\overline{X}_1 + \left(-\frac{1}{3}\right)\overline{X}_2 + \left(-\frac{1}{3}\right)\overline{X}_3 + \left(-\frac{1}{3}\right)\overline{X}_4$$

為了方便起見，在每一個比較裡，各係數和皆為 0，各係數之絕對值和皆為 2，亦即 $\sum_{j=1}^{k} C_j = 0$ 和 $\sum_{j=1}^{k} |C_j| = 2$。

(一) 正交比較（orthogonal comparisons）

指兩個比較之間互為獨立或不重疊（nonredundant）的情形。正交比較的條件是：

$\sum_{j=1}^{k} C_j = 0$ 與 $\sum C_{ij}C_{i'j} = 0$

亦即相對應之比較係數乘積和為 0。如：

$\hat{\psi}_1$: 1 -1 0   0

$\hat{\psi}_6$: 0   0   1 -1

$\hat{\psi}_7$: $\frac{1}{2}$ $\frac{1}{2}$ $-\frac{1}{2}$ $-\frac{1}{2}$

則兩兩相對應之比較係數之乘積和為 0。

$$\sum C_{1j}C_{6j} = (1)(0) + (-1)(0) + (0)(1) + (0)(-1) = 0$$

$$\sum C_{1j}C_{6j} = (1)\left(\frac{1}{2}\right) + (-1)\left(\frac{1}{2}\right) + (0)\left(-\frac{1}{2}\right) + (0)\left(-\frac{1}{2}\right) = 0$$

$$\sum C_{6j}C_{7j} = (0)\left(\frac{1}{2}\right) + (0)\left(\frac{1}{2}\right) + (1)\left(-\frac{1}{2}\right) + (-1)\left(-\frac{1}{2}\right) = 0$$

(二) 非正交比較（nonorthogonal comparisons）

指兩個比較之間不互為獨立事件或是所傳達之**訊息有重疊**（nonredundant）的情形。非正交比較的條件是：

$\sum_{j=1}^{k} C_j = 0$ 與 $\sum C_{ij}C_{i'j} \neq 0$

亦即相對應之比較係數乘積和不等於 0。如：

$\hat{\psi}_1 : \quad 1 \qquad -1 \qquad 0 \qquad 0$

$\hat{\psi}_2 : \quad 1 \qquad 0 \qquad -1 \qquad 0$

$\sum C_{1j} C_{2j} = (1)(1) + (-1)(0) + (0)(-1) + (0)(0) = 1$

(三) 事前比較（a priori, post-hoc 或 planned comparisons）

事前比較是屬於一種**驗證性統計分析**（confirmatory statistical analysis）。在部分較嚴謹的研究中，會先有理論根據或研究假設作為研究引導，而研究者根據理論假設，事先選擇某幾對特定平均數進行比較其差異，目的在於驗證理論的特殊意義。而事前比較主要是為了要考驗某些假設，需在尚未完成實驗結果之前就必須事先進行的任務。就理論上而言，不論變異數分析之 F 值是否達顯著水準，事前比較均需依計畫進行（林清山，1992）。目前在一般研究中，進行事前比較的比例，並不若事後比較普遍。而研究者在進行事前比較分析時，也多以統計套裝軟體協助運算，故在此僅簡單提出常用之事前比較，而不再贅述繁瑣的計算公式。

目前常被研究者用來做事前比較的有：**丹耐特檢定**（Dunnett）與**杜恩氏多重比較法**（Dunn's multiple comparison procedure）或稱為**龐費洛尼 t 檢定法**（Bonferroni t-test），此二種檢定法皆屬於非正交比較；另在正交比較則以 t 統計法公式為最普遍。在以正交比較法來比較平均數之差異時，可直接利用 t 統計法進行考驗，而不需使用 F 檢定，因為 F 檢定僅能籠統地回答研究者，是否至少有兩個平均數達顯著差異，但卻未能回答究竟是哪些組別之平均數達顯著差異。

(四) 事後比較（a posteriori 或 unplanned comparisons）

1. 意義

事後比較是屬於一種試探性資料分析（exploratory data analysis）。一般在實驗之前，並未特別選擇哪幾對平均數進行比較，而通常都是在進行完 ANOVA 之後，整體性的 F 統計量達顯著考驗水準之後，才再進行兩兩平均數之差異考驗，以尋找究竟是 $\frac{K(K-1)}{2}$ 組中的哪幾對平均數，達到顯著差異水準。反之，若 F 值未達顯著水準，虛無假設不被拒絕，表示各組平均數並無差異，則就不需再進行各組平均數的差異比較。一般在整體性之 F 檢定達顯著後才進行，比較方式為兩兩比較，但也可因研究目的不同，只做平均數的多重比較，不必考慮整體性 F 檢定的結果。因是在實

驗過後才進行的比較，所以即稱之為事後比較。通常進行事後比較多以 q 統計法或 F 統計法為主。

2. 方法

事後比較通常採非正交比較，常用之比較方法有三種，分別為**紐曼－柯爾法**（Newman-Keuls method）、**雪費法**（Scheffe method，簡稱為 S 法）與 Dunn **多重比較法**（或稱為 Bonferroni *t* 檢定法）等。會產生這麼多方法，主要是兩兩相互比較的方式不同。有的方法是與**均值作比較**（即所有組別的平均皆相同）、有的方法是**配對比較**（pairwise comparison）（例如：與控制組比較或與最佳組比較）、有的則是**特定兩組比較**（contrast）。以下將簡介其計算公式與適用時機：

(1) 杜凱氏法（Honestly Significant Difference, HSD）

首先，計算 $HSD = q_{(1-\alpha, k, n-k)}\sqrt{\dfrac{MSw}{n}}$

其次，將平均數依次序大小自左而右排列，形成一個 $K*K$ 的矩陣，共有 $\dfrac{K(K-1)}{2}$ 對平均數間的差值比較。其差值大於 HSD 者，表示該組的比較達顯著水準。

(2) 紐曼－柯爾法（Newman-Keuls method，簡稱為 N-K 法）

適用於各組人數相等時，其作法和杜凱氏法很類似。其特色在於依平均數之大小次序，使用不同的臨界 q 值。而 Tukey 法則不論平均數之大小次序，一律皆以同一臨界 q 值。此運算在統計套裝軟體中皆有簡便操作，故不再列出詳細計算過程，僅介紹其計算步驟如下：

① 和杜凱氏法步驟一樣，先將各實驗處理組的平均數由大到小依序排列，也形成一個 K*K 矩陣，其次計算各組比較的差值，求每一對比較的兩個平均數，在平均數排列次序中相差的等級數，並據以查出不同的臨界 q 值。

② 計算各相差等級數的臨界 $HSD = q_{(1-\alpha, k, n-k)}\sqrt{\dfrac{MSw}{n}}$，比較各組差值和臨界 HSD 值。

HSD法和N-K法的差異在於，N-K法比較容易得到兩個平均數達顯著差異。

(3) 雪費法（Scheffe method，簡稱為 S 法）

適用於比較各組人數不同或較複雜之比較時使用之。此外，對違反常態與同質假設不敏感，臨界值最大，最不容易顯著，檢定結果具強韌性，亦是對犯

型一錯誤最保守的事後比較方法，使用此法，事後比較的結果不易達顯著。

公式為：

$$F = \frac{(C_j\overline{X}_j + C_{j'}\overline{X}_{j'} + C_{j''}\overline{X}_{j''} + ...)^2}{\mathrm{MSw}\left(\dfrac{C_j^2}{n_j} + \dfrac{C_{j'}^2}{n_{j'}} + \dfrac{C_{j''}^2}{n_{j''}} + ...\right)}$$

C_j：比較係數；n_j：各組人數

(4) Dunn 多重比較法（或稱為 Bonferroni t 檢定法）

校正 LSD 多群比較下所產生的型一錯誤，其校正方法為 LSD 法的 p-value $\times$ N(N－1)/2，其數值若小於 .05，則表示結果達顯著。

$$t = \frac{C_j\overline{X}_j + C_{j'}\overline{X}_{j'} + C_{j''}\overline{X}_{j''} + ...}{\sqrt{\mathrm{MSw}\left(\dfrac{C_j^2}{n_j} + \dfrac{C_{j'}^2}{n_{j'}} + \dfrac{C_{j''}^2}{n_{j''}} + ...\right)}}$$

(5) Tukey HSD 法

較保守的檢定方法，適用於比較組數之各組人數相同。

(6) S-N-K 法（Student-Newman-Keuls）

S-N-K 法（Student-Newman-Keuls）和 Tukey 法非常相似，但相較於 Tukey HSD 法較不會犯型二錯誤，此法對於微小差異之鑑定十分重要，使用此方法時，各組樣本數必須相同。

(7) Duncan 法

類似於 S-N-K 法，但比較寬鬆，比較群組愈多時，愈容易達顯著。

(8) Games-Howell 法

使用於群組間之個數（N）不相等、異質性及非常態時，其結果具有強韌性。

(9) Dunnett 檢定

所欲比較的群組並非兩兩相比，而是所有群組均與控制組之平均數作比較時，可使用此法。

(10) Tukey 法（又稱 q 法）

適用於各組人數相等時。

$$q = \frac{\overline{X}_{max} - \overline{X}_{min}}{\sqrt{\dfrac{\mathrm{MSw}}{n}}} = \frac{|\overline{X}_j - \overline{X}_{j'}|}{\sqrt{\dfrac{\mathrm{MSw}}{n}}}$$

將所求得之 q 值與 q 分配之臨界值 $q_{(1-\alpha,\ k,\ n-k)}$ 相比較，判斷是否達顯著水準。

此外，也以區間估計的方法估計兩個平均數差之信賴區間。

(1) 單一信賴區間：比較某兩個平均數差的信賴區間

$$(\overline{Y}_i - \overline{Y}_j) - t_{v,\frac{\alpha}{2}}\sqrt{\text{MSw}}\sqrt{\frac{1}{n_i} + \frac{1}{n_j}} \le \mu_i - \mu_j \le (\overline{Y}_i - \overline{Y}_j) + t_{v,\frac{\alpha}{2}}\sqrt{\text{MSw}}\sqrt{\frac{1}{n_i} + \frac{1}{n_j}}$$

又稱 LSD（Fisher's least significant difference，最低顯著差異法），簡化比較步驟，臨界值最小，**最易達到顯著**。換言之，表示較容易犯型一錯誤。LSD 要在整體模組 F 檢定顯著的情況下才可行。

(2) 聯合信賴區間：多重比較是同時比較所有探討母群體平均數差的信賴區間

① 若比較三個母群體平均數，當分別三個單一信賴區間的信賴水準均為 95%。此時因每個信賴區間均獨立，但三個均成立（聯合信賴區間）時，其信賴水準為 $(0.95)^3 = 0.8573$。

② 因此，若要求 95% 水準下的聯合信賴區間，不能以三個單一區間表示，須求三個信賴區間同時成立而其總信賴水準達 95%。

③ 聯合信賴區間可用來同時檢定，所有母群體平均數是否全等的假設。

Bonferroni 聯合信賴區間（Bonferroni confidence interval）

若有 K 個小母群體，則可求 $m = C_2^k$ 個母群體平均數差 $1 - \alpha$ 的聯合信賴區間如下：

$$\overline{Y}_i - \overline{Y}_j \pm t_{\sum n_i - k,\, \alpha/2m}\sqrt{\text{MSw}}\sqrt{\frac{1}{n_i} + \frac{1}{n_j}}$$

其中 $t_{\sum n_i - k,\, \alpha/2m}$ 是指在自由度為 $\sum n_i - k$ 的 t 分配右尾機率為 $\alpha/2m$ 的臨界值。

例

某人想瞭解三種不同的教學法：演講式教學法、群性合作學習法、創意思考法對國小五年級學童數學概念學習的影響。以隨機分派的方式，將受試者分派到不同的班級進行實驗教學，為期一年。一年後，參與實驗的受試者數學概念評量成績如下表。試問：三種教學法的教學效果是否有所不同？

計算：

$$SSt = \sum\sum(X_{ij} - \overline{X})^2 = \sum\sum X_{ij}^2 - \frac{(\sum\sum X_{ij})^2}{N} = 90700 - \frac{(1130)^2}{15} = 5573.33$$

$$SSw = \sum\sum(X_{ij} - \overline{X}_{.j})^2 = \sum\left[\sum X_{ij}^2 - \frac{(\sum X_{ij})^2}{n_j}\right]$$

$$= \left[19000 - \frac{(300)^2}{5}\right] + \left[35500 - \frac{(450)^2}{6}\right] + \left[36200 - \frac{(380)^2}{4}\right] = 2850$$

	講演式教學法	群性合作學習法	創意思考法	
	70	80	100	
	50	100	100	
	60	60	90	
	80	90	90	
	40	70		
		50		
$\sum X$	300	450	380	$\sum\sum X = 1130$
$\sum X^2$	19000	35500	36200	$\sum\sum X^2 = 90700$
$\overline{X}_{.j}$	60	75	95	$\overline{X}_{..} = 75.33$
n_j	5	6	4	$N = 15$

$$SSb = n\sum(\overline{X}_{.j} - \overline{X}_{..})^2 = \sum\left[\frac{(\sum X_{ij})^2}{n_j}\right] - \frac{(\sum\sum X_{ij})^2}{N}$$

$$= \left[\frac{(300)^2}{5} + \frac{(450)^2}{6} + \frac{(380)^2}{4}\right] - \frac{(1130)^2}{15} = 2723.33$$

$$= 5573.33 - 2850 = SSt - SSw$$

$H_0 : \mu_1 = \mu_2 = \mu_3$

$H_1 : \mu_i$ 不全等

$F = 5.73 > F_{(.95, 2, 12)} = 3.89$

拒絕虛無假設，即三種教學法實驗效果間有顯著差異存在，故必須再進行事後比較。因各組人數不相等，故採用雪費法（Scheffe method，簡稱為 S 法）進行事後比較。

$$F = \frac{(C_j\overline{X}_j + C_{j'}\overline{X}_{j'} + C_{j''}\overline{X}_{j''} + \cdots)^2}{MSw\left(\dfrac{C_j^2}{n_j} + \dfrac{C_{j'}^2}{n_{j'}} + \dfrac{C_{j''}^2}{n_{j''}} + \cdots\right)}$$

$$\varphi_1 = \overline{X}_1 - \overline{X}_2$$

$$F = \frac{[(1)60 + (-1)75]^2}{237.5\left(\frac{1^2}{5} + \frac{(-1)^2}{6}\right)} = \frac{225}{87.875} = 2.56$$

$$\varphi_2 = \overline{X_1} - \overline{X_3}$$

$$F = \frac{[(1)60 + (-1)95]^2}{237.5\left(\frac{1^2}{5} + \frac{(-1)^2}{4}\right)} = \frac{1225}{106.875} = 11.46*$$

$$\varphi_3 = \overline{X_2} - \overline{X_3}$$

$$F = \frac{[(1)75 + (-1)95]^2}{237.5\left(\frac{1^2}{6} + \frac{(-1)^2}{4}\right)} = \frac{625}{99.75} = 6.27*$$

查表得 F 臨界值為：$F_{(.95, 2, 12)} = 3.89$，即當 $\varphi_2 = \overline{X_1} - \overline{X_3}$ 時，$F = 11.46$，以及 $\varphi_3 = \overline{X_2} - \overline{X_3}$ 時，$F = 6.27$ 皆大於臨界值。換言之，講演式教學法和群性合作學習法之間沒有顯著差異存在，而講演式教學法和創意思考法有顯著差異存在，且創意思考法（$M = 95$）的教學效果高於講演式教學法（$M = 60$）；群性合作學習法和創意思考法亦有顯著差異存在，且創意思考法（$M = 95$）高於群性合作學習法（$M = 75$）。

綜合上述，將其結果歸納如表 11-3 所示。

表 11-3　三種教學法實驗效果間的變異數分析摘要表

變異來源（SV）	變異數平方和（SS）	自由度（df)	均方（MS）	F	事後比較
組間變異（教學法）	2723.33	2	1361.67	5.73*	創意思考法 > 講演式教學法 創意思考法 > 群性合作學習法
組內變異（誤差）	2850	12	237.5		
總變異	5573.33	14			

$P < .05$

　　根據 APA6 規定，平均數差異考驗（t 檢定、ANOVA 等）除了需要 F 統計量或 t 統計量與 p 值等資訊判斷是否達顯著之外，需要再提供效果量大小，以說明其檢定結果的效果程度。在第 7 章兩組平均數差異之檢定介紹 Cohen's d，而在變異數分析常用的效果量則為 η^2 與 ω^2 兩種，效果量的意思其實就是進一步說明統計結果的效果

大小。效果量與 p 值的意涵不同，p 值用來判斷拒絕或接受虛無假設的指標，但無法估計檢定結果之效果的大小；而效果量則是在檢定完成之後，進一步去探討自變數與依變數間的關聯強度。以下分別介紹 η^2 與 ω^2 兩種效果量的意涵。

η^2：表示依變數變異量能被自變數解釋的百分比，亦即自變數對依變數的影響力，其意涵即如同迴歸分析中的決定係數（R^2）。

低度關聯強度 $0.059 > \eta^2 \geq 0.01$

中度關聯強度 $0.138 > \eta^2 \geq 0.059$

高度關聯強度 $\eta^2 \geq 0.138$

ω^2：為組間變異與總變異的比值。表示依變數變異量能被自變數解釋的百分比，亦即自變數與依變數的關聯強度。

低度關聯強度：$0.059 > \omega^2 \geq 0.01$

中度關聯強度：$0.138 > \omega^2 \geq 0.059$

高度關聯強度：$\omega^2 \geq 0.138$

◆ 11-2 變異數分析之IBM SPSS Statistics 25.0中文版範例操作

一、獨立樣本單因子變異數分析

變異數分析的目的，主要在於考驗若干（三組或三組以上）母群體平均數是否有差異。當只有一個自變數時所進行的變異數分析，即稱為單因子變異數分析，而各樣本間若又是相互獨立、沒有相關時，則稱之為**獨立樣本單因子變異數分析**（one way ANOVA）。

範例（檔名為獨立樣本單因子變異數分析 .sav）：某學者欲瞭解收入是否因學歷而有差異，故蒐集 474 位受試者的學歷與收入進行獨立樣本單因子變異數分析。

獨立樣本單因子變異數分析，在 SPSS 有兩種操作方式，分述如下：

方法一

（一）IBM SPSS Statistics 25.0 操作步驟

開啟資料，包含性別、受教年限、薪資等變數，因「受教年限」乃是蒐集受試者接受教育年數之原始資料，非已編碼之類別（或名義變數）資料，故操作者必須自行將之重新編碼轉換為類別變數，始可得到已轉為名義變數之不同階段的受教程度變

數－「教育程度」。完成重新編碼後之 IBM SPSS Statistics 25.0 資料編輯程式開始進
行獨立樣本單因子變異數分析，從功能列選單「分析」，選擇「比較平均數」，再選
擇「單因數變異數分析」，如圖 11-1 所示。

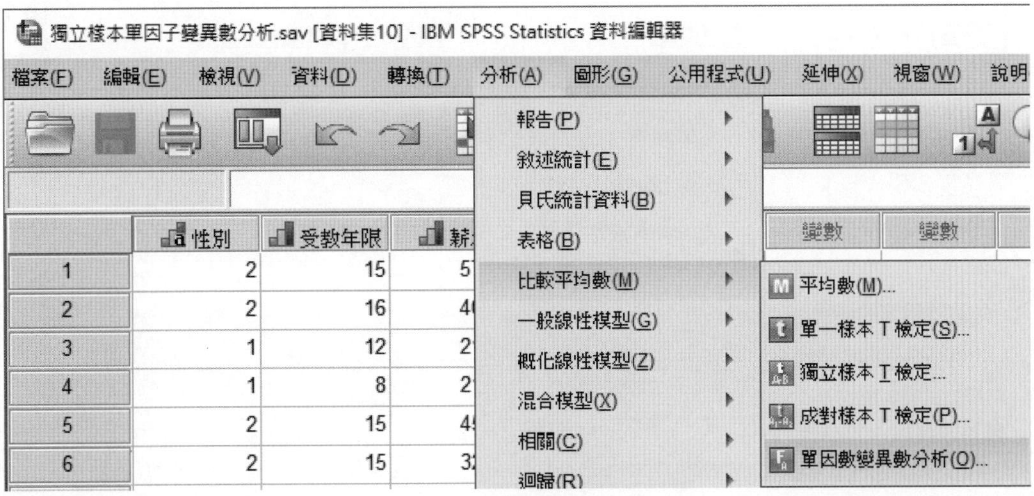

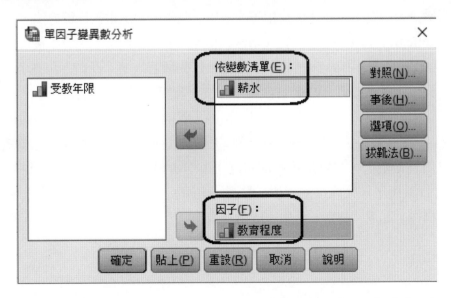

圖 11-1　在功能列選擇「分析」，選擇「比較平均數」，再選擇「單因數變異數分析」

　　出現「單因子變異數分析」之對話框，將「薪水」選入「依變數清單」欄位中，
而將「教育程度」選入「因子」欄位中，如圖 11-2 所示。

圖 11-2　出現「單因子變異數分析」對話框，將「薪水」選入「依變數清單」中，將「教
育程度」選入「因子」中

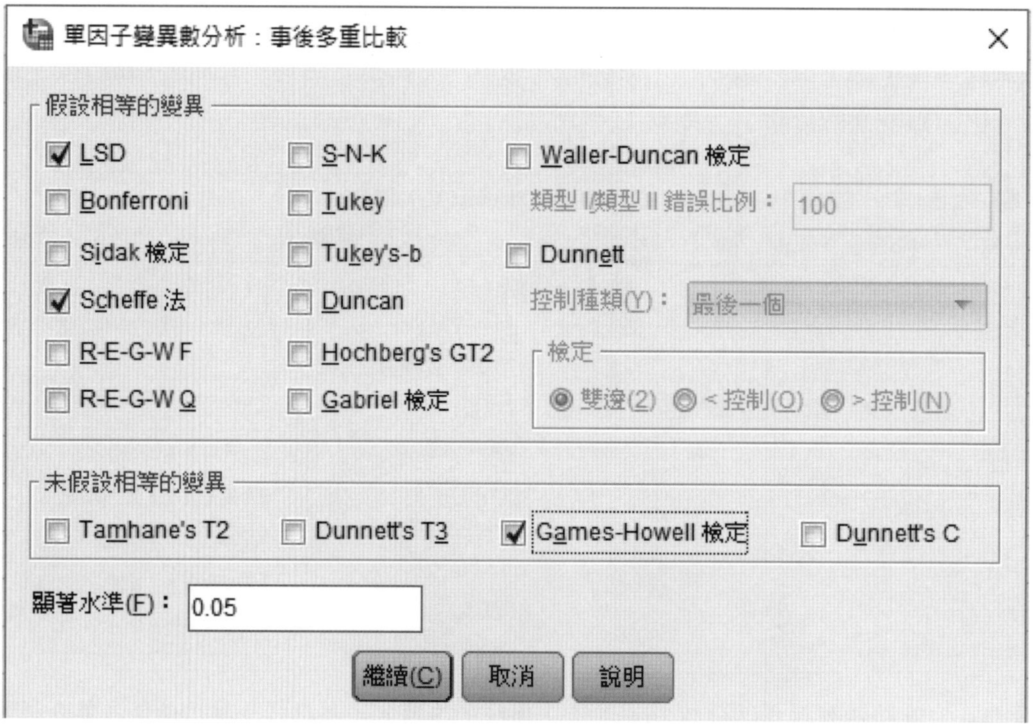

圖 11-3　選擇「事後」進行多重比較

　　點選「事後」，開啟「單因子變異數分析：事後多重比較」之次對話框。因尚未知道變異數是否同質，故在「假設相等的變異」欄位中勾選事後比較方法，一般常用的是「Scheffe 法」和「LSD」；在「未假設相等的變異」欄位中勾選事後比較方法，一般常用的是「Games-Howell 檢定」。若需要修改顯著水準（α）時，可在下方之「顯著水準」欄位中修正即可，如圖 11-3 所示，按「繼續」回到原對話框。

　　在「單因子變異數分析」對話框中，點選「選項」，開啟「單因子變異數分析：選項」之對話框，在「統計量」欄位中，可勾選「敘述統計」、「固定和隨機效應」、「變異同質性檢定」，也可以再增加勾選「平均值圖形」，以瞭解其資料的分布情況，如圖 11-4 所示，完成以上選項，點選「繼續」，回到原來的「單因子變異數分析」對話框中，點選「確定」，即完成獨立樣本單因子變異數分析的操作步驟。

圖 11-4　進行「統計量」選項的勾選

(二) 輸出報表解釋

　　根據輸出報表結果進行解釋。根據研究問題，依教育程度的不同，探討各學歷間薪資的差異，而教育程度分為四類，分別為國中小、高中、大學、研究所。先提出統計假設：

　　$H_0：\mu_1 = \mu_2 = \mu_3 = \mu_4$

　　$H_1：\mu_i$ 不全等

　　下表為單因子變異數的「敘述性統計量」，單因子變異數分析的目的在於檢定各組的平均數與總平均數（M = 34419.57）的差異是否達到顯著水準，在此透過「平均數的 95% 信賴區間」，也可以檢定各組樣本平均數與總平均數差異的情形。根據下表的數值發現，沒有一組的信賴區間包含總平均數，因此變異數分析結果會達到顯著水準，因而將需拒絕虛無假設。

敘述統計

薪水

	數字	平均值	標準差	標準誤	平均值的 95% 信賴區間 下限	平均值的 95% 信賴區間 上限	最小值	最大值	成分間變異數
國中小	53	24399.06	5190.482	712.968	22968.38	25829.73	15750	34500	
高中	190	25887.16	5559.764	403.348	25091.52	26682.80	16200	59400	
大學	181	37074.81	14296.569	1062.656	34977.94	39171.67	18750	103750	
研究所	50	67852.50	18933.044	2677.537	62471.79	73233.21	27000	135000	
總計	474	34419.57	17075.661	784.311	32878.40	35960.73	15750	135000	
模型 固定效應			11448.144	525.831	33386.30	35452.84			
模型 隨機效應				8900.207	6095.14	62744.00			239116754.282

下表為「變異數的同質性測試」結果，F 值為 28.085, $p = .000 < .05$，拒絕虛無假設，表示四組的變異數差異情形達到顯著效果，可見其違反了變異數同質性的假定。在變異數同質性考驗中發現各組樣本的變異數並不同質，因此在選擇事後比較方法時，必須選擇「未假設相等的變異」欄位的方法。變異數異質之事後比較的四種方法有：Tamhane's T2 檢定、Dunnett's T3 檢定、Games-Howell 檢定、Dunnett's C 檢定，一般認為檢定效果較佳的是「Games-Howell 檢定」（操作者也可根據需要自行勾選其中一種即可）。

變異數的同質性測試

		Levene 統計量	自由度 1	自由度 2	顯著性
薪水	根據平均數	**28.085**	3	470	**.000**
	根據中位數	21.799	3	470	.000
	根據中位數，且含調整的自由度	21.799	3	266.893	.000
	根據修整的平均數	24.767	3	470	.000

根據輸出之變異數分析摘要表得知，F 值為 194.105，顯著性（p 值）為 .000，小於顯著水準（$\alpha = .05$），故拒絕虛無假設，即不同教育程度所受的薪資待遇不相同，而此結論正確率達 95%。既然達顯著差異效果，就必須進一步進行事後比較，以瞭解究竟是哪些教育程度間的受薪程度有差異。在此例中因變異數同質性考驗，

發現各組樣本的變異數並不同質,故必須選擇變異數異質之事後比較方法的「Games-Howell」檢定進行事後多重比較。

變異數分析

薪水

	平方和	自由度	均方	F	顯著性
群組之間	76318298587.514	3	25439432862.505	**194.105**	**.000**
組內	61598196848.825	470	131059993.295		
總計	137916495436.340	473			

在多重比較表,「比較值差異(I-J)」欄位中出現「*」符號者,即表示該兩組之間的薪資有顯著差異存在。將事後多重比較之結果整理如下:

國中小與大學學歷間的薪資有顯著差異存在。

國中小與研究所學歷間的薪資有顯著差異存在。

高中與大學學歷間的薪資有顯著差異存在。

高中與研究所學歷間的薪資有顯著差異存在。

大學與研究所學歷間的薪資有顯著差異存在。

多重比較

應變數:薪水

	(I) 教育程度	(J) 教育程度	平均值差異 (I-J)	標準誤	顯著性	95% 信賴區間 下限	95% 信賴區間 上限
Scheffe 法	國中小	高中	-1488.101	1778.376	.873	-6477.59	3501.39
		大學	-12675.750*	1787.993	.000	-17692.22	-7659.28
		研究所	-43453.443*	2256.996	.000	-49785.77	-37121.12
	高中	國中小	1488.101	1778.376	.873	-3501.39	6477.59
		大學	-11187.649*	1189.066	.000	-14523.74	-7851.55
		研究所	-41965.342*	1819.612	.000	-47070.52	-36860.16
	大學	國中小	12675.750*	1787.993	.000	7659.28	17692.22
		高中	11187.649*	1189.066	.000	7851.55	14523.74
		研究所	-30777.693*	1829.013	.000	-35909.25	-25646.14

	研究所	國中小	43453.443*	2256.996	.000	37121.12	49785.77
		高中	41965.342*	1819.612	.000	36860.16	47070.52
		大學	30777.693*	1829.013	.000	25646.14	35909.25
LSD	國中小	高中	-1488.101	1778.376	.403	-4982.65	2006.45
		大學	-12675.750*	1787.993	.000	-16189.20	-9162.30
		研究所	-43453.443*	2256.996	.000	-47888.49	-39018.39
	高中	國中小	1488.101	1778.376	.403	-2006.45	4982.65
		大學	-11187.649*	1189.066	.000	-13524.19	-8851.11
		研究所	-41965.342*	1819.612	.000	-45540.92	-38389.76
	大學	國中小	12675.750*	1787.993	.000	9162.30	16189.20
		高中	11187.649*	1189.066	.000	8851.11	13524.19
		研究所	-30777.693*	1829.013	.000	-34371.75	-27183.64
	研究所	國中小	43453.443*	2256.996	.000	39018.39	47888.49
		高中	41965.342*	1819.612	.000	38389.76	45540.92
		大學	30777.693*	1829.013	.000	27183.64	34371.75
Games-Howell 檢定	國中小	高中	-1488.101	819.153	.272	-3633.25	657.04
		大學	-12675.750*	1279.672	.000	-15988.25	-9363.25
		研究所	-43453.443*	2770.835	.000	-50790.58	-36116.31
	高中	國中小	1488.101	819.153	.272	-657.04	3633.25
		大學	-11187.649*	1136.629	.000	-14129.05	-8246.25
		研究所	-41965.342*	2707.747	.000	-49155.46	-34775.23
	大學	國中小	12675.750*	1279.672	.000	9363.25	15988.25
		高中	11187.649*	1136.629	.000	8246.25	14129.05
		研究所	-30777.693*	2880.701	.000	-38372.77	-23182.62
	研究所	國中小	43453.443*	2770.835	.000	36116.31	50790.58
		高中	41965.342*	2707.747	.000	34775.23	49155.46
		大學	30777.693*	2880.701	.000	23182.62	38372.77

*. 平均值差異在 0.05 層級顯著。

下表為薪水依變數同質子集的結果，不管是哪一種多重事後比較方法，四組平均數可以分成三個子集，第一群為「國中小」和「高中」，第二群為「大學」，第三群為「研究所」。

薪水

	教育程度	數字	α = 0.05 的子集		
			1	2	3
Scheffe 法 [a,b]	國中小	53	24399.06		
	高中	190	25887.16		
	大學	181		37074.81	
	研究所	50			67852.50
	顯著性		.878	1.000	1.000

會顯示同質子集中群組的平均值。

a. 使用調和平均值樣本大小 = 80.554。

b. 群組大小不相等。將使用群組大小的調和平均值。不保證類型 I 誤差水準。

從「平均數圖」來看，可發現隨著教育程度愈高，薪水的增幅是急速上升。

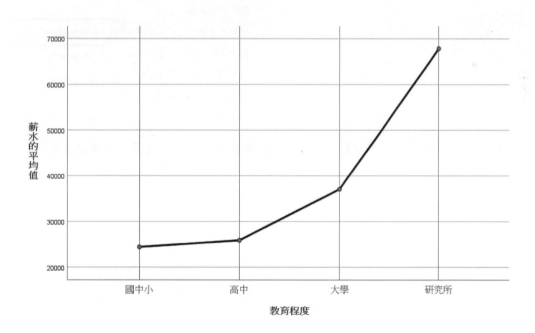

除了以上方法外，也可使用下述這個步驟進行獨立樣本單因子變異數分析。上述的方法輸出報表中未提供效果量 η^2，若欲符合 APA6 規定附上 η^2 值時，就必須選用下列的操作步驟。

方法二

(一) IBM SPSS Statistics 25.0 操作步驟

從功能列之「分析」，選擇「一般線性模型」，再選擇「單變異數」，如圖 11-5 所示。開啟「單變量」之對話框，將「薪水」選入「應變數」之欄位中，「教育程度」選入「固定因子」之欄位中，如圖 11-6 所示。

圖 11-5　選擇功能列「分析」，點選「一般線性模型」，再選擇「單變異數」

圖 11-6　開啓「單變量」對話框，將「薪水」選入「應變數」、「教育程度」選入「固定因子」

　　點選「事後」選項，開啓「單變量：觀察到的平均值的事後多重比較」之次對話框，在「假設相等的變異」欄位，勾選「Scheffe」、「LSD」；在「未假設相等的變異」欄位，勾選「Games-Howell」，如圖 11-7 所示。再開啓「選項」之次對話框，在「顯示」欄位中勾選「敘述性統計量」、「效應大小的估計值」、「觀察到的檢定力」和「同質性檢定」等選項，如圖 11-8 所示，之後點選「繼續」，回到原主對話框中，點選「確定」，即完成操作步驟。

圖 11-7 開啟「單變量：觀察到的平均值的事後多重比較」次對話框，勾選「Scheffe」、「LSD」、「Games-Howell」

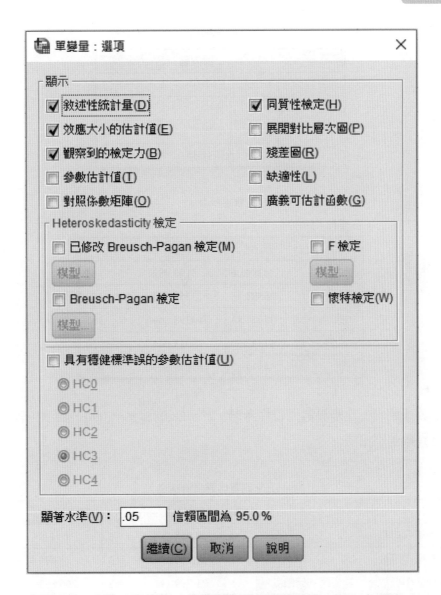

圖 11-8 開啟「選項」次對話框,勾選「顯示」欄位中選項

(二) 輸出報表解釋

　　下表為受試者間因子內各水準(教育程度)的個數統計,以及各教育程度之薪水平均數與標準差。

受試者間因子

		值標籤	N
教育程度	1	國中小	53
	2	高中	190
	3	大學	181
	4	研究所	50

敘述統計

依變數：薪水

教育程度	平均值	標準差	N
國中小	24399.06	5190.482	53
高中	25887.16	5559.764	190
大學	37074.81	14296.569	181
研究所	67852.50	18933.044	50
總計	34419.57	17075.661	474

依變數「薪水」之變異數同質性考驗，$F = 28.085, p = .000$，表示各教育階段之薪水的變異數並不相同。

Levene's 同質性變異數檢定 [a,b]

		Levene 統計量	自由度 1	自由度 2	顯著性
薪水	根據平均數	**28.085**	3	470	**.000**
	根據中位數	21.799	3	470	.000
	根據中位數，且含調整的自由度	21.799	3	266.893	.000
	根據修整的平均數	24.767	3	470	.000

檢定依變數的誤差變異數在群組內相等的虛無假設。

a. 依變數：薪水。

b. 設計：截距 + 教育程度。

進一步進行受試者間效應項的檢定，得到校正後的模式檢定 F 值為 194.105，顯著性值為 .000，即拒絕虛無假設，表示不同教育程度，其薪水仍是有所差異，故需進行多重事後比較。

受試者間效應項檢定

依變數：薪水

來源	第 III 類平方和	自由度	均方	F	顯著性	Partial Eta Squared	非中心參數	觀察的檢定能力[b]
修正的模型	76318298587.514[a]	3	25439432862.505	**194.105**	**.000**	.553	582.316	1.000
截距	485163206136.739	1	485163206136.739	3701.841	.000	.887	3701.841	1.000
教育程度	76318298587.514	3	25439432862.505	194.105	.000	.553	582.316	1.000
錯誤	61598196848.825	470	131059993.295					
總計	699467436925.000	474						
校正後總計	137916495436.340	473						

a. R 平方 = .553（調整的 R 平方 = .551）

b. 使用 α 計算 = .05

估計值

依變數：薪水

教育程度	平均值	標準誤	95% 信賴區間	
			下限	上限
國中小	**24399.057**	1572.523	21309.010	27489.103
高中	**25887.158**	830.536	24255.135	27519.180
大學	**37074.807**	850.934	35402.701	38746.912
研究所	**67852.500**	1619.012	64671.102	71033.898

因 F = 194.105, p = .000 達到顯著，需再進行事後比較。因變異數同質性考驗達顯著，故使用「Games-Howell 檢定」進行事後比較。讀者可閱讀「Games-Howell 檢定」事後比較結果的部分即可。

多重比較

依變數：薪水

	(I) 教育程度	(J) 教育程度	平均值差異 (I-J)	標準誤	顯著性	95% 信賴區間	
						下限	上限
Games-Howell 檢定	國中小	高中	-1488.10	819.153	.272	-3633.25	657.04
		大學	-12675.75[*]	1279.672	.000	-15988.25	-9363.25
		研究所	-43453.44[*]	2770.835	.000	-50790.58	-36116.31

高中	國中小	1488.10	819.153	.272	-657.04	3633.25
	大學	-11187.65*	1136.629	.000	-14129.05	-8246.25
	研究所	-41965.34*	2707.747	.000	-49155.46	-34775.23
大學	國中小	12675.75*	1279.672	.000	9363.25	15988.25
	高中	11187.65*	1136.629	.000	8246.25	14129.05
	研究所	-30777.69*	2880.701	.000	-38372.77	-23182.62
研究所	國中小	43453.44*	2770.835	.000	36116.31	50790.58
	高中	41965.34*	2707.747	.000	34775.23	49155.46
	大學	30777.69*	2880.701	.000	23182.62	38372.77

根據觀察到的平均值。

誤差項是 Mean Square(Error) = 131059993.295。

*. 平均值差異在 .05 層級顯著。

其事後比較之結果皆和前述操作步驟之結果相同：

國中小與大學學歷間的薪資有差異存在。

國中小與研究所學歷間的薪資有差異存在。

高中與大學學歷間的薪資有差異存在。

高中與研究所學歷間的薪資有差異存在。

大學與研究所學歷間的薪資有差異存在。

同質子集

薪水

	教育程度	數字	子集		
			1	2	3
Scheffe 法 [a,b,c]	國中小	53	24399.06		
	高中	190	25887.16		
	大學	181		37074.81	
	研究所	50			67852.50
	顯著性		.878	1.000	1.000

會顯示同質子集中群組的平均值。

根據觀察到的平均值。

誤差項是 Mean Square (Error) = 131059993.295。

a. 使用調和平均值樣本大小 = 80.554。

b. 群組大小不相等。將使用群組大小的調和平均值。不保證類型 I 誤差水準。

c. α = .05。

綜合以上報表討論提出結論歸納：

根據變異數分析摘要表得知，$F = 194.105, p = .000 < .05$，拒絕虛無假設，即不同的教育程度所受的薪資待遇不相同，而此結論正確的機率達 95%。進一步利用「Games-Howell 檢定」進行事後比較發現：研究所學歷（$M = 67853$）的薪資高於大學學歷（$M = 37075$），大學學歷（$M = 37075$）的薪資高於國中小學歷（$M = 24399$），研究所學歷（$M = 67853$）的薪資高於國中小學歷（$M = 24399$），研究所學歷（$M = 67853$）的薪資高於高中學歷（$M = 25887$），大學學歷（$M = 37075$）的薪資高於高中學歷（$M = 25887$）。且教育程度對薪水的解釋力可從 $\eta^2 = .553$ 得知，顯示自變數對依變數有高度的影響力，達 55.3%，統計檢定力達 1.000，表示檢定力很高。

而獨立樣本單因子變異數分析摘要表，如表 11-4 所示。

表 11-4　單因子獨立樣本變異數分析摘要表

	df	F	η^2	p	事後比較
組間	3	194.105***	.553	.000	研究所 > 大學 > 國中小 研究所 > 大學 > 高中

***$p < .001$

二、相依樣本單因子變異數分析 —— 重複量數

當只有一個自變數時所進行的變異數分析，即稱為單因子變異數分析，而各樣本間若不相互獨立且有關係時，則稱之為相依樣本單因子變異數分析。相依樣本又稱為**「受試者內設計」**、**「隨機化區組設計」**，包含三種樣本設計：**重複量數、配對組法**與**同胎法**等。

範例（檔名為相依樣本單因子變異數分析 .sav）：某專家學者欲瞭解人們對於酸甜苦辣等四種味覺的反應是否有差異，故請 15 位受試者進行實驗。試問人們對於四種味覺的反應是否有顯著差異存在？（$\alpha = .01$）

(一) IBM SPSS Statistics 25.0 操作步驟

開啟資料檔，包含受試者編號與四種味覺之測量值等變項。受試者編號這個欄位可有可無，若不建立此變項亦可，而受試者之四種味覺反應則需分為四個欄位建立。開啟功能列選單「分析」，選擇「一般線性模型」，再選擇「重複測量」，如圖 11-9 所示。出現「重複測量值定義因子」之對話框，需輸入「受試者內的因子名稱」，可

依個人喜好命名，範例命名為「味覺」，而「層次數」則輸入 4，並選擇「新增」，再點選「定義」後跳出畫面，如圖 11-10 所示。

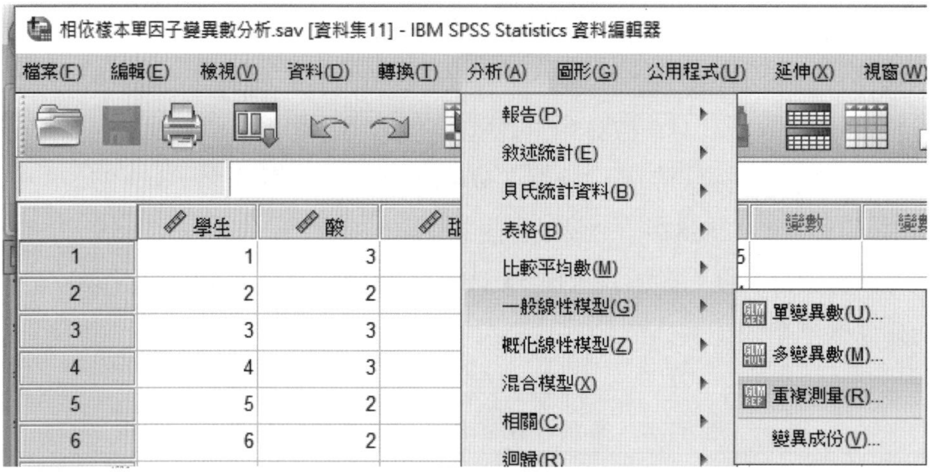

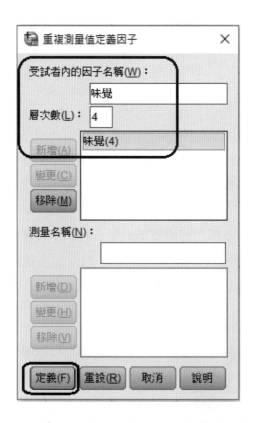

圖 11-9　在功能列選擇「分析」，選擇「一般線性模型」，再選擇「重複測量」

圖 11-10　自行對因子名稱命名，並輸入層次數，選擇「新增」，再點選「定義」

　　在完成變數的定義之後，畫面即出現「重複測量值」之次對話框。依序將左方欄位的酸、甜、苦、辣四變項，選入右方「受試者內的變數」欄位中，如圖 11-11 所示。開啓「EM 平均值」次對話框，將「味覺」選入「顯示此項目的平均值」，勾選「比較主效應」；其次，開啓「選項」次對話框，勾選「敘述性統計量」、「效應大小的估計值」、「觀察到的檢定力」、「同質性檢定」，研究者若需要修改顯著水準時，也可在此自行修正顯著水準設定值，如圖 11-11 所示，按「繼續」回到原對話框，點選「確定」，即完成單因子重複量數變異數分析的操作步驟。

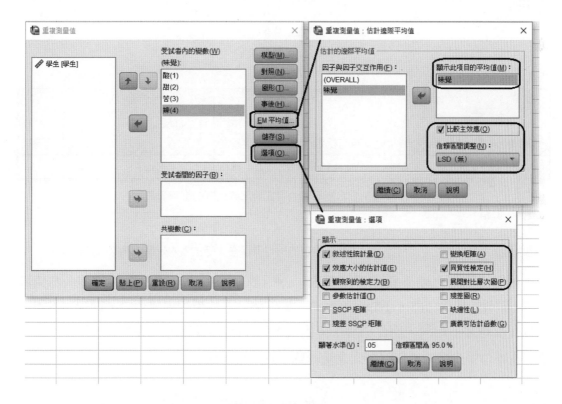

圖 11-11　開啓「重複測量值」之次對話框，將酸、甜、苦、辣選入右方「受試者內的變數」欄位

(二) 輸出報表解釋

　　根據研究問題，探討四種味覺間的差異。而味覺分爲四類，分別爲酸、甜、苦、辣等，故提出統計假設：

$H_0：\mu_1 = \mu_2 = \mu_3 = \mu_4$

$H_1：\mu_i$ 不全等

Mauchly 球形檢定乃是用來檢驗相依樣本變異數分析是否違反球形假定，相依樣本變異數分析中，常用三種方式檢定球面性假設，分別為 **Greenhouse-Geisser** 和 **Huynh-Feldt 的 ε 檢定法**，以及 **Mauchly's W 檢定法**，當檢定之卡方值未達顯著水準時，表示資料符合球面性的假定。因為 Mauchly's W 檢定值皆近似卡方值的機率分配，故當計算所得的卡方值未達顯著水準時，即可表示符合球面性假設（吳明隆、涂金堂，2006）。本例之 Mauchly's W 值為 .723，轉換後的卡方值為 4.120，顯著性值為 .533，未達顯著水準，表示未違反變異數分析的球形假定，故可知四種味覺之變異數相同。

Mauchly 的球形檢定 [a]

測量：MEASURE_1

受試者內效應	Mauchly's W	近似卡方檢定	自由度	顯著性	Epsilon[b]		
					Greenhouse-Geisser	Huynh-Feldt	下限
味覺	.723	4.120	5	.533	.848	1.000	.333

檢定標準正交化變換依變數的誤差共變數矩陣與恆等式矩陣成比例的虛無假設。

a. 設計：截距。

　受試者內設計：味覺。

b. 可以用來調整顯著性平均檢定的自由度。更正的檢定顯示在「受試者內效應項檢定」表格中。

再根據輸出之變異數分析摘要表──「受試者內效應項檢定」得知，F 值為 4.99，顯著性值為 .005，小於顯著水準（$\alpha = .05$），故拒絕虛無假設，即受試者對四種味覺反應並不相同，而此結論正確的機率達 95%。既然達顯著差異效果，就必須進一步進行事後比較，以瞭解究竟是哪些味覺間有差異。

受試者內效應項檢定

測量：MEASURE_1

來源		第 III 類平方和	自由度	均方	F	顯著性	Partial Eta Squared	非中心參數	觀察的檢定能力[a]
味覺	假設的球形	28.183	3	9.394	4.990	.005	.263	14.971	.887
	Greenhouse-Geisser	28.183	2.543	11.082	4.990	.008	.263	12.691	.843
	Huynh-Feldt	28.183	3.000	9.394	4.990	.005	.263	14.971	.887
	下限	28.183	1.000	28.183	4.990	.042	.263	4.990	.548

Error （味覺）	假設的球形	79.067	42	1.883				
	Greenhouse-Geisser	79.067	35.605	2.221				
	Huynh-Feldt	79.067	42.000	1.883				
	下限	79.067	14.000	5.648				

a. 使用 α 計算 = .05

下表為四個水準在依變數的估計邊際平均數。再根據下表中之邊際平均數「配對比較」，可得到相依樣本事後比較的結果：辣＞酸；辣＞甜；酸＞苦。

估計值

測量：MEASURE_1

味覺	平均值	標準誤	95% 信賴區間	
			下限	上限
1	2.933	.419	2.034	3.833
2	2.800	.296	2.165	3.435
3	3.267	.396	2.417	4.116
4	4.533	.336	3.812	5.254

配對比較

測量：MEASURE_1

(I) 味覺	(J) 味覺	平均值差異 （I-J）	標準誤	顯著性[b]	差異的 95% 信賴區間[b]	
					下限	上限
1	2	.133	.435	.764	-.800	1.066
	3	-.333	.513	.527	-1.434	.768
	4	-1.600[*]	.608	.020	-2.904	-.296
2	1	-.133	.435	.764	-1.066	.800
	3	-.467	.446	.313	-1.423	.489
	4	-1.733[*]	.419	.001	-2.633	-.834
3	1	.333	.513	.527	-.768	1.434
	2	.467	.446	.313	-.489	1.423
	4	-1.267[*]	.556	.039	-2.459	-.074
4	1	1.600[*]	.608	.020	.296	2.904
	2	1.733[*]	.419	.001	.834	2.633
	3	1.267[*]	.556	.039	.074	2.459

根據估計的邊際平均值。

*. 平均值差異在 .05 層級顯著。

b. 調整多重比較：最小顯著差異（相當於未調整）。

綜合以上報表提出結論歸納：

根據 Mauchly 球形檢定得 Mauchly's W 值為 .723，轉換後的卡方值為 4.120，$p =$ .533，未達顯著水準，接受虛無假設，表示未違反變異數分析的球形假定，不需要進行模式校正。處理效果 $F = 4.990$，$p = .005 < .05$，拒絕虛無假設，即受試者對於酸、甜、苦、辣等四種味覺的反應有差異存在，而此結論正確的機率達 95%。進一步利用邊際平均數成對比較方法進行事後比較，發現：辣（$M = 4.533$）＞酸（$M = 2.933$）；辣（$M = 4.533$）＞甜（$M = 2.800$）；辣（$M = 4.533$）＞苦（$M = 3.267$）。且四種味覺差異的解釋力可從 $\eta^2 = .263$ 得知，顯示辣的感覺的確有高度的差異性，達 26.3%（見表 11-5）。

表 11-5　單因子相依樣本變異數分析摘要表

變異來源	df	F	η^2	p	事後比較
受試者間	14				辣＞酸
受試者內	45				辣＞甜
處理效果	3		.263		辣＞苦
誤差	42	4.990**		.005	
全體	59				

**$p<.01$

習題練習

1. 有位心理學家想瞭解不同學習活動對 A 型人格特質的學習壓力影響，故設計了三種不同的學習活動（主動學習、被動學習、自由學習），並隨機抽取 15 位具有 A 型性格的受試者，每當 15 位受試者從事完一種學習活動後，立即記錄其心臟舒張壓，完成三種學習活動後，得到下表數據。試問 A 型人格特質的人，其學習壓力是否會因學習活動的不同而有顯著差異？（$\alpha = .05$）

受試者	A	B	C	D	E	F	G	H	I	J	K	L	M	N	O
主動	86	86	78	85	74	76	78	71	83	70	80	84	69	82	66
被動	58	60	67	63	78	75	85	69	59	57	68	63	71	74	80
自由	67	56	58	65	70	64	56	59	60	72	66	73	55	73	63

2. 有位社會心理學者欲探討不同婚姻狀態對女性主觀幸福感的影響情形。隨機抽取 15 位受訪者，評估自我主觀幸福感指數，得到下列資料。試問不同婚姻狀態的女性，其主觀幸福感是否有顯著差異存在？（$\alpha = .05$）

受訪者	A	B	C	D	E	F	G	H	I	J	K	L	M	N	O
單身	71	85	95	68	88	84	86	91	75	60	88	92	93	87	86
已婚	65	84	54	77	69	57	74	65	73	82	84	86	72	63	75
離婚	85	87	82	76	75	65	62	73	86	65	72	84	65	72	84

第 12 章

共變數分析

SPSS

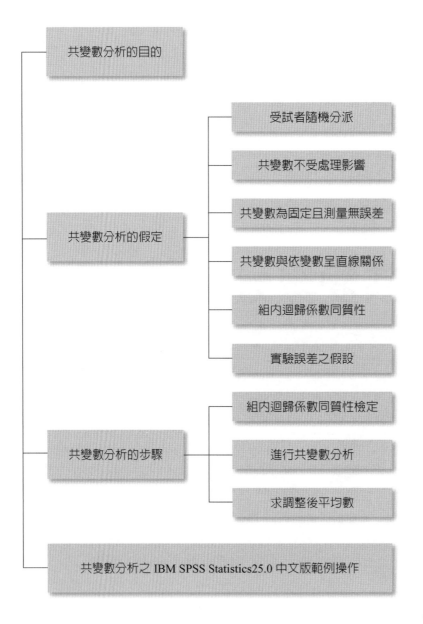

共變數分析的目的

共變數分析的假定

- 受試者隨機分派
- 共變數不受處理影響
- 共變數為固定且測量無誤差
- 共變數與依變數呈直線關係
- 組內迴歸係數同質性
- 實驗誤差之假設

共變數分析的步驟

- 組內迴歸係數同質性檢定
- 進行共變數分析
- 求調整後平均數

共變數分析之 IBM SPSS Statistics25.0 中文版範例操作

◆ 12-1　共變數分析之概述

爲了希望實驗處理能達到顯著水準或不受實驗誤差所干擾，最重要的任務就是使實驗誤差和抽樣誤差降至最低，控制實驗誤差的方法則有：「實驗控制（experimental control）或直接控制」與「統計控制（statistical control）或間接控制」。在實驗設計中，因眞實的實驗情境存在某些無法排除，但卻又會影響實驗結果的無關干擾變項，即必須利用統計控制的方法，來彌補實驗控制的不足。而控制抽樣誤差的方法有：「盡量採用隨機抽樣方法」、「增加樣本數」。所謂的無關變項或干擾變項並非是研究者想要探討的變項，然卻又會影響實驗研究的結果，這個（些）變項稱之爲「共變項、共變數（covariate）」或「同時變數（concomitant variable）」。而所謂的統計控制方法稱之爲「共變數分析（analysis of convariate, ANCOVA）」。以下針對實驗控制與統計控制作進一步說明：

一、實驗控制

在實驗過程中進行誤差修正的方法有下列五種：

（一）隨機分派受試者（採用受試者間設計）。

（二）重複量數處理方法（採用受試者內設計）。

（三）將單因子變異數分析改成多因子變異數分析。

（四）採平衡對抗之實驗設計。

（五）改良測量工具與技術。

二、統計控制

統計控制已是到了研究的最後階段，因爲在實驗過程中皆無法有效控制誤差時，最後可利用統計分析方式，排除干擾因素。統計控制方式有兩種：

（一）共變數分析（ANCOVA）。

（二）淨相關（partial correlation）。

故共變數分析是一種統計控制的方法，利用直線迴歸法將其他影響依變數的因素，從變數中剔除，再根據調整過後的分數，進行變異數分析。Fisher（1934）指出，共變數分析兼含變異數分析與直線迴歸分析的優點，故也必須遵守兩種統計方法的假定。其最大的價值在削弱 ANOVA 模式中的隨機誤差變異，提供統計檢定力。此外，也可以更精確地估計平均數。共變數分析模式可寫成：

$$Y_{ij} = \mu + \alpha_j + \beta(X_{ij} - \overline{X_{..}}) + e_{ij} \quad (i = 1, 2, 3, \dots n_j; j = 1, 2, 3, \dots, J)$$

Y_{ij}：第 j 組第 i 個人的依變數數值

μ：母群總平均數，乃一未知常數

α：第 j 組處理效果，第 j 組平均數與總平均數之差（即 $\mu_j - \mu$）

β：Y 對 X 之迴歸係數

X_{ij}：第 j 組第 i 個人的共變數

$\overline{X_{..}}$：所有受試者共變數之平均數

e_{ij}：第 j 組第 i 個人之實驗誤差或無法控制之變異

◆ 12-2　共變數分析的基本假定

除了須符合變異數分析應有的基本假定（常態性、獨立性、變異數同質性）之外，有一個重要的假定，即「組內迴歸係數同質性」。進行共變數分析需符合六項基本假定：

1. 受試者隨機分派，樣本符合隨機性、獨立性。

2. 共變數不受處理影響。

3. 共變數為固定且測量無誤差：在真正實驗設計中，共變數若有誤差存在，則會降低統計考驗力，易導致第一類型錯誤。

4. 共變數與依變數呈直線關係：依變數與共變數是直線關係，以符合線性迴歸的假設。

5. **組內迴歸係數同質性**（homogeneity of with-in regression coefficient）：各實驗設計中，依據共變數預測依變數所得的各條迴歸係數要相等，即各條迴歸線要相互平行。若違反迴歸係數同質性的假定時，可用詹森－內曼法（Johnson-Neyman method）來進行共變數分析或不建議進行共變數分析。但 SPSS 套裝軟體目前無詹森－內曼法功能，建議可以使用 SAS 套裝軟體或其他軟體進行。

6. 有關實驗誤差之假設，包括獨立性、變異同質性及常態性。

◆ 12-3 共變數分析的步驟

一、組內迴歸係數同質性檢定

需先檢查組內迴歸係數是否同質，若不符合則需進行調整；若經過調整，仍不符合假設，則不宜進行共變數分析，各組應分別討論。

二、進行共變數分析

觀察排除共變數的解釋量後，各組平均數之間是否有顯著差異。獨立樣本單因子共變數分析摘要表如下：

變異來源	SS	df	MS	F
共變數	SSc	C	SSc/C	MSc/MSw
組間	SSb	K – 1	SSb/K – 1	MSb/MSw
組內（誤差）	SSw	N – K – C	SSw/N – K – C	
全體	SST	N – 1		

三、求調整後平均數

當共變數的平均數有組間差異時，會對 Y 變數的平均數估計產生調整作用，稱為調整後平均數（adjusted mean）。若第一組的依變數平均數大於第二組時，共變數的平均數也是第一組大於第二組，此時的共變數平均數正差異即會使依變數平均數差異向下調整（變小）；反之，若共變數平均數是第二組大於第一組，則共變數的平均數負差異即會使依變數平均數差異向上調整（變大），而加強了依變數中此兩組的差異量（邱皓政，2011）。

◆ 12-4 共變數分析之IBM SPSS Statistics 25.0中文版範例操作

一、單因子單共變量共變數分析

範例（檔名為：onewayANCOVA.sav）：某教育心理學家欲探討三種實驗操弄之效果是否對實驗結果產生影響，故隨機抽樣三組受試者，分別對其在實驗的表現進行

前測和後測。試問：三種實驗操弄結果是否有差異存在。

(一) IBM SPSS Statistics 25.0 中文版操作步驟

步驟 1：先作組內迴歸係數同質性檢定

從功能列之「分析」，選擇「一般線性模型」，再選擇「單變異數」，如圖 12-1 所示。出現「單變量」次對話框，將「後測成績」放入「應變數」欄位，「組別」

圖 12-1　開啓功能列選擇「分析」，點選「一般線性模型」，再選擇「單變異數」

放入「固定因子」欄位，「前測成績」放入「共變數」欄位，如圖 12-2 所示。

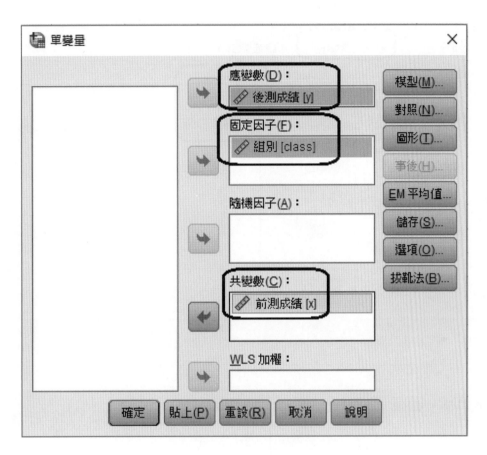

圖12-2　在「單變量」對話框將「後測成績」放入「應變數」欄位，「組別」放入「固定因子」欄位，「前測成績」放入「共變數」欄位

　　為進行迴歸係數同質性檢定，操作者需在「模型」選項內作設定。首先在「指定模型」欄位點選「建置項目」，將 class、x 及 class*x 的交互作用選入右方的「模型」欄位中。為了檢驗組內迴歸係數同質性，需檢驗共變數與自變數的交互作用。Class*x 的操作方式為：同時點選在左方欄位的兩個變項（先點 class，按著鍵盤上的 Ctrl 鍵，再點選 x，則可將兩個變項同時標註），再按右移的箭頭即可完成設定，如圖 12-3 所示。

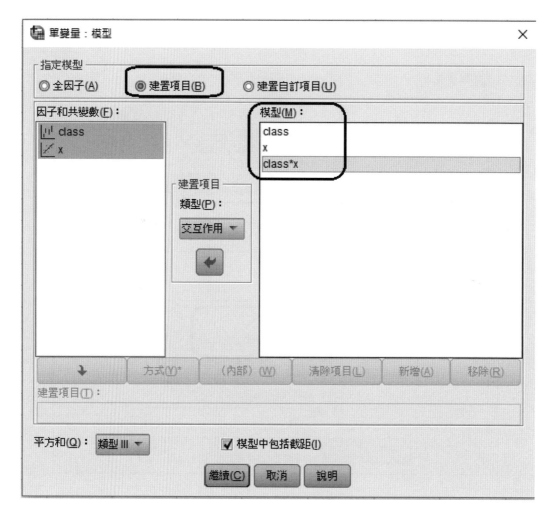

圖 12-3 「建置項目」模式，將 class、x 及 class*x 的交互作用選入「模型」欄位中

(二) 報表輸出結果——迴歸係數同質性檢定

變異數的單變量分析如下：

受試者間因子

		數字
組別	1	10
	2	10
	3	10

受試者間效應項檢定

依變數：後測成績

來源	第 III 類平方和	自由度	均方	F	顯著性
修正的模型	53.950[a]	5	10.790	6.313	.001
截距	193.375	1	193.375	113.148	.000
class	3.460	2	1.730	1.012	.378
x	46.252	1	46.252	27.063	.000
class * x	2.991	2	1.495	**.875**	**.430**
錯誤	41.017	24	1.709		
總計	25383.000	30			
校正後總計	94.967	29			

a. R 平方 = .568（調整的 R 平方 = .478）

　　「受試者間效應項檢定」即為迴歸係數同質性的檢定結果表，組內迴歸係數同質性考驗結果（即 class*x），$F = .875$, $p = .430 > .05$，未達顯著水準，表示三組迴歸線的斜率相同。換言之，以共變數對依變數進行迴歸分析時之斜率並無顯著差異存在，表示共變數與依變數間的關係，不會因為自變數的各處理水準之不同而有不同，亦即此檢定結果顯示：本研究資料符合共變數組內迴歸係數同質性檢定，可以繼續進行共變數分析。

步驟 2：開始進行單因子單共變量共變數分析

　　再重複以上步驟，但在「指定模型」的部分必須做更正，改為「全因子」，如圖 12-4。點選「繼續」，回到「單變量」對話框。點選「對照」選項，出現「單變量：對照」對話框，在「變更對照」欄位「對照」選項中，於下拉式選單中選擇「偏差」，如圖 12-5 所示。

　　「對照」是用來檢定因子水準間的差異，IBM SPSS Statistics 25.0 提供下列對照方法：無、偏差、簡式、差異、Helmert、重複與多項式等七種方法，研究者可自行選擇。以下簡要說明各對照方法的內涵：

1. 偏差（deviation）

　　除參考水準外，每個水準的平均數皆與所有水準的平均數（總平均數－整體效果）作比較，在偏差的對照方法中，SPSS 內定以最後一組為參考組。若要改為以第

圖 12-4　模型則選擇「全因子」

一組爲參考組，則可點選「第一個」並作「變更」即可。

2. 簡式（simple）

　　每個水準的平均數會與最後一個水準平均數作比較，本法以最後一個水準平均數爲參考組。

3. 差異（或稱反 Helmert）

　　因子中，每個水準的平均數與之前所有水準的平均數作比較。

4. Helmert

因子中，每個水準的平均數與之後所有水準的平均數作比較。

5. 重複（repeated）

每個水準的平均數（最後一個除外），與之後相鄰的平均數作比較。

6. 多項式（polynomial）

根據因子的水準數，進行直線、二次趨向、三次趨向等的比較。

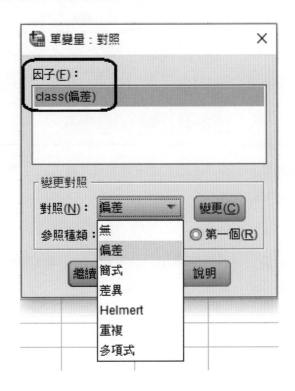

圖 12-5　選擇「對照」的方法

在估計邊際平均值部分，在「單變量」對話框開啓「EM 平均值」，出現「單變量：估計邊際平均值」次對話框，將「class」選入右上方「顯示此項目的平均值」欄位，再勾選「比較主效應」，如圖 12-6 所示。

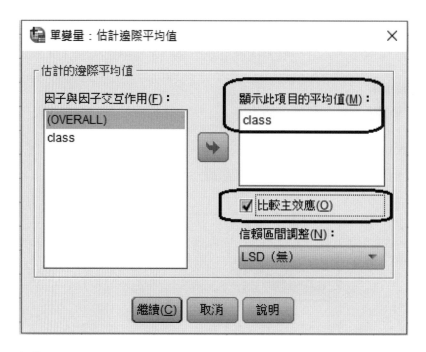

圖12-6　開啓「EM平均值」，將「class」選入右上方「顯示此項目的平均值」欄位，再勾選「比較主效應」

在「單變量」對話框開啓「選項」，出現「單變量：選項」對話框。在「顯示」欄位勾選「敘述性統計量」、「效應大小的估計值」、「觀察到的檢定力」、「參數估計值」與「同質性檢定」，如圖 12-7 所示。

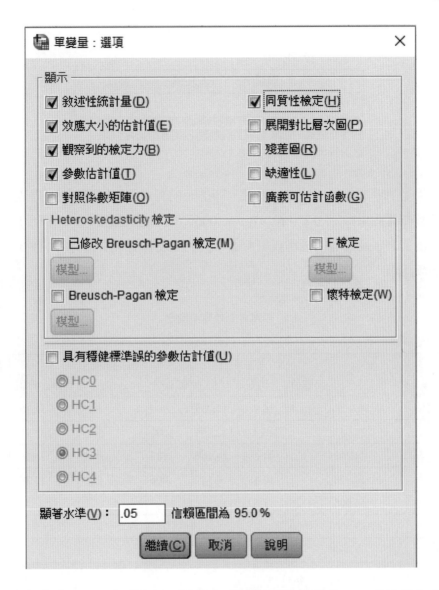

圖12-7 開啓「選項」，在「顯示」欄位勾選「敘述性統計量」、「效應大小的估計值」、「觀察到的檢定力」、「參數估計值」與「同質性檢定」

(三) 報表輸出結果——共變數分析

　　下表爲誤差變異量的 Levene 檢定結果，即變異數同質性考驗，$F = .052, p = .950 > .05$，表示各組在依變數的誤差變異數相同，具有同質性。

Levene's 同質性變異數檢定 [a]

依變數：後測成績

F	自由度 1	自由度 2	顯著性
.052	2	27	.950

檢定依變數的誤差變異數在群組內相等的虛無假設。

a. 設計：截距 + x + class

　　下表爲受試者間效應項檢定摘要表，即排除前測成績對後測成績的影響後，自變數對依變數影響效果檢定之 $F = 6.197$, $p = .006 < .05$，達到顯著水準，表示實驗處理效果顯著；換言之，受試者的後測成績會因不同的實驗操弄而有差異。達到差異之後，需進行事後比較。

受試者間效應項檢定

依變數：後測成績

來源	第 III 類平方和	自由度	均方	F	顯著性	Partial Eta Squared	非中心參數	觀察的檢定能力 [b]
修正的模型	50.959[a]	3	16.986	10.035	.000	.537	30.106	.995
截距	225.043	1	225.043	132.956	.000	.836	132.956	1.000
x	44.292	1	44.292	**26.168**	**.000**	.502	26.168	.998
class	20.978	2	10.489	**6.197**	**.006**	.323	12.394	.853
錯誤	44.008	26	1.693					
總計	25383.000	30						
校正後總計	94.967	29						

a. R 平方 = .537（調整的 R 平方 = .483）。

b. 使用 α 計算 = .05。

　　下表爲共變數之參數估計值，調整後之平均數可由此表算出。

　　〔class=1〕列中之 B 之估計值爲「-2.183」，表示水準一與水準三調整後平均數的差值（27.769 - 29.952）；〔class = 2〕列中之 B 之估計值爲「-.574」，表示水準二與水準三調整後平均數的差值（29.378 - 29.952）。而 t 值則是 B 之估計值除以標準誤差所得（-2.183/.626 = -3.487），$p = .002 < .05$，表示水準一和水準三其調整後平均數的差異達顯著，而水準二與水準三則無顯著差異。

參數估計值

依變數：後測成績

參數	B	標準誤	t	顯著性	95% 信賴區間 下限	95% 信賴區間 上限	Partial Eta Squared	非中心 參數	觀察的 檢定能力[b]
截距	21.088	1.733	12.167	.000	17.525	24.650	.851	12.167	1.000
x	.473	.093	5.115	.000	.283	.663	.502	5.115	.998
[class=1]	**-2.183**	.626	**-3.487**	**.002**	-3.470	-.896	.319	3.487	.919
[class=2]	**-.574**	.588	**-.977**	**.338**	-1.782	.634	.035	.977	.156
[class=3]	0[a]	.	.	.	.	.	.	.	.

a. 此參數設為零，因為它是冗餘參數。

b. 使用 α 計算 = .05

■ 估計的邊緣平均數

組別

下表即為自變數三個水準之調整後平均數，此數值可根據參數估計值計算而來：

第一組之邊緣平均數 = 21.088 + (−2.183) + 18.73×.473 = 27.76429

第二組之邊緣平均數 = 21.088 + (−.574) + 18.73×.473 = 29.37329

第三組之邊緣平均數 = 21.088 + 0 + 18.73×.473 = 29.94729

估計值

依變數：後測成績

組別	平均值	標準誤	95% 信賴區間 下限	95% 信賴區間 上限
1	**27.769**[a]	.450	26.845	28.694
2	**29.378**[a]	.432	28.490	30.267
3	**29.952**[a]	.414	29.101	30.804

a. 模型中出現的共變數根據下列值估計：前測成績 = 18.73。

下表為配對比較結果，由多重比較表可得知：第二種實驗操弄的表現高於第一種；第三種實驗操弄的表現也高於第一種。

配對比較

依變數：後測成績

(I) 組別	(J) 組別	平均值差異 (I-J)	標準誤	顯著性[b]	差異的 95% 信賴區間[b]	
					下限	上限
1	2	-1.609[*]	.661	.022	-2.968	-.249
	3	-2.183[*]	.626	.002	-3.470	-.896
2	1	1.609[*]	.661	.022	.249	2.968
	3	-.574	.588	.338	-1.782	.634
3	1	2.183[*]	.626	.002	.896	3.470
	2	.574	.588	.338	-.634	1.782

根據估計的邊際平均值。

*. 平均值差異在 .05 層級顯著。

b. 調整多重比較：最小顯著差異（相當於未調整）。

綜合以上各表的結果，整體結論：由迴歸係數同質性考驗結果得知，F 值未達顯著差異（$F = .875$, $p = .430 > .05$），故符合迴歸係數同質性檢定，可以進行共變數分析。根據共變數分析摘要表得知，在排除前測成績的影響效果後，三種不同實驗操弄方式對受試者的後測成績表現有顯著的影響（$F = 6.197$, $p = .006 < .05$），且進一步由事後比較結果發現，第二組高於第一組（$M_2 = 29.378 > M_1 = 27.769$）、第三組高於第一組（$M_3 = 29.952 > M_1 = 27.769$），而第二組和第三組之間則無顯著差異存在。另又根據共變數分析摘要表得知，三組受試者在實驗處理前的前測成績（$F = 26.168$, $p = .000 < .05$）亦有顯著差異存在。其共變數分析摘要表，整理如表 12-1 所示。

表 12-1　共變數分析摘要表

變異來源	SS	df	MS	F	p	η^2	事後比較
x	44.292	1	44.292	26.168[***]	.000	.502	
class	20.978	2	10.489	6.197[**]	.006	.323	實驗操弄 2> 實驗操弄 1
誤差	44.008	26	1.693				實驗操弄 3> 實驗操弄 1
總數	25383.000	30					

$^{**}p < .01$, $^{***}p < .001$

習題練習

　　某研究人員欲瞭解透過音樂治療，一般兒童與身心障礙兒童的學習習慣改變是否有差異？（組別：1為一般兒童、2為身心障礙兒童）

組別	學習習慣前測	學習習慣後測
2	16	21
2	18	22
2	17	24
1	12	12
1	23	23
1	11	12
2	14	23
2	13	18
2	10	18
1	8	11
1	10	12
1	8	9

第 **13** 章
無母數統計

S
P
S
S

無母數統計概論 ─┬─ 無母數統計概述

　　　　　　　　 └─ 無母數統計檢定的方法

無母數統計之 IBM SPSS Statistics 25.0 中文版範例操作

◆ 13-1　無母數統計概論

一、無母數統計（non-parametric statistics）概述

　　無母數統計（non-parametric statistics）又稱為不受分配限制統計法（distribution-free statistics），是不需要分配假設的統計方法，屬於統計學的分支。通常在進行有母數統計分析時，需要遵守「常態性」（可利用 QQ 圖、K-S 檢定或 S-W 檢定檢視常態性情形）與「變異數同質性」的假定。若違反「常態性」假設時，常利用依變數作「轉換」的方式進行調整，如：取 log、開根號或其他方式，但這些方式仍有缺點存在：第一，轉換後的依變數不一定符合常態分配；第二，轉換後之依變數的「單位」可能與原本的性質相悖，變得更加不合理。故直接以無母數統計的 Mann-Whitney U 檢定來取代獨立樣本 t 檢定或 ANOVA，或許會是最佳的處理方式。簡言之，**無母數統計適用於母群體分配情況未明、小樣本（總人數少於 30 人或每組人數少於 10 人）、母群體分配不是常態也不易轉換為常態、或進行 t 檢定與 ANOVA 時違反變異數同質性檢定，或想推論的是百分位數（如：中位數）等情形之統計分析**。無母數統計一律使用「排序」作計算，Mann-Whitney U 檢定即是在檢定兩組樣本的「平均排序」是否有顯著差異。無母數統計的特點在於儘量減少或不修改其建立之模型，較具穩健特性；在樣本數不大時，計算過程較為簡單；推論時所使用之統計量的抽樣分配通常與母體分配無關，不必推論其中位數、適合度、獨立性、隨機性。故綜合言之，無母數統計的優點有四：

　　(一) 對母群體的假設少，不需要假設母群體是何種分配。

　　(二) 對小樣本資料或有偏斜分配之母群體做推論較合適。

　　(三) 可分析類別資料或順序資料。

　　(四) 檢定時是以等級（rank）為主要統計量。

　　但仍有其缺點：

　　(一) 檢定力較弱，判錯機率比已知母群體分配判錯機率大。

　　(二) 處理方式無一致性，無母數檢定方法與查表的表格很多。

　　(三) 對某些較複雜的模式，如：有交互作用的多因子設計則無法進行檢定。

二、無母數統計的檢定方法

　　無母數統計在推論統計模型時，檢定是以等級（rank）為主要統計量，而常用的檢定方法有下列各項：

(一) Anderson-Darling 檢定

此方法能夠檢定出資料較符合哪一種分配，愈符合的分配，其統計量（Anderson-Darling statistic）則愈小。可利用對應的 p 值來檢定該數據是否符合選擇的分布，p 值小於 α（.05），則拒絕虛無假設，表示資料不符合該分配。

(二) 卡方檢定（chi-square test）

即是第 6 章所述之卡方考驗。卡方檢定有四種方法，分別為：

1. 適合度檢定（test of goodness of fit）

指觀察次數與相對應的期望次數，是否符合的統計檢定。

2. 百分比同質性檢定（test of homogeneity of proportions）

檢定交叉列聯表中的 I 個群體分配到 K 個類別，各類別母群體百分比例是否為同質。

3. 獨立性檢定（test of independence）

檢定兩個類別變數是否有顯著相關，若有相關存在，則必須進行關聯性檢定（test of association），以瞭解兩者的關聯程度。

4. 改變的顯著性檢定（test of significance of change）

檢定受試者對事件前後反應的差異情形。卡方檢定是最常用於名義（類別）變數的檢定方法。

(三) 麥內瑪檢定（McNemar test）

主要是適用於兩個關聯樣本的資料，將 X 與 Y 相關的名義變數以 0 與 1 兩種類型來表示，在檢定的過程中，整理成為 2×2 的列聯表以進行檢定分析。這是卡方檢定的一個特例。

(四) 寇克蘭 Q 檢定（Cochran Q test）

將 McNemar 檢定擴展使用，即為寇克蘭 Q 檢定。假設有 k 種處理，每種處理分別獨立使用很多次，其結果可整理為 $2 \times k$ 的列聯表，並以卡方檢定比較這 k 種處理的差異性。

(五) 費雪正確機率檢定（Fisher's exact probability test）

若 2×2 的列聯表是由兩個不同小樣本受試者的間斷變數資料所組成，則可以使用費雪正確機率檢定。

(六) 弗理曼二因子等級變異數分析（Friedman test; Friedman two-way analysis of variance by ranks; FR 檢定）

主要是適用於重複樣本（多組相關樣本）次序變數資料的無母數統計方法。將個體重複接受 k 個實驗條件後的資料分成等級，便可利用弗理曼二因子等級變異數分析進行資料分析。

(七) 柯－史單一樣本檢定（Kolmogorov-Smirnov test; K-S 檢定）

主要是將單一樣本的次序變數作適合度檢定，即決定樣本的分配是否與該理論的次數分配有差異性。K-S 檢定可作為檢測資料是否符合常態分配的檢定方法，以樣本分配函數與理論分配函數比較差距為基礎，虛無假設為樣本呈常態分配，當 p 值愈大，則愈不易拒絕虛無假設，表示資料愈有可能呈常態分配。

(八) 柯－史兩獨立樣本檢定

是將柯－史單一樣本檢定擴展使用，主要是檢定兩個獨立樣本的累積觀察次數的分配是否一致。若是，則樣本可能來自同一個母群體；反之，則否。

(九) 克－瓦二氏單因子等級變異數分析（Kruskal-Wallis test; Kruskal-Wallis one-way analysis of variance by ranks; K-W 檢定）

1952 年 Kruskal-Wallis 將 Mann-Whitney 的兩獨立樣本檢定推廣到 k 個獨立樣本，k 個隨機獨立樣本分別由 k 個可能不相同的母群體抽出，以檢定 k 個獨立樣本是否來自同一個母群體或平均數相等的 k 個母群體。K-W 檢定不需要假設母群體是常態分配，適用於非常態母群體或樣本數不大的資料。

(十) 曼惠二氏 U 檢定法（Mann-Whitney test; M-W U 檢定）、Wilcoxon 等級和檢定（Wilcoxon rank sum test）

最先由 Wilcoxon 於 1945 年提出，主要是用來檢定兩個母群體位置參數相等的假設。但由於 Wilcoxon 只考慮樣本數相等的情形，故 1947 年，Mann 和 Whitney 考

慮樣本數不同的情形，而提出曼惠二氏 U 檢定法。本檢定適用於兩獨立母群體分配未知，並為小樣本（n < 30）的情況下，檢定兩獨立樣本間是否具有顯著差異。Wilcoxon 的方法比較容易看出檢定量的基本原理，而 Mann-Whitney 的方法比較容易使用，不過兩種方法最後的檢定結果都會一樣。此外，Mann-Whitney 檢定最大不同點在於其檢定統計量採用 U 檢定量，故若兩母群體或是兩獨立隨機樣本為大樣本時（$n_1 > 10, n_2 > 10$），其統計量 U 的抽樣分配即會近似常態分配。

(十一) 中位數檢定（median test）

主要是用來檢定多個母群體的中位數是否相同，或檢定母群體中位數是否等於某特定值。中位數檢定在無母數統計的地位，相當於有母數統計法中的獨立樣本 t 檢定。

(十二) 符號檢定（sign test）

以正號、負號的個數當統計量，作為檢定的基礎。檢定兩個相依樣本的差異性，其方法是將觀測值分為三類：若 X < Y 則歸入（+）類、若 X > Y 則歸入（－）類、若 X = Y 則歸入同分（tie）類，以進行檢定。以符號檢定中位數問題，只考慮正負號個數，不討論數值大小，此種方式簡單但有損失資訊的困境。

(十三) 斯皮爾曼等級相關檢定（Spearman's rank test）

主要是用來衡量兩組經過等級轉換後之變數資料間的相關程度。

(十四) Wald-Wolfowitz 隨機性檢定（run test; Wald-Wolfowitz runs test）

可用來檢測資料是否隨機。Run test 將樣本資料分成兩個部分，例如：將資料分成良與不良兩群，再將相同符號之序列稱為串（或聯），然後以總串數 R 當作檢定統計量。

(十五) Wilcoxon 符號等級檢定（Wilcoxon signed-rank test）

主要的用法和符號檢定相同，兩者不同的地方是符號檢定並未考慮差值的大小，而 Wilcoxon 符號等級檢定則可以反映這些差值的正負方向與大小，較符號檢定更具檢定力，故將每對差值的絕對值依大小次序加以排列，即可進行檢定。

綜合上述各類檢定方法，歸納常用的四種檢定方法、適用時機以及與有母數統計之平均數檢定方法做對照比較，如圖 13-1 所示。

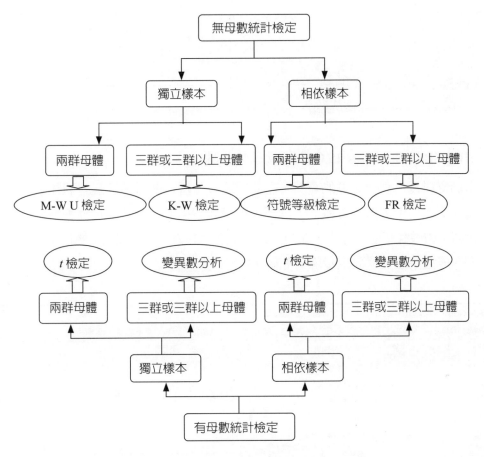

圖 13-1　有母數統計與無母數統計之比較

13-2　無母數統計之IBM SPSS Statistics 25.0中文版範例操作

一、McNemar 檢定

範例（檔名為 McNemar Test.sav）：某交通安全專家欲探討乘車時，後座繫安全帶是否能改變車禍的傷害程度。故調查 100 名有車禍經驗者，在車禍前後其後座乘客繫安全帶的情況。整理後的資料如下表。

		車禍發生後繫安全帶	
		有	無
車禍發生前繫安全帶	有	48	5
	無	37	10

（一）IBM SPSS Statistics 25.0 中文版操作步驟

本例資料為已整理分類的資料，在進行統計分析之前需進行觀察值加權，其操作步驟為在功能列中選擇「資料」，選擇「加權觀察值」。開啓「加權觀察值」之對話框，選擇「加權觀察值」方式，並將「人數」選至右方「次數變數」欄位中，點選「確定」即完成觀察值加權設定步驟，如圖 13-2 所示。

圖13-2　在功能列中選擇「資料」，選擇「加權觀察值」，將「人數」選至右方「次數變數」欄位中

接下來與卡方檢定中的「改變的顯著性考驗」操作步驟完全相同。在功能列中選擇「分析」，選擇「無母數檢定」，再點選「舊式對話框」，之後選擇「2個相關樣本」，如圖13-3所示。開啟「兩個相關樣本檢定」之對話框，分別點選「之前」、「之後」，移至右方的「檢定配對」欄位中，確定二個變項確實呈現配對關係。在「檢定類型」欄位中，勾選「McNemar」，選擇「確定」，如圖13-4所示，即完成操作步驟。

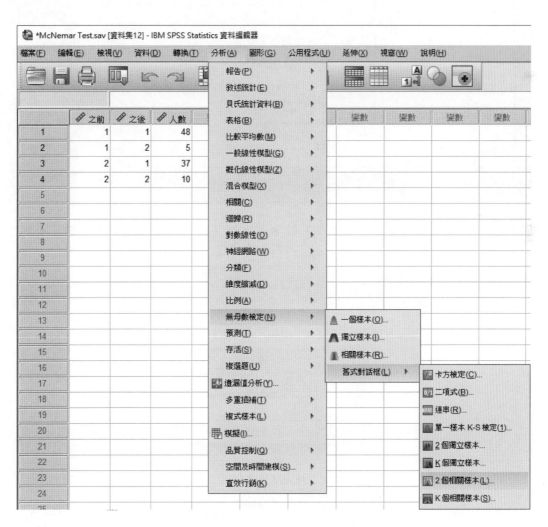

圖13-3　建立檔案，在功能列中選擇「分析」，選擇「無母數檢定」，點選「舊式對話框」，再選擇「2個相關樣本」

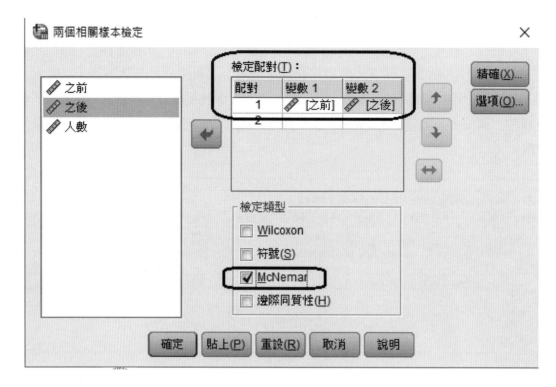

圖13-4　依序點選「之前」、「之後」移至右方的「檢定配對」欄位中，在「檢定類
　　　　型」欄位中，勾選「McNemar」

(二) 輸出報表解釋

之前	之後	
	有	無
有	48	5
無	37	10

檢定統計量 [a]

	之前 & 之後
N	100
卡方檢定 [b]	**22.881**
漸近顯著性	**.000**

a. McNemar 檢定。
b. 已更正連續性。

根據報表輸出結果，進行解釋。先根據研究問題，提出研究假設：

H_0：車禍者在繫安全帶之前與繫安全帶之後之受傷情形無顯著性改變

H_1：車禍者在繫安全帶之前與繫安全帶之後之受傷情形有顯著性改變

根據統計檢定表結果得知，卡方檢定值為 22.881，漸近顯著性值（p-value）為 .000，小於顯著水準（$\alpha = .05$），故拒絕虛無假設，即車禍者在繫安全帶之前與繫安全帶之後之受傷情形有顯著性改變。換言之，後座乘客繫安全帶的規定將會使車禍的傷害情形產生改變。

二、Wilcoxon 符號等級檢定（Wilcoxon signed rank）──應用於兩組相依樣本

範例（檔名：Wilcoxon Signed Rank.sav）：某輔導人員欲瞭解讓青少年觀看拉 K 後遺症影片，是否可以有效制止青少年吸食 K 他命等毒品的行為，故讓 200 名高中職學生在觀看前與觀看後分別填寫問卷，以瞭解此宣導策略是否奏效。已整理之資料如下表：

		觀看影片後	
		會拒絕吸食	不會拒絕吸食
觀看影片前	會拒絕吸食	128	3
	不會拒絕吸食	52	17

（一）IBM SPSS Statistics 25.0 中文版操作步驟

在進行無母數檢定之前，需對已整理分類資料進行觀察值加權，其操作步驟同上例。接下來的無母數統計操作步驟與 McNemar 檢定步驟亦完全相同。在功能列中選擇「分析」，選擇「無母數檢定」，點選「舊式對話框」，再選擇「2 個相關樣本」，如圖 13-5 所示。開啓「兩個相關樣本檢定」之對話框，分別點選「之前」、「之後」移至右方的「檢定配對」欄位中，確定二個變項確實呈現配對關係。而在「檢定類型」欄位中，請勾選「Wilcoxon」，選擇「確定」，如圖 13-6 所示，即完成操作步驟。

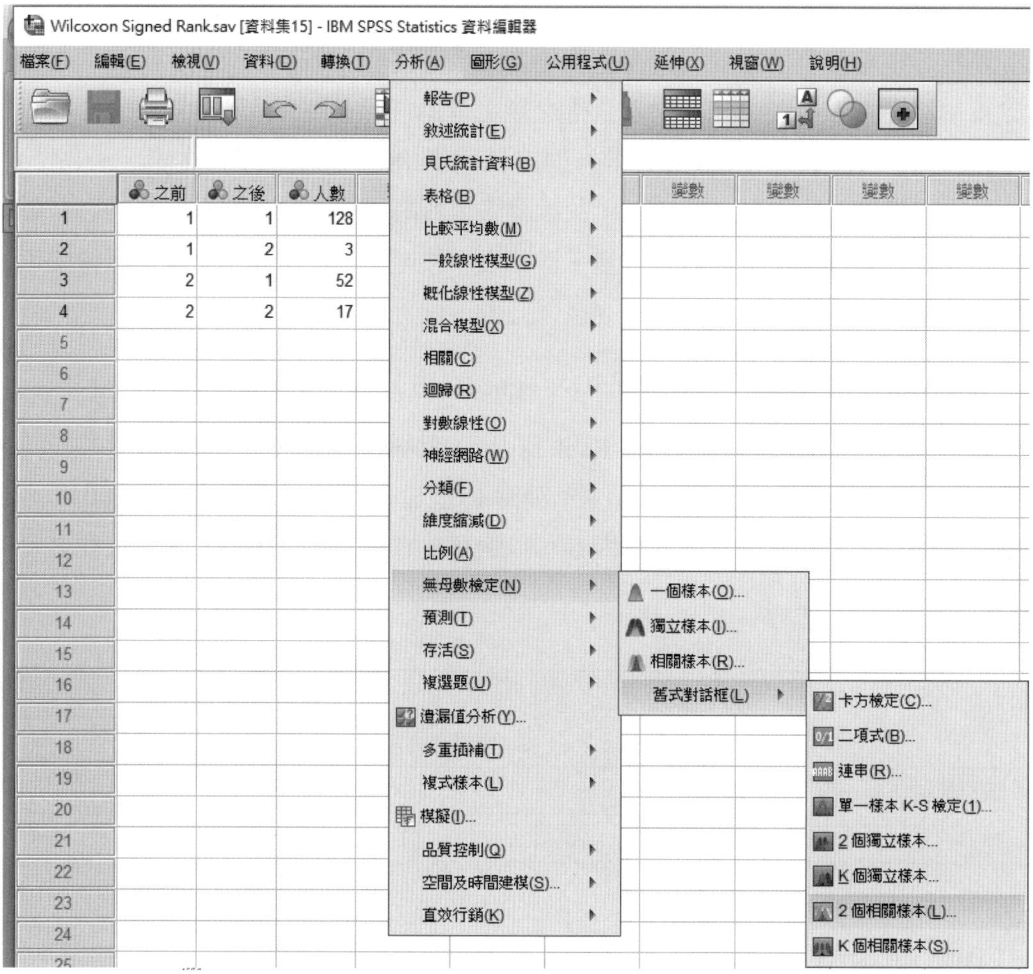

圖13-5　建立檔案，在功能列中選擇「分析」，選擇「無母數檢定」，點選「舊式對話框」，再選擇「2個相關樣本」

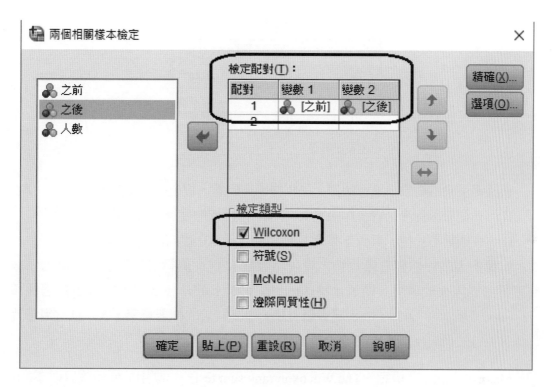

圖13-6 依序點選「之前」、「之後」移至右方的「檢定配對」欄位中，在「檢定類型」欄位中，勾選「Wilcoxon」

(二) 輸出報表解釋

Wilcoxon 符號等級檢定如下：

等級

		N	平均等級	等級總和
之後 - 之前	負等級	52[a]	28.00	1456.00
	正等級	3[b]	28.00	84.00
	連結空間	145[c]		
	總計	200		

a. 之後 < 之前
b. 之後 > 之前
c. 之後 = 之前

檢定統計量 [a]

	之後 - 之前
Z	-6.607[b]
漸近顯著性（雙尾）	.000

a. Wilcoxon 符號等級檢定。
b. 基於正等級。

根據報表輸出結果，進行解釋。先根據研究問題，提出研究假設：

H_0：在觀看影片後，青少年吸食 K 他命的行為或態度無顯著性降低

H_1：在觀看影片後，青少年吸食 K 他命的行為或態度有顯著性降低

本範例因欲評估觀看影片後，青少年吸食 K 他命的行為或態度是否降低，故檢定須由雙尾改成單尾，顯著水準（α）為 .025（.05/2 = .025）。漸近顯著性值（p-value）為 .000<.025，故拒絕虛無假設，達到統計的顯著意義，表示此宣導影片之觀賞可有效遏制校園毒品氾濫。

三、Mann-Whitney U 檢定、The Wilcoxon rank sum test──應用於兩組獨立樣本

範例（檔名：Mann-Whitney U.sav）：某超商想瞭解辦抽獎活動是否提升顧客的消費金額，故隨機挑選各 10 位顧客分別觀察在有抽獎活動與無抽獎活動時的消費情形。

(一) IBM SPSS Statistics 25.0 中文版操作步驟

在功能列中選擇「分析」，選擇「無母數檢定」，再點選「舊式對話框」，接著選擇「2 個獨立樣本」，如圖 13-7 所示。開啟「兩個獨立樣本檢定」之對話框，將「消費金額」選至右方「檢定變數清單」欄位，「組別」選入「分組變數」欄位中，並定義分組變數的編碼。而在「檢定類型」欄位中，請勾選「Mann-Whitney U」，選擇「確定」，如圖 13-8 所示，即完成操作步驟。

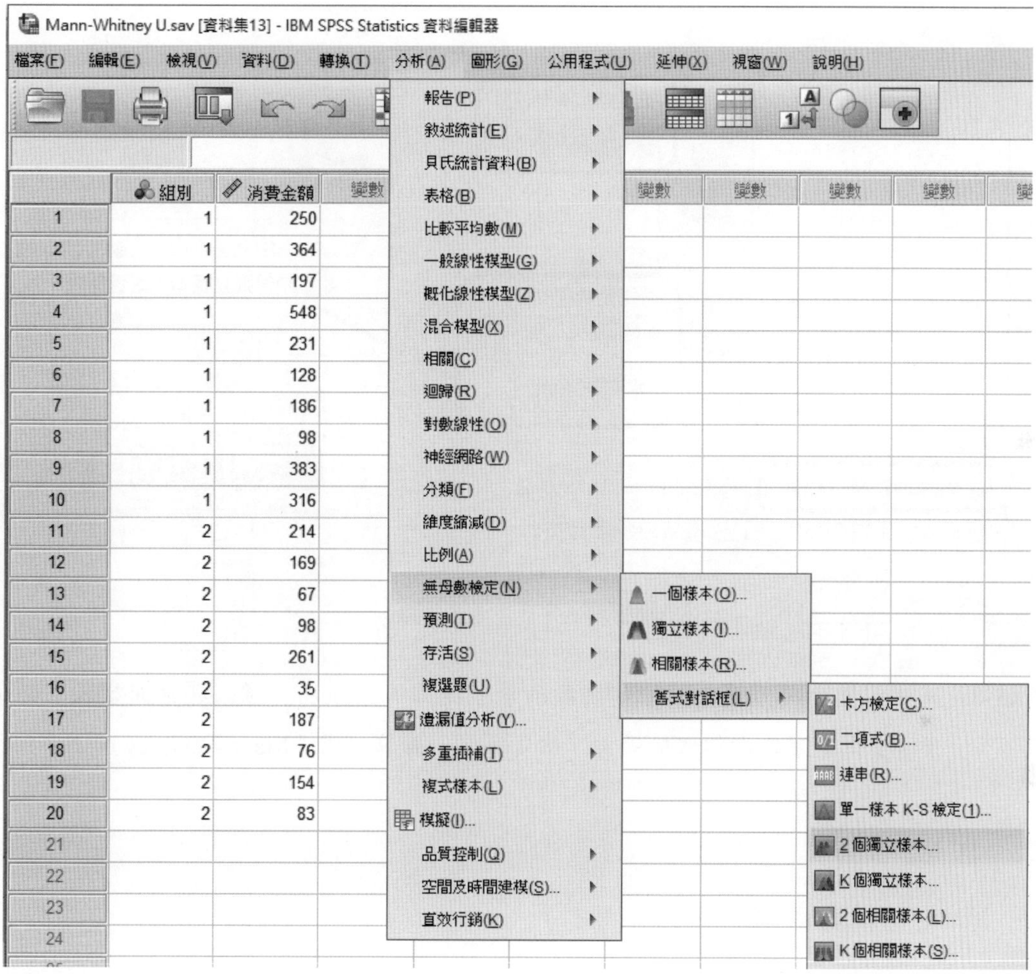

圖13-7 建立檔案，在功能列中選擇「分析」，選擇「無母數檢定」，再點選「舊式對話框」，接著選擇「2個獨立樣本」

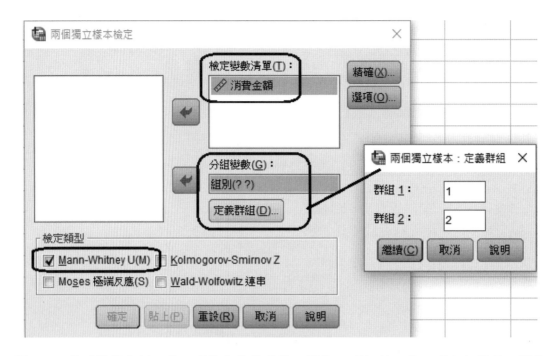

圖13-8 將「消費金額」選入「檢定變數清單」欄位，「組別」選入「分組變數」欄位中，並且需定義兩組之編碼；「檢定類型」欄位勾選「Mann-Whitney U」

(二) 輸出報表解釋

Mann-Whitney 檢定如下：

等級

	組別	N	平均等級	等級總和
	有抽獎活動	10	13.75	137.50
消費金額	無抽獎活動	10	7.25	72.50
	總計	20		

檢定統計量 [a]

	消費金額
Mann-Whitney U	**17.500**
Wilcoxon W	72.500
Z	-2.458
漸近顯著性（雙尾）	**.014**
精確顯著性 [2*（單尾顯著性）]	.011[b]

a. 變數分組：組別。
b. 未針對同分值更正。

根據報表輸出結果，進行解釋。先根據研究問題，提出研究假設：

H_0：辦抽獎活動，顧客的消費金額無顯著性差異

H_1：辦抽獎活動，顧客的消費金額有顯著性差異

根據統計檢定表結果得知，Mann-Whitney U = 17.500, p = .014<.05，達到統計顯著水準，故拒絕虛無假設，即辦抽獎活動將會影響顧客的消費金額。換言之，顧客會因為商家是否辦抽獎活動而改變消費金額。

四、Kruskal-Wallis 檢定──應用於三組獨立樣本

範例（檔名：Kruskal-Wallis Test.sav）：政府欲宣導一項政令，透過三種方式（發紙本文宣、電視廣告、網路與手機簡訊）進行宣傳，每種方法各抽取 9 人進行測試，以瞭解三種宣傳方式讓民眾的瞭解程度是否有差異。

（一）IBM SPSS Statistics 25.0 中文版操作步驟

在功能列中選擇「分析」，選擇「無母數檢定」，點選「舊式對話框」，再選擇「K 個獨立樣本」，如圖 13-9 所示。開啟「多個獨立樣本的檢定」之對話框，將「了解程度」選至右方「檢定變數清單」欄位，「宣傳方式」選入「分組變數」欄位，並定義分組變數的編碼。而在「檢定類型」欄位中，請勾選「Kruskal-Wallis H」，選擇「確定」，如圖 13-10 所示，即完成操作步驟。

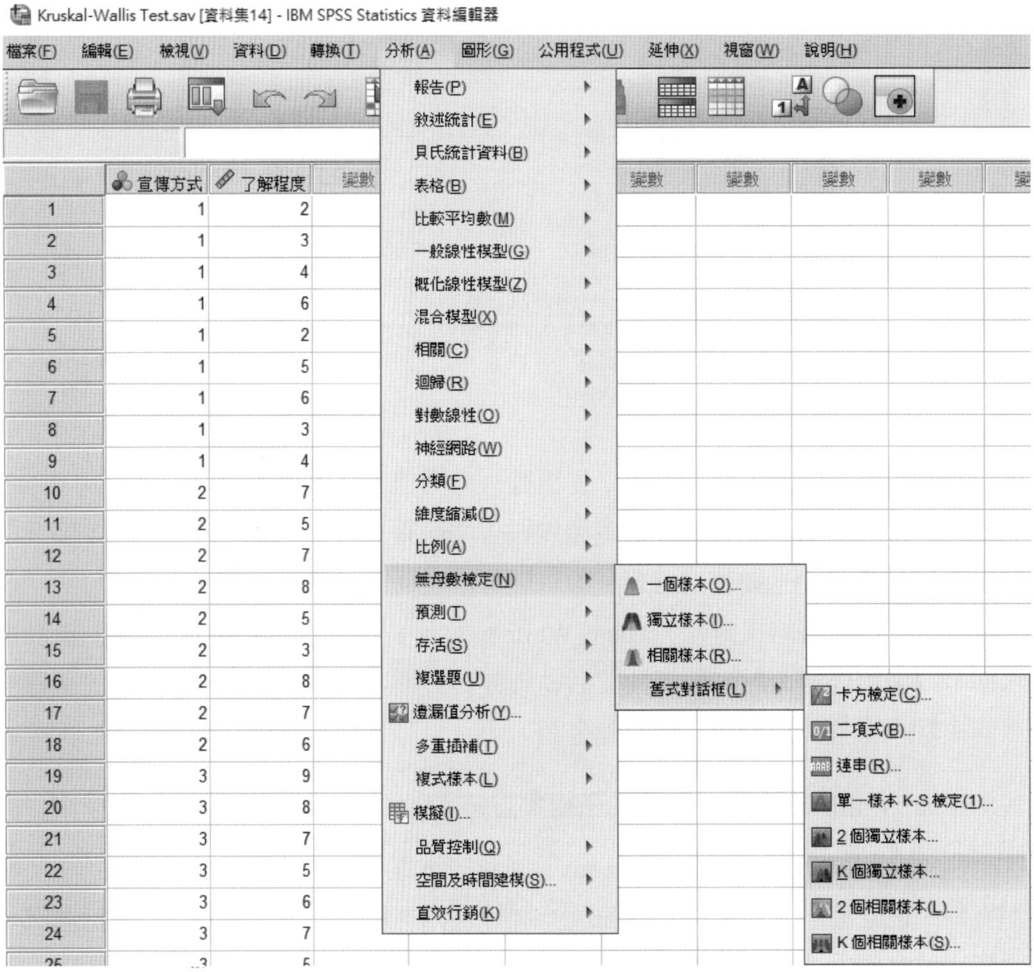

圖13-9　建立檔案，在功能列中選擇「分析」，選擇「無母數檢定」，點選「舊式對話框」，再選擇「K個獨立樣本」

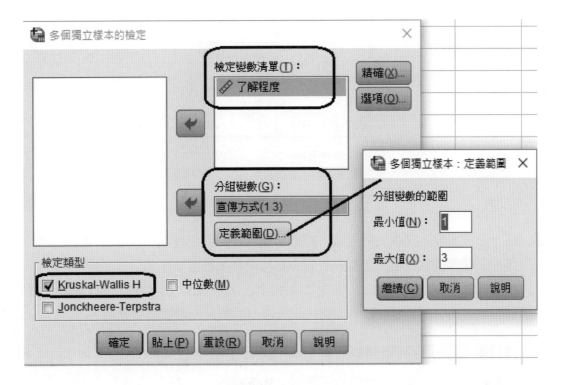

圖13-10 將「了解程度」選入「檢定變數清單」，「宣傳方式」選入「分組變數」，並且需定義三組之編碼；並確認已勾選「Kruskal-Wallis H」

(二) 輸出報表解釋

Kruskal-Wallis 檢定如下：

等級

	宣傳方式	N	平均等級
了解程度	發紙本文宣	9	7.11
	電視廣告	9	16.44
	網路與手機簡訊	9	18.44
	總計	27	

檢定統計量 ^{a,b}

	了解程度
Kruskal-Wallis H	**10.703**
自由度	2
漸近顯著性	**.005**

a. Kruskal-Wallis 檢定。
b. 變數分組：宣傳方式。

根據報表輸出結果，進行解釋。先根據研究問題，提出研究假設：

H_0：三種宣傳方式讓民眾對政令的瞭解程度無顯著差異

H_1：三種宣傳方式讓民眾對政令的瞭解程度有顯著差異

根據統計檢定表結果得知，卡方值為 10.703, p = .005<.05，達到統計顯著水準，故拒絕虛無假設，即三種宣傳方式讓民眾對政令的瞭解程度有顯著差異。

五、弗理曼二因子等級變異數分析（Friedman two-way analysis of variance by ranks）、FR 檢定──應用於三組以上相依樣本

範例（檔名：Friedman.sav）：某設計比賽共有四件作品參選，大會邀請 6 位評審對作品進行評分，以瞭解此四件作品的表現是否有差異。

（一）IBM SPSS Statistics 25.0 中文版操作步驟

在功能列中選擇「分析」，選擇「無母數檢定」，點選「舊式對話框」，再選擇「K 個相關樣本」，如圖 13-11 所示。開啟「多個相關樣本的檢定」之對話框，將四個變項選入右方「檢定變數」欄位。而在「檢定類型」欄位中，請勾選「Friedman」，選擇「確定」，如圖 13-12 所示，即完成操作步驟。

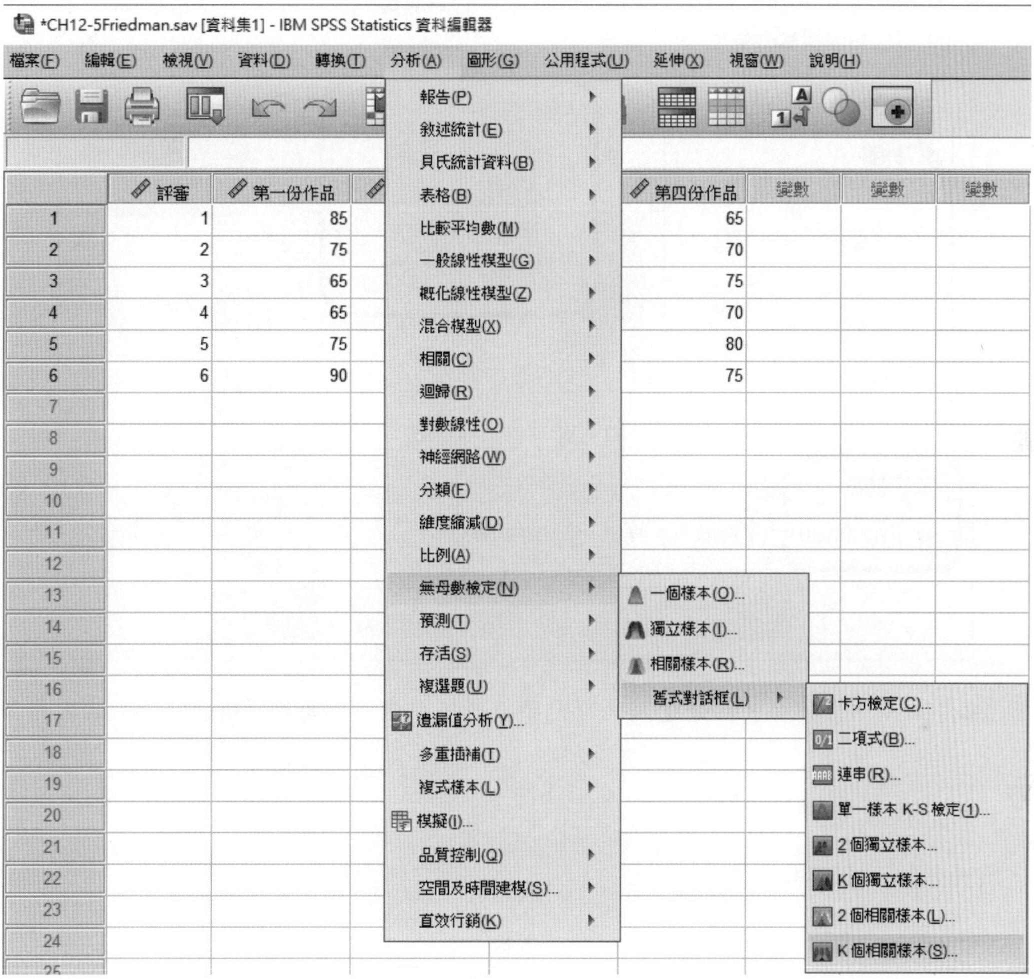

圖13-11　建立檔案，在功能列中選擇「分析」，選擇「無母數檢定」，點選「舊式對話框」，再選擇「K個相關樣本」

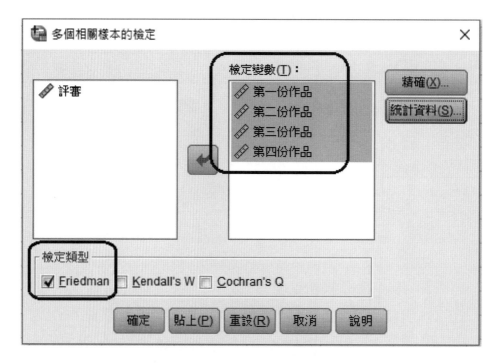

圖 13-12　將四份作品的評分選入「檢定變數」，並確認已勾選「Friedman」檢定類型

(二) 輸出報表解釋

Friedman 檢定如下：

等級

	平均等級
第一份作品	2.08
第二份作品	2.25
第三份作品	3.83
第四份作品	1.83

檢定統計量 [a]

N	6
卡方檢定	**9.316**
自由度	3
漸近顯著性	.025

a. Friedman 檢定。

根據報表輸出結果，進行解釋。先根據研究問題，提出研究假設：

H_0：此四件作品的表現無顯著差異

H_1：此四件作品的表現有顯著差異

根據統計檢定表結果得知，卡方值為 9.316, $p = .025 < .05$，達到統計顯著水準，故拒絕虛無假設，即此四件作品的表現有顯著差異。

六、符號檢定——應用於有多重選擇態度的相依樣本資料

範例（檔名：符號檢定 .sav）：政府希望透過核能發電廠興建說明會，告知民眾興建核能發電廠的目的。共有 25 人來參加說明會，說明會前先調查其贊成態度情況（0～5，5 表非常贊成），說明會後再填一次問卷，故得到下表資料。試問說明會是否有產生正面效果？

| 會前態度 | 1 | 3 | 2 | 3 | 1 | 0 | 0 | 2 | 3 | 4 | 1 | 2 | 3 | 0 | 0 | 1 | 2 | 2 | 2 | 3 | 3 | 4 | 5 | 2 | 0 |
| 會後態度 | 3 | 5 | 4 | 3 | 4 | 3 | 4 | 3 | 4 | 5 | 2 | 2 | 3 | 3 | 4 | 2 | 2 | 3 | 3 | 3 | 4 | 4 | 5 | 4 | 2 |

(一) IBM SPSS Statistics 25.0 中文版操作步驟

在功能列中選擇「分析」，選擇「無母數檢定」，點選「舊式對話框」，再選擇「2 個相關樣本」，如圖 13-13 所示。開啓「兩個相關樣本檢定」之對話框，將「會前態度」、「會後態度」選入右方「檢定配對」欄位。而在「檢定類型」欄位中，請勾選「符號」，選擇「確定」，如圖 13-14 所示，即完成操作步驟。

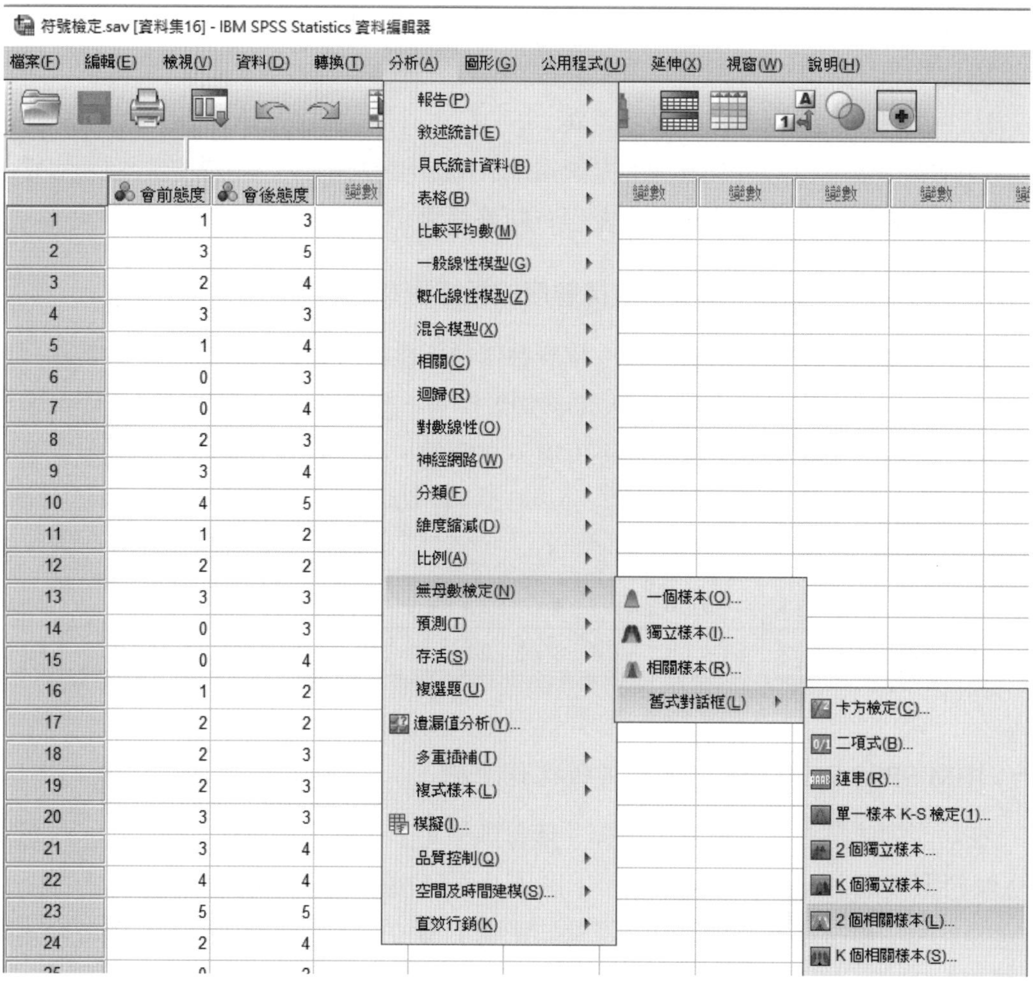

圖13-13　建立檔案，在功能列中選擇「分析」，選擇「無母數檢定」，點選「舊式對話框」，再選擇「2個相關樣本」

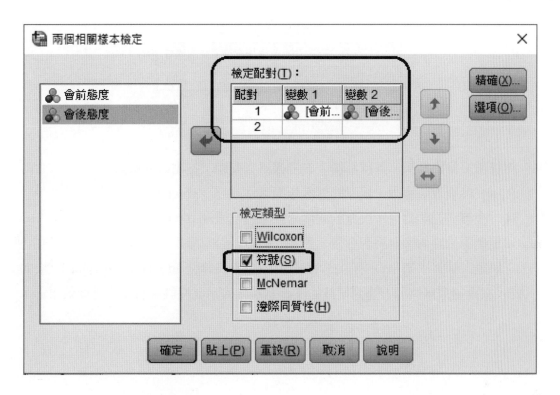

図13-14 依序點選「會前態度」、「會後態度」移至「檢定配對」欄位，在「檢定類型」欄位中，勾選「符號」

(二) 輸出報表解釋

符號檢定如下：

次數分配表

		N
會後態度 - 會前態度	負差異 [a]	0
	正差異 [b]	18
	連結空間 [c]	7
	總計	25

a. 會後態度 < 會前態度
b. 會後態度 > 會前態度
c. 會後態度 = 會前態度

13

無母數統計

405

檢定統計量 [a]

	會後態度 - 會前態度
精確顯著性（雙尾）	.000[b]

a. 符號檢定。

b. 已使用二項式分布。

　　根據報表輸出結果，進行解釋。先根據研究問題，提出研究假設：

H_0：在參與說明會後，民眾的態度無顯著性改變（$M = 0$）

H_1：在參與說明會後，民眾的態度有顯著性改變（$M < 0$）

　　本範例因欲評估參與說明會後，民眾的態度是否有產生正面效果，故檢定須由雙尾改成單尾，顯著水準（α）為 .025（.05/2 = .025）。漸近顯著性值（p-value）為 .000 < .025，故拒絕虛無假設，達到統計的顯著意義，表示此座談會有產生正面效果。

習題練習

1. A 研究員進行一項實驗，比較兩種不同刺激產生反應所需之時間，故對 9 位受試者分別實施二項刺激，得到以下反應，如下表。試以 $\alpha = .05$ 檢定二項刺激所需平均反應時間是否相同。

受試者	1	2	3	4	5	6	7	8	9
刺激1	5.6	9.4	12.2	6.8	4.2	8.9	7.5	6.4	7.8
刺激2	4.1	10.3	14.8	7.2	3.9	7.8	7.1	8.9	10.5

2. B 調查者欲瞭解民眾對於兩種品牌乳品的喜好程度，故抽取 8 位受訪者分別飲用 A、B 兩品牌的乳品，得到如下表之分數。試以 $\alpha = .05$ 檢定兩種品牌之喜好程度是否相同。

受試者	1	2	3	4	5	6	7	8
A品牌	88	99	54	77	100	102	87	80
B品牌	63	125	81	90	95	120	90	85

3. 民眾認為國家經濟不振，建議政府應發放消費券刺激國人消費。故 D 學者針對此建議，對非公職之上班族、財經專家、家庭主婦各抽取 8 人進行調查，試以 $\alpha = .05$ 檢定三種身分人員對此提案的認同程度是否有差異。

受試者	1	2	3	4	5	6	7	8
上班族	75	81	62	77	90	84	54	80
財經專家	43	35	29	50	41	61	52	34
家庭主婦	78	92	75	84	83	58	62	64

4. E 教師想瞭解上課準時出席可加分，是否能提升學生的出席意願。故隨機挑選大一與大四班級各 9 位學生進行調查，試以 $\alpha = .05$ 檢定不同年級學生對此方式的認同態度是否有差異。

受試者	1	2	3	4	5	6	7	8	9
大一學生	25	30	28	27	18	24	19	13	20
大四學生	13	25	17	9	22	20	8	14	12

第三篇

量表資料處理

第 14 章

探索性因素分析

S
P
S
S

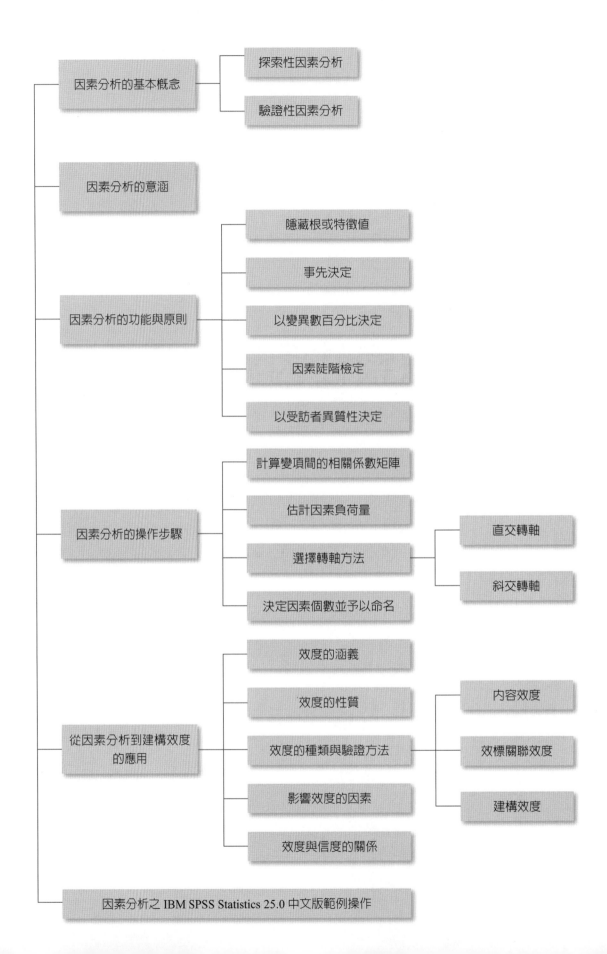

因素分析的基本概念 ─┬─ 探索性因素分析
　　　　　　　　　└─ 驗證性因素分析

因素分析的意涵

因素分析的功能與原則 ─┬─ 隱藏根或特徵值
　　　　　　　　　　├─ 事先決定
　　　　　　　　　　├─ 以變異數百分比決定
　　　　　　　　　　├─ 因素陡階檢定
　　　　　　　　　　└─ 以受訪者異質性決定

因素分析的操作步驟 ─┬─ 計算變項間的相關係數矩陣
　　　　　　　　　├─ 估計因素負荷量
　　　　　　　　　├─ 選擇轉軸方法 ─┬─ 直交轉軸
　　　　　　　　　│　　　　　　　└─ 斜交轉軸
　　　　　　　　　└─ 決定因素個數並予以命名

從因素分析到建構效度的應用 ─┬─ 效度的涵義
　　　　　　　　　　　　　├─ 效度的性質
　　　　　　　　　　　　　├─ 效度的種類與驗證方法 ─┬─ 內容效度
　　　　　　　　　　　　　│　　　　　　　　　　├─ 效標關聯效度
　　　　　　　　　　　　　│　　　　　　　　　　└─ 建構效度
　　　　　　　　　　　　　├─ 影響效度的因素
　　　　　　　　　　　　　└─ 效度與信度的關係

因素分析之 IBM SPSS Statistics 25.0 中文版範例操作

14-1　因素分析概論

一、因素分析的基本概念

　　何謂「智力」？智力的內涵是什麼？何謂「創造力」？創造力的內涵又是什麼？無法用直接觀察的方式「看到」這些特質的具體形象。因此，必須利用工具來測量。工具如何編製、如何撰寫該抽象概念的操作型定義、如何精確測量並下結論，這一連串的過程，是量化研究者在進行問卷或量表處理時將會面臨的困難。研究者在進行量表或測驗分析時，必須要先進行試題的項目分析。在完成試題的項目分析之後，若研究工具為自編的李克特式問卷或量表者，則接下來要作的任務即是進行量表的測驗分析，測驗分析包含兩大部分：效度分析和信度分析，而量表的效度分析可利用因素分析求得。

　　所謂因素分析，簡單可定義為：**為了要證實研究者所設計的測驗的確可測量某一（些）潛在特質，並釐清潛在特質的內在結構，能夠將一群具有共同特性的測量分數，抽離出背後潛在構念的統計分析技術**。當研究工具為研究者自編問卷或量表時，通常需要進行探索性因素分析，所謂探索性因素分析（exploratory factor analysis, EFA）是：研究者為了探究其設計的量表或問卷是否可測量到某些潛在構念的方法，即**對於觀察變項之因素結構的探尋，並未有任何事前的預設假定，完全皆由因素分析的結果決定**。若研究工具是沿用前人已經建立過信、效度的問卷時，可以不需再作探索性因素分析，但會建議進一步進行驗證性因素分析，以釐清所建立之理論模型是否成立。所謂的驗證性因素分析（confirmatory factor analysis，簡稱 CFA）是：模式建立的背後是否有紮實的理論依據，若在已建立之嚴謹理論基礎下，則可進行各觀察變項與潛在變項間的關係探討。目前用來進行驗證性因素分析的方法為**結構方程模式**（structural equation modeling, SEM），或稱為**線性結構關係模式**（linear structural relations, LISREL），使用的資料處理套裝軟體為 LISREL、AMOS 或 EQS 等較為普遍。

二、因素分析之意涵

　　因素分析（factor analysis）的目的是將測量問項（即問卷題目）化約成少數的潛在變項（共同因素），以用來解釋問項彼此間的相關。而選取共同因素之過程，是先就問項間之「總共變異量」（或共同相關）中選出第一個最能解釋此共變的因素，然後再看是否有其他第二或第三個因素能夠解釋其他問項間仍然有的共變部分，如下圖所示。在因素分析的運算過程中，會先以一個共同因素解釋圖中所代表三個變項共同

變異的中間網狀，當中間網狀被共同因素解釋後，剩下淺色代表其他變項間共變的部分，會用其他的共同因素來解釋（引自關秉寅老師上課講義）。

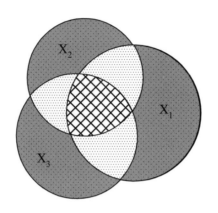

　　所謂的因素分析決策流程，第一個要決定的是因素分析的目標，亦即**資料摘要**（data summarization）或**資料縮減**（data reduction）。資料摘要之目的是要確定因素分析的關係結構，究竟是變數或受訪者組成。如果測量的是變數間的相關，則可利用**R 因素分析**，主要在分析一組變數來確認一些不易觀察到的構念。若測量的是受訪者的關係，則採用 **Q 因素分析**，目的在找出相似的受訪者集合成群。但一般而言，研究人員會以**群集分析**（cluster analysis）來代替 Q 因素分析。資料縮減之目的：主要在指縮減構面，以較少的維數來表示原先的資料結構，而又能保存原有資料結構所提供的大部分資訊。綜合言之，因素分析的意涵有二：(1) 能由一群較多的變數中指出具代表性的變數，供後續其他多變量分析使用；且 (2) 提供一組全新的變數來完全或部分取代原有變數，供後續其他多變量分析使用。兩種情況都不會使原先的資料結構特性遭到破壞。

　　在資料精簡的方法中，和因素分析很類似的另一種方法稱之為「**主成分分析法**（principal components analysis, PCA）」，其資料分析的結果雖然和因素分析之結果模樣相似，但其概念卻是不相同的。主成分分析法所分析的資料是所有觀察到的變項（問項）的變異量，因此，所得到的成分為觀察到的變項的線性組合，不包含誤差。而因素分析法（factor analysis, FA），則是只用觀察到之變項間共變量來分析，是由少數共同因素加上各自的誤差項所構成，其假定是得到的因素為未觀察到之變項的線性組合。

　　在因素分析中，有兩個很重要的指標：一為**共同性**（communality），另一為**特徵值**（eigenvalue）。所謂的共同性，是每個變項在每個共同因素之負荷量的平方總

和，即是個別變項可以被共同因素解釋的變異量百分比。換言之，共同性是個別變項和共同因素間多元相關的平方值。共同性（h^2）代表所有共同因素對所有變項變異量所能解釋的部分，當各因素之間沒有相關存在時，共同性即為各「組型負荷量（即因素負荷量）」的平方和（吳明隆、涂金堂，2006）。而以上所提及的**因素負荷量**（factor loading）指的是因素結構中，原始變項與因素分析時所抽取的共同因素的相關係數矩陣。Tabachnica 與 Fidell（2007）針對因素負荷量應該要多大數值才理想提出建議，如表 14-1 所示。

表 14-1　因素負荷量判斷標準

λ	λ^2	判斷結果
.71	50%	優良
.63	40%	非常好
.55	30%	好
.45	20%	普通
.32	10%	不好
.31 以下		不及格

其次，特徵值是每個變項在某一個共同因素之因素負荷量的平方總和。在進行因素分析之抽取共同因素時，特徵值最大的共同因素會最先被抽取。所以，因素分析的目的即是將因素結構簡單化，希望能以最少的共同因素，對總變異量作最大的解釋，解釋量即為特徵值除以題項總數。換言之，希望抽取的因素個數愈少愈好，而其累積解釋的變異量愈大愈好。以下茲用表 14-2 說明共同性、特徵值和解釋量之間的關係。

表 14-2　共同性、特徵值和解釋量之關係

變項	共同因素一	共同因素二	共同性
X_1	a_{11}	a_{12}	$a_{11}^2 + a_{12}^2$
X_2	a_{21}	a_{22}	$a_{21}^2 + a_{22}^2$
X_3	a_{31}	a_{32}	$a_{31}^2 + a_{32}^2$
特徵值	$a_{11}^2 + a_{21}^2 + a_{31}^2$	$a_{12}^2 + a_{22}^2 + a_{32}^2$	
解釋量	$(a_{11}^2 + a_{21}^2 + a_{31}^2) \div 3$	$(a_{12}^2 + a_{22}^2 + a_{32}^2) \div 3$	

資料來源：引自吳明隆、涂金堂（2006）。**SPSS與統計應用分析**（二版）。臺北市：五南。

三、因素分析的功能與原則

因素分析的主要功能之一是要把許多變數中關係密切的變數，組合成數目較少的幾個因素，來描述所有變數之變異數。換言之，因素分析具有簡化資料變項的功能，即以較少層面來表示原來的資料結構，根據變項間彼此的相關程度，找出變項間潛在的關係結構，而變項間簡單的結構關係即稱之為因素（factor）。然而，究竟因素個數應少到什麼程度，要抽取多少因素才最恰當，基本原則是：**抽取的因素愈少愈好，而這些因素能解釋各變數之變異數愈大愈好**。Johnson & Wichem（2007）指出，選擇幾個因子取決於：

1. 解釋變異量的比率；
2. 研究者對此議題的理解；
3. 解釋的合理性。

為了達成這個原則，有幾個方法可遵循：

(一) 隱藏根（latent root）或特徵值（eigen value）

即一個因素所能解釋之變異數。特徵值大於 1 時被認為顯著，因此得以被選取，此乃是根據 Kaiser（1974）所提出的特徵值規則（eigen value rule）。當變數個數介於 20 至 50 之間時，利用特徵值最為可靠。

(二) 事先決定（priori criterion）

除了利用特徵值作為篩選參考，亦可根據原先擬定的研究架構、參考理論或文獻來決定因素的抽取個數。

(三) 以變異數百分比決定（percentage of variance criterion）

當抽取之因素能解釋的累積變異數已達某一預先設定的百分比後，就終止因素的選取。在自然科學領域，萃取的因素要能解釋至少 95% 的變異數，或在最後一個因素只能解釋 5% 的變異數時才終止。對社會科學領域而言，達到 60% 就算在可被接受的程度。

(四) 因素陡階檢定（scree test）

針對特徵值變數多寡的問題，所採行的方式。將每一個因素所能解釋的變異數畫在同一圖形中，稱之為陡坡圖，其中縱軸為變異數，橫軸為因素，將各點連成線，把陡降後曲線走勢趨於平坦之因素捨棄不用。

(五) 以受訪者的異質性決定（heterogeneity of the respondents）

因素之抽取基本上是以共同性與成分分析為基礎，但若樣本中至少有一組變數是異質性，則該因素在最後應分開列出。

因素中應包含多少個變數，也並無一個嚴格的規定。原則上，研究人員應試著將每一個因素中的變數縮減到合理的數字。如果研究結果將用來評估一個被提議的架構，那麼每一組因素中應含有至少三個以上的變數，且這些變數必須是最具有代表性的變項（key variable）。

四、因素分析的操作步驟

進行因素分析的方法，可分為以下四個步驟：

(一) 計算變項間的相關係數矩陣

若以原始分數進行因素分析，電腦會先行將資料轉換為相關係數矩陣再作運算。

(二) 估計因素負荷量

決定因素抽取的方式有許多種，在 IBM SPSS Statistics 25.0 套裝軟體中內建的因子萃取方法有：「主成分」、「未加權最小平方法」、「概化最小平方法」、「最大概似值」、「主軸因子」、「Alpha 因素萃取法」和「映像因素萃取法」等方法，其中最常被使用的方法為「主成分」與「主軸因子」法。

(三) 決定轉軸方法

常見之旋轉方法有兩類：一為**直交轉軸**（orthogonal rotation），另一為**斜交轉軸**（oblique rotation）。前者是假定因素分析後所得到的因素之間，是相互獨立無相關存在；而後者則允許因素間有相關存在。旋轉後，原先和問項間比較大之因素負荷量會變得更大，而比較小的會變得更小。如果使用的是斜交轉軸法，則該矩陣有兩種意義：1. 因素組型負荷量表示每一個變數對因素獨特性之貢獻；2. 因素結構矩陣代表因素與變數之簡單相關。何時用斜交轉軸？何時該用直交轉軸？選擇斜交轉軸法或直交轉軸法的原則是：1. 若研究的目標在於減少原始變數的個數，而不在乎結果因素的意義時，直交轉軸法是較好的選擇；2. 若僅是希望刪除大量變數，而只想留下少數不相關的變數做後續研究時，直交轉軸法亦是最好的選擇；3. 若研究的最終目標是求得一組理論上有意義的因素時，則應使用斜交轉軸法。目前在實務上常看到的作法兩者皆有，視研究者的理論架構而定。

(四) 決定因素個數並予以命名

完成轉軸後，需要決定因素個數，盡可能地選擇最少的因素個數，且有最大解釋量為依歸。最後再根據其各因素內涵性質，找出最具代表性的名稱為因素命名。

五、從因素分析到建構效度的應用

(一) 效度的涵義

所謂**效度**（validity），乃是指一份測驗能夠測量到該測驗所欲測量之心理特質的程度。簡言之，即測驗分數與測驗所欲測量之品質的一致性程度而言，測驗的效度又稱為測驗的正確性。信度與效度是測驗的兩大最主要特徵，其中效度比信度更重要，它是測驗的最重要特徵。效度高，可以保證信度一定高；但是，信度高，並不能保證效度一定高，它僅有助於增進效度而已。一個測驗的效度愈高，表示它愈能夠測量所欲測量的特質。效度的涵義包含：

1. 效度又可分為**內在效度**（internal validity）、**外在效度**（external validity）。所謂內在效度指該研究描述的正確性與真實性；而外在效度指研究推論的正確性程度。
2. 效度並非全有全無，只有程度高低不同的差別。
3. 效度無法直接測量，僅能從實證資料或現有資訊進行統計分析或邏輯推論而得到。
4. 效度未具有普遍性，即同一份測驗對不同受試者進行施測，其結果並不一定相同，且未必代表正確意義。
5. 效度係數介於 0 與 +1 之間，數值愈大，效度愈高。

(二) 效度的性質

1. 效度是指解釋某一團體之測驗或評量工具之結果的適合性，而不是指工具本身。
2. 效度是程度上的問題，而非全有或全無的存在。
3. 效度對於某些特殊的用途或解釋都是獨特的，所以沒有一個測驗對於所有目的都是高效度。
4. 效度是一種單一的概念。

(三) 效度的種類與驗證方法

1. 內容效度（content validity）

指測量心理特質的行為樣本反映整體行為表現的程度。驗證內容效度憑藉的是主觀判斷，判斷試題的代表性與適切性，所以內容效度又稱合理效度。內容效度最適合於成就測驗的效度考驗，尤其是標準參照測驗，因為標準參照測驗的成績是根據內容的意義加以解釋。此外，成就測驗具有獨特的教材內容和學習經驗，測驗內容從中被選擇出來，較易從事邏輯的分析與合理的判斷。然而，內容效度不適用於人格測驗與性向測驗，效標關聯效度才是最適宜的。一般常見的「專家效度」，亦可說是內容效度的一種，其意指：專家對於問卷內容適宜性的主觀評判。建議問卷或量表發展者不要僅以專家效度，作為效度驗證的唯一方法。

2. 效標關聯效度（criterion-related validity）

指測驗分數與測驗所欲測量特質之外在指標（效標）的相關程度。效標的種類依測驗目的及性質不同而有差異。一般效標為：學業成績、具代表性的測驗之得分、現時的工作或行為表現、未來的學業成績或行為表現、他人的評量等類別；依效標與測驗分數取得時間之異同，又可分為同時效度及預測效度二種。

  (1) 同時效度

  指測驗分數與測驗施測同時取得之效標之間的相關程度，大都可使用積差相關求得數值，主要顯示測驗分數評估受試者此時此地之行為表現的程度。

  (2) 預測效度

  指測驗分數與測驗施測後一段時間所取得之效標之間的相關程度，主要顯示測驗分數評估受試者未來的行為表現的程度。

3. 建構效度（construct validity）

指一個測驗能夠測量到所欲測量之構念的程度，即一個測驗能夠符合其賴以編製之理論的程度。測驗欲測量的目標即是構念，所謂構念（construct）是心理學的一種理論構想或特質，它無法直接觀察，但心理學假設它存在，以便解釋一些個人的行為，例如：智力、性向、動機、焦慮、批判思考、社會性、內向性、外向性與機械性等，均為心理學的理論構念，或假設性的概念。建構效度是一種範圍很廣的概念，它涵蓋了內容效度與效標關聯效度，其考驗需從許多不同的資料來源中，逐步累積證據，兼顧邏輯分析與經驗分析的方法。在社會科學領域，欲進行建構效度的考驗時，

常使用的統計方法即為因素分析。

(四) 影響效度的因素

1. 不清楚的指導語：影響受試者作答，降低效度。

2. 詞彙或句子結構太難：影響受試者對題目的理解，扭曲測驗結果內涵。

3. 測驗題目難易度不適當：無法測量出受試者的真正能力。

4. 測驗題目粗製濫造：無法測量到測驗欲測量的特質。

5. 試題曖昧不明：干擾受試者作答，導致錯誤或相反的測驗結果。

6. 試題無法測量真正的成果：如高認知能力的測驗題目對於測量事實性知識能力是無效的。

7. 時間限制：減低解釋測驗分數的效度。

8. 測驗內容太短：影響測驗的代表性。

9. 試題安排不當：試題先難後易的安排次序，會影響受試者的答題動機。

10. 選項安排不當：如正確答案出現規律的位置。

(五) 效度與信度的關係

效度是指測驗確實能測量的特質，亦即測驗分數的正確性；而信度是指測驗結果的一致性或穩定性，亦即測驗分數的可靠性。測驗要有效度前，必先要有信度，信度是效度的必要條件，但非充分條件。有信度的測驗未必有效度，換言之，有信度不一定保證有效度。效度與信度是評估測驗品質兩個最重要的要素，兩者缺一都將影響到測驗的品質。信度是效度的必要條件，而非充分條件。效度高，信度一定高；信度高，效度卻不一定高。

◆ 14-2 因素分析之IBM SPSS Statistics 25.0中文版範例操作

範例（檔名為因素分析與信度分析 .sav）：某研究者欲探討影響大學生參加校外補習的因素，自編「大學生補習行為調查」問卷，共 28 題，以李克特氏量表方式進行施測。欲瞭解該問卷之建構效度，故進行探索性因素分析。

一、IBM SPSS Statistics 25.0 中文版操作步驟

　　利用因素分析方法可求得問卷或量表的建構效度，故在 IBM SPSS Statistics 25.0 軟體操作中，以探索性因素分析進行效度的檢驗。操作步驟為：開啓功能列之「分析」，選擇「維度縮減」，再選擇「因數」，如圖 14-1 所示。

圖 14-1　開啓「分析」，選擇「維度縮減」，再選擇「因數」

開啟「因數分析」之對話框，將屬於以五點量表測量方式的問題選入右方的「變數」欄位中，點選右方「敘述統計」選項，開啟「因子分析：敘述統計」次對話框，在「統計量」類別中，勾選「單變量敘述統計」、「初始解」；在「相關性矩陣」中，勾選「係數」、「KMO 與 Bartlett 的球形檢定」，如圖 14-2 所示，點選「繼續」，回到主對話框。

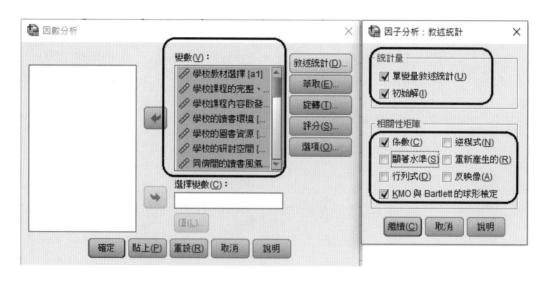

圖14-2　將屬於以五點量表測量方式的問題選入右方的「變數」欄位中，在「相關性矩陣」欄位中，勾選「KMO與Bartlett的球形檢定」及「係數」

再點選「萃取」選項，開啟「因子分析：擷取」之次對話框，在「方法」欄位中，以下拉選單方式，選擇「主軸因子擷取」或者「主成分」，這是一般研究者常用的兩種方法；在「顯示」欄位中，點選「碎石圖」、「未旋轉因子解」，可作為選擇因素個數之參考，多數統計學教科書都用「陡坡圖」這個詞，在 25.0 版中，使用的是「碎石圖」這個名稱。通常碎石圖底端的因素多是屬於不重要的，可將其刪除。

此外，在「萃取」欄位中，若是初次進行因素分析，可先點選固有值大於「1」為選擇標準，但通常萃取後之因素個數可能過多，可再依個人的需求，以及根據前一次探索性因素分析的結果作判斷，再重新進行因素個數設定，可回到此步驟，重新改點選「固定因子數目」，並依個人期望重新設定因子個數，重新執行探索性因素分析。操作步驟如圖 14-3 所示，完成之後，點選「繼續」，再回到主對話框。

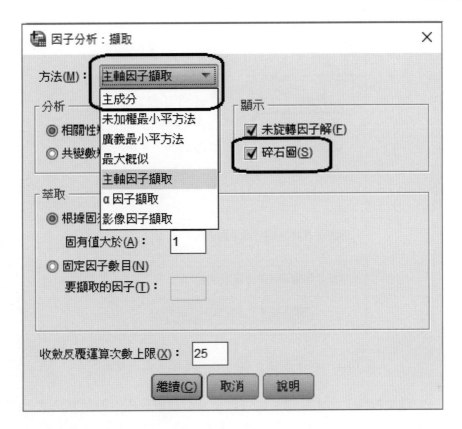

圖 14-3　選擇「主軸因子擷取」分析方法

　　在主對話框中，點選「旋轉」選項，開啓「因子分析：旋轉」之次對話框，在「方法」欄位中，選擇「最大變異」；在「顯示」欄位中，可勾選「旋轉解」，如圖 14-4 所示，完成之後，點選「繼續」，再回到主對話框。在此要提醒讀者，選擇「最大變異」或是「直接斜交」等方法需視研究變項間的關聯性，必須先瞭解資料在進行因素分析時，應該是直交旋轉或是斜交旋轉。

圖 14-4　在「方法」欄位中，選擇「最大變異」

　　「評分」選項視個人需求點選，也可以全部不選取。在主對話框點選「選項」，開啟「因子分析：選項」之次對話框，在「遺漏值」欄位中，選擇「整批排除觀察值」，而在「係數顯示格式」欄位中，可勾選「依大小排序」，如圖 14-5 所示，此動作之意義在於容易閱讀輸出之報表。完成之後，點選「繼續」，再回到主對話框，並點選「確定」，即完成所有探索性因素分析的操作步驟設定。

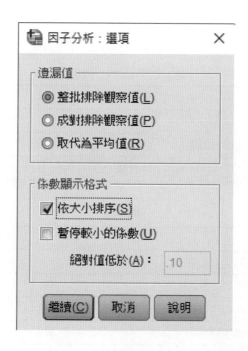

圖 14-5　勾選「依大小排序」，未來輸出之因素負荷量則會依大小排序

　　必須提醒讀者，這樣的動作通常會重複數次，直到資料分析人員覺得已經找到最佳因素個數為止。

二、輸出報表與解釋

　　根據以上步驟，即可得到探索性因素分析結果。

　　進行因素分析的變項必須是等距或比率變數，即必須是連續性變數資料方可進行因素分析。而目前眾人為了資料處理的便利，皆把李克特氏量表之值視為等距變數，故五點量表之測量結果可用來進行因素分析。此外，進行因素分析之前必須再檢驗各變項之間的相關性程度，各變項之間的相關性若過低，則無法萃取出共同因素；若相關性過高，又將發生如迴歸分析所述之多重共線性（multicollinearity）問題，故過高或過低的相關性都將造成因素分析的困難，因此，必須先透過「KMO 與 Bartlett 檢定」進行檢驗，以決定是否再繼續進行因素分析。茲將各輸出報表，進行解釋與說明。

　　以下為第一次因素分析的輸出結果。首先呈現的是 KMO 與 Bartlett 檢定，其次為共同性分析表，「初始」表示採用主軸因子方法進行分析，初步預設的共同值為1，而「萃取」表示以主軸因子方法抽取因素後的共同性之值。共同性之值愈低，表示該變項不適合投入因素分析中；共同性之值愈高，則表示該變項與其他變項可被測

量的共同性值愈多，即表示該變項具有影響力。

KMO 與 Bartlett 檢定

Kaiser-Meyer-Olkin 取樣適切性量數		.888
Bartlett 的球形檢定	近似卡方檢定	3442.858
	自由度	378
	顯著性	.000

共同性

	初始	萃取
學校教材選擇	.556	.609
學校課程的完整、一致性	.581	.574
學校課程內容啓發思考	.499	.500
學校的讀書環境	.479	.531
學校的圖書資源	.484	.584
學校的研討空間	.480	.564
同儕間的讀書風氣	.441	.396
與師長的學習互動	.483	.512
課程分配時數	.439	.455
教師教學認真程度	.432	.398
教材選用多元，並對升學有幫助	.588	.631
補習班課程非常完整、一貫	.688	.665
課程內容能啓發思考	.578	.546
補習班有良好讀書空間	.544	.508
補習班課程有系統	.653	.676
補習班能培養讀書風氣	.515	.527
補習班師生互動良好	.519	.626
課程時數充足	.465	.469
我並不會排斥補習	.552	.524
當我有升學考量時一定補習	.571	.619
不補習很難考上學校	.539	.608
補習文化應該存在	.413	.424

我參與過升學補習	.375	.370
補習很有用	.553	.564
擁有主動積極向上的心態	.447	.491
對事情負責	.575	.675
擁有獨立的解決問題能力	.520	.547
能利用多種方式來處理問題	.495	.524

擷取方法：主軸因子法。

　　根據 Kaiser（1974）的建議，進行因素分析除了需考量選取因素個數之多寡外，仍必須考量受試者數量、問項題數，與變項共同性大小等問題，故該測量工具是否適合進行因素分析必須先進行檢定。Kaiser（1974）認為可由 KMO **之取樣適切性量數**（Kaiser-Mayer-Olkin measure of sampling adequacy）與 Bartlett **球形檢定值**作判斷，其判斷之準則如表 14-3 所示（吳明隆，2003）。KMO 值愈接近 1，代表淨相關係數值愈低，表示抽取共同因素的效果愈好。

表 14-3　KMO 統計量判定標準

KMO統計量	因素分析適合性
.90 以上	極適合
.80 以上	適合
.70 以上	尚可
.60 以上	勉強
.50 以上	不適合
.50 以下	非常不適合

資料來源：吳明隆（2003）。**SPSS統計應用學習實務——問卷分析與應用統計**。臺北市：知城數位。

　　根據「大學生補習行為調查」問卷之檢定分析結果，KMO 值為 .888，根據 Kaiser 觀點，KMO 值若小於 .50 則不建議進行因素分析，若要進行因素分析者，KMO 值則必須至少達 .60 以上。本例題之 KMO 值屬於可接受範圍，表示可以進行因素分析；而 Bartlett 球形檢定之卡方值為 3442.858，自由度為 378，顯著性值為 .000，表示達顯著，代表母群體的相關矩陣間有共同因素存在，適合進行因素分析。

　　「大學生補習行為調查」問卷共 28 題，以李克特氏五點量表方式測量，有 260 位有效受試者填答，將受試者填答之資料進行因素分析，以「主軸因子」、「最大變異數（varimax）直交轉軸」方式進行。

　　進行第一次之探索性因素分析時，並未預設因素個數，根據 Kaiser 的建議，挑選特徵值大於「1」作為因素個數篩選的初步標準。但資料分析完成後，發現若以「特徵值大於 1」進行因素萃取，則可萃取出六個因素，其累積解釋變異量為 54.001%。就筆者的主觀判斷，初步分析所萃取之因素個數過多，基於讓資料更有精簡效益目標，故根據第一次因素分析與文獻探討結果，再進行第二次因素分析。第一次因素分析之「解說總變異量」結果，如下表所示。

第一次因素分析之「解說總變異量」

因子	初始固有值			擷取平方和負荷量			旋轉平方和負荷量		
	總計	變異的 %	累加 %	總計	變異的 %	累加 %	總計	變異的 %	累加 %
1	8.328	29.742	29.742	7.881	28.147	28.147	3.760	13.427	13.427
2	3.202	11.437	41.179	2.739	9.782	37.929	3.219	11.498	24.925
3	2.161	7.718	48.897	1.720	6.143	44.071	3.211	11.468	36.393
4	1.741	6.218	55.115	1.285	4.590	48.662	2.399	8.567	44.960
5	1.364	4.873	59.988	.917	3.274	51.935	1.800	6.430	51.390
6	1.024	3.658	63.646	.578	2.066	54.001	.731	2.611	54.001
7	.857	3.060	66.706						
8	.823	2.938	69.644						
9	.723	2.582	72.226						
10	.713	2.546	74.772						
11	.664	2.371	77.143						
12	.597	2.131	79.274						
13	.520	1.856	81.131						
14	.501	1.791	82.922						
15	.487	1.738	84.660						
16	.453	1.618	86.278						
17	.444	1.584	87.862						
18	.409	1.462	89.324						

19	.399	1.424	90.747						
20	.385	1.376	92.123						
21	.332	1.184	93.307						
22	.314	1.122	94.429						
23	.301	1.074	95.502						
24	.294	1.050	96.552						
25	.267	.952	97.504						
26	.258	.922	98.426						
27	.247	.881	99.307						
28	.194	.693	100.000						

擷取方法：主軸因子法。

　　在「解說總變異量」表中，共有三大類的數值，分別為：「初始固有值」、「擷取平方和負荷量」、「旋轉平方和負荷量」。「初始固有值」指的是初步抽取共同因素的結果，其中「總計」欄位表示該主成分在解釋 28 個變項的變異量，數值愈大表示其變異量愈重要；「變異的 %」欄位表示每一個抽取因素可解釋變項的變異量，解釋變異量的計算方式為：8.328÷28 = .29742（以第一個固有值為例）；最右方的「累加 %」欄位表示解釋變項之變異量的解釋百分比，根據左方欄位的「變異的 %」依序作累加動作即得之。中間欄的「擷取平方和負荷量」，即是根據「初始固有值」欄位中，特徵值大於 1 者擷取過來的，在執行 IBM SPSS Statistics 25.0 資料分析設定時，選擇萃取特徵值大於 1 者（如圖 14-3），故在「擷取平方和負荷量」中，即根據「初始固有值」的結果擷取特徵值大於 1 的所有因子。最右方的一項為「旋轉平方和負荷量」，此為採用最大變異法之直交轉軸後的數據，轉軸後所得的各共同因素特徵值會作改變，故讀者應該可以發現初始固有值的「總計」與「變異的 %」數值皆與此項的內容不同，惟累積解釋變異量的數值則一定會是一樣。而希望看到的結果是這一欄的輸出結果，其建構效度的數值即是累積解釋的總變異量。

　　以下為陡坡圖，可從圖中發現特徵值大於 1 的成分個數相當多，除了前幾個成分的特徵值有較大差異外，後續之個別成分的解釋量似乎並無太大差異，大約在因素個數「5」的地方，發現曲線下滑有趨於平緩的趨勢。因此，建議可以考慮重新調整因素個數，以達資料精簡的目的。

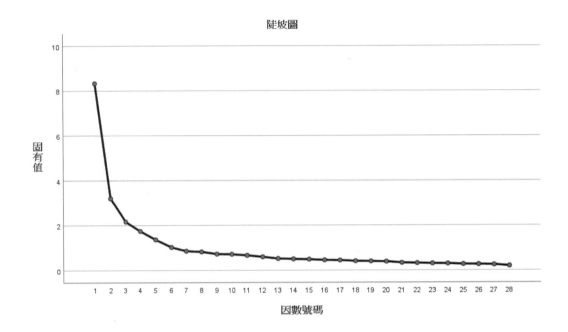

陡坡圖

下表為「旋轉因子矩陣」，根據其解釋量的大小依序排列，此結果可以便利讀者清楚瞭解其因素分析後所萃取之因素的結果。因第一次操作所選取的因素有 6 個，故報表顯示的因子個數有 6 個。讀者或許可以發現將 28 個問項分成 6 個因素，而每個因素中所包含的問項個數都不多，甚至有多個因素的內容少於 3 個問項，這樣的結果似乎顯示分類的效益不佳，因此，嘗試精簡因素的個數，再重新執行因素分析。

旋轉因子矩陣 [a]

	因子					
	1	2	3	4	5	6
補習班師生互動良好	**.733**	.022	.151	.038	.139	-.211
課程內容能啟發思考	**.667**	.170	.233	.070	.071	.092
補習班有良好讀書空間	**.658**	.162	.196	.021	.083	.053
補習班能培養讀書風氣	**.656**	.251	.118	.135	.019	.021
補習班課程非常完整、一貫	**.598**	.349	.181	.197	.086	.326
補習班課程有系統	**.597**	.316	.185	.161	.130	.377
教材選用多元，並對升學有幫助	**.580**	.300	.216	.095	.121	.365
課程時數充足	**.576**	.083	.196	.237	.093	-.163
不補習很難考上學校	.076	**.763**	-.065	.040	.061	-.103

當我有升學考量時一定補習	.159	**.754**	.011	.132	-.012	.086
補習很有用	.256	**.693**	.082	.096	-.041	.015
補習文化應該存在	.115	**.613**	-.009	-.015	.181	-.047
我並不會排斥補習	.265	**.598**	.077	.216	.039	.206
我參與過升學補習	.097	**.492**	.157	.288	.019	.102
學校教材選擇	.141	.049	**.715**	.106	.108	.230
與師長的學習互動	.136	.016	**.687**	.079	.072	-.098
學校課程的完整、一致性	.256	-.021	**.671**	.129	.148	.139
學校課程內容啓發思考	.236	.065	**.637**	.050	.132	.123
課程分配時數	.098	.129	**.544**	.204	.198	-.229
教師教學認真程度	.149	.167	**.485**	.211	.262	.007
同儕間的讀書風氣	.235	-.136	**.482**	.122	.257	-.099
對事情負責	.105	.228	.099	**.765**	.034	.124
擁有主動積極向上的心態	.064	.081	.106	**.680**	-.060	-.060
擁有獨立的解決問題能力	.150	.141	.126	**.678**	.167	-.046
能利用多種方式來處理問題	.136	.043	.215	**.643**	.196	.080
學校的圖書資源	.144	.143	.123	.090	**.719**	.054
學校的研討空間	.116	.061	.290	.019	**.678**	-.045
學校的讀書環境	.065	-.008	.321	.139	**.635**	.039

擷取方法：主軸因子法。
轉軸方法：使用 Kaiser 正規化的最大變異法。
a. 在 7 反覆運算中收斂旋轉。

其次，利用第一次因素分析結果作爲問項篩選與否的參考依據，若研究者發現某一（些）問項無法被歸類，或是解釋量太低，可以考慮將其剔除，剔除該題項之問卷則需再重新執行因素分析，再次探索最佳的因素分析結果。

再進行第二次因素分析，題項數依舊爲 28 題，受試者爲 260 人，仍以主軸因子最大變異數（varimax）直交轉軸方式進行。並嘗試設定將萃取因子個數訂爲「4」，此作法乃是根據第一次因素分析結果所做的判斷，其輸出結果發現陡坡圖在成分編號爲 5 之後即迅速趨於平緩。而根據共同性分析，發現各題項之共同性皆偏高，共同性愈高，表示該變項與其他變項之間可測量的共同特質愈多，亦即說明該題項的重要性愈大。

IBM SPSS Statistics 25.0 的操作步驟皆與上述類似，唯一不同的地方在於萃取「固定因子數目」的地方，自行輸入適當的個數。在本例題中，輸入「4」作為篩選因子個數，如圖 14-6 所示。

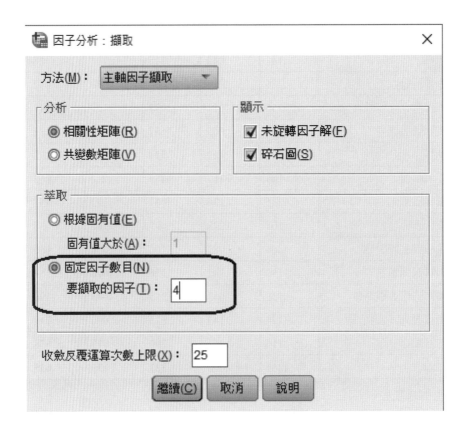

圖 14-6　萃取「固定因子數目」設定為「4」

重新設定後，其描述統計表仍和前述一樣，但共同性分析就有不同的結果了。初始仍為「1」，但經過萃取之後的共同性數值就和前一次的分析結果不同。

共同性

	初始	萃取
學校教材選擇	.556	.437
學校課程的完整、一致性	.581	.506
學校課程內容啓發思考	.499	.425
學校的讀書環境	.479	.424

學校的圖書資源	.484	.321
學校的研討空間	.480	.428
同儕間的讀書風氣	.441	.391
與師長的學習互動	.483	.375
課程分配時數	.439	.363
教師教學認真程度	.432	.400
教材選用多元，並對升學有幫助	.588	.561
補習班課程非常完整、一貫	.688	.621
課程內容能啓發思考	.578	.554
補習班有良好讀書空間	.544	.507
補習班課程有系統	.653	.597
補習班能培養讀書風氣	.515	.516
補習班師生互動良好	.519	.449
課程時數充足	.465	.382
我並不會排斥補習	.552	.510
當我有升學考量時一定補習	.571	.607
不補習很難考上學校	.539	.562
補習文化應該存在	.413	.416
我參與過升學補習	.375	.353
補習很有用	.553	.528
擁有主動積極向上的心態	.447	.489
對事情負責	.575	.668
擁有獨立的解決問題能力	.520	.509
能利用多種方式來處理問題	.495	.503

擷取方法：主軸因子法。

　　發現因子數目爲 4 個時，可兼具經濟效益，又可提出明確且有意義的分類萃取，故決定將本研究工具之內容歸納爲四個構面，其累積總解釋量爲 47.856%，亦即表示本測驗之建構效度爲 .4786，其結果如下表所示。

解說總變異量

因子	初始固有值			擷取平方和負荷量			旋轉平方和負荷量		
	總計	變異的 %	累加 %	總計	變異的 %	累加 %	總計	變異的 %	累加 %
1	8.328	29.742	29.742	7.822	27.935	27.935	4.053	14.474	14.474
2	3.202	11.437	41.179	2.681	9.573	37.509	3.839	13.712	28.185
3	2.161	7.718	48.897	1.687	6.026	43.535	3.151	11.254	39.439
4	1.741	6.218	55.115	1.210	4.322	47.856	2.357	8.417	**47.856**
5	1.364	4.873	59.988						
6	1.024	3.658	63.646						
7	.857	3.060	66.706						
8	.823	2.938	69.644						
9	.723	2.582	72.226						
10	.713	2.546	74.772						
11	.664	2.371	77.143						
12	.597	2.131	79.274						
13	.520	1.856	81.131						
14	.501	1.791	82.922						
15	.487	1.738	84.660						
16	.453	1.618	86.278						
17	.444	1.584	87.862						
18	.409	1.462	89.324						
19	.399	1.424	90.747						
20	.385	1.376	92.123						
21	.332	1.184	93.307						
22	.314	1.122	94.429						
23	.301	1.074	95.502						
24	.294	1.050	96.552						
25	.267	.952	97.504						
26	.258	.922	98.426						
27	.247	.881	99.307						
28	.194	.693	100.000						

擷取方法：主軸因子法。

最關心的因素分析結果即如下表之「旋轉因子矩陣」所示，根據因素分析主軸因子方法所輸出的報表都以「因子」爲名，其實即爲因素之意。

旋轉因子矩陣 [a]

	因子			
	1	2	3	4
課程內容能啓發思考	**.694**	.214	.150	.065
補習班有良好讀書空間	**.668**	.196	.147	.013
補習班能培養讀書風氣	**.661**	.096	.231	.130
補習班課程非常完整、一貫	**.653**	.179	.353	.196
補習班課程有系統	**.647**	.209	.331	.156
教材選用多元，並對升學有幫助	**.637**	.225	.309	.096
補習班師生互動良好	**.634**	.214	.022	.021
課程時數充足	**.530**	.222	.065	.218
學校的讀書環境	.023	**.642**	.066	.083
學校的研討空間	.051	**.638**	.132	-.034
學校課程的完整、一致性	.341	**.603**	-.062	.151
學校教材選擇	.264	**.589**	.002	.143
與師長的學習互動	.203	**.565**	-.056	.110
學校課程內容啓發思考	.320	**.563**	.020	.076
課程分配時數	.110	**.550**	.079	.203
教師教學認真程度	.176	**.550**	.153	.208
同儕間的讀書風氣	.231	**.549**	-.153	.110
學校的圖書資源	.081	**.511**	.228	.031
不補習很難考上學校	.068	-.018	**.745**	.042
當我有升學考量時一定補習	.198	-.012	**.739**	.147
補習很有用	.293	.027	**.654**	.116
補習文化應該存在	.094	.103	**.629**	-.031
我並不會排斥補習	.316	.071	**.595**	.226
我參與過升學補習	.148	.128	**.472**	.303
對事情負責	.132	.109	.230	**.765**
擁有主動積極向上的心態	.071	.059	.054	**.691**

擁有獨立的解決問題能力	.129	.222	.152	**.648**
能利用多種方式來處理問題	.139	.306	.061	**.621**

擷取方法：主軸因子法。
轉軸方法：使用 Kaiser 正規化的最大變異法。
a. 在 6 反覆運算中收斂旋轉。

　　根據第二次因素分析之「旋轉因子矩陣」，可將各問題作較爲精簡的分類。研究者可進一步根據各問題的內涵，對各因素分別命名，並將其結果歸納爲因素分析摘要表，如表 14-4 所示。

表 14-4　大學生補習行爲調查之因素分析摘要表（n = 260）

因素命名	問卷內容	解釋變異量（%）	累積解釋變異量（%）	抽取之因素				共同性
				1	2	3	4	
因素一：補習優勢	課程內容能啟發思考	14.474	14.474	**.694**	.214	.150	.065	.554
	補習班有良好讀書空間			**.668**	.196	.147	.013	.507
	補習班能培養讀書風氣			**.661**	.096	.231	.130	.516
	補習班課程非常完整、一貫			**.653**	.179	.353	.196	.621
	補習班課程有系統			**.647**	.209	.331	.156	.597
	教材選用多元，並對升學有幫助			**.637**	.225	.309	.096	.561
	補習班師生互動良好			**.634**	.214	.022	.021	.449
	課程時數充足			**.530**	.222	.065	.218	.382
因素二：學校環境	學校的讀書環境	13.712	28.185	.023	**.642**	.066	.083	.424
	學校的研討空間			.051	**.638**	.132	-.034	.428
	學校課程的完整、一致性			.341	**.603**	-.062	.151	.506
	學校教材選擇			.264	**.589**	.002	.143	.437
	與師長的學習互動			.203	**.565**	-.056	.110	.375
	學校課程內容啟發思考			.320	**.563**	.020	.076	.554
	課程分配時數			.110	**.550**	.079	.203	.363
	教師教學認真程度			.176	**.550**	.153	.208	.400
	同儕間的讀書風氣			.231	**.549**	-.153	.110	.391
	學校的圖書資源			.081	**.511**	.228	.031	.321

因素命名	問卷內容	解釋變異量（%）	累積解釋變異量（%）	抽取之因素				共同性
				1	2	3	4	
因素三：補習態度	不補習很難考上學校	11.254	39.439	.068	-.018	**.745**	.042	.562
	當我有升學考量時一定補習			.198	-.012	**.739**	.147	.607
	補習很有用			.293	.027	**.654**	.116	.528
	補習文化應該存在			.094	.103	**.629**	-.031	.416
	我並不會排斥補習			.316	.071	**.595**	.226	.510
	我參與過升學補習			.148	.128	**.472**	.303	.353
因素四：自我認知	對事情負責	8.417	47.856	.132	.109	.230	**.765**	.668
	擁有主動積極向上的心態			.071	.059	.054	**.691**	.489
	擁有獨立的解決問題能力			.129	.222	.152	**.648**	.509
	能利用多種方式來處理問題			.139	.306	.061	**.621**	.503

第 15 章
信度分析

S
P
S
S

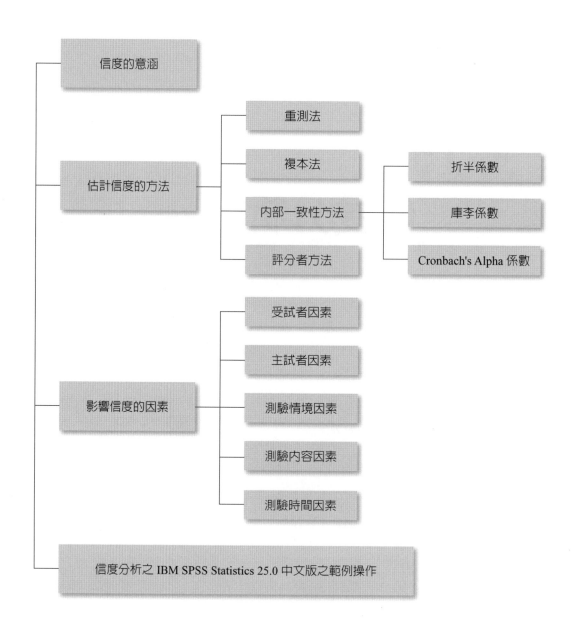

15-1　信度

一、信度的意涵

　　信度（reliability）乃指一份測驗或問卷的可靠性，包含測驗分數穩定性與測驗內容的一致性。要瞭解一個人的心理特質，被量化之特質分數必須是穩定的，即測量的工具（測驗、問卷）要有高的信度。關於信度有下列幾項特性：

　　（一）一份測驗之真實分數（true score）的變異數與觀察分數（observed score）的變異數之比例。

　　（二）指測驗分數的誤差量，說明測驗分數能夠解釋受試者之真正心理特質的程度。換言之，信度用於解釋測驗分數，而非解釋測驗工具本身。

　　（三）測驗結果能從一個情境推論到另一個情境的程度。

　　（四）測量的誤差愈小，信度愈高。

　　（五）凡測量必有誤差，誤差由機率因素所支配，為隨機誤差（random error）。

　　（六）信度係數介於 0 與 +1 之間，數值愈大，信度愈高。

二、估計信度的方法

　　一般而言，信度可歸為四大類：**再測信度**，即計算同一群體前兩次測驗分數相關程度；其次為**折半信度**，即在計算同一次測驗中，奇數題題目之總分數與偶數題題目之總分數的相關程度；第三為**複本信度**，即在計算兩份互為複本之測驗分數的相關程度；第四為**評分者信度**，即在評估不同評分者評閱測驗的一致性。評估信度的方法，主要可分為下列四種：

(一) 重測法

　　旨在評估測驗分數的穩定性程度，或探究測驗分數的時間取樣誤差的狀況。當再測信度或穩定係數愈高時，則測驗分數愈不會因施測時間的不同，而產生太大的差異。

(二) 複本法

　　既可評估測驗分數的穩定性程度，也可評估測驗內容的一致性程度。若複本信度愈高，愈能說明該複本測驗之內容一致性或相同的程度。

(三) 內部一致性方法

重測法和複本法都需施測兩次，受試者的合作意願、動機、疲勞和厭煩等因素可能會影響測驗的實施，而內部一致性方法只需施測一次，較受歡迎。內部一致性方法主要用來評估測驗之內容取樣誤差的程度，常用的內部一致性方法有：

1. 折半法（split-half reliability）

指將受試者接受測驗的試題分成相等的兩半，再求取這兩半試題得分之相關係數的歷程，包含**福樂蘭根折半信度**、**盧隆折半信度**，但因有可能低估或高估信度係數值，故會使用到斯布校正公式。

2. 庫李法（K-R 方法）

由庫德（G. F. Kuder）和李查遜（M. W. Richardson）於1937年在《心理計量期刊》發表「測驗信度估計理論」中提出，不需要將測驗試題區別為兩部分，也無須施測兩次，利用公式計算的方式，將測驗分成 K 個部分，K 等於測驗的題數，如此所評估的測驗內部一致性更名副其實。然其只適用於二元計分（對或錯計分）的測驗，可說是 α 係數的特例，包含**庫李 20 號公式和庫李 21 號公式**，當題目很多時，可使用庫李21 號公式來估計，但是其所估計的信度低於庫李 20 號公式，且正確性也較差。

3. α 係數（Cronbach alpha）

Cronbach 於 1951 年在《心理統計學報》發表「測驗的 α 和內在結構」一文中提出，建議當量表或問卷採用多重計分（李克特氏量表）時，使用此法計算最為精確，利用 α 係數來計算信度乃是最為普遍之方法，尤其適用於人格、態度與興趣等情意測驗。

注意：應用庫李法和 α 係數估計測驗的信度時，有其基本的限制：

1. 不適用於速度測驗之信度的估計，因為此兩者對速度測驗有高估的傾向，而對非速度測驗則有低估的傾向。此兩者對速度測驗有假性的高相關傾向，而必須採用兩次的測驗實施方法，重測信度與複本信度是最適當的方式。

2. 無法反應時間取樣對測驗分數的影響，而只能指出內容取樣與內容異質性的誤差。

(四) 評分者方法

旨在評估不同評分者評閱測驗之得分一致性的程度，或探究測驗分數之評分者誤

差的狀況。評分者信度愈高，代表評分者的評分愈一致，或評分者誤差愈小。可利用 **Spearman's 等級相關**和 **Kendall's 和諧係數**求得量化數值。

三、影響信度的因素

影響信度的關鍵因素是測量誤差，可以減低誤差的方法，即能夠提高信度。以下列舉幾種影響信度的因素：

（一）**受試者因素**：如受測者的身心健康狀況、動機、注意力、持久性、作答態度等變動。

（二）**主試者因素**：如非標準化的測驗程序、主試者的偏頗與暗示、評分的主觀性等。

（三）**測驗情境因素**：測驗環境條件如通風、光線、聲音、桌面、空間因素等皆有影響的作用。

（四）**測驗內容因素**：試題取樣不當、內部一致性低、題數過少等。

（五）**測驗時間因素**：測驗受到時間限制，無法完成作答。

補充

表 15-1　各種信度係數及其誤差來源

信度類型	信度的涵義	主要的誤差來源
1. 再測信度 （又稱為穩定係數）	同一份測驗的兩次測量結果間的相關係數	時間抽樣
2. 複本信度 （又稱為等值穩定係數）	兩份複本測驗間之測量結果的相關係數	時間抽樣與內容抽樣
3. 內部一致性信度	同一測驗之測量結果內，各受測題間測量結果的相關係數	內容抽樣與內容異質
(1) 折半信度	測驗試題分成兩部分，這兩部分的相關係數	內容抽樣
(2) KR_{20} 與 KR_{21} 公式	試題間的同質性或反應一致性的程度之關聯性指標	內容抽樣與內容異質
(3) α 係數	試題間的同質性或反應一致性的程度之關聯性指標	內容抽樣與內容異質
4. 評分者信度	各評分者間或各評分者內之評分結果的相關係數	評分者誤差

資料來源：引自余民寧（2011）。**教育測驗與評量：成就測驗與教學評量**（三版）。臺北市：心理。

15-2 信度分析之IBM SPSS Statistics 25.0中文版範例操作

一、IBM SPSS Statistics 25.0 中文版操作步驟——Cronbach's α

範例（檔名為因素分析與信度分析 .sav）：某研究者欲探討影響大學生參加校外補習的因素，自編「大學生補習行為調查」問卷，共 28 題，以李克特氏量表進行施測。欲瞭解 260 位受試者之作答結果的穩定性與可靠性程度，故對施測後之結果進行信度分析。

開啓功能列之「分析」，選擇「比例」，再選擇「信度分析」，如圖 15-1 所示。

圖 15-1　開啓功能列之「分析」，選擇「比例」，再選擇「信度分析」

　　開啟「信度分析」之對話框，將屬於以五點量表測量方式的問題選入右方的「項目」欄位。而在「模型」欄位中，以下拉選單方式，選擇「α」，並進一步點選「統計資料」選項，開啟「信度分析：統計量」之次對話框。各欄位之項目可依操作者的需求勾選，惟建議勾選「刪除項目後的比例」，此項功能將有助於更加明確瞭解各項目的信度表現情形。若需要標準化的 Cronbach's α 係數值，則需要點選「摘要」欄位下的「平均值」，其操作步驟如圖 15-2 所示。完成選項設定後，點選「繼續」，再選擇「確定」即可。

圖15-2　選入欲進行信度分析之項目，並選擇模型「α」，開啟「信度分析：統計量」對話框，勾選「刪除項目後的比例」、「平均值」

　　一般而言，李克特氏量表（Likert Scale）利用之測驗工具，通常以「α」**係數**或「**折半信度**」（split-half reliability）進行信度分析。在估計內部一致性係數部分，α係數優於折半信度值。此外，若問項為「對或錯」之是非題或二分法之問題，則適用於庫李法所求得之 K-R 信度係數。

二、輸出報表解釋

根據以上的操作步驟，即可得到信度分析結果。本例之結果以「Cronbach's α」係數為例。

下表的 Cronbach's Alpha 值為 .907，此值表示該群受試者在這份工具的測量穩定度為 .907，表示其測量結果是可信的、穩定的。而 Cronbach's Alpha 值適用於以原始資料所分析後的穩定性討論，若當初輸入的資料為標準化數值，就必須「以標準化項目為準的 Cronbach's Alpha 值」來作解釋。

可靠性統計量

Cronbach's Alpha	以標準化項目為準的 Cronbach's Alpha 值	項目數
.907	.909	28

在以下報表中，特別需要注意的是「Cronbach's Alpha（如果項目已刪除）」這個欄位的數值。這行數值的意義為：「當刪除該數值後，該份問卷的信度將調整為此數值」。舉例而言：以「學校教材選擇」這個題項為例，其「Cronbach's Alpha（如果項目已刪除）」為 .903，表示意義為：若刪除「學校教材選擇」這個題項，則整份問卷的信度係數值將由 .907 降為 .903。換言之，在這種情況下，這一題就不該被刪除，否則總信度值將會降低。

項目整體統計量

	比例平均值（如果項目已刪除）	比例變異（如果項目已刪除）	更正後項目總計相關性	平方複相關	Cronbach's Alpha（如果項目已刪除）
學校教材選擇	91.16	192.226	.503	.556	.903
學校課程的完整、一致性	91.28	189.701	.527	.581	.903
學校課程內容啟發思考	91.28	191.591	.510	.499	.903
學校的讀書環境	91.08	192.464	.403	.479	.905
學校的圖書資源	91.15	189.971	.431	.484	.905
學校的研討空間	91.40	192.526	.411	.480	.905
同儕間的讀書風氣	91.46	193.971	.387	.441	.905

與師長的學習互動	91.31	193.573	.420	.483	.905
課程分配時數	91.23	193.182	.461	.439	.904
教師教學認真程度	90.95	191.515	.530	.432	.903
教材選用多元，並對升學有幫助	90.86	188.158	.638	.588	.901
補習班課程非常完整、一貫	90.88	187.488	.674	.688	.900
課程內容能啓發思考	91.13	187.520	.584	.578	.902
補習班有良好讀書空間	91.24	188.182	.544	.544	.903
補習班課程有系統	90.81	188.092	.665	.653	.901
補習班能培養讀書風氣	91.02	188.583	.563	.515	.902
補習班師生互動良好	91.27	190.730	.490	.519	.904
課程時數充足	91.12	190.550	.526	.465	.903
我並不會排斥補習	90.87	188.505	.544	.552	.903
當我有升學考量時一定補習	91.09	190.127	.456	.571	.904
不補習很難考上學校	91.22	193.274	.345	.539	.907
補習文化應該存在	91.33	193.348	.360	.413	.906
我參與過升學補習	90.82	189.034	.454	.375	.905
補習很有用	91.35	190.792	.498	.553	.903
擁有主動積極向上的心態	91.14	196.177	.313	.447	.907
對事情負責	90.79	193.578	.475	.575	.904
擁有獨立的解決問題能力	91.01	193.517	.474	.520	.904
能利用多種方式來處理問題	91.05	192.924	.472	.495	.904

綜合以上討論，研究者在判讀信度分析結果時，可先依輸入資料型態屬性，決定以 alpha 或以標準化項目作信度係數值之解釋，信度係數值該多少才可說是最佳？這得依研究目的與測驗分數的用途而定。通常一般調查問卷之信度值若低於 .70，即表示相當不適當，.80 左右是可接受的範圍，.90 表示測量結果是穩定、適當的。其次，

再根據「Cronbach's Alpha（如果項目已刪除）」的數值，一一檢視是否有變項影響整份測量之信度，若該欄位顯示的數值高於「Cronbach's Alpha」或「以標準化項目為準的 Cronbach's Alpha 值」時，則意味著刪除該題項，有助於提高整份測驗的總信度值；反之，若各題項之數值皆低於「Cronbach's Alpha」或「以標準化項目為準的 Cronbach's Alpha 值」時，就沒有刪除題項的必要。

綜合第 14 章探索性因素分析的結果，針對各因素進行信度分析，可得到各因素的 Cronbach's Alpha 係數值分別為：.889、.854、.837、.814，如表 15-2 所示。

表 15-2　大學生補習行為調查之因素分析、信度分析摘要表（$\alpha = .907$，$n = 260$）

因素命名	問卷內容	解釋變異量	累積解釋變異量	抽取之因素				共同性	Cronbach's Alpha
				1	2	3	4		
因素一：補習優勢	課程內容能啟發思考	14.474	14.474	**.694**	.214	.150	.065	.554	.889
	補習班有良好讀書空間			**.668**	.196	.147	.013	.507	
	補習班能培養讀書風氣			**.661**	.096	.231	.130	.516	
	補習班課程非常完整、一貫			**.653**	.179	.353	.196	.621	
	補習班課程有系統			**.647**	.209	.331	.156	.597	
	教材選用多元，並對升學有幫助			**.637**	.225	.309	.096	.561	
	補習班師生互動良好			**.634**	.214	.022	.021	.449	
	課程時數充足			**.530**	.222	.065	.218	.382	
因素二：學校環境	學校的讀書環境	13.712	28.185	.023	**.642**	.066	.083	.424	.854
	學校的研討空間			.051	**.638**	.132	-.034	.428	
	學校課程的完整、一致性			.341	**.603**	-.062	.151	.506	
	學校教材選擇			.264	**.589**	.002	.143	.437	
	與師長的學習互動			.203	**.565**	-.056	.110	.375	
	學校課程內容啟發思考			.320	**.563**	.020	.076	.554	
	課程分配時數			.110	**.550**	.079	.203	.363	
	教師教學認真程度			.176	**.550**	.153	.208	.400	
	同儕間的讀書風氣			.231	**.549**	-.153	.110	.391	
	學校的圖書資源			.081	**.511**	.228	.031	.321	

因素命名	問卷內容	解釋變異量	累積解釋變異量	抽取之因素				共同性	Cronbach's Alpha
				1	2	3	4		
因素三：補習態度	不補習很難考上學校	11.254	39.439	.068	-.018	**.745**	.042	.562	.837
	當我有升學考量時一定補習			.198	-.012	**.739**	.147	.607	
	補習很有用			.293	.027	**.654**	.116	.528	
	補習文化應該存在			.094	.103	**.629**	-.031	.416	
	我並不會排斥補習			.316	.071	**.595**	.226	.510	
	我參與過升學補習			.148	.128	**.472**	.303	.353	
因素四：自我認知	對事情負責	8.417	47.856	.132	.109	.230	**.765**	.668	.814
	擁有主動積極向上的心態			.071	.059	.054	**.691**	.489	
	擁有獨立的解決問題能力			.129	.222	.152	**.648**	.509	
	能利用多種方式來處理問題			.139	.306	.061	**.621**	.503	

三、IBM SPSS Statistics 25.0 中文版操作步驟──Keppa 一致性係數

在 IBM SPSS Statistics 25.0 中文版中多了「評等」這個選項，在此可以進行 Kappa 一致性係數（K coefficient of agreemen; K）分析，可用來探究多位評審對於多位被評者的評定結果的一致性情形，即前述之評分者信度的一種方法。

範例（檔名為 Kappa.sav）：某研究者欲瞭解 5 位評審委員對 30 位學生的評比是否一致，每位評審以李克特氏量表（Likert Scale）方式進行評比。

開啟功能列之「分析」，選擇「比例」，再選擇「信度分析」，如圖 15-1 所示。開啟「信度分析」次對話框，將 a1 至 a5 選入「評等」欄位，再點選「確定」即可，如圖 15-3 所示。輸出報表僅有一個，Kappa 值為 .267, $p = .000$ 達顯著性，表示 5 位評審對 30 位學生的評比有顯著相關，具有一致性。

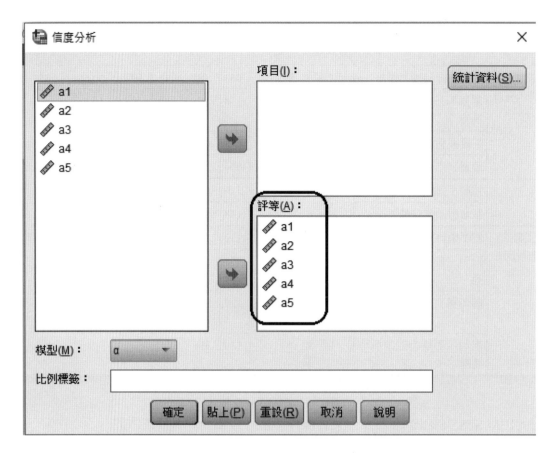

圖 15-3　將 a1 至 a5 選入「評等」欄位

整體合約 [a]

		漸近線			漸近 95% 信賴區間	
	Kappa	標準誤	Z	顯著性	下限	上限
整體合約	**.267**	.036	7.483	**.000**	.197	.337

a. 取樣資料包含 30 個有效的受試者和 5 個評比者。

第 **16** 章
項目分析與複選題分析

S
P
S
S

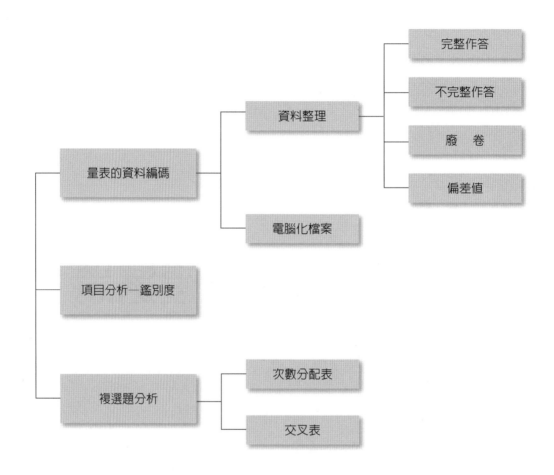

◆ 16-1　量表的資料處理

一、量表的初級處理與編碼

　　許多資料透過蒐集與測量的方式取得，此皆屬於調查的範疇。蓋洛普是美國民意抽樣調查的統計學家，他開創了民意測驗要以科學採樣爲準，1936 年由於準確預言羅斯福將會贏得美國總統選舉，而使蓋洛普民意測驗和其他的民意測驗開始受到人們的信賴。

　　一般而言，多數研究或調查採用問卷的方式進行資料蒐集，資料的蒐集過程相當複雜，包括問卷的規劃設計、施測人員的訓練、受試者的選取與調查過程中各項因素的控制，這些相關的討論，讀者可參閱調查研究法相關書籍介紹。當問卷資料蒐集齊全之後，接著最重要的就是要進行資料整理與統計分析的工作。

　　問卷處理可分爲三大部分：一爲問卷原始資料的整理；二爲電腦資料的編碼或編表；第三即爲進行統計分析。本節即針對問卷回收後的整理，與電腦資料的編碼步驟作介紹。

(一) 問卷或量表原始資料的整理

　　原始資料（raw data）意指受試者在問卷實際填答情形的資料型態，又可稱爲**紙本原始資料**（raw data on paper）。根據資料的特性，可將資料分成文字性與量化性，又依答案的回答方式可分成**開放性**與**封閉性**，如表 16-1 所示。

表 16-1　資料特性分類

	文字性	量化性
開放性： 答案不限定	如：檔案與文件資料、訪談紀錄、觀察紀錄與開放式問答語句等。	如：人口數、身高、體重、IQ 等由受試者自行填答的資料，此資料的內容並無預設的範圍。
封閉性： 答案限定	以文字形式呈現之限定資料，即名義變數資料。如：性別、職業類別等。	受試者之選擇答案有限定範圍的尺度，如：李克特氏量表（Likert Scale）之問卷題目。

　　受試者或受訪者在填答問卷時，一個人的特質、習慣，或對此問卷的感受，可能有下列四種的填答心態：

　　1. 默從性：指受試者不考慮題目的內容，就認同題目的作答傾向。

　　2. 社會期望性：指受試者以符合社會期許或可被社會接納的方式來選答的傾向。

3. 胡亂反應性：指受試者在缺乏動機或不瞭解題意下，隨便選答的傾向。

4. 不決斷性：受試者都以選擇「不知道」或「不確定」的選項作為選答的傾向。

故在問卷回收之後，研究者無須急著進行資料的分析，必須先對問卷作答內容稍作瀏覽，初步可剔除無效的作答反應。在社會科學領域中的問卷調查研究，除了可將完整作答之問卷進行人為的初步篩選外，最棘手的莫過於不完整作答問卷的處理。以下將針對不完整作答反應作簡要的說明：

1. 不完整作答反應的意義

在資料蒐集過程中，難免因某些因素而使得資料無法蒐集齊全，統計學家如 Neyman 在 1938 年即對遺失的資料提出相關討論（林昆賢，1992），而這些被遺漏的資料，如：未回卷、未回答或填答值為不知道、拒答、無意見或無此筆資料者，皆可被視為是不完整的作答反應。因資料類型不同，學者對其定義的差異也有不同的名稱，舉凡：資料遺漏或缺失值（missing data; missing value）、不完整值（incomplete value）、無反應作答（non-response）等。

許禎元（1997）針對缺失值（missing value）的定義提出進一步說明，問卷中可能出現一些問題的答案，表面上看起來清楚可靠，但是卻會相互矛盾的，例如：一位二十歲的人，填答居住國外時間為二十五年。像這類前後不一致的矛盾答案，在個別檢視時，很難被發現，校訂資料者必須對照不同問題的答案，才能察覺。當找出錯誤作答時，必須進一步回訪受試者，作精確的澄清，但是，若已無法追尋正確答案，或時間已不允許者，卷中的錯誤或遺漏部分，只得列為缺失值，而再以其他方式處理。此外，針對「不知道」、「無意見」或「其他」等沒有回應問題的答案，有時基於需要，也可能以缺失值處理。

洪淑玲（1998）在類別資料分析研究中提到，蒐集的類別性資料常有無法被清楚分類（completely classified）或遺失（missing）的情形，這樣的資料稱之為「**失去部分訊息的類別資料（censored categorical data）**」。若基於某些因素不願據實回答者，這種資料稱之為「不誠實的報告」（untruthful report）。

陳信木、林佳瑩（1997）認為處理缺失值最好、最有效的方法，就是避免資料出現缺失值，但是，很不幸地，無論如何避免，缺失值依舊或多或少存在。葉瑞鈴（2000）指出，關於缺失值的發生，主要多以隨機常態方式出現，但亦有可能以非隨機方式存在，故在處理缺失值時必須要作審慎的考量。

多數研究都是將遺失資料定義為完全隨機遺漏條件下，歸納多位研究者（周幼

珍，1996；陳信木、林佳瑩，1997；許禎元，1997；葉瑞鈴，2000）看法，通常可分為五種處理方式：(1) **完整觀察體分析法**（complete observed vectors method）；(2) **加權法**（weighting method）；(3) **迴歸法**（regression method）；(4) **插補法**（imputation method）；(5) **隨機法**（random method）。

選擇何種資料補救方式，與資料的性質、型態有切身的關係。在社會學與教育、心理測驗學領域中，真實研究情境所獲得的資料通常多是間斷性的變項資料，如李克特氏量表（Likert Scale）的測量，或是對與錯之分的教育測驗，這些以類別屬性為主的測量結果，有些方法如：平均數替代或是迴歸插補法等在應用上就不適當。

將缺失值直接刪除的情況，包含下列各項：

(1) 研究者決定僅使用具有完整資料的觀察時；然而使用完整資料必須在缺失值是屬於完全隨機遺失的情況下，也就是說缺失值並不會造成結果的誤差。

(2) 當發現缺失值只出現在一小部分案例（case）或一小部分變數且樣本數夠大時，可以考慮將這些案例或變數刪除，以解除缺失值存在的情形。

(3) 缺失值若屬於在抽樣時就未考慮在內的，可以加以忽略。

(4) 當觀察未完成而無法繼續（稱之為 censored data）的情況下所產生的缺失值，也可直接刪除不予理會。

(5) 有一些缺失值純粹屬於受訪者個人因素或態度造成，且無法修復的，亦可直接刪除。

(6) 若因變數的問題而產生，則應直接刪除。

(7) 當發現回收之問卷資料的可信度不高時，應直接刪除缺失值。

將缺失資料（missing data）納入分析的情況，有下列二種：

(1) 當刪除缺失值會造成樣本數不夠時，則不應考慮刪除。

(2) 當缺失值屬於完全隨機遺失（MCAR）現象，而決定以補救方式處理時。

2. 不完整作答反應的種類

(1) 以發生對象而言

可以區分為兩大類型：(1) 單位（unit）無反應；(2) 項目（item）無反應。前者之意義為回收問卷中，問卷之全部資訊完全遺失；後者則表示回收之問卷中，有部分資訊遺失。

(2) 以發生的機率而言

Rubin 於 1976 年在 Biometrica 期刊發表文章，首先提出隨機遺失與完全隨機

遺失二個名詞。後來的研究對於各種不完整反應值處置措施的差異，主要源自於產生此值的機轉（mechanism）抱持著不同的假設態度。一般而言，可分成三大類（陳信木、林佳瑩，1997）：

① 完全隨機遺失（missing completely at ranlom, MCAR）

當此缺失值發生的機率與被觀察個案所蒐集到的資料及未蒐集到的資料之間是獨立的，且是在研究者可控制之下，則此機轉是可忽略的（ignorable）。如：由全校學生中抽取部分學生做教學評量調查，且問卷的遺失與回答問題無關。

② 隨機遺失（missing at random, MAR）

缺失值發生的機率與被觀察個案所蒐集到的資料是有關的，而與未蒐集到資料之間關係是獨立的。如：教學評量問卷因窗戶未關好，導致有幾份問卷被風吹走而遺失。

③ 非隨機遺失（non missing at random, NMAR）

所謂可忽略（ignorable）反應是指缺失值是隨機出現，而不可忽略即是指缺失值發生的機率與缺失資料之間有相關存在，有違反缺失值隨機出現的條件存在，亦即非隨機遺失。一般而言，在研究過程中，多數時候發生的缺失值都不是研究者所能掌控，但卻又產生偏差影響。因此，這是不可被忽略。如：高所得受試者傾向於拒絕回答收入問題，此即為變項數值與產生缺失值間有相關性存在。

(3) 以發生次數而言

根據每個個案被衡量或觀察的次數來區分，缺失值又可被分為兩大類（葉瑞鈴，2000）：

① 單一觀察變數

即個案僅接受一次的觀察或記錄，所產生的缺失值。此種觀察變數值的遺漏，又可再區分為單變量遺漏或多變量遺漏。

② 時貫性變數

個案在許多時點被觀察或測量，資料為時貫性變數。對於時貫性變數，也可再細分為界遺漏、單變量遺漏或多變量遺漏。

(4) 以資料型態而言，可分為兩大類：

① 類別性資料（定性資料，categorical data）

如性別、職業、學歷等變數，皆屬於類別性資料。

② 連續性資料（定量資料，continuous data）

如收入、年齡、國民所得等，是屬於連續性資料。

3. 偏差值（outlier）產生的原因及其處理方式

偏差值並不能簡單以二分法分為有利或是一個問題，而應以分析的情境來判斷偏差值所提供的資訊。從有利的角度來看，偏差值可能隱含母群體中存在著一些分析時不容易被發現的特殊情況；而偏差值顯示的特徵之一是表示它不能代表母群體，若研究者忽略不察而將其加入分析資料中，則可能產生曲解統計分析的結果。下列四項提醒是研究者在進行資料處理時，必須對偏差值留心的處理。

(1) 程序錯誤造成偏差值：例如資料輸入過程錯誤，這種錯誤在資料檢查階段應該要被發現。若研究者在此階段發現資料有疑義，應將偏差值刪除或視為遺漏值或缺失資料。

(2) 由於一些特殊案例或其他不尋常事件所得到的觀察值，亦可視為偏差值。若研究人員可以解釋這些資料的存在意義，即可作為決定該樣本資料是否允許被納入分析。

(3) 若研究人員無法解釋不尋常事件，但認為此為母群體中可存在的現象，那麼即可接受偏差值，偏差值仍可獲得保留，進而進入資料庫的分析與處理。

(4) 觀察值可能對某些變數而言是屬於正常範圍的值，但對整體而言卻是偏差值，除非研究者可證明偏差值不是母群體中正常的值，否則該值仍應該被保留。

(5) 當發現各試題間的作答反應出現結合怪異現象或明顯相互牴觸時，則該資料即應視為偏差值，不能納入資料分析，或者考慮直接予以刪除。

4. 廢卷處理

不完整作答反應可利用多種統計運算方式進行補救，但有時仍有廢卷的產生，廢卷並無特定的標準限定或程序篩選，不限定只能在分析前進行，它也可在分析過程中的任何階段出現，皆可適時排除或調整數據。在嚴謹程度上，研究者過度嚴格的廢卷處理，並不一定能夠提高研究的品質，反而可能因系統化刪除特定個案而造成統計分析或估計的偏誤。如何決定問卷的存廢，倚賴研究者累積經驗或依需求進行判斷，同時也須借助於統計分析的技術，來掌控研究分析的進行。

(二) 電腦資料的編碼

紙本資料處理完畢之後，即必須轉譯成電腦可讀取分析的資料型態，故由紙本原始資料轉換成電腦化原始資料的過程，稱之為**編碼**或**過錄**（coding），資料型態亦由紙本原始資料轉變為電腦化原始資料（computerized raw data）。

王昭正、朱瑞淵（1999）提出量化資料編碼（data encoding）包含五個階段：

1. 決定格式

即決定將資料編為檔案的方法。通常建議編為 ASCII 檔，以方便未來適應於多樣性的統計套裝軟體使用，或亦有人根據所欲使用的統計套裝軟體而進行資料格式的編排與輸入，如使用 IBM SPSS Statistics 25.0 中文版統計套裝軟體，用此方式編排可能產生的缺點是萬一將來軟體的版本更新，有可能因檔案不相容，而導致於檔案無法開啟的窘境；或者，欲更換其他軟體進行統計分析時，資料格式無法互用的困境。

2. 設計代碼

對受試者填答的資料給予量化數值，以便利資料的輸入，將文字型態的資料類型轉換為數字型態。

3. 編碼

將答案轉為標準分類的過程。尤其是類別性的資料，必須更加注意。根據研究者的需要，將所蒐集的資料編成研究者所需要的狀態，如輔以重新編碼的功能，將虛擬的文字型數值轉換成量化的數值形式。可利用**編碼簿**（codebook）的功能，配合研究工具的內容和題號順序，記錄變數的命名和說明，亦對於文字資料轉換成數量化資料，提供數值內容與標籤的完整性與詳實性。編碼簿的形式如圖 16-1 所示。

4. 資料登錄

將資料輸入至可用以執行統計分析的軟體。

5. 資料整理

進行資料分析之前，再確認資料的輸入是否有誤。完成資料的初步整理與電腦化編碼過程後，即可開始進行各項統計分析工作。

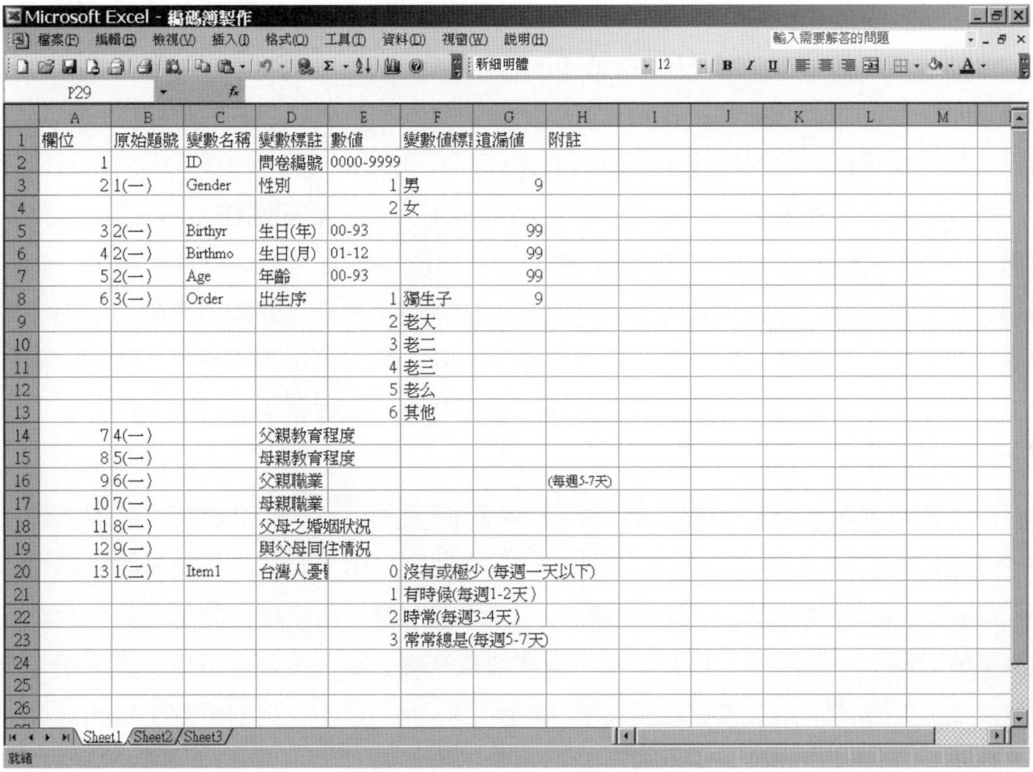

	A	B	C	D	E	F	G	H
1	欄位	原始題號	變數名稱	變數標註	數值	變數值標	遺漏值	附註
2	1		ID	問卷編號	0000-9999			
3	2	1(一)	Gender	性別	1	男	9	
4					2	女		
5	3	2(一)	Birthyr	生日(年)	00-93		99	
6	4	2(一)	Birthmo	生日(月)	01-12		99	
7	5	2(一)	Age	年齡	00-93		99	
8	6	3(一)	Order	出生序	1	獨生子	9	
9					2	老大		
10					3	老二		
11					4	老三		
12					5	老么		
13					6	其他		
14	7	4(一)		父親教育程度				
15	8	5(一)		母親教育程度				
16	9	6(一)		父親職業				(每週5-7天)
17	10	7(一)		母親職業				
18	11	8(一)		父母之婚姻狀況				
19	12	9(一)		與父母同住情況				
20	13	1(二)	Item1	台灣人憂	0	沒有或極少 (每週一天以下)		
21					1	有時候(每週1-2天)		
22					2	時常(每週3-4天)		
23					3	常常總是(每週5-7天)		

圖 16-1　編碼簿

16-2　項目分析與IBM SPSS Statistics 25.0中文版範例操作

項目分析（item analysis）的目的，在於檢測問卷、量表或測驗中的各題項是否符合可使用的目標。

問卷和測驗都是社會及行為科學研究中常使用的資料蒐集工具，兩者的概念與功能類似，不過就定義來區分，仍是有所差異。通常對測驗的定義是：在標準化的情境下，測量個人心理特質的工具（周文欽，2008）。

一份優良測驗是由品質良好的試題所組成，欲知道試題的品質，就必須藉由試題分析來提供訊息，保留良好的試題，刪除或修改不佳的試題，達成提升測驗品質的最終目的。廣義的試題分析分為**質的分析**（qualitative analysis）和**量的分析**（quantitative analysis）兩大類，前者就試題的內容和形式，主觀地從取材是否適切、編擬試題技術等來評鑑；後者是經由試題預試（try-out）的結果，逐一分析其難易度（item difficulty）、鑑別度（item discrimination）與受試者在各題項作答的反應情形，以作為修改試題或選擇試題的依據（余民寧，2011）。

依測驗的特質作區分，一般可將測驗區分成兩大類：**認知測驗**（cognitive test）和**情意測驗**（affective test）。認知測驗又可稱為能力測驗、最大表現測驗，一般所指的就是成就測驗、智力測驗和性向測驗等；情意測驗又稱為非能力測驗、典型表現測驗，一般所指的就是興趣測驗、人格測驗等。故一般人用來調查動機、態度、價值觀等議題的工具，通常就是屬於情意測驗，或稱量表。但若是未經標準化歷程者，通常即稱為問卷。

為了瞭解測驗和試題品質，就必須對兩者進行分析。一份認知測驗必須具備：**(一) 效度**，用來檢視評量結果的正確性；**(二) 信度**，用來評估評量結果的可靠性；**(三) 難度**，用來理解評量工具的困難度；**(四) 鑑別度**，用來檢核評量工具是否能區分高低能力程度（簡茂發，1991）。前兩者稱為測驗分析，後兩者稱為試題分析。而情意測驗或問卷通常是以李克特氏量表（Likert Scale）為主，只需瞭解工具的信度與效度即可，亦即進行測驗分析，而無需探討鑑別度和難度。不過，為了瞭解試題是否具有區辨力，因此李克特氏量表（Likert Scale）會以項目分析的方式進行試題鑑別度的檢核。

一般常用的試題分析方法為**極端組檢核法**。此法概念源自於成就測驗的鑑別度分析，期望高分組與低分組的平均數差異能達到統計水準，以作為問卷或量表能夠有效反應出試題的鑑別能力。Kelly（1939）指出，當測驗分數是常態分配時，以分數排序前後 27% 的受試者得分，進行獨立樣本 t 檢定，可獲得最佳的鑑別度。郭生玉（1974）指出合理的分組百分比可介於 25%-33% 之間。以下將使用極端組檢核法，求出各題目的決斷值（critical ration, CR 值）。

一、IBM SPSS Statistics 25.0 中文版操作步驟

範例（檔名為項目分析 .sav）。首先，必須先檢查試題是否有反向題；若有，必須全部重先編碼，進行反向計分。在本例題中並無反向題，故無須作反向計分。反向計分的操作方式，可參閱本書「第1章 1-4 檔案資料之轉換」所介紹的重新編碼步驟。

其次，計算量表或問卷中各試題的總分，操作步驟為在功能列點選「轉換」，選擇「計算變數」選項。在「計算變數」對話框中，點選欲加總之變數，利用「函數群組」功能，選入「數值表示式」框中，如圖 16-2、圖 16-3 所示。詳細的操作步驟，亦可見「第 1 章 1-4 檔案資料之轉換」。

圖 16-2　在功能列點選「轉換」，選擇「計算變數」選項

圖16-3　在「計算變數」對話框中，點選欲加總之變數，可利用「函數群組」功能，選
　　　　入「數值表示式」框中

　　第三步驟為將總分成績進行觀察值排序，以找出前後各27%的受試者，前27%
者為高分組，後27%者為低分組。操作步驟為：在功能列點選「資料」，選擇「對
觀察值排序」選項，如圖16-4所示。開啟「對觀察值排序」對話框後，點選欲排序
之「總分」變數，利用「　➡　」功能，選入「排序方式」欄位中。而排序順序為遞
增或遞減皆可，端看使用者的習慣或需求，如圖16-5所示。

圖 16-4 在功能列點選「資料」，選擇「對觀察值排序」選項

圖 16-5　點選欲排序之「總分」變數，選入「排序方式」欄位中

　　第四個步驟為挑選出高低分組，故必須從總分這個變項中，找出高分組和低分組的受試者，並將其重新編碼為新的變項，以便作後續步驟的分析使用。詳細的操作步驟，亦可見「第 3 章 3-3 相對地位量數」。在此，在功能列點選「轉換」，選擇「秩觀察值」選項，將「總分」選入「變數」欄位中，開啟「秩觀察值：類型」之次對話框，再勾選「分數秩以 % 表示」，點選「繼續」，回到主對話框，點選「確定」，即完成步驟，如圖 16-6、圖 16-7 所示。輸出結果呈現在資料編輯程式中，因為有同分的關係，故低分組的分數為「24」分，高分組的分數為「30」分，讀者也可以利用【分析】→【敘述統計】→【次數分配表】的方式輸出次數分配表，找到累積百分比 27%、73% 落在 24 分、30 分，如圖 16-8 所示。本例題中，共有 350 位受試者，27% 約為 95 人，因為有同分者，故兩組人數不一定會剛好一樣。本例題後 27% 的低分組落在 24 分，共有 110 人，前 27% 的高分組落在 30 分，共有 100 人。

圖 16-6　在功能列點選「轉換」，選擇「秩觀察值」選項

圖 16-7 開啓「秩觀察值：類型」之次對話框，再勾選「分數秩以 % 表示」

總分

		次數分配表	百分比	有效百分比	累積百分比
有效	13.00	2	.6	.6	.6
	14.00	1	.3	.3	.9
	15.00	4	1.1	1.1	2.0
	16.00	3	.9	.9	2.9
	17.00	4	1.1	1.1	4.0
	18.00	8	2.3	2.3	6.3
	19.00	10	2.9	2.9	9.1
	20.00	9	2.6	2.6	11.7
	21.00	11	3.1	3.1	14.9
	22.00	9	2.6	2.6	17.4
	23.00	24	6.9	6.9	24.3
	24.00	25	7.1	7.1	31.4
	25.00	18	5.1	5.1	36.6
	26.00	30	8.6	8.6	45.1
	27.00	27	7.7	7.7	52.9
	28.00	35	10.0	10.0	62.9
	29.00	30	8.6	8.6	71.4
	30.00	31	8.9	8.9	80.3
	31.00	21	6.0	6.0	86.3
	32.00	16	4.6	4.6	90.9
	33.00	8	2.3	2.3	93.1
	34.00	8	2.3	2.3	95.4
	35.00	4	1.1	1.1	96.6
	36.00	3	.9	.9	97.4
	37.00	3	.9	.9	98.3
	38.00	3	.9	.9	99.1
	40.00	1	.3	.3	99.4
	45.00	1	.3	.3	99.7
	48.00	1	.3	.3	100.0
	總計	350	100.0	100.0	

圖 16-8　低分組分數臨界值為「24」、高分組分數臨界值為「30」

圖 16-9　點選「轉換」，選擇「重新編碼成不同變數」

　　第五個步驟，開啓功能列的「轉換」，選擇「重新編碼成不同變數」選項，如圖
16-9 所示。出現「重新編碼成不同變數」對話框，點選欲編碼之「總分」變數，利
用「　➡　」功能，選入「數值變數→輸出變數」欄位中，使用者必須在「輸出變數」
欄位中輸入新變數名稱，如「分組」，點選「變更」，則「數值變數→輸出變數」欄
位中即改變爲「總分→分組」，如圖 16-10 所示。

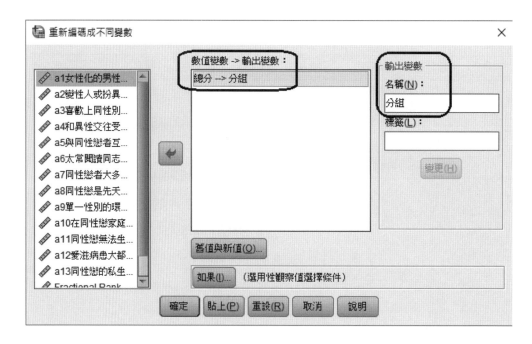

圖16-10　點選「總分」，選入「數值變數→輸出變數」欄位中，在「輸出變數」欄位輸入新變數名稱「分組」，點選「變更」

　　繼續點選「舊值與新值」選項，開啟「重新編碼成不同的變數：舊值與新值」對話框，將低於 24 分的編成一組，高於 30 分的編成一組，如圖 16-11 所示。

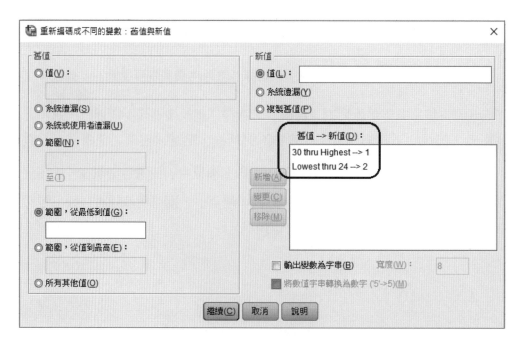

圖 16-11　將低於 24 分的設定為第 2 組，高於 30 分的設定為第 1 組

第六個步驟即是開始進行極端組檢核法，利用獨立樣本 t 檢定方法進行分析，如圖 16-12 所示。將欲分析的試題選入「檢定變數」欄位中，並「定義群組」變數的內容，其步驟即是獨立樣本 t 檢定的所有操作方式。

圖 16-12　將欲分析的試題選入「檢定變數」欄位中，並「定義群組」變數的內容

二、輸出報表解釋

獨立樣本 t 檢定的結果如下表所示。根據群組統計量，可得知各試題在高分組與低分組的平均數、標準差和標準誤平均值。

群組統計量

	分組	N	平均值	標準差	標準誤平均值
a1 女性化的男性或男性化的女性是同性戀	高分組	100	2.19	.706	.071
	低分組	110	1.46	.616	.059
a2 變性人或扮異性症者也是屬於同性戀者	高分組	100	2.45	.575	.058
	低分組	110	1.65	.629	.060
a3 喜歡上同性別的人就是同性戀	高分組	100	2.94	.633	.063
	低分組	110	2.26	.809	.077

a4 和異性交往受挫或對異性心生恐懼，才會變成同性戀	高分組	100	2.37	.646	.065
	低分組	110	1.57	.784	.075
a5 與同性戀者互動很有可能會變成同性戀	高分組	100	2.20	.696	.070
	低分組	110	1.35	.670	.064
a6 太常閱讀同志議題的書籍或影片可能會變成同性戀	高分組	100	2.16	.748	.075
	低分組	110	1.22	.496	.047
a7 同性戀者大多數是來自破碎家庭或父母不合的家庭	高分組	100	2.45	.609	.061
	低分組	110	1.35	.549	.052
a8 同性戀是先天基因或賀爾蒙引起的	高分組	100	2.69	.761	.076
	低分組	110	1.89	.942	.090
a9 單一性別的環境求學較會變成同性戀	高分組	100	2.84	.692	.069
	低分組	110	1.94	.860	.082
a10 在同性戀家庭長大的孩子較容易變成同性戀	高分組	100	2.65	.672	.067
	低分組	110	1.68	.690	.066
a11 同性戀無法生小孩會威脅人類的繁衍	高分組	100	2.51	.882	.088
	低分組	110	1.51	.687	.066
a12 愛滋病患大都是同性戀者	高分組	100	2.37	.761	.076
	低分組	110	1.45	.672	.064
a13 同性戀的私生活較異性戀混亂	高分組	100	2.53	.731	.073
	低分組	110	1.68	.634	.060

將各題進行高分組與低分組的 t 檢定，分析結果如下表所示。發現每題的 t 檢定結果皆達 .05 顯著水準（$p = .000$），t 值即為 CR 值，表示各題項皆具有鑑別度，均能鑑別出不同受試者的反應程度，故無需刪題。若問卷或量表的題數很多時，研究者可挑選鑑別度較高的試題即可。當進行完試題分析之後，研究者可結合因素分析和信度分析結果，進一步綜合瞭解該問卷或量表的建構效度與內部一致性信度，以作為是否再修改工具的參考。

獨立樣本 t 檢定

		變異數等式的 Levene 檢定		平均值等式的 t 檢定						
						顯著性（雙尾）	平均值差異	標準誤差異	差異的 95% 信賴區間	
		F	顯著性	t	自由度				下限	上限
a1 女性化的男性或男性化的女性是同性戀	採用相等變異數	.800	.372	7.959	208	.000	.726	.091	.546	.906
	不採用相等變異數			7.907	197.478	.000	.726	.092	.545	.908
a2 變性人或扮異性症者也是屬於同性戀者	採用相等變異數	.704	.402	9.638	208	.000	.805	.083	.640	.969
	不採用相等變異數			9.679	207.993	.000	.805	.083	.641	.968
a3 喜歡上同性別的人就是同性戀	採用相等變異數	19.619	.000	6.701	208	.000	.676	.101	.477	.875
	不採用相等變異數			6.779	203.560	.000	.676	.100	.480	.873
a4 和異性交往受挫或對異性心生恐懼，才會變成同性戀	採用相等變異數	2.884	.091	7.999	208	.000	.797	.100	.601	.994
	不採用相等變異數			8.073	206.084	.000	.797	.099	.603	.992
a5 與同性戀者互動很有可能會變成同性戀	採用相等變異數	.400	.528	9.063	208	.000	.855	.094	.669	1.040
	不採用相等變異數			9.046	204.289	.000	.855	.094	.668	1.041
a6 太常閱讀同志議題的書籍或影片可能會變成同性戀	採用相等變異數	9.681	.002	10.843	208	.000	.942	.087	.771	1.113
	不採用相等變異數			10.642	169.231	.000	.942	.088	.767	1.117
a7 同性戀者大多數是來自破碎家庭或父母不合的家庭	採用相等變異數	5.107	.025	13.817	208	.000	1.105	.080	.947	1.262
	不採用相等變異數			13.749	200.102	.000	1.105	.080	.946	1.263

a8 同性戀是先天基因或賀爾蒙引起的	採用相等變異數	6.908	.009	6.720	208	.000	.799	.119	.565	1.034
	不採用相等變異數			6.787	205.256	.000	.799	.118	.567	1.031
a9 單一性別的環境求學較會變成同性戀	採用相等變異數	6.821	.010	8.337	208	.000	.904	.108	.690	1.117
	不採用相等變異數			8.423	205.075	.000	.904	.107	.692	1.115
a10 在同性戀家庭長大的孩子較容易變成同性戀	採用相等變異數	.231	.631	10.281	208	.000	.968	.094	.783	1.154
	不採用相等變異數			10.294	206.981	.000	.968	.094	.783	1.154
a11 同性戀無法生小孩會威脅人類的繁衍	採用相等變異數	9.497	.002	9.217	208	.000	1.001	.109	.787	1.215
	不採用相等變異數			9.110	186.793	.000	1.001	.110	.784	1.218
a12 愛滋病患大都是同性戀者	採用相等變異數	1.706	.193	9.256	208	.000	.915	.099	.720	1.110
	不採用相等變異數			9.201	198.564	.000	.915	.099	.719	1.112
a13 同性戀的私生活較異性戀混亂	採用相等變異數	4.567	.034	9.000	208	.000	.848	.094	.662	1.034
	不採用相等變異數			8.939	197.059	.000	.848	.095	.661	1.035

綜合上述報表，歸納整理項目分析結果摘要，如表 16-2 所示。

表 16-2　青少年同性戀刻板印象之項目分析摘要表

題號	決斷值（CR）	題號	決斷值（CR）	題號	決斷值（CR）
a1	7.959	a6	10.642	a11	9.110
a2	9.638	a7	13.749	a12	9.256
a3	6.779	a8	6.787	a13	8.939
a4	7.999	a9	8.423		
a5	9.063	a10	10.281		

16-3　複選題分析與IBM SPSS Statistics 25.0中文版範例操作

有時研究者所期望的答案不只一個，希望受試者能儘量提供自己的多樣想法，故提供受試者所圈選的選項並非單選，而是複選的形式，在統計的定義，此即稱為**複選題**（multiple response）。此種作答方式在社會科學領域中是相當普遍的，一般而言，調查問卷的題型可分為三大類：**單選題**、**李克特氏量表**（Likert Scale）以及**複選題**型式。

在 IBM SPSS Statistics 25.0 軟體中，複選題的分析方法不同於單選題的分析方式，本節即針對複選題進行介紹。以這份複選題問卷為例，受試者可根據自身的狀況，勾選所有同意的選項，在複選題中，允許受試者可同時選擇多個答案，但也同時允許受試者僅選擇一個答案。

範例（檔名為複選題 .sav）：

關於同性戀知識來源是：（可複選）			
□家長	□同學或朋友	□國小老師	□國中老師
□高中老師	□學校活動	□網路資訊	□書報雜誌
□同性戀電影	□廣播或電視		

資料來源：陳莉秧（2010）。**青少年同性戀刻板印象與接受度之調查研究**。明道大學課程與教學研究所在職專班碩士論文。

一、IBM SPSS Statistics 25.0 中文版操作步驟

在 IBM SPSS Statistics 25.0 中文版資料編輯程式中，必須特別注意複選題的編碼方式。以本問卷為例，將題目命名為「知識來源」，而每個選項亦皆需給一個變數名稱，如：家長、同學或朋友、國小老師、國中老師、……以此類推，直至「廣播或電視」選項為止，可用文字表示，也可以用符號表示，如：a1、a2、a3、a4……。若複選題不只一題，則完成第一個問題的編碼後，同樣的步驟再重複作即可。此外，複選題的編碼乃採「二分變數」模式，即「有」與「無」的概念，該選項「有」被選擇時，資料輸入「1」；該選項「無」被選擇時，資料輸入「0」。除了可以「0」與「1」作為類別的區隔之外，也可依個人喜好定義二分變數的數值，其實，只要是能作為區分類別的數字皆可。

例如：第一位受試者，在第一題的作答選項為：「同學或朋友」和「網路資訊」，故在 IBM SPSS Statistics 25.0 中文版資料編輯程式中，就必須利用虛擬變數方式進行複選題編碼。

	家長	同學或朋友	國小老師	國中老師	高中老師	學校活動	網路資訊	書報雜誌	同性戀電影	廣播或電視
第一位	0	1	0	0	0	0	1	0	0	1
第二位	0	1	0	0	1	0	1	0	1	0

完成編碼輸入動作之後，即可開始準備進入複選題的分析操作。首先，開啟功能列之「分析」選項，選擇「複選題」，再選擇「定義變數集」，如圖 16-13 所示。可發現除了「定義變數集」之外，其他的選項都是隱藏的，表示此功能暫時無法使用，故必須先對各選項之意義進行界定。

開啟「定義複選題分析集」之對話框。開始定義第一題的內容，第一題中有 10 個選項，故從左邊的變數中，挑選出屬於第一題內容的 10 個選項進入右方的「集內的變數」欄位中；而在下方的「變數編碼為」欄位中，勾選「二分法」，輸入計數值：「1」，此乃因為當初編碼時，將「1」視為「有」勾選。若當初將有勾選的選項，以其他數字編碼者，則在此方框中就必須填入當初所設定的編碼數值。

第三步驟則對此集合命名，本例將於「名稱」中命名為：「知識來源」、「標籤」中命名為：「您對同性戀的知識來源」，輸入完畢之後，點選「新增」鍵，則此集合將被輸入最右方之「複選題分析集」中，以「＄知識來源」表示，操作畫面如圖 16-14 所示。若問卷中有許多複選題時，可以此步驟類推，直到每一個複選題都完成設定為止。

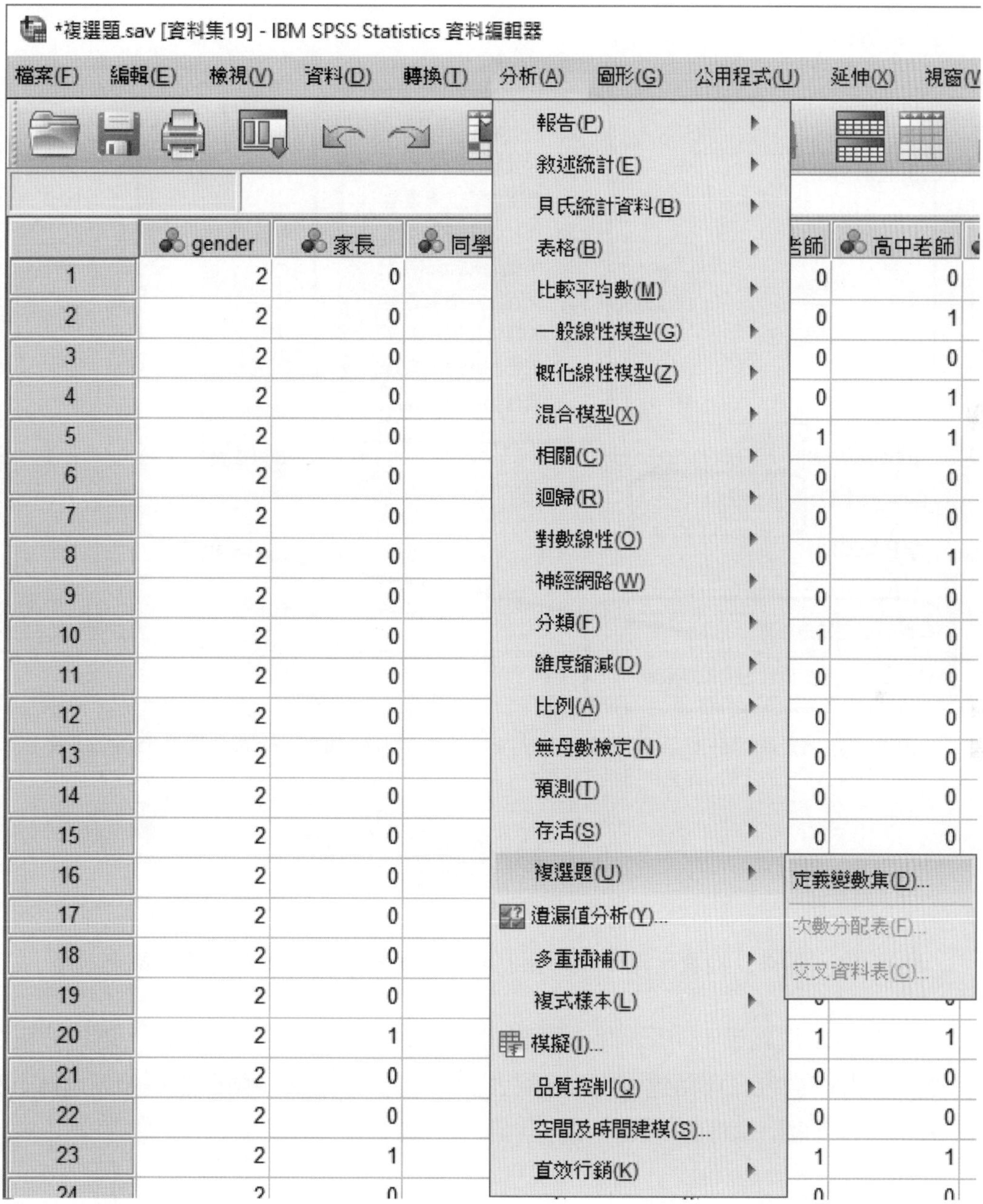

圖 16-13　開啓「分析」，選擇「複選題」，再選擇「定義變數集」

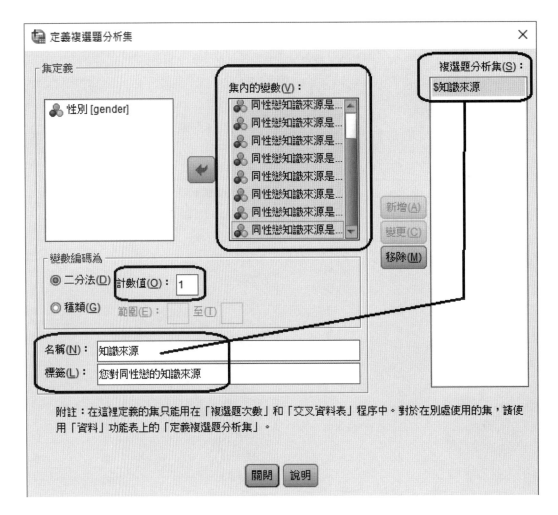

圖 16-14　開啟「定義複選題分析集」對話框，對問題設定各變項之集合關係

　　完成集合之定義後，即正式進行統計分析。開啟功能列之「分析」，選擇「複選題」選項，此時發現已可點選「次數分配表」與「交叉資料表」兩個選項，先選擇「次數分配表」，如圖 16-15 所示。

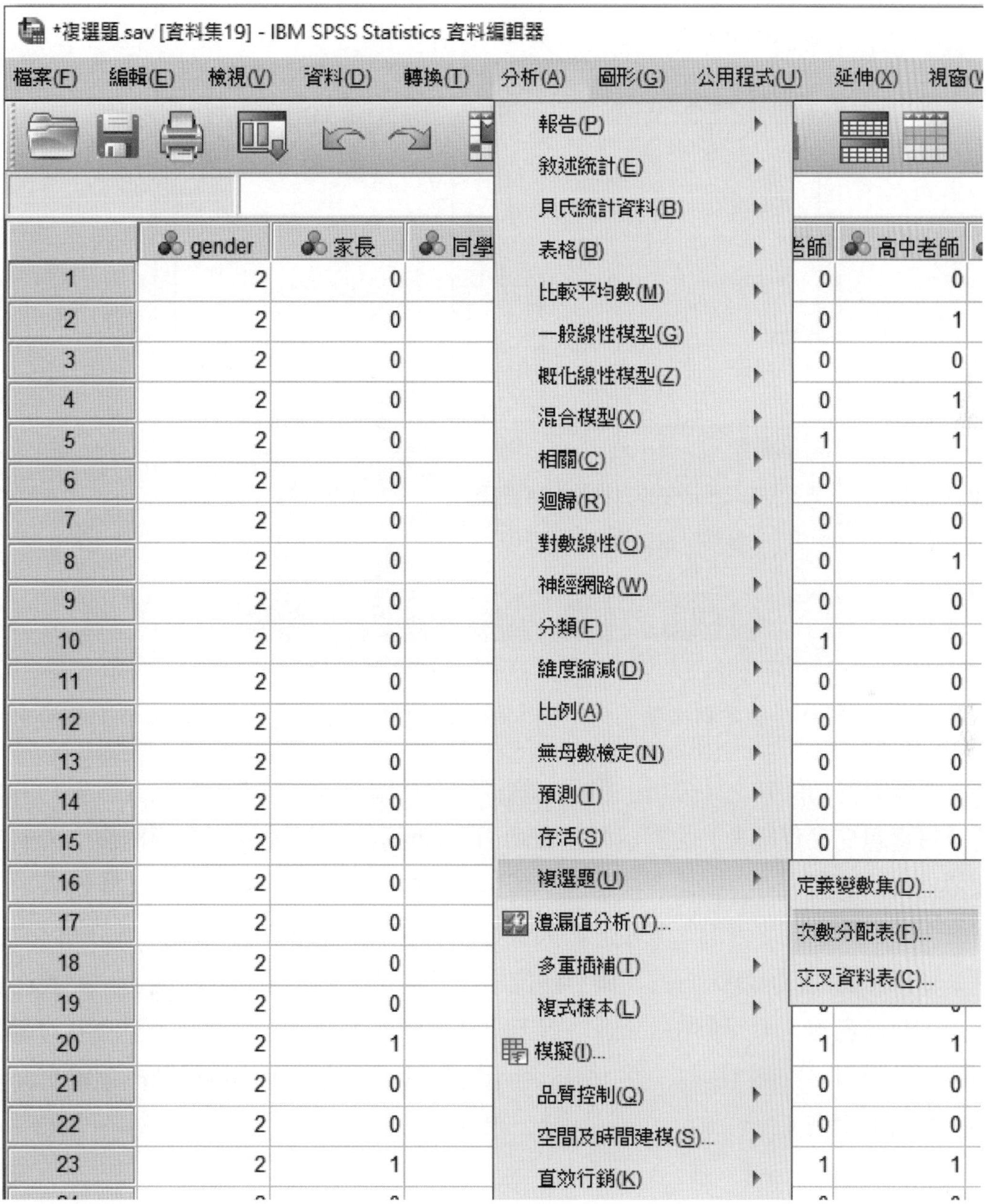

圖 16-15　開啟「分析」，選擇「複選題」，再選擇「次數分配表」

　　開啟「複選題次數」之對話框，將「複選題分析集」欄位中的變數集合「$ 知識來源」選入右方的「此項目的表格」欄位中，如圖 16-16 所示。點選「確定」，即可得到複選題次數分配表之輸出報表。

圖 16-16　開啟「複選題次數」對話框，將定義的集合選入「此項目的表格」欄位中

　　可再開啟功能列之「分析」選項，選擇「複選題」，再選擇「交叉資料表」。開啟「複選題交叉資料表」之對話框，如圖 16-17 所示，可看到左方有兩個欄位，上方欄位為原始變數，下方則為「複選題分析集」欄位，因目的乃是建立交叉資料表，故需輸入橫列與直欄之變數，其概念如同卡方分析中所介紹之交叉資料表。

　　可將「gender」選入右方「欄」欄位中，並點選下方的「定義範圍」，定義性別變數的數值意義，將「$ 知識來源」選入「列」欄位中，可再點選「選項」，勾選需要的統計資料，如圖 16-17、圖 16-18 所示。點選「確定」，即可得到複選題交叉資料表之輸出報表。

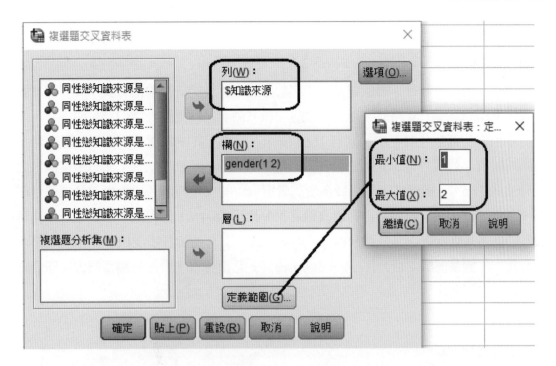

圖16-17　開啓「交叉資料表」次對話框，將「gender」選入右方「欄」欄位，開啓「定義範圍」之次對話框，並定義名義變數內容

圖 16-18　開啓「選項」次對話框，勾選需要的統計量

二、輸出報表解釋

(一) 次數分配表

以下各表即為執行「複選題分析／次數分配表」後的統計輸出報表，其解釋方式皆與單選題的解釋方式類似。以「同性戀知識來源」之輸出報表為例作說明。

在 400 位有效受試者中，共有 1660 個作答反應，其中勾選「同性戀知識來源是同學或朋友」選項共有 310 筆資料，占回應次數之百分比為 18.7%，而占觀察個數之百分比為 77.5%，顯示此選項為最多受試者選取；其次是勾選「同性戀知識來源是網路資訊」，有 272 筆資料，占回應次數之百分比為 16.4%，而占觀察個數之百分比為 68%。而「回應次數之百分比（Pct of Response）」乃是指各項次數占總回應次數之百分比；「觀察個數之百分比（Pct of Cases）」意指各項次數占總觀察個數（即受試者人數）之百分比。

觀察值摘要

	觀察值					
	有效		遺漏		總計	
	N	百分比	N	百分比	N	百分比
$ 知識來源 [a]	400	100.0%	0	0.0%	400	100.0%

a. 二分法群組於值 1 表格化。

$ 知識來源次數分配表

		回應		觀察值百分比
		N	百分比	
您對同性戀的知識來源 [a]	同性戀知識來源是家長	48	2.9%	12.0%
	同性戀知識來源是同學或朋友	310	18.7%	77.5%
	同性戀知識來源是國小老師	44	2.7%	11.0%
	同性戀知識來源是國中老師	104	6.3%	26.0%
	同性戀知識來源是高中老師	130	7.8%	32.5%
	同性戀知識來源是學校活動	105	6.3%	26.3%
	同性戀知識來源是網路資訊	272	16.4%	68.0%
	同性戀知識來源是書報雜誌	211	12.7%	52.8%
	同性戀知識來源是同性戀電影	184	11.1%	46.0%
	同性戀知識來源是廣播或電視	252	15.2%	63.0%
總計		1660	100.0%	415.0%

a. 二分法群組於值 1 表格化。

(二) 交叉資料表

　　以下為執行「複選題分析 / 交叉資料表」後的統計輸出報表。利用交叉資料表進行描述統計分析，可進一步得到更細微的訊息，其解釋方式皆與單選題的交叉資料表解釋方式類似，而在進行複選題 / 交叉資料表分析之前，操作者可依個人需求選擇是否需要印出「橫列」、「直欄」與「總和」的數值。

　　同上例說明：在 400 位有效受試者中，其中勾選「同性戀知識來源是同學或朋友」選項的共有 310 筆資料，男生有 127 次、女生有 183 次，而在交叉資料表中的總和與百分比計算，皆以總觀察次數（總受試者人數）為計算依據，其交叉資料表的解釋方式和卡方檢定中所述的一樣。

觀察值摘要

	觀察值					
	有效		遺漏		總計	
	N	百分比	N	百分比	N	百分比
$ 知識來源 *gender	400	100.0%	0	0.0%	400	100.0%

$ 知識來源 *gender 交叉列表

			性別		
			男	女	總計
您對同性戀的知識來源[a]	同性戀知識來源是家長	計數	27	21	48
		在 $ 知識來源內的百分比	56.3%	43.8%	
		在 gender 內的百分比	14.8%	9.6%	
		占總計的百分比	6.8%	5.3%	12.0%
	同性戀知識來源是同學或朋友	計數	127	183	310
		在 $ 知識來源內的百分比	41.0%	59.0%	
		在 gender 內的百分比	69.8%	83.9%	
		占總計的百分比	31.8%	45.8%	77.5%
	同性戀知識來源是國小老師	計數	25	19	44
		在 $ 知識來源內的百分比	56.8%	43.2%	
		在 gender 內的百分比	13.7%	8.7%	
		占總計的百分比	6.3%	4.8%	11.0%

同性戀知識來源是國中老師	計數		55	49	104
	在 $ 知識來源內的百分比		52.9%	47.1%	
	在 gender 內的百分比		30.2%	22.5%	
	占總計的百分比		13.8%	12.3%	26.0%
同性戀知識來源是高中老師	計數		63	67	130
	在 $ 知識來源內的百分比		48.5%	51.5%	
	在 gender 內的百分比		34.6%	30.7%	
	占總計的百分比		15.8%	16.8%	32.5%
同性戀知識來源是學校活動	計數		55	50	105
	在 $ 知識來源內的百分比		52.4%	47.6%	
	在 gender 內的百分比		30.2%	22.9%	
	占總計的百分比		13.8%	12.5%	26.3%
同性戀知識來源是網路資訊	計數		127	145	272
	在 $ 知識來源內的百分比		46.7%	53.3%	
	在 gender 內的百分比		69.8%	66.5%	
	占總計的百分比		31.8%	36.3%	68.0%
同性戀知識來源是書報雜誌	計數		88	123	211
	在 $ 知識來源內的百分比		41.7%	58.3%	
	在 gender 內的百分比		48.4%	56.4%	
	占總計的百分比		22.0%	30.8%	52.8%
同性戀知識來源是同性戀電影	計數		80	104	184
	在 $ 知識來源內的百分比		43.5%	56.5%	
	在 gender 內的百分比		44.0%	47.7%	
	占總計的百分比		20.0%	26.0%	46.0%
同性戀知識來源是廣播或電視	計數		106	146	252
	在 $ 知識來源內的百分比		42.1%	57.9%	
	在 gender 內的百分比		58.2%	67.0%	
	占總計的百分比		26.5%	36.5%	63.0%
總計	計數		182	218	400
	占總計的百分比		45.5%	54.5%	100.0%

百分比及總計是基於回應者。

a. 二分法群組於值 1 表格化。

參考文獻

王昭正、朱瑞淵譯（1999）。參與觀察法。臺北市：弘智文化。

余民寧（2011）。教育測驗與評量：成就測驗與教學評量（三版）。臺北市：心理。

吳明隆（2003）。SPSS 統計應用學習實務——問卷分析與應用統計。臺北市：知城數位。

吳明隆、涂金堂（2006）。SPSS 與統計應用分析（二版）。臺北市：五南。

周文欽（2008）。心理與教育測驗。臺北市：國立空中大學。

周幼珍（1996）。缺失值問題在分類上的應用。行政院國科會研究計畫 NSC84-2121-M009-001。

林昆賢（1992）。遺失資料分配函數估計方法的比較（未出版碩士論文）。國立中央大學，桃園縣。

林清山（1995）。心理與教育統計學。臺北市：東華書局。

林惠玲、陳正倉（1998）。統計學——方法與應用。臺北市：雙葉。

林曉芳（2002）。以 Hot Deck 差補法推估成就測驗之不完整作答反應（未出版博士論文）。國立政治大學，臺北市。

邱皓政（2011）。量化研究與統計分析（五版）。臺北市：五南。

洪淑玲（1998）。失去部分訊息的類別資料之貝氏分析（未出版博士論文）。國立政治大學，臺北市。

馬秀蘭、吳德邦（2002）。統計學。臺北市：新文京。

許禎元（1997）。問卷調查資料的處理與統計分析——以 SPSS for Windows 7.0 的處理為例。復興岡學報，**61**，76-91。

郭生玉（2003）。心理與教育測驗。臺北市：精華書局。

陳正昌、程炳林、陳新豐、劉子鍵（2012）。多變量分析方法——統計軟體應用（六版）。臺北市：五南。

陳信木、林佳瑩（1997）。調查資料之遺漏值的處置——以熱卡插補法為例。調查研究，**3**，75-106。

陳莉秧（2010）。青少年同性戀刻板印象與接受度之研究（未出版碩士論文）。明道大學，彰化縣。

葉瑞鈴（2000）。統計調查中遺漏處理之研究——以臺灣地區消費者動向調查為例（未出版碩

士論文）。輔仁大學，新北市。

謝廣全（1994）。最新實用心理與教育統計學。臺北市：復文。

簡茂發（1991）。命題方法與試題分析。國教輔導，**31**(1)，2-13。

Cohen, J. (1988). *Statistical power analysis for the behavioral sciences* (*2nd ed.*). Hillside, NJ: Erlbaum.

Cohen, J. (1992). A power primer. *Psychological Bulletin, 112*(1), 155-159.

Kaiser, H. F. (1974). An index of factorial simplicity. *Psychometrika, 39*, 31-36.

Kelly, T. L. (1939). The selection of upper and lower groups for the validation of test items. *Journal of Education Psychology, 30*, 17-24.

Tabachnica, B. G., & Fidell, L. S. (2007). *Using Multivariate Statistics* (*4 Ed.*). Needham Heights, MA: Allyn and Bacon.

習題解答

第1章

須閱讀多個報表，故不提供答案。

第2章

1. 名義尺度

2. 描述統計學

3. (1) 性別、血型；(2) 出生序；(3) 體溫；(4) 年齡、身高、體重

4. 質的變項：(4)(5)(6)；量的變項：(1)(2)(3)

第3章

1. M；65.8

2. (1) 眾數；(2) 中位數；(3) 算術平均數；(4) 中位數；(5) 中位數

3. (1) 1 0；8.5；7.2；8；8；3；9

   (2) 7.7；3

   (3) 1 4 . 4；6

4. (1) 90；(2) 10；(3) 55；(4) 80

5. 65.72；7.8

6. 100；130

7. 25；5

8. 2500；50

9. 49.45

10. 24.2%

11. 65.55

12. Z = 0.5；T = 55；69

13. (1) 2.28%；(2) 7.632；(3) 84.13%

14. 甲 > 丙 > 乙 > 戊 > 丁

15. (1) 1.28；(2) 2.326

16. 用 Chebyshev 不等式計算，得到 3.22 萬人；若是查 Z 表後再作計算，則得到 2.99 萬人

17. 平平的 Z 分數為 2；偉偉的 Z 分數為 -1；平平的 PR 為 98；偉偉勝過 15.87% 的同學

18. 10239 人；342 人

19. (1)100；7；93

(2)60；40；15

(3) 中位數以上

第 5 章

1. 可容許犯錯的機率為 5%

2. 獨立樣本 t 檢定

3. F 檢定

4. Z 檢定

5. (2)

6. (1) 女老師的服務意願沒有較高；(2) 女老師的服務意願沒有較高，但卻拒絕了這樣的結果；
   (3) 女老師的服務意願較高，但卻接受了這樣的結果

7. (1) $H_0: \mu_1 \leq \mu_2$, $H_1: \mu_1 > \mu_2$; (2) $H_0: \mu_1 \leq \mu_2$, $H_1: \mu_1 > \mu_2$
   (3) $H_0: \mu_1 = \mu_2$, $H_1: \mu_1 \neq \mu_2$; (4) $H_0: \mu_1 = \mu_2$, $H_1: \mu_1 \neq \mu_2$

8. [89.6622, 101.6378]

9. [100.06, 105.94]

10. [2.13, 2.87]

11. 否

12. 是

13. 否

14. 是

第 6 章

1. 是

2. 是

3. 是

4. 是

第 7 章

1. [141.92,148.81]

2. 是

3. 否

4. 是

5. 否

第 8 章

1. 45

2. 積差相關、點二系統、Kendall 和諧係數、四分相關、phi 相關、列聯相關

3. .015

4. .952，達顯著

5. 否

第 9 章

1. $Y = 13.963 - .411X$

2. $Y = 1.245 + .686X_1 + 2.315X_2$

第 10 章

須閱讀多個報表，故不提供答案。

第 11 章

1. 是

2. 是

第 12 章

是，身心障礙兒童的改變顯著高於一般兒童。

第 13 章

1. 是（本題可用 Wilcoxon 符號等級檢定）

2. 是（本題可用 Wilcoxon 符號等級檢定）

3. 是（本題可用 Kruskal-Wallis 檢定）

4. 是（本題可用 Mann-Whitney U 檢定）

附録

標準常態分配表（standard normal distribution table）

$$P(0 < Z < z) = \int_0^z \frac{1}{\sqrt{2\pi}} \exp\left(-\frac{x^2}{2}\right) dx$$

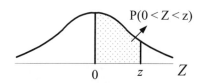

Z	0.00	0.01	0.02	0.03	0.04	0.05	0.06	0.07	0.08	0.09
0.0	0.0000	0.0040	0.0080	0.0120	0.0160	0.0199	0.0239	0.0279	0.0319	0.0359
0.1	0.0398	0.0438	0.0478	0.0517	0.0557	0.0596	0.0636	0.0675	0.0714	0.0753
0.2	0.0793	0.0832	0.0871	0.0910	0.0948	0.0987	0.1026	0.1064	0.1103	0.1141
0.3	0.1179	0.1217	0.1255	0.1293	0.1331	0.1368	0.1406	0.1443	0.1480	0.1517
0.4	0.1554	0.1591	0.1628	0.1664	0.1700	0.1736	0.1772	0.1808	0.1844	0.1879
0.5	0.1915	0.1950	0.1985	0.2019	0.2054	0.2088	0.2123	0.2157	0.2190	0.2224
0.6	0.2257	0.2291	0.2324	0.2357	0.2389	0.2422	0.2454	0.2486	0.2517	0.2549
0.7	0.258	0.2611	0.2642	0.2673	0.2704	0.2734	0.2764	0.2794	0.2823	0.2852
0.8	0.2881	0.291	0.2939	0.2967	0.2995	0.3023	0.3051	0.3078	0.3106	0.3133
0.9	0.3159	0.3186	0.3212	0.3238	0.3264	0.3289	0.3315	0.334	0.3365	0.3389
1.0	0.3413	0.3438	0.3461	0.3485	0.3508	0.3531	0.3554	0.3577	0.3599	0.3621
1.1	0.3643	0.3665	0.3686	0.3708	0.3729	0.3749	0.377	0.379	0.381	0.383
1.2	0.3849	0.3869	0.3888	0.3907	0.3925	0.3944	0.3962	0.398	0.3997	0.4015
1.3	0.4032	0.4049	0.4066	0.4082	0.4099	0.4115	0.4131	0.4147	0.4162	0.4177
1.4	0.4192	0.4207	0.4222	0.4236	0.4251	0.4265	0.4279	0.4292	0.4306	0.4319
1.5	0.4332	0.4345	0.4357	0.437	0.4382	0.4394	0.4406	0.4418	0.4429	0.4441
1.6	0.4452	0.4463	0.4474	0.4484	0.4495	0.4505	0.4515	0.4525	0.4535	0.4545
1.7	0.4554	0.4564	0.4573	0.4582	0.4591	0.4599	0.4608	0.4616	0.4625	0.4633
1.8	0.4641	0.4649	0.4656	0.4664	0.4671	0.4678	0.4686	0.4693	0.4699	0.4706
1.9	0.4713	0.4719	0.4726	0.4732	0.4738	0.4744	0.4750	0.4756	0.4761	0.4767
2.0	0.4772	0.4778	0.4783	0.4788	0.4793	0.4798	0.4803	0.4808	0.4812	0.4817
2.1	0.4821	0.4826	0.483	0.4834	0.4838	0.4842	0.4846	0.485	0.4854	0.4857
2.2	0.4861	0.4864	0.4868	0.4871	0.4875	0.4878	0.4881	0.4884	0.4887	0.489
2.3	0.4893	0.4896	0.4898	0.4901	0.4904	0.4906	0.4909	0.4911	0.4913	0.4916
2.4	0.4918	0.492	0.4922	0.4925	0.4927	0.4929	0.4931	0.4932	0.4934	0.4936
2.5	0.4938	0.494	0.4941	0.4943	0.4945	0.4946	0.4948	0.4949	0.4951	0.4952
2.6	0.4953	0.4955	0.4956	0.4957	0.4959	0.496	0.4961	0.4962	0.4963	0.4964
2.7	0.4965	0.4966	0.4967	0.4968	0.4969	0.497	0.4971	0.4972	0.4973	0.4974
2.8	0.4974	0.4975	0.4976	0.4977	0.4977	0.4978	0.4979	0.4979	0.498	0.4981
2.9	0.4981	0.4982	0.4982	0.4983	0.4984	0.4984	0.4985	0.4985	0.4986	0.4986
3.0	0.4987	0.4987	0.4987	0.4988	0.4988	0.4989	0.4989	0.4989	0.499	0.499
3.1	0.499	0.4991	0.4991	0.4991	0.4992	0.4992	0.4992	0.4992	0.4993	0.4993
3.2	0.4993	0.4993	0.4994	0.4994	0.4994	0.4994	0.4994	0.4995	0.4995	0.4995
3.3	0.4995	0.4995	0.4995	0.4996	0.4996	0.4996	0.4996	0.4996	0.4996	0.4997
3.4	0.4997	0.4997	0.4997	0.4997	0.4997	0.4997	0.4997	0.4997	0.4997	0.4998
3.5	0.4998	0.4998	0.4998	0.4998	0.4998	0.4998	0.4998	0.4998	0.4998	0.4998
3.6	0.4998	0.4998	0.4999	0.4999	0.4999	0.4999	0.4999	0.4999	0.4999	0.4999

t 分配臨界值表（t distribution critical value table）

$$P(T > t) = \int_{t}^{\infty} \frac{\Gamma(\frac{r+1}{2})}{\Gamma(\frac{r}{2})} \frac{1}{\sqrt{r\pi}} (1 + \frac{x^2}{r})^{-\frac{r+1}{2}} dx = \alpha$$ ，其中 $T \sim t(r)$

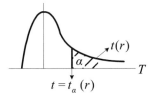

$(1 - \alpha)$ 之值

Df = r	0.700	0.800	0.900	0.950	0.975	0.990	0.995	0.999
1	0.727	1.376	3.078	6.314	12.706	31.821	63.657	318.309
2	0.617	1.061	1.886	2.920	4.303	6.965	9.925	22.327
3	0.584	0.978	1.638	2.353	3.182	4.541	5.841	10.215
4	0.569	0.941	1.533	2.132	2.776	3.747	4.604	7.173
5	0.559	0.920	1.476	2.015	2.571	3.365	4.032	5.893
6	0.553	0.906	1.440	1.943	2.447	3.143	3.707	5.208
7	0.549	0.896	1.415	1.895	2.365	2.998	3.499	4.785
8	0.546	0.889	1.397	1.860	2.306	2.896	3.355	4.501
9	0.543	0.883	1.383	1.833	2.262	2.821	3.250	4.297
10	0.542	0.879	1.372	1.812	2.228	2.764	3.169	4.144
11	0.540	0.876	1.363	1.796	2.201	2.718	3.106	4.025
12	0.539	0.873	1.356	1.782	2.179	2.681	3.055	3.930
13	0.538	0.870	1.350	1.771	2.160	2.650	3.012	3.852
14	0.537	0.868	1.345	1.761	2.145	2.624	2.977	3.787
15	0.536	0.866	1.341	1.753	2.131	2.602	2.947	3.733
16	0.535	0.865	1.337	1.746	2.120	2.583	2.921	3.686
17	0.534	0.863	1.333	1.740	2.110	2.567	2.898	3.646
18	0.534	0.862	1.330	1.734	2.101	2.552	2.878	3.610
19	0.533	0.861	1.328	1.729	2.093	2.539	2.861	3.579
20	0.533	0.860	1.325	1.725	2.086	2.528	2.845	3.552
21	0.532	0.859	1.323	1.721	2.080	2.518	2.831	3.527
22	0.532	0.858	1.321	1.717	2.074	2.508	2.819	3.505
23	0.532	0.858	1.319	1.714	2.069	2.500	2.807	3.485
24	0.531	0.857	1.318	1.711	2.064	2.492	2.797	3.467
25	0.531	0.856	1.316	1.708	2.060	2.485	2.787	3.450
26	0.531	0.856	1.315	1.706	2.056	2.479	2.779	3.435
27	0.531	0.855	1.314	1.703	2.052	2.473	2.771	3.421
28	0.530	0.855	1.313	1.701	2.048	2.467	2.763	3.408
29	0.530	0.854	1.311	1.699	2.045	2.462	2.756	3.396
30	0.530	0.854	1.310	1.697	2.042	2.457	2.750	3.385
40	0.529	0.851	1.303	1.684	2.021	2.423	2.704	3.307
50	0.528	0.849	1.299	1.676	2.009	2.403	2.678	3.261
60	0.527	0.848	1.296	1.671	2.000	2.390	2.660	3.232
70	0.527	0.847	1.294	1.667	1.994	2.381	2.648	3.211
80	0.526	0.846	1.292	1.664	1.990	2.374	2.639	3.195
90	0.526	0.846	1.291	1.662	1.987	2.368	2.632	3.183
100	0.526	0.845	1.290	1.660	1.984	2.364	2.626	3.174
120	0.526	0.845	1.289	1.658	1.980	2.358	2.617	3.160
∞	0.524	0.842	1.282	1.645	1.960	2.326	2.576	3.092

F 分配臨界值表（F distribution critical value table）

$$P(F>f)=\int_{f}^{\infty}\frac{\Gamma(\frac{r_1+r_2}{2})}{\Gamma(\frac{r_1}{2})\Gamma(\frac{r_2}{2})}(\frac{r_1}{r_2})^{\frac{r_1}{2}}x^{\frac{r_1}{2}-1}(1+\frac{r_1}{r_2}x)^{-\frac{r1+r2}{2}}dx=\boxed{0.10}$$

其中 $F\sim F(r_1, r_2)$

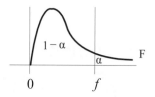

$\alpha = 0.1$ 　　　　　　　　分子自由度 $= r_1$

r_2	1	2	3	4	5	6	7	8	9	10	12	15	20	40	60	120	1000
1	39.863	49.500	53.593	55.833	57.240	58.204	58.906	59.439	59.858	60.195	60.705	61.220	61.740	62.529	62.794	63.061	63.296
2	8.526	9.000	9.162	9.243	9.293	9.326	9.349	9.367	9.381	9.392	9.408	9.425	9.441	9.466	9.475	9.483	9.490
3	5.538	5.462	5.391	5.343	5.309	5.285	5.266	5.252	5.240	5.230	5.216	5.200	5.184	5.160	5.151	5.143	5.135
4	4.545	4.325	4.191	4.107	4.051	4.010	3.979	3.955	3.936	3.920	3.896	3.870	3.844	3.804	3.790	3.775	3.762
5	4.060	3.780	3.619	3.520	3.453	3.405	3.368	3.339	3.316	3.297	3.268	3.238	3.207	3.157	3.140	3.123	3.107
6	3.776	3.463	3.289	3.181	3.108	3.055	3.014	2.983	2.958	2.937	2.905	2.871	2.836	2.781	2.762	2.742	2.725
7	3.589	3.257	3.074	2.961	2.883	2.827	2.785	2.752	2.725	2.703	2.668	2.632	2.595	2.535	2.514	2.493	2.473
8	3.458	3.113	2.924	2.806	2.726	2.668	2.624	2.589	2.561	2.538	2.502	2.464	2.425	2.361	2.339	2.316	2.295
9	3.360	3.006	2.813	2.693	2.611	2.551	2.505	2.469	2.440	2.416	2.379	2.340	2.298	2.232	2.208	2.184	2.162
10	3.285	2.924	2.728	2.605	2.522	2.461	2.414	2.377	2.347	2.323	2.284	2.244	2.201	2.132	2.107	2.082	2.059
11	3.225	2.860	2.660	2.536	2.451	2.389	2.342	2.304	2.274	2.248	2.209	2.167	2.123	2.052	2.026	2.000	1.975
12	3.177	2.807	2.606	2.480	2.394	2.331	2.283	2.245	2.214	2.188	2.147	2.105	2.060	1.986	1.960	1.932	1.907
13	3.136	2.763	2.560	2.434	2.347	2.283	2.234	2.195	2.164	2.138	2.097	2.053	2.007	1.931	1.904	1.876	1.850
14	3.102	2.726	2.522	2.395	2.307	2.243	2.193	2.154	2.122	2.095	2.054	2.010	1.962	1.885	1.857	1.828	1.801
15	3.073	2.695	2.490	2.361	2.273	2.208	2.158	2.119	2.086	2.059	2.017	1.972	1.924	1.845	1.817	1.787	1.759
16	3.048	2.668	2.462	2.333	2.244	2.178	2.128	2.088	2.055	2.028	1.985	1.940	1.891	1.811	1.782	1.751	1.722
17	3.026	2.645	2.437	2.308	2.218	2.152	2.102	2.061	2.028	2.001	1.958	1.912	1.862	1.781	1.751	1.719	1.690
18	3.007	2.624	2.416	2.286	2.196	2.130	2.079	2.038	2.005	1.977	1.933	1.887	1.837	1.754	1.723	1.691	1.661
19	2.990	2.606	2.397	2.266	2.176	2.109	2.058	2.017	1.984	1.956	1.912	1.865	1.814	1.730	1.699	1.666	1.635
20	2.975	2.589	2.380	2.249	2.158	2.091	2.040	1.999	1.965	1.937	1.892	1.845	1.794	1.708	1.677	1.643	1.612
21	2.961	2.575	2.365	2.233	2.142	2.075	2.023	1.982	1.948	1.920	1.875	1.827	1.776	1.689	1.657	1.623	1.591
22	2.949	2.561	2.351	2.219	2.128	2.060	2.008	1.967	1.933	1.904	1.859	1.811	1.759	1.671	1.639	1.604	1.571
23	2.937	2.549	2.339	2.207	2.115	2.047	1.995	1.953	1.919	1.890	1.845	1.796	1.744	1.655	1.622	1.587	1.554
24	2.927	2.538	2.327	2.195	2.103	2.035	1.983	1.941	1.906	1.877	1.832	1.783	1.730	1.641	1.607	1.571	1.538
25	2.918	2.528	2.317	2.184	2.092	2.024	1.971	1.929	1.895	1.866	1.820	1.771	1.718	1.627	1.593	1.557	1.523
26	2.909	2.519	2.307	2.174	2.082	2.014	1.961	1.919	1.884	1.855	1.809	1.760	1.706	1.615	1.581	1.544	1.509
27	2.901	2.511	2.299	2.165	2.073	2.005	1.952	1.909	1.874	1.845	1.799	1.749	1.695	1.603	1.569	1.531	1.496
28	2.894	2.503	2.291	2.157	2.064	1.996	1.943	1.900	1.865	1.836	1.790	1.740	1.685	1.592	1.558	1.520	1.484
29	2.887	2.495	2.283	2.149	2.057	1.988	1.935	1.892	1.857	1.827	1.781	1.731	1.676	1.583	1.547	1.509	1.472
30	2.881	2.489	2.276	2.142	2.049	1.980	1.927	1.884	1.849	1.819	1.773	1.722	1.667	1.573	1.538	1.499	1.462
40	2.835	2.440	2.226	2.091	1.997	1.927	1.873	1.829	1.793	1.763	1.715	1.662	1.605	1.506	1.467	1.425	1.383
60	2.791	2.393	2.177	2.041	1.946	1.875	1.819	1.775	1.738	1.707	1.657	1.603	1.543	1.437	1.395	1.348	1.299
120	2.748	2.347	2.130	1.992	1.896	1.824	1.767	1.722	1.684	1.652	1.601	1.545	1.482	1.368	1.320	1.265	1.203
180	2.734	2.332	2.114	1.976	1.880	1.807	1.750	1.705	1.667	1.634	1.583	1.526	1.462	1.344	1.294	1.235	1.165
1000	2.711	2.308	2.089	1.950	1.853	1.780	1.723	1.676	1.638	1.605	1.552	1.494	1.428	1.304	1.250	1.181	1.084

F 分配臨界值表 -2（F distribution critical value table）

$$P(F > f) = \int_{f}^{\infty} \frac{\Gamma(\frac{r_1+r_2}{2})}{\Gamma(\frac{r_1}{2})\Gamma(\frac{r_2}{2})} (\frac{r_1}{r_2})^{\frac{r_1}{2}} x^{\frac{r_1}{2}-1} (1 + \frac{r_1}{r_2} x)^{-\frac{r1+r2}{2}} dx = \boxed{0.05}，其中 F \sim F(r_1, r_2)$$

$\alpha = 0.05$ 　　　　　　　　　　分子自由度 $= r_1$

r_2	1	2	3	4	5	6	7	8	9	10	12	15	20	40	60	120	1000
1	161.4	199.5	215.7	224.6	230.2	234.0	236.8	238.9	240.5	241.9	243.9	246.0	248.0	251.1	252.2	253.3	254.2
2	18.513	19.000	19.164	19.247	19.296	19.330	19.353	19.371	19.385	19.396	19.413	19.429	19.446	19.471	19.479	19.487	19.495
3	10.128	9.552	9.277	9.117	9.013	8.941	8.887	8.845	8.812	8.786	8.745	8.703	8.660	8.594	8.572	8.549	8.529
4	7.709	6.944	6.591	6.388	6.256	6.163	6.094	6.041	5.999	5.964	5.912	5.858	5.803	5.717	5.688	5.658	5.632
5	6.608	5.786	5.409	5.192	5.050	4.950	4.876	4.818	4.772	4.735	4.678	4.619	4.558	4.464	4.431	4.398	4.369
6	5.987	5.143	4.757	4.534	4.387	4.284	4.207	4.147	4.099	4.060	4.000	3.938	3.874	3.774	3.740	3.705	3.673
7	5.591	4.737	4.347	4.120	3.972	3.866	3.787	3.726	3.677	3.637	3.575	3.511	3.445	3.340	3.304	3.267	3.234
8	5.318	4.459	4.066	3.838	3.687	3.581	3.500	3.438	3.388	3.347	3.284	3.218	3.150	3.043	3.005	2.967	2.932
9	5.117	4.256	3.863	3.633	3.482	3.374	3.293	3.230	3.179	3.137	3.073	3.006	2.936	2.826	2.787	2.748	2.712
10	4.965	4.103	3.708	3.478	3.326	3.217	3.135	3.072	3.020	2.978	2.913	2.845	2.774	2.661	2.621	2.580	2.543
11	4.844	3.982	3.587	3.357	3.204	3.095	3.012	2.948	2.896	2.854	2.788	2.719	2.646	2.531	2.490	2.448	2.410
12	4.747	3.885	3.490	3.259	3.106	2.996	2.913	2.849	2.796	2.753	2.687	2.617	2.544	2.426	2.384	2.341	2.302
13	4.667	3.806	3.411	3.179	3.025	2.915	2.832	2.767	2.714	2.671	2.604	2.533	2.459	2.339	2.297	2.252	2.212
14	4.600	3.739	3.344	3.112	2.958	2.848	2.764	2.699	2.646	2.602	2.534	2.463	2.388	2.266	2.223	2.178	2.136
15	4.543	3.682	3.287	3.056	2.901	2.790	2.707	2.641	2.588	2.544	2.475	2.403	2.328	2.204	2.160	2.114	2.072
16	4.494	3.634	3.239	3.007	2.852	2.741	2.657	2.591	2.538	2.494	2.425	2.352	2.276	2.151	2.106	2.059	2.016
17	4.451	3.592	3.197	2.965	2.810	2.699	2.614	2.548	2.494	2.450	2.381	2.308	2.230	2.104	2.058	2.011	1.967
18	4.414	3.555	3.160	2.928	2.773	2.661	2.577	2.510	2.456	2.412	2.342	2.269	2.191	2.063	2.017	1.968	1.923
19	4.381	3.522	3.127	2.895	2.740	2.628	2.544	2.477	2.423	2.378	2.308	2.234	2.155	2.026	1.980	1.930	1.884
20	4.351	3.493	3.098	2.866	2.711	2.599	2.514	2.447	2.393	2.348	2.278	2.203	2.124	1.994	1.946	1.896	1.850
21	4.325	3.467	3.072	2.840	2.685	2.573	2.488	2.420	2.366	2.321	2.250	2.176	2.096	1.965	1.916	1.866	1.818
22	4.301	3.443	3.049	2.817	2.661	2.549	2.464	2.397	2.342	2.297	2.226	2.151	2.071	1.938	1.889	1.838	1.790
23	4.279	3.422	3.028	2.796	2.640	2.528	2.442	2.375	2.320	2.275	2.204	2.128	2.048	1.914	1.865	1.813	1.764
24	4.260	3.403	3.009	2.776	2.621	2.508	2.423	2.355	2.300	2.255	2.183	2.108	2.027	1.892	1.842	1.790	1.740
25	4.242	3.385	2.991	2.759	2.603	2.490	2.405	2.337	2.282	2.236	2.165	2.089	2.007	1.872	1.822	1.768	1.718
26	4.225	3.369	2.975	2.743	2.587	2.474	2.388	2.321	2.265	2.220	2.148	2.072	1.990	1.853	1.803	1.749	1.698
27	4.210	3.354	2.960	2.728	2.572	2.459	2.373	2.305	2.250	2.204	2.132	2.056	1.974	1.836	1.785	1.731	1.679
28	4.196	3.340	2.947	2.714	2.558	2.445	2.359	2.291	2.236	2.190	2.118	2.041	1.959	1.820	1.769	1.714	1.662
29	4.183	3.328	2.934	2.701	2.545	2.432	2.346	2.278	2.223	2.177	2.104	2.027	1.945	1.806	1.754	1.698	1.645
30	4.171	3.316	2.922	2.690	2.534	2.421	2.334	2.266	2.211	2.165	2.092	2.015	1.932	1.792	1.740	1.683	1.630
40	4.085	3.232	2.839	2.606	2.449	2.336	2.249	2.180	2.124	2.077	2.003	1.924	1.839	1.693	1.637	1.577	1.517
60	4.001	3.150	2.758	2.525	2.368	2.254	2.167	2.097	2.040	1.993	1.917	1.836	1.748	1.594	1.534	1.467	1.399
120	3.920	3.072	2.680	2.447	2.290	2.175	2.087	2.016	1.959	1.910	1.834	1.750	1.659	1.495	1.429	1.352	1.267
180	3.894	3.046	2.655	2.422	2.264	2.149	2.061	1.990	1.932	1.884	1.806	1.722	1.629	1.462	1.393	1.311	1.216
1000	3.851	3.005	2.614	2.381	2.223	2.108	2.019	1.948	1.889	1.840	1.762	1.676	1.581	1.406	1.332	1.239	1.110

F 分配臨界值表 -3 (F distribution critical value table)

$$P(F > f) = \int_{f}^{\infty} \frac{\Gamma(\frac{r_1+r_2}{2})}{\Gamma(\frac{r_1}{2})\Gamma(\frac{r_2}{2})} (\frac{r_1}{r_2})^{\frac{r_1}{2}} x^{\frac{r_1}{2}-1} (1+\frac{r_1}{r_2}x)^{-\frac{r_1+r_2}{2}} dx = \boxed{0.025} \text{，其中 } F \sim F(r_1, r_2)$$

$\alpha = 0.025$ 分子自由度 $= r_1$

r_2	1	2	3	4	5	6	7	8	9	10	12	15	20	40	60	120	1000
1	647.8	799.5	864.2	899.6	921.8	937.1	948.2	956.7	963.3	968.6	976.7	984.9	993.1	1005.6	1009.8	1014.0	1017.8
2	38.506	39.000	39.165	39.248	39.298	39.331	39.355	39.373	39.387	39.398	39.415	39.431	39.448	39.473	39.481	39.490	39.497
3	17.443	16.044	15.439	15.101	14.885	14.735	14.624	14.540	14.473	14.419	14.337	14.253	14.167	14.037	13.992	13.947	13.908
4	12.218	10.649	9.979	9.605	9.364	9.197	9.074	8.980	8.905	8.844	8.751	8.657	8.560	8.411	8.360	8.309	8.264
5	10.007	8.434	7.764	7.388	7.146	6.978	6.853	6.757	6.681	6.619	6.525	6.428	6.329	6.175	6.123	6.069	6.022
6	8.813	7.260	6.599	6.227	5.988	5.820	5.695	5.600	5.523	5.461	5.366	5.269	5.168	5.012	4.959	4.904	4.856
7	8.073	6.542	5.890	5.523	5.285	5.119	4.995	4.899	4.823	4.761	4.666	4.568	4.467	4.309	4.254	4.199	4.149
8	7.571	6.059	5.416	5.053	4.817	4.652	4.529	4.433	4.357	4.295	4.200	4.101	3.999	3.840	3.784	3.728	3.677
9	7.209	5.715	5.078	4.718	4.484	4.320	4.197	4.102	4.026	3.964	3.868	3.769	3.667	3.505	3.449	3.392	3.340
10	6.937	5.456	4.826	4.468	4.236	4.072	3.950	3.855	3.779	3.717	3.621	3.522	3.419	3.255	3.198	3.140	3.087
11	6.724	5.256	4.630	4.275	4.044	3.881	3.759	3.664	3.588	3.526	3.430	3.330	3.226	3.061	3.004	2.944	2.890
12	6.554	5.096	4.474	4.121	3.891	3.728	3.607	3.512	3.436	3.374	3.277	3.177	3.073	2.906	2.848	2.787	2.733
13	6.414	4.965	4.347	3.996	3.767	3.604	3.483	3.388	3.312	3.250	3.153	3.053	2.948	2.780	2.720	2.659	2.603
14	6.298	4.857	4.242	3.892	3.663	3.501	3.380	3.285	3.209	3.147	3.050	2.949	2.844	2.674	2.614	2.552	2.495
15	6.200	4.765	4.153	3.804	3.576	3.415	3.293	3.199	3.123	3.060	2.963	2.862	2.756	2.585	2.524	2.461	2.403
16	6.115	4.687	4.077	3.729	3.502	3.341	3.219	3.125	3.049	2.986	2.889	2.788	2.681	2.509	2.447	2.383	2.324
17	6.042	4.619	4.011	3.665	3.438	3.277	3.156	3.061	2.985	2.922	2.825	2.723	2.616	2.442	2.380	2.315	2.256
18	5.978	4.560	3.954	3.608	3.382	3.221	3.100	3.005	2.929	2.866	2.769	2.667	2.559	2.384	2.321	2.256	2.195
19	5.922	4.508	3.903	3.559	3.333	3.172	3.051	2.956	2.880	2.817	2.720	2.617	2.509	2.333	2.270	2.203	2.142
20	5.871	4.461	3.859	3.515	3.289	3.128	3.007	2.913	2.837	2.774	2.676	2.573	2.464	2.287	2.223	2.156	2.094
21	5.827	4.420	3.819	3.475	3.250	3.090	2.969	2.874	2.798	2.735	2.637	2.534	2.425	2.246	2.182	2.114	2.051
22	5.786	4.383	3.783	3.440	3.215	3.055	2.934	2.839	2.763	2.700	2.602	2.498	2.389	2.210	2.145	2.076	2.012
23	5.750	4.349	3.750	3.408	3.183	3.023	2.902	2.808	2.731	2.668	2.570	2.466	2.357	2.176	2.111	2.041	1.977
24	5.717	4.319	3.721	3.379	3.155	2.995	2.874	2.779	2.703	2.640	2.541	2.437	2.327	2.146	2.080	2.010	1.945
25	5.686	4.291	3.694	3.353	3.129	2.969	2.848	2.753	2.677	2.613	2.515	2.411	2.300	2.118	2.052	1.981	1.915
26	5.659	4.265	3.670	3.329	3.105	2.945	2.824	2.729	2.653	2.590	2.491	2.387	2.276	2.093	2.026	1.954	1.888
27	5.633	4.242	3.647	3.307	3.083	2.923	2.802	2.707	2.631	2.568	2.469	2.364	2.253	2.069	2.002	1.930	1.862
28	5.610	4.221	3.626	3.286	3.063	2.903	2.782	2.687	2.611	2.547	2.448	2.344	2.232	2.048	1.980	1.907	1.839
29	5.588	4.201	3.607	3.267	3.044	2.884	2.763	2.669	2.592	2.529	2.430	2.325	2.213	2.028	1.959	1.886	1.817
30	5.568	4.182	3.589	3.250	3.026	2.867	2.746	2.651	2.575	2.511	2.412	2.307	2.195	2.009	1.940	1.866	1.797
40	5.424	4.051	3.463	3.126	2.904	2.744	2.624	2.529	2.452	2.388	2.288	2.182	2.068	1.875	1.803	1.724	1.648
60	5.286	3.925	3.343	3.008	2.786	2.627	2.507	2.412	2.334	2.270	2.169	2.061	1.944	1.744	1.667	1.581	1.495
120	5.152	3.805	3.227	2.894	2.674	2.515	2.395	2.299	2.222	2.157	2.055	1.945	1.825	1.614	1.530	1.433	1.327
180	5.109	3.766	3.189	2.858	2.638	2.479	2.359	2.263	2.185	2.120	2.018	1.907	1.786	1.571	1.484	1.381	1.264
1000	5.039	3.703	3.129	2.799	2.579	2.421	2.300	2.204	2.126	2.061	1.958	1.846	1.722	1.499	1.406	1.290	1.132

F 分配臨界值表 -4（F distribution critical value table）

$$P(F > f) = \int_{f}^{\infty} \frac{\Gamma(\frac{r_1+r_2}{2})}{\Gamma(\frac{r_1}{2})\Gamma(\frac{r_2}{2})} (\frac{r_1}{r_2})^{\frac{r_1}{2}} x^{\frac{r_1}{2}-1} (1+\frac{r_1}{r_2}x)^{-\frac{r1+r2}{2}} dx = \boxed{0.01} \text{，其中 } F \sim F(r_1, r_2)$$

$\alpha = 0.01$ 　　　　　　　　　　　　分子自由度 $= r_1$

r_2	1	2	3	4	5	6	7	8	9	10	12	15	20	40	60	120	1000
1	4052.2	4999.5	5403.4	5624.6	5763.7	5859.0	5928.4	5981.1	6022.5	6055.9	6106.3	6157.3	6208.7	6286.8	6313.0	6339.4	6362.7
2	98.503	99.000	99.166	99.249	99.299	99.333	99.356	99.374	99.388	99.399	99.416	99.433	99.449	99.474	99.482	99.491	99.498
3	34.116	30.817	29.457	28.710	28.237	27.911	27.672	27.489	27.345	27.229	27.052	26.872	26.690	26.411	26.316	26.221	26.137
4	21.198	18.000	16.694	15.977	15.522	15.207	14.976	14.799	14.659	14.546	14.374	14.198	14.020	13.745	13.652	13.558	13.475
5	16.258	13.274	12.060	11.392	10.967	10.672	10.456	10.289	10.158	10.051	9.888	9.722	9.553	9.291	9.202	9.112	9.031
6	13.745	10.925	9.780	9.148	8.746	8.466	8.260	8.102	7.976	7.874	7.718	7.559	7.396	7.143	7.057	6.969	6.891
7	12.246	9.547	8.451	7.847	7.460	7.191	6.993	6.840	6.719	6.620	6.469	6.314	6.155	5.908	5.824	5.737	5.660
8	11.259	8.649	7.591	7.006	6.632	6.371	6.178	6.029	5.911	5.814	5.667	5.515	5.359	5.116	5.032	4.946	4.869
9	10.561	8.022	6.992	6.422	6.057	5.802	5.613	5.467	5.351	5.257	5.111	4.962	4.808	4.567	4.483	4.398	4.321
10	10.044	7.559	6.552	5.994	5.636	5.386	5.200	5.057	4.942	4.849	4.706	4.558	4.405	4.165	4.082	3.996	3.920
11	9.646	7.206	6.217	5.668	5.316	5.069	4.886	4.744	4.632	4.539	4.397	4.251	4.099	3.860	3.776	3.690	3.613
12	9.330	6.927	5.953	5.412	5.064	4.821	4.640	4.499	4.388	4.296	4.155	4.010	3.858	3.619	3.535	3.449	3.372
13	9.074	6.701	5.739	5.205	4.862	4.620	4.441	4.302	4.191	4.100	3.960	3.815	3.665	3.425	3.341	3.255	3.176
14	8.862	6.515	5.564	5.035	4.695	4.456	4.278	4.140	4.030	3.939	3.800	3.656	3.505	3.266	3.181	3.094	3.015
15	8.683	6.359	5.417	4.893	4.556	4.318	4.142	4.004	3.895	3.805	3.666	3.522	3.372	3.132	3.047	2.959	2.880
16	8.531	6.226	5.292	4.773	4.437	4.202	4.026	3.890	3.780	3.691	3.553	3.409	3.259	3.018	2.933	2.845	2.764
17	8.400	6.112	5.185	4.669	4.336	4.102	3.927	3.791	3.682	3.593	3.455	3.312	3.162	2.920	2.835	2.746	2.664
18	8.285	6.013	5.092	4.579	4.248	4.015	3.841	3.705	3.597	3.508	3.371	3.227	3.077	2.835	2.749	2.660	2.577
19	8.185	5.926	5.010	4.500	4.171	3.939	3.765	3.631	3.523	3.434	3.297	3.153	3.003	2.761	2.674	2.584	2.501
20	8.096	5.849	4.938	4.431	4.103	3.871	3.699	3.564	3.457	3.368	3.231	3.088	2.938	2.695	2.608	2.517	2.433
21	8.017	5.780	4.874	4.369	4.042	3.812	3.640	3.506	3.398	3.310	3.173	3.030	2.880	2.636	2.548	2.457	2.372
22	7.945	5.719	4.817	4.313	3.988	3.758	3.587	3.453	3.346	3.258	3.121	2.978	2.827	2.583	2.495	2.403	2.317
23	7.881	5.664	4.765	4.264	3.939	3.710	3.539	3.406	3.299	3.211	3.074	2.931	2.781	2.535	2.447	2.354	2.268
24	7.823	5.614	4.718	4.218	3.895	3.667	3.496	3.363	3.256	3.168	3.032	2.889	2.738	2.492	2.403	2.310	2.223
25	7.770	5.568	4.675	4.177	3.855	3.627	3.457	3.324	3.217	3.129	2.993	2.850	2.699	2.453	2.364	2.270	2.182
26	7.721	5.526	4.637	4.140	3.818	3.591	3.421	3.288	3.182	3.094	2.958	2.815	2.664	2.417	2.327	2.233	2.144
27	7.677	5.488	4.601	4.106	3.785	3.558	3.388	3.256	3.149	3.062	2.926	2.783	2.632	2.384	2.294	2.198	2.109
28	7.636	5.453	4.568	4.074	3.754	3.528	3.358	3.226	3.120	3.032	2.896	2.753	2.602	2.354	2.263	2.167	2.077
29	7.598	5.420	4.538	4.045	3.725	3.499	3.330	3.198	3.092	3.005	2.868	2.726	2.574	2.325	2.234	2.138	2.047
30	7.562	5.390	4.510	4.018	3.699	3.473	3.304	3.173	3.067	2.979	2.843	2.700	2.549	2.299	2.208	2.111	2.019
40	7.314	5.179	4.313	3.828	3.514	3.291	3.124	2.993	2.888	2.801	2.665	2.522	2.369	2.114	2.019	1.917	1.819
60	7.077	4.977	4.126	3.649	3.339	3.119	2.953	2.823	2.718	2.632	2.496	2.352	2.198	1.936	1.836	1.726	1.617
120	6.851	4.787	3.949	3.480	3.174	2.956	2.792	2.663	2.559	2.472	2.336	2.192	2.035	1.763	1.656	1.533	1.401
180	6.778	4.725	3.892	3.425	3.120	2.904	2.740	2.611	2.507	2.421	2.285	2.140	1.982	1.706	1.595	1.466	1.321
1000	6.660	4.626	3.801	3.338	3.036	2.820	2.657	2.529	2.425	2.339	2.203	2.056	1.897	1.613	1.495	1.351	1.159

卡方分配臨界值表（Chi-square distribution critical value table）

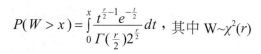

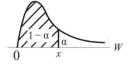

$$P(W > x) = \int_0^x \frac{t^{\frac{r}{2}-1} e^{-\frac{t}{2}}}{\Gamma(\frac{r}{2}) 2^{\frac{r}{2}}} dt \ , \ 其中 \ W \sim \chi^2(r)$$

$(1 - \alpha)$ 值

d.f.	0.005	0.01	0.025	0.05	0.1	0.2	0.8	0.9	0.95	0.975	0.99	0.995
1	0.000	0.000	0.001	0.004	0.016	0.064	1.642	2.706	3.841	5.024	6.635	7.879
2	0.010	0.020	0.051	0.103	0.211	0.446	3.219	4.605	5.991	7.378	9.210	10.597
3	0.072	0.115	0.216	0.352	0.584	1.005	4.642	6.251	7.815	9.348	11.345	12.838
4	0.207	0.297	0.484	0.711	1.064	1.649	5.989	7.779	9.488	11.143	13.277	14.860
5	0.412	0.554	0.831	1.145	1.610	2.343	7.289	9.236	11.07	12.833	15.086	16.750
6	0.676	0.872	1.237	1.635	2.204	3.070	8.558	10.645	12.592	14.449	16.812	18.548
7	0.989	1.239	1.690	2.167	2.833	3.822	9.803	12.017	14.067	16.013	18.475	20.278
8	1.344	1.646	2.180	2.733	3.490	4.594	11.030	13.362	15.507	17.535	20.090	21.955
9	1.735	2.088	2.700	3.325	4.168	5.380	12.242	14.684	16.919	19.023	21.666	23.589
10	2.156	2.558	3.247	3.940	4.865	6.179	13.442	15.987	18.307	20.483	23.209	25.188
11	2.603	3.053	3.816	4.575	5.578	6.989	14.631	17.275	19.675	21.920	24.725	26.757
12	3.074	3.571	4.404	5.226	6.304	7.807	15.812	18.549	21.026	23.337	26.217	28.300
13	3.565	4.107	5.009	5.892	7.042	8.634	16.985	19.812	22.362	24.736	27.688	29.819
14	4.075	4.660	5.629	6.571	7.790	9.467	18.151	21.064	23.685	26.119	29.141	31.319
15	4.601	5.229	6.262	7.261	8.547	10.307	19.311	22.307	24.996	27.488	30.578	32.801
16	5.142	5.812	6.908	7.962	9.312	11.152	20.465	23.542	26.296	28.845	32.000	34.267
17	5.697	6.408	7.564	8.672	10.085	12.002	21.615	24.769	27.587	30.191	33.409	35.718
18	6.265	7.015	8.231	9.390	10.865	12.857	22.760	25.989	28.869	31.526	34.805	37.156
19	6.844	7.633	8.907	10.117	11.651	13.716	23.900	27.204	30.144	32.852	36.191	38.582
20	7.434	8.260	9.591	10.851	12.443	14.578	25.038	28.412	31.410	34.170	37.566	39.997
21	8.034	8.897	10.283	11.591	13.240	15.445	26.171	29.615	32.671	35.479	38.932	41.401
22	8.643	9.542	10.982	12.338	14.041	16.314	27.301	30.813	33.924	36.781	40.289	42.796
23	9.260	10.196	11.689	13.091	14.848	17.187	28.429	32.007	35.172	38.076	41.638	44.181
24	9.886	10.856	12.401	13.848	15.659	18.062	29.553	33.196	36.415	39.364	42.980	45.559
25	10.520	11.524	13.120	14.611	16.473	18.940	30.675	34.382	37.652	40.646	44.314	46.928
26	11.160	12.198	13.844	15.379	17.292	19.820	31.795	35.563	38.885	41.923	45.642	48.290
27	11.808	12.879	14.573	16.151	18.114	20.703	32.912	36.741	40.113	43.195	46.963	49.645
28	12.461	13.565	15.308	16.928	18.939	21.588	34.027	37.916	41.337	44.461	48.278	50.993
29	13.121	14.256	16.047	17.708	19.768	22.475	35.139	39.087	42.557	45.722	49.588	52.336
30	13.787	14.953	16.791	18.493	20.599	23.364	36.250	40.256	43.773	46.979	50.892	53.672
31	14.458	15.655	17.539	19.281	21.434	24.255	37.359	41.422	44.985	48.232	52.191	55.003
32	15.134	16.362	18.291	20.072	22.271	25.148	38.466	42.585	46.194	49.480	53.486	56.328
33	15.815	17.074	19.047	20.867	23.110	26.042	39.572	43.745	47.400	50.725	54.776	57.648
34	16.501	17.789	19.806	21.664	23.952	26.938	40.676	44.903	48.602	51.966	56.061	58.964
35	17.192	18.509	20.569	22.465	24.797	27.836	41.778	46.059	49.802	53.203	57.342	60.275
40	20.707	22.164	24.433	26.509	29.051	32.345	47.269	51.805	55.758	59.342	63.691	66.766
50	27.991	29.707	32.357	34.764	37.689	41.449	58.164	63.167	67.505	71.420	76.154	79.490
60	35.534	37.485	40.482	43.188	46.459	50.641	68.972	74.397	79.082	83.298	88.379	91.952
70	43.275	45.442	48.758	51.739	55.329	59.898	79.715	85.527	90.531	95.023	100.425	104.215
80	51.172	53.540	57.153	60.391	64.278	69.207	90.405	96.578	101.879	106.629	112.329	116.321
90	59.196	61.754	65.647	69.126	73.291	78.558	101.054	107.565	113.145	118.136	124.116	128.299
100	67.328	70.065	74.222	77.929	82.358	87.945	111.667	118.498	124.342	129.561	135.807	140.169
110	75.550	78.458	82.867	86.792	91.471	97.362	122.250	129.385	135.480	140.917	147.414	151.948
120	83.852	86.923	91.573	95.705	100.624	106.806	132.806	140.233	146.567	152.211	158.950	163.648

$\alpha = 0.05$ 時，Durbin-Watson 檢定統計量臨界值

n	$k=1$ d_L	d_U	$k=2$ d_L	d_U	$k=3$ d_L	d_U	$k=4$ d_L	d_U	$k=5$ d_L	d_U
15	1.08	1.36	0.95	1.54	0.82	1.75	0.69	1.97	0.56	2.21
16	1.10	1.37	0.98	1.54	0.86	1.73	0.74	1.93	0.62	2.15
17	1.13	1.38	1.02	1.54	0.90	1.71	0.78	1.90	0.67	2.10
18	1.16	1.39	1.05	1.53	0.93	1.69	0.82	1.87	0.71	2.06
19	1.18	1.40	1.08	1.53	0.97	1.68	0.86	1.85	0.75	2.02
20	1.20	1.41	1.10	1.54	1.00	1.68	0.90	1.83	0.79	1.99
21	1.22	1.42	1.13	1.54	1.03	1.67	0.93	1.81	0.83	1.96
22	1.24	1.43	1.15	1.54	1.05	1.66	0.96	1.80	0.86	1.94
23	1.26	1.44	1.17	1.54	1.08	1.66	0.99	1.79	0.90	1.92
24	1.27	1.45	1.19	1.55	1.10	1.66	1.01	1.78	0.93	1.90
25	1.29	1.45	1.21	1.55	1.12	1.66	1.04	1.77	0.95	1.89
26	1.30	1.46	1.22	1.55	1.14	1.65	1.06	1.76	0.98	1.88
27	1.32	1.47	1.24	1.56	1.16	1.65	1.08	1.76	1.01	1.86
28	1.33	1.48	1.26	1.56	1.18	1.65	1.10	1.75	1.03	1.85
29	1.34	1.48	1.27	1.56	1.20	1.65	1.12	1.74	1.05	1.84
30	1.35	1.49	1.28	1.57	1.21	1.65	1.14	1.74	1.07	1.83
31	1.36	1.50	1.30	1.57	1.23	1.65	1.16	1.74	1.09	1.83
32	1.37	1.50	1.31	1.57	1.24	1.65	1.18	1.73	1.11	1.82
33	1.38	1.51	1.32	1.58	1.26	1.65	1.19	1.73	1.13	1.81
34	1.39	1.51	1.33	1.58	1.27	1.65	1.21	1.73	1.15	1.81
35	1.40	1.52	1.34	1.58	1.28	1.65	1.22	1.73	1.16	1.80
36	1.41	1.52	1.35	1.59	1.29	1.65	1.24	1.73	1.18	1.80
37	1.42	1.53	1.36	1.59	1.31	1.66	1.25	1.72	1.19	1.80
38	1.43	1.54	1.37	1.59	1.32	1.66	1.26	1.72	1.21	1.79
39	1.43	1.54	1.38	1.60	1.33	1.66	1.27	1.72	1.22	1.79
40	1.44	1.54	1.39	1.60	1.34	1.66	1.29	1.72	1.23	1.79
45	1.48	1.57	1.43	1.62	1.38	1.67	1.34	1.72	1.29	1.78
50	1.50	1.59	1.46	1.63	1.42	1.67	1.38	1.72	1.34	1.77
55	1.53	1.60	1.49	1.64	1.45	1.68	1.41	1.72	1.38	1.77
60	1.55	1.62	1.51	1.65	1.48	1.69	1.44	1.73	1.41	1.77
65	1.57	1.63	1.54	1.66	1.50	1.70	1.47	1.73	1.44	1.77
70	1.58	1.64	1.55	1.67	1.52	1.70	1.49	1.74	1.46	1.77
75	1.60	1.65	1.57	1.68	1.54	1.71	1.51	1.74	1.49	1.77
80	1.61	1.66	1.59	1.69	1.56	1.72	1.53	1.74	1.51	1.77
85	1.62	1.67	1.60	1.70	1.57	1.72	1.55	1.75	1.52	1.77
90	1.63	1.68	1.61	1.70	1.59	1.73	1.57	1.75	1.54	1.78
95	1.64	1.69	1.62	1.71	1.60	1.73	1.58	1.75	1.56	1.78
100	1.65	1.69	1.63	1.72	1.61	1.74	1.59	1.76	1.57	1.78

$\alpha = 0.01$ 時，Durbin-Watson 檢定統計量臨界值

	$k = 1$		$k = 2$		$k = 3$		$k = 4$		$k = 5$	
n	d_L	d_U	d_L	d_U	d_L	d_U	d_L	d_U	d_L	d_U
15	0.81	1.07	0.70	1.25	0.59	1.46	0.49	1.70	0.39	1.96
16	0.84	1.09	0.74	1.25	0.63	1.44	0.53	1.66	0.44	1.90
17	0.87	1.10	0.77	1.25	0.67	1.43	0.57	1.63	0.48	1.85
18	0.90	1.12	0.80	1.26	0.71	1.42	0.61	1.60	0.52	1.80
19	0.93	1.13	0.83	1.26	0.74	1.41	0.65	1.58	0.56	1.77
20	0.95	1.15	0.86	1.27	0.77	1.41	0.68	1.57	0.60	1.74
21	0.97	1.16	0.89	1.27	0.80	1.41	0.72	1.55	0.63	1.71
22	1.00	1.17	0.91	1.28	0.83	1.40	0.75	1.54	0.66	1.69
23	1.02	1.19	0.94	1.29	0.86	1.40	0.77	1.53	0.70	1.67
24	1.05	1.20	0.96	1.30	0.88	1.41	0.80	1.53	0.72	1.66
25	1.05	1.21	0.98	1.30	0.90	1.41	0.83	1.52	0.75	1.65
26	1.07	1.22	1.00	1.31	0.93	1.41	0.85	1.52	0.78	1.64
27	1.09	1.23	1.02	1.32	0.95	1.41	0.88	1.51	0.81	1.63
28	1.10	1.24	1.04	1.32	0.97	1.41	0.90	1.51	0.83	1.62
29	1.12	1.25	1.05	1.33	0.99	1.42	0.92	1.51	0.85	1.61
30	1.13	1.26	1.07	1.34	1.01	1.42	0.94	1.51	0.88	1.61
31	1.15	1.27	1.08	1.34	1.02	1.42	0.96	1.51	0.90	1.60
32	1.16	1.28	1.10	1.35	1.04	1.43	0.98	1.51	0.92	1.60
33	1.17	1.29	1.11	1.36	1.05	1.43	1.00	1.51	0.94	1.59
34	1.18	1.30	1.13	1.36	1.07	1.43	1.01	1.51	0.95	1.59
35	1.19	1.31	1.14	1.37	1.08	1.44	1.03	1.51	0.97	1.59
36	1.21	1.32	1.15	1.38	1.10	1.44	1.04	1.51	0.99	1.59
37	1.22	1.32	1.16	1.38	1.11	1.45	1.06	1.51	1.00	1.59
38	1.23	1.33	1.18	1.39	1.12	1.45	1.07	1.52	1.02	1.58
39	1.24	1.34	1.19	1.39	1.14	1.45	1.09	1.52	1.03	1.58
40	1.25	1.34	1.20	1.40	1.15	1.46	1.10	1.52	1.05	1.58
45	1.29	1.38	1.24	1.42	1.20	1.48	1.16	1.53	1.11	1.58
50	1.32	1.40	1.28	1.45	1.24	1.49	1.20	1.54	1.16	1.59
55	1.36	1.43	1.32	1.47	1.28	1.51	1.25	1.55	1.21	1.59
60	1.38	1.45	1.35	1.48	1.32	1.52	1.28	1.56	1.25	1.60
65	1.41	1.47	1.38	1.50	1.35	1.53	1.31	1.57	1.28	1.61
70	1.43	1.49	1.40	1.52	1.37	1.55	1.34	1.58	1.31	1.61
75	1.45	1.50	1.42	1.53	1.39	1.56	1.37	1.59	1.34	1.62
80	1.47	1.52	1.44	1.54	1.42	1.57	1.39	1.60	1.36	1.62
85	1.48	1.53	1.46	1.55	1.43	1.58	1.41	1.60	1.39	1.63
90	1.50	1.54	1.47	1.56	1.45	1.59	1.43	1.61	1.41	1.64
95	1.51	1.55	1.49	1.57	1.47	1.60	1.45	1.62	1.42	1.64
100	1.52	1.56	1.50	1.58	1.48	1.60	1.46	1.63	1.44	1.65

Wilcoxon 符號等級檢定臨界值──成對母體檢定

單尾	雙尾	n = 5	n = 6	n = 7	n = 8	n = 9	n = 10	n = 11	n = 12
$\alpha = .05$	$\alpha = .10$	1	2	4	6	8	11	14	17
$\alpha = .025$	$\alpha = .05$		1	2	4	6	8	11	14
$\alpha = .01$	$\alpha = .02$			0	2	3	5	7	10
$\alpha = .005$	$\alpha = .01$				0	2	3	5	7

單尾	雙尾	n = 13	n = 14	n = 15	n = 16	n = 17	n = 18	n = 19	n = 20
$\alpha = .05$	$\alpha = .10$	21	26	30	36	41	47	54	60
$\alpha = .025$	$\alpha = .05$	17	21	25	30	35	40	46	52
$\alpha = .01$	$\alpha = .02$	13	16	20	24	28	33	38	43
$\alpha = .005$	$\alpha = .01$	10	13	16	19	23	28	32	37

單尾	雙尾	n = 21	n = 22	n = 23	n = 24	n = 25	n = 26	n = 27	n = 28
$\alpha = .05$	$\alpha = .10$	68	75	83	92	101	110	120	130
$\alpha = .025$	$\alpha = .05$	59	66	73	81	90	98	107	117
$\alpha = .01$	$\alpha = .02$	49	56	62	69	77	85	93	102
$\alpha = .005$	$\alpha = .01$	43	49	55	61	68	76	84	92

單尾	雙尾	n = 29	n = 30	n = 31	n = 32	n = 33	n = 34	n = 35	n = 36
$\alpha = .05$	$\alpha = .10$	141	152	163	175	188	201	214	228
$\alpha = .025$	$\alpha = .05$	127	137	148	159	171	183	195	208
$\alpha = .01$	$\alpha = .02$	111	120	130	141	151	162	174	186
$\alpha = .005$	$\alpha = .01$	100	109	118	128	138	149	160	171

單尾	雙尾	n = 37	n = 38	n = 39	n = 40	n = 41	n = 42	n = 43	n = 44
$\alpha = .05$	$\alpha = .10$	242	256	271	287	303	319	336	353
$\alpha = .025$	$\alpha = .05$	222	235	250	264	279	295	311	327
$\alpha = .01$	$\alpha = .02$	198	211	224	238	252	267	281	297
$\alpha = .005$	$\alpha = .01$	183	195	208	221	234	248	262	277

單尾	雙尾	n = 45	n = 46	n = 47	n = 48	n = 49	n = 50		
$\alpha = .05$	$\alpha = .10$	371	389	408	427	446	466		
$\alpha = .025$	$\alpha = .05$	344	361	379	397	415	434		
$\alpha = .01$	$\alpha = .02$	313	329	345	362	380	398		
$\alpha = .005$	$\alpha = .01$	292	307	323	339	356	373		

Mann-Whitney U 統計量機率表 $P\,(U < u)$

u	n_1 n_2	2 3	4	5	6	7	8	9	10	3 3	4	5	6	7
0		0.100	0.067	0.047	0.036	0.028	0.022	0.018	0.015	0.050	0.28	0.018	0.012	0.008
1		0.200	0.133	0.095	0.071	0.056	0.044	0.036	0.030	0.100	0.057	0.036	0.024	0.017
2		0.400	0.267	0.190	0.143	0.111	0.089	0.073	0.061	0.200	0.114	0.071	0.048	0.033
3		0.600	0.400	0.286	0.214	0.167	0.133	0.109	0.091	0.350	0.200	0.125	0.083	0.058
4			0.600	0.429	0.321	0.250	0.200	0.164	0.136	0.500	0.314	0.196	0.131	0.092
5				0.571	0.429	0.333	0.267	0.218	0.182	0.650	0.429	0.286	0.190	0.133
6					0.571	0.444	0.356	0.291	0.242		0.571	0.393	0.274	0.192
7						0.556	0.444	0.364	0.303			0.500	0.357	0.258
8							0.556	0.455	0.379				0.452	0.333
9								0.546	0.455				0.548	0.417
10									0.546					0.500

u	n_1 n_2	3 8	9	10	4 4	5	6	7	8	9	10	5 5	6	7
0		0.006	0.005	0.004	0.014	0.008	0.005	0.003	0.002	0.001	0.001	0.004	0.002	0.001
1		0.012	0.009	0.007	0.029	0.016	0.010	0.006	0.004	0.003	0.002	0.008	0.004	0.003
2		0.024	0.018	0.014	0.057	0.032	0.019	0.012	0.008	0.006	0.004	0.016	0.009	0.005
3		0.042	0.032	0.025	0.100	0.056	0.033	0.021	0.014	0.010	0.007	0.028	0.015	0.009
4		0.067	0.050	0.039	0.171	0.095	0.057	0.036	0.024	0.017	0.012	0.048	0.026	0.015
5		0.097	0.073	0.056	0.243	0.143	0.086	0.055	0.036	0.025	0.018	0.075	0.041	0.024
6		0.139	0.105	0.080	0.343	0.206	0.129	0.082	0.055	0.038	0.027	0.111	0.063	0.037
7		0.188	0.141	0.108	0.443	0.278	0.176	0.115	0.077	0.053	0.038	0.155	0.089	0.053
8		0.249	0.186	0.143	0.557	0.365	0.238	0.158	0.107	0.074	0.053	0.210	0.123	0.074
9		0.315	0.241	0.185		0.452	0.305	0.206	0.141	0.099	0.071	0.274	0.165	0.101
10		0.388	0.300	0.234		0.548	0.381	0.264	0.184	0.130	0.094	0.345	0.214	0.134
11		0.461	0.364	0.287			0.457	0.324	0.230	0.165	0.120	0.421	0.268	0.172
12		0.539	0.432	0.346			0.543	0.394	0.285	0.207	0.152	0.500	0.331	0.216
13			0.500	0.406				0.464	0.341	0.252	0.187	0.579	0.396	0.265
14				0.469				0.536	0.404	0.302	0.227		0.465	0.319
15				0.532					0.467	0.355	0.270		0.535	0.378
16									0.533	0.413	0.318			0.438
17										0.470	0.367			0.500
18										0.530	0.420			
19											0.473			
20											0.528			

Mann-Whitney U 統計量機率表 $P(U<u)$ （續）

u	n_2	n_1 5			6					7			
		8	9	10	6	7	8	9	10	7	8	9	10
0		0.001	0.001	0.000	0.001	0.001	0.000	0.000	0.000	0.000	0.000	0.000	0.000
1		0.002	0.001	0.001	0.002	0.001	0.001	0.000	0.000	0.001	0.000	0.000	0.000
2		0.003	0.002	0.001	0.004	0.002	0.001	0.001	0.001	0.001	0.001	0.000	0.000
3		0.005	0.004	0.002	0.008	0.004	0.002	0.001	0.001	0.002	0.001	0.001	0.000
4		0.009	0.006	0.004	0.013	0.007	0.004	0.002	0.002	0.003	0.002	0.001	0.001
5		0.015	0.010	0.006	0.021	0.011	0.006	0.004	0.002	0.006	0.003	0.002	0.001
6		0.023	0.015	0.010	0.032	0.017	0.010	0.006	0.004	0.009	0.005	0.003	0.002
7		0.033	0.021	0.014	0.047	0.026	0.015	0.009	0.006	0.013	0.007	0.004	0.002
8		0.047	0.030	0.020	0.066	0.037	0.021	0.013	0.008	0.019	0.010	0.006	0.003
9		0.064	0.042	0.028	0.090	0.051	0.030	0.018	0.011	0.027	0.014	0.008	0.005
10		0.085	0.056	0.038	0.120	0.069	0.041	0.025	0.016	0.036	0.020	0.012	0.007
11		0.111	0.073	0.050	0.155	0.090	0.054	0.033	0.021	0.049	0.027	0.016	0.009
12		0.142	0.095	0.065	0.197	0.117	0.071	0.044	0.028	0.064	0.036	0.021	0.013
13		0.177	0.120	0.082	0.242	0.170	0.091	0.057	0.036	0.082	0.047	0.027	0.017
14		0.218	0.149	0.103	0.294	0.183	0.114	0.072	0.047	0.104	0.060	0.036	0.022
15		0.262	0.182	0.127	0.350	0.223	0.141	0.091	0.059	0.130	0.076	0.045	0.028
16		0.311	0.219	0.155	0.410	0.267	0.173	0.112	0.074	0.159	0.095	0.057	0.035
17		0.362	0.259	0.186	0.469	0.314	0.207	0.136	0.090	0.191	0.116	0.071	0.044
18		0.417	0.303	0.220	0.531	0.365	0.245	0.164	0.110	0.228	0.141	0.087	0.054
19		0.472	0.350	0.257		0.418	0.286	0.192	0.132	0.267	0.168	0.105	0.067
20		0.528	0.399	0.297		0.473	0.331	0.228	0.157	0.310	0.198	0.126	0.081
21			0.449	0.339		0.527	0.337	0.264	0.184	0.355	0.232	0.150	0.097
22			0.500	0.384			0.426	0.304	0.214	0.402	0.268	0.176	0.115
23				0.430			0.475	0.345	0.246	0.451	0.306	0.204	0.135
24				0.477			0.525	0.388	0.281	0.500	0.347	0.235	0.157
25				0.524				0.432	0.318		0.389	0.268	0.182
26								0.477	0.356		0.433	0.303	0.209
27								0.523	0.396		0.478	0.340	0.237
28									0.437		0.523	0.379	0.268
29									0.479			0.419	0.300
30									0.521			0.459	0.335
31												0.500	0.370
32													0.406
33													0.443
34													0.481
35													0.519

Mann-Whitney U 統計量機率表 $P(U < u)$ （續）

	n_1	8			9		10		n_1	8	8		9		10
u	n_2	9	9	10	9	10	10	u	n_2	8	9	10	9	10	10
0		0.000	0.000	0.000	0.000	0.000	0.000	26		0.287	0.185	0.119	0.111	0.067	0.038
1		0.000	0.000	0.000	0.000	0.000	0.000	27		0.323	0.212	0.137	0.129	0.078	0.045
2		0.000	0.000	0.000	0.000	0.000	0.000	28		0.361	0.240	0.158	0.149	0.091	0.053
3		0.001	0.000	0.000	0.000	0.000	0.000	29		0.399	0.271	0.180	0.170	0.106	0.062
4		0.001	0.001	0.000	0.000	0.000	0.000	30		0.439	0.303	0.204	0.193	0.121	0.072
5		0.001	0.001	0.000	0.000	0.000	0.000	31		0.480	0.337	0.230	0.218	0.139	0.083
6		0.002	0.001	0.001	0.001	0.000	0.000	32		0.520	0.372	0.257	0.245	0.158	0.095
7		0.003	0.002	0.001	0.001	0.001	0.000	33			0.407	0.286	0.273	0.178	0.109
8		0.005	0.003	0.002	0.001	0.001	0.000	34			0.444	0.317	0.302	0.200	0.124
9		0.007	0.004	0.002	0.002	0.001	0.001	35			0.481	0.348	0.333	0.224	0.140
10		0.010	0.006	0.003	0.003	0.002	0.001	36			0.519	0.381	0.365	0.248	0.158
11		0.014	0.008	0.004	0.004	0.002	0.001	37				0.414	0.398	0.275	0.176
12		0.019	0.010	0.006	0.005	0.003	0.001	38				0.448	0.432	0.302	0.197
13		0.025	0.014	0.008	0.007	0.004	0.002	39				0.483	0.466	0.330	0.218
14		0.032	0.018	0.010	0.009	0.005	0.003	40				0.517	0.500	0.360	0.241
15		0.041	0.023	0.013	0.012	0.007	0.003	41						0.390	0.264
16		0.052	0.030	0.017	0.016	0.009	0.005	42						0.421	0.289
17		0.065	0.037	0.022	0.020	0.011	0.006	43						0.452	0.315
18		0.080	0.046	0.027	0.025	0.014	0.007	44						0.484	0.342
19		0.097	0.057	0.034	0.031	0.018	0.009	45						0.516	0.370
20		0.117	0.069	0.042	0.039	0.022	0.012	46							0.398
21		0.139	0.084	0.051	0.047	0.027	0.014	47							0.427
22		0.164	0.100	0.061	0.057	0.033	0.018	48							0.460
23		0.191	0.118	0.073	0.068	0.039	0.022	49							0.485
24		0.221	0.138	0.086	0.081	0.047	0.026	50							0.515
25		0.253	0.161	0.102	0.095	0.056	0.032								

Spearman's Rank 相關係數臨界值

n	$a = 0.05$	$a = 0.025$	$a = 0.01$	$a = 0.005$
5	0.900	—	—	—
6	0.829	0.886	0.943	—
7	0.714	0.786	0.893	—
8	0.643	0.738	0.833	0.881
9	0.600	0.683	0.783	0.833
10	0.564	0.648	0.745	0.794
11	0.523	0.623	0.736	0.818
12	0.497	0.591	0.703	0.780
13	0.475	0.566	0.673	0.745
14	0.457	0.545	0.646	0.716
15	0.441	0.525	0.623	0.689
16	0.425	0.507	0.601	0.666
17	0.412	0.490	0.582	0.645
18	0.399	0.476	0.564	0.625
19	0.388	0.462	0.549	0.608
20	0.377	0.450	0.534	0.591
21	0.368	0.438	0.521	0.576
22	0.359	0.428	0.508	0.562
23	0.351	0.418	0.496	0.549
24	0.343	0.409	0.485	0.537
25	0.336	0.400	0.475	0.526
26	0.329	0.392	0.465	0.515
27	0.323	0.385	0.456	0.505
28	0.317	0.377	0.448	0.496
29	0.311	0.370	0.440	0.487
30	0.305	0.364	0.432	0.478

亂數表

1559	9068	9290	8303	8508	8954	1051	6677	6415	0342
5550	6245	7313	0117	7652	5069	6354	7668	1096	5780
4735	6214	8037	1385	1882	0828	2957	0530	9210	0177
5333	1313	3063	1134	8676	6241	9960	5304	1582	6198
8495	2956	1121	8484	2920	7934	0670	5263	0968	0069
1947	3353	1197	7363	9003	9313	3434	4261	0066	2714
4785	6325	1868	5020	9100	0823	7379	7391	1250	5501
9972	9163	5833	0100	5758	3696	6496	6297	5653	7782
0472	4629	2007	4464	3312	8728	1193	2497	4219	5339
4727	6994	1175	5622	2341	8562	5192	1471	7206	2027
3658	3226	5981	9025	1080	1437	7214	7331	0792	5383
3906	9758	0244	0259	4609	1269	5957	7556	1975	7898
3793	6916	0132	8873	8987	4975	4814	2098	6683	0901
3376	5966	1614	4025	0721	1537	6695	6090	8083	5450
6126	0224	7169	3596	1593	5097	7286	2686	1796	1150
0466	7566	1320	8777	8470	5448	9575	4669	1402	3905
9908	9832	8185	8835	0384	3699	1272	1181	8627	1968
7594	3636	1224	6808	1184	3404	6752	4391	2016	6167
5715	9301	5847	3524	0077	6674	8061	5438	6508	9673
7932	4739	4567	6797	4540	8488	3639	9777	1621	7244
6311	2025	5250	6099	6718	7539	9681	3204	9637	1091
0476	1624	3470	1600	0675	3261	7749	4195	2660	2150
5317	3903	6098	9438	3482	5505	5167	9993	8191	8488
7474	8876	1918	9828	2061	6664	0391	9170	2776	4025
7460	6800	1987	2758	0737	6880	1500	5763	2061	9373
1002	1494	9972	3877	6104	4006	0477	0669	8557	0513
5449	6891	9047	6297	1075	7762	8091	7153	8881	3367
9453	0809	7151	9982	0411	1120	6129	5090	2053	7570
0471	2725	7588	6573	0546	0110	6132	1224	3124	6563
5469	2668	1996	2249	3857	6637	8010	1701	3141	6147
2782	9603	1877	4159	9809	2570	4544	0544	2660	6737
3129	7217	5020	3788	0853	9465	2186	3945	1696	2286
7092	9885	3714	8557	7804	9524	6228	7774	6674	2775
9566	0501	8352	1062	0634	2401	0379	1697	7153	6208
5863	7000	1714	9276	7218	6922	1032	4838	1954	1680
5881	9151	2321	3147	6755	2510	5759	6947	7102	0097
6416	9939	9569	0439	1705	4680	9881	7071	9596	8758
9568	3012	6316	9065	0710	2158	1639	9149	4848	8634
0452	9538	5730	1893	1186	9245	6558	9562	8534	9321
8762	5920	8989	4777	2169	7073	7082	9495	1594	8600
0194	0270	7601	0342	3897	4133	7650	9228	5558	3597
3306	5478	2797	1605	4996	0023	9780	9429	3937	7573
7198	3079	2171	6972	0928	6599	9328	0597	5948	5753
8350	4846	1309	0612	4584	4988	4642	4430	9481	9048
7449	4279	4224	1018	2496	2091	9750	6086	1955	9860
6126	5399	0852	5491	6557	4946	9918	1541	7894	1843
1851	7940	9908	3860	1536	8011	4314	7269	7047	0382
7698	4218	2726	5130	3132	1722	8592	9662	4795	7718
0810	0118	4979	0458	1059	5739	7919	4557	0245	4861
6647	7149	1409	6809	3313	0082	9024	7477	7320	5822
3867	7111	5549	9439	3427	9793	3071	6651	4267	8099
1172	7278	7527	2492	6211	9457	5120	4903	1023	5745
6701	1668	5067	0413	7961	7825	9261	8572	0634	1140
8244	0620	8736	2649	1429	6253	4181	8120	6500	8127
8009	4031	7884	2215	2382	1931	1252	8088	2490	9122
1947	8315	9755	7187	4074	4743	6669	6060	2319	0635
9562	4821	8050	0106	2782	4665	9436	4973	4879	8900
0729	9026	9631	8096	8906	5713	3212	8854	3435	4206
6904	2569	3251	0079	8838	8738	8503	6333	0952	1641

國家圖書館出版品預行編目資料

統計學：SPSS操作與應用／林曉芳著.－－初
版.－－臺北市：五南，2020.01
　　面；　公分
ISBN 978-957-763-683-6（平裝）

1.統計套裝軟體　2.統計分析

512.4　　　　　　　　　　108015923

1H2K

統計學：SPSS操作與應用

作　　　者 —	林曉芳
發 行 人 —	楊榮川
總 經 理 —	楊士清
總 編 輯 —	楊秀麗
主　　　編 —	侯家嵐
責任編輯 —	李貞錚
文字校對 —	陳俐君
封面設計 —	姚孝慈

出 版 者 — 五南圖書出版股份有限公司

地　　　址：106台北市大安區和平東路二段339號4樓

電　　　話：(02)2705-5066　　傳　　真：(02)2706-6100

網　　　址：http://www.wunan.com.tw

電子郵件：wunan@wunan.com.tw

劃撥帳號：01068953

戶　　　名：五南圖書出版股份有限公司

法律顧問　林勝安律師事務所　林勝安律師

出版日期　2020年 1 月初版一刷
　　　　　2021年10月初版二刷

定　　　價　新臺幣680元

經典永恆・名著常在

五十週年的獻禮——經典名著文庫

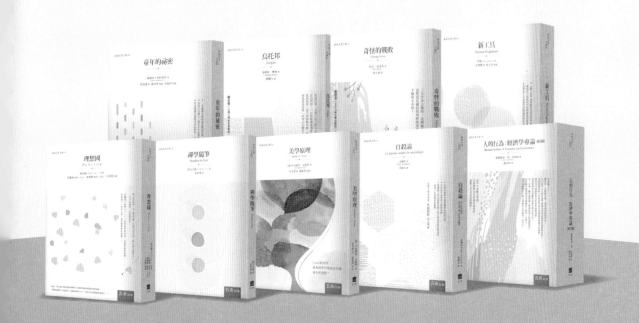

五南，五十年了，半個世紀，人生旅程的一大半，走過來了。

思索著，邁向百年的未來歷程，能為知識界、文化學術界作些什麼？

在速食文化的生態下，有什麼值得讓人雋永品味的？

歷代經典・當今名著，經過時間的洗禮，千錘百鍊，流傳至今，光芒耀人；

不僅使我們能領悟前人的智慧，同時也增深加廣我們思考的深度與視野。

我們決心投入巨資，有計畫的系統梳選，成立「經典名著文庫」，

希望收入古今中外思想性的、充滿睿智與獨見的經典、名著。

這是一項理想性的、永續性的巨大出版工程。

不在意讀者的眾寡，只考慮它的學術價值，力求完整展現先哲思想的軌跡；

為知識界開啟一片智慧之窗，營造一座百花綻放的世界文明公園，

任君遨遊、取菁吸蜜、嘉惠學子！